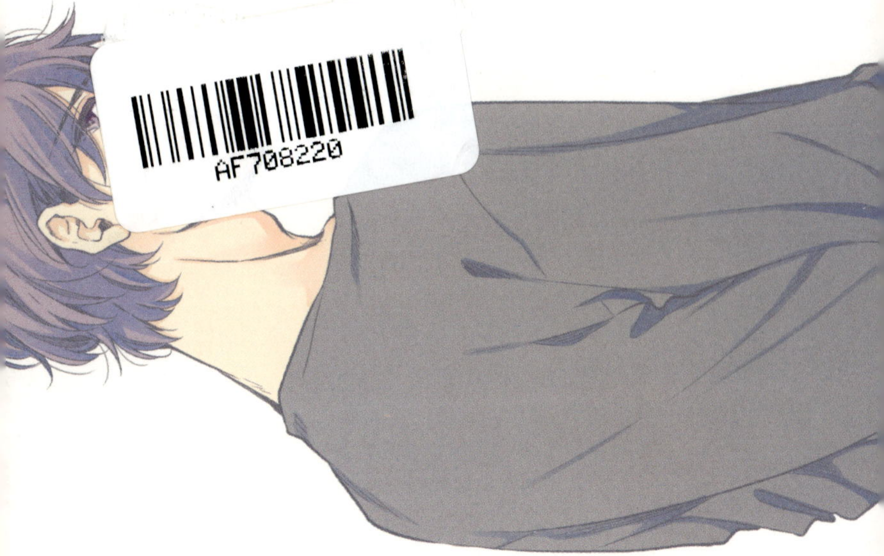

Der stille Mond

Peco Morishima × Anemu Anemura

1

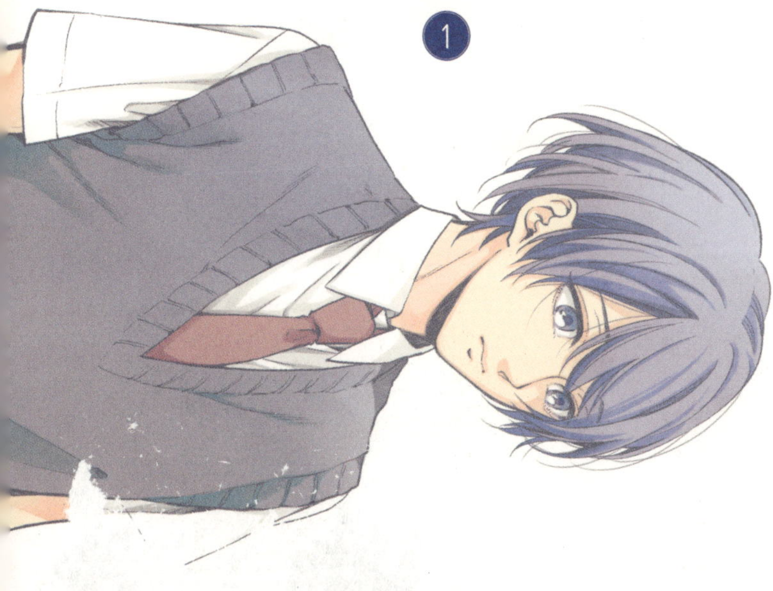

Inhalt

3
Der stille Mond – Kapitel 1

29
Der stille Mond – Kapitel 2

61
Der stille Mond – Kapitel 3

89
Der stille Mond – Kapitel 4

119
Der stille Mond – Kapitel 5

147
Der stille Mond – Kapitel 6

185
Der stille Mond – Kapitel 7

197
Der stille Mond – Kapitel 8

221
Der Anfang vom Anfang

226
Nachwort & Bonusmanga

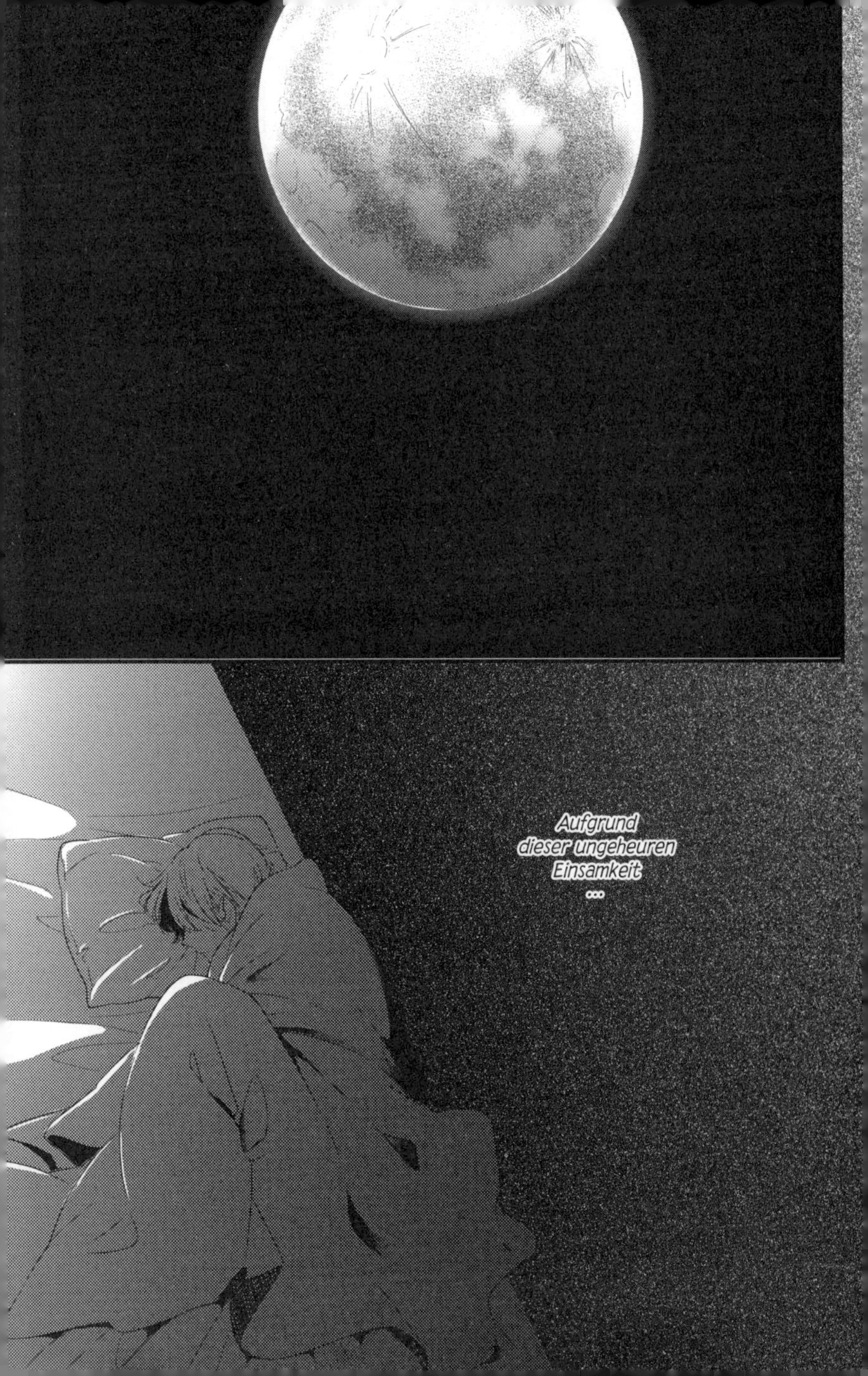
Aufgrund dieser ungeheuren Einsamkeit ...

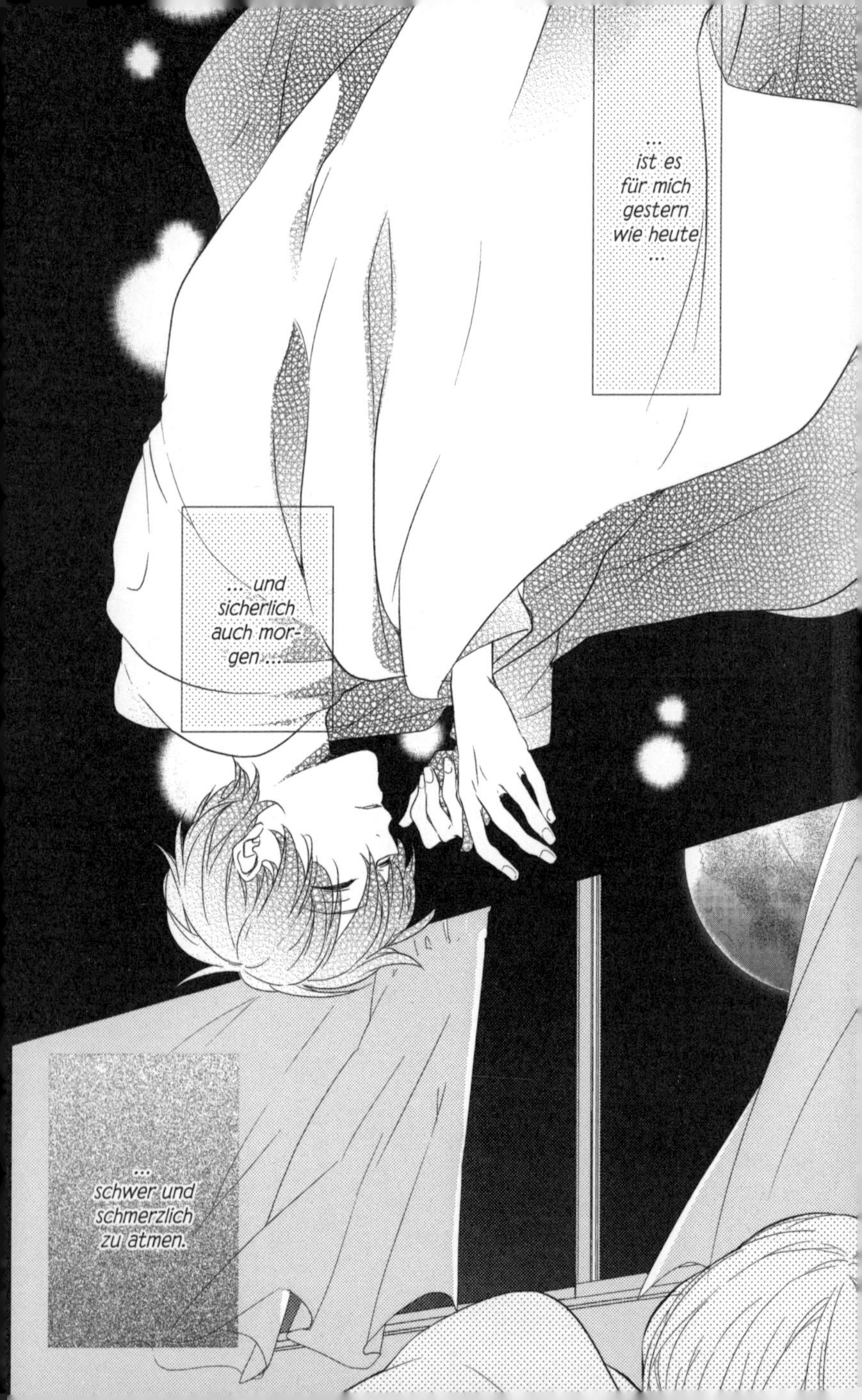
... ist es für mich gestern wie heute ...
... und sicherlich auch mor-gen ...
... schwer und schmerzlich zu atmen.

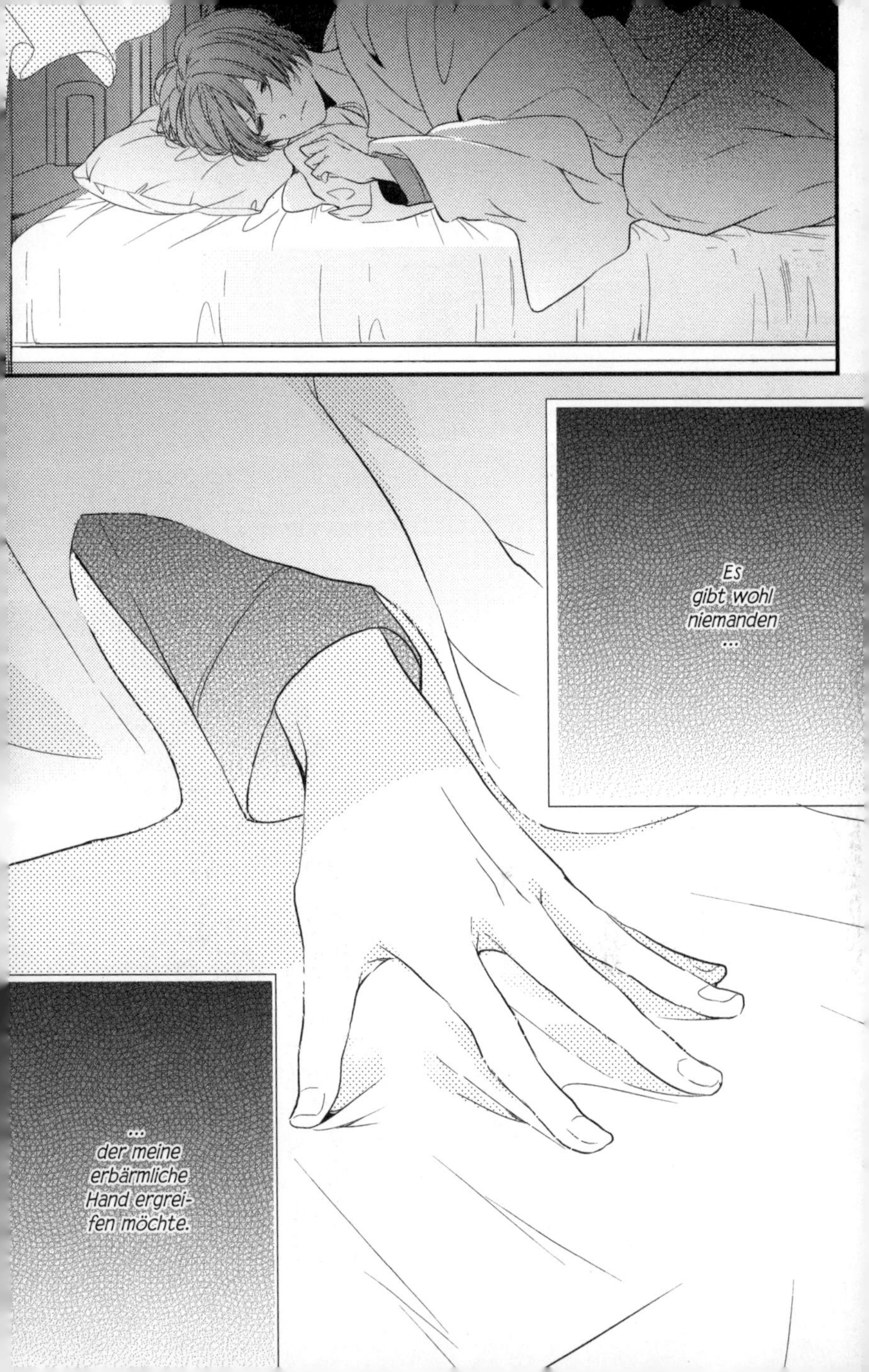
Es gibt wohl niemanden ...
... der meine erbärmliche Hand ergreifen möchte.

Der stille Mond – Kapitel 1

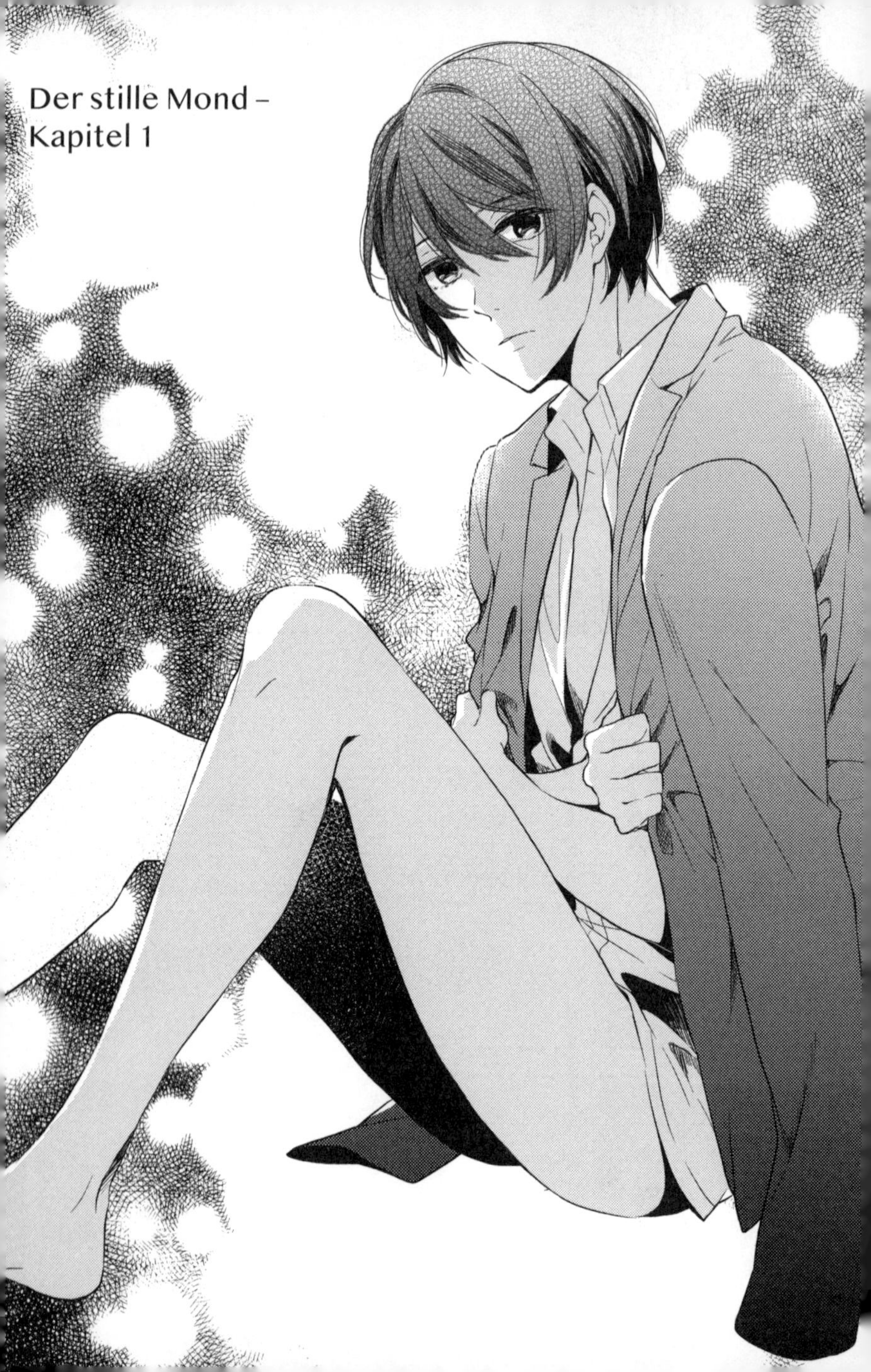

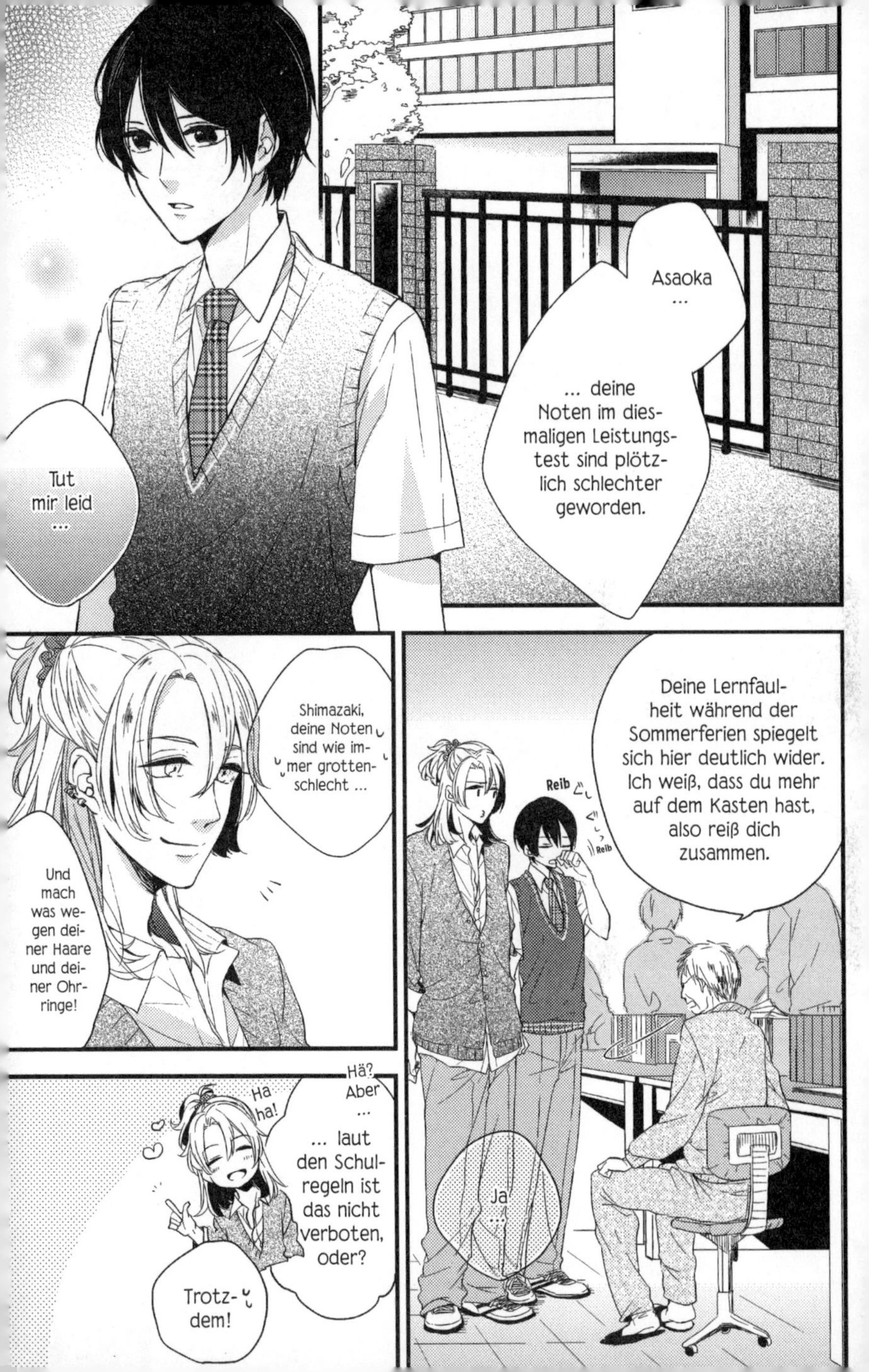
Asaoka ...
... deine Noten im diesmaligen Leistungstest sind plötzlich schlechter geworden.
Tut mir leid ...
Deine Lernfaulheit während der Sommerferien spiegelt sich hier deutlich wider. Ich weiß, dass du mehr auf dem Kasten hast, also reiß dich zusammen.
Reib
Reib
Ja ...
Shimazaki, deine Noten sind wie immer grottenschlecht ...
Und mach was wegen deiner Haare und deiner Ohrringe!
Hä? Aber ...
... laut den Schulregeln ist das nicht verboten, oder?
Ha ha!
Trotzdem!

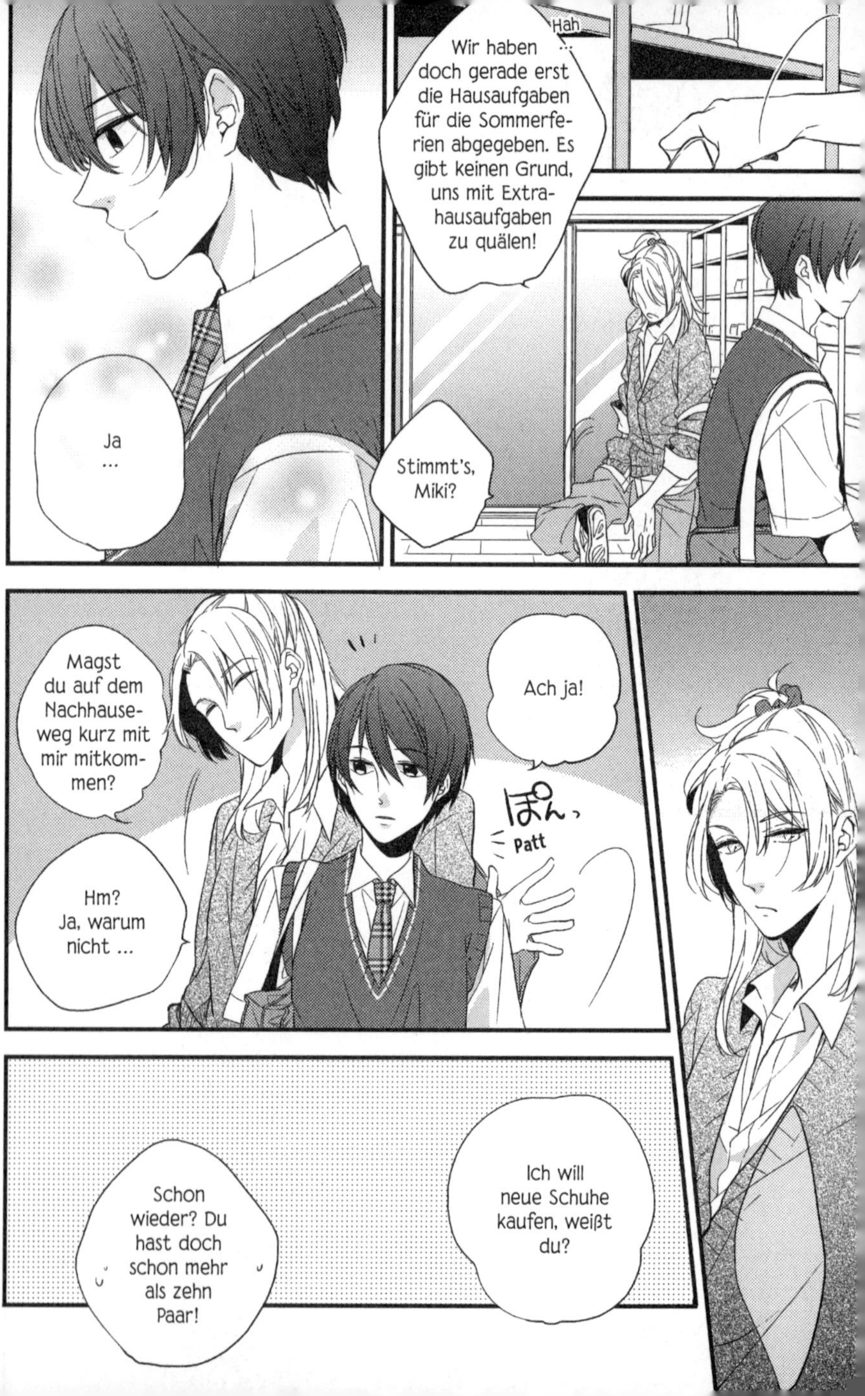
Hah ...
Wir haben doch gerade erst die Hausaufgaben für die Sommerferien abgegeben. Es gibt keinen Grund, uns mit Extrahausaufgaben zu quälen!
Stimmt's, Miki?
Ja ...
Ach ja!
ぽん
Patt
Magst du auf dem Nachhauseweg kurz mit mir mitkommen?
Hm? Ja, warum nicht ...
Ich will neue Schuhe kaufen, weißt du?
Schon wieder? Du hast doch schon mehr als zehn Paar!

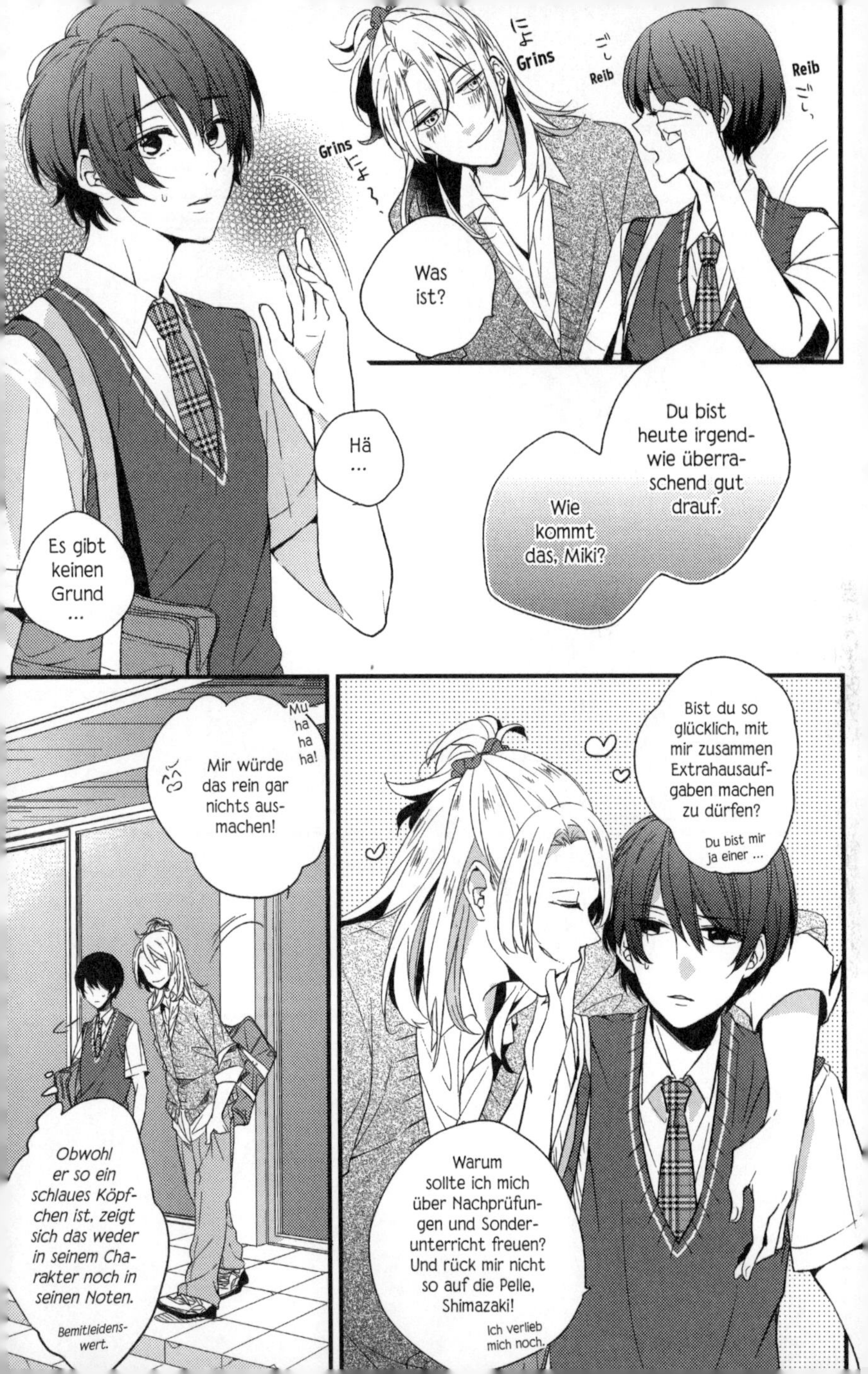
Reib
Reib
Grins
Grins
Was ist?
Du bist heute irgendwie überraschend gut drauf.
Wie kommt das, Miki?
Hä …
Es gibt keinen Grund …
Bist du so glücklich, mit mir zusammen Extrahausaufgaben machen zu dürfen?
Du bist mir ja einer …
Warum sollte ich mich über Nachprüfungen und Sonderunterricht freuen? Und rück mir nicht so auf die Pelle, Shimazaki!
Ich verlieb mich noch.
Mir würde das rein gar nichts ausmachen!
Mu ha ha ha!
Obwohl er so ein schlaues Köpfchen ist, zeigt sich das weder in seinem Charakter noch in seinen Noten.
Bemitleidenswert.

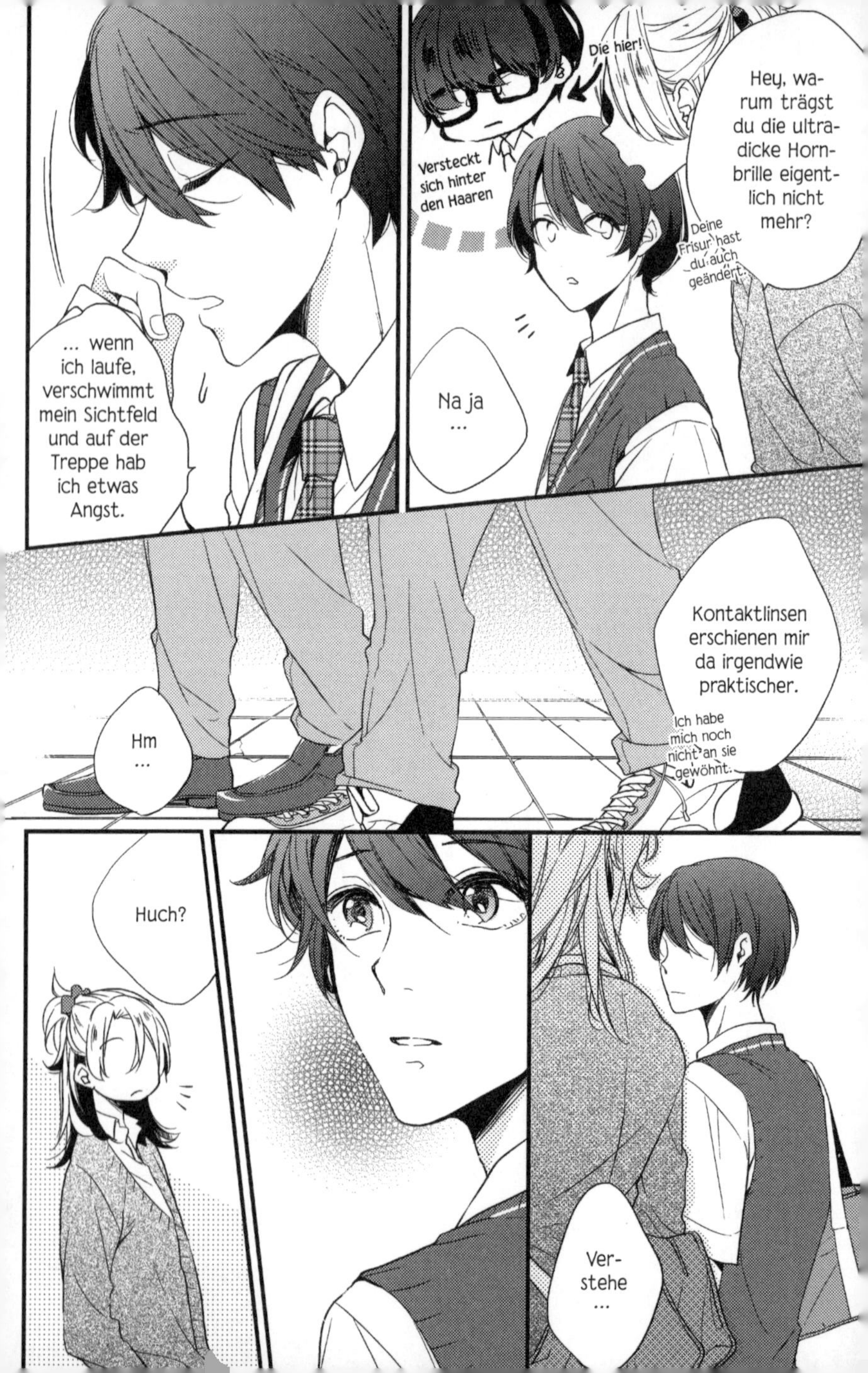
Hey, warum trägst du die ultradicke Hornbrille eigentlich nicht mehr?
Deine Frisur hast du auch geändert.
Die hier!
Versteckt sich hinter den Haaren
Na ja ...
... wenn ich laufe, verschwimmt mein Sichtfeld und auf der Treppe hab ich etwas Angst.
Kontaktlinsen erschienen mir da irgendwie praktischer.
Ich habe mich noch nicht an sie gewöhnt.
Hm ...
Verstehe ...
Huch?

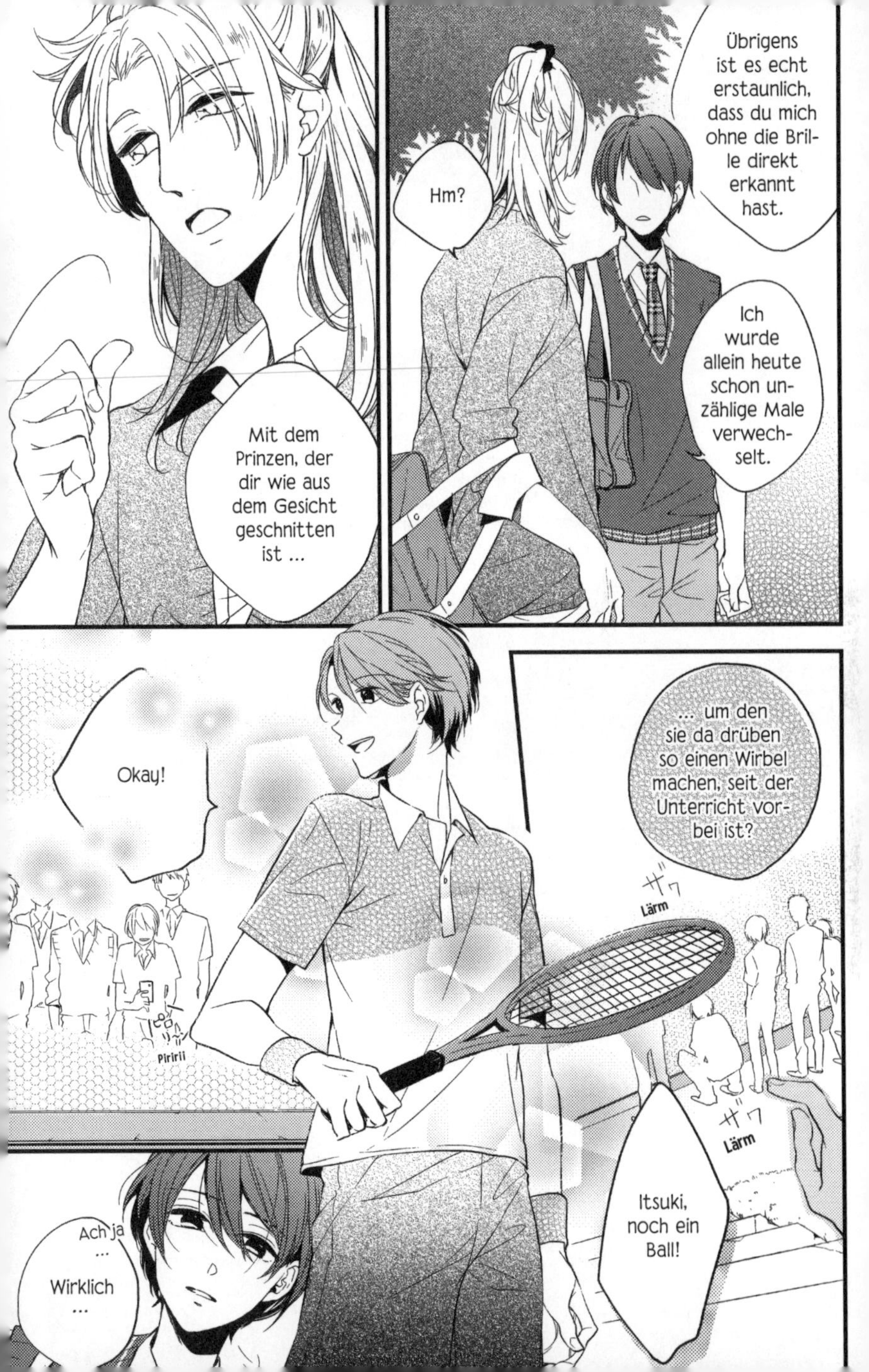
Übrigens ist es echt erstaunlich, dass du mich ohne die Brille direkt erkannt hast.
Hm?
Ich wurde allein heute schon unzählige Male verwechselt.
Mit dem Prinzen, der dir wie aus dem Gesicht geschnitten ist ...
... um den sie da drüben so einen Wirbel machen, seit der Unterricht vorbei ist?
Lärm
Lärm
Itsuki, noch ein Ball!
Okay!
Piririi
Ach ja ...
Wirklich ...

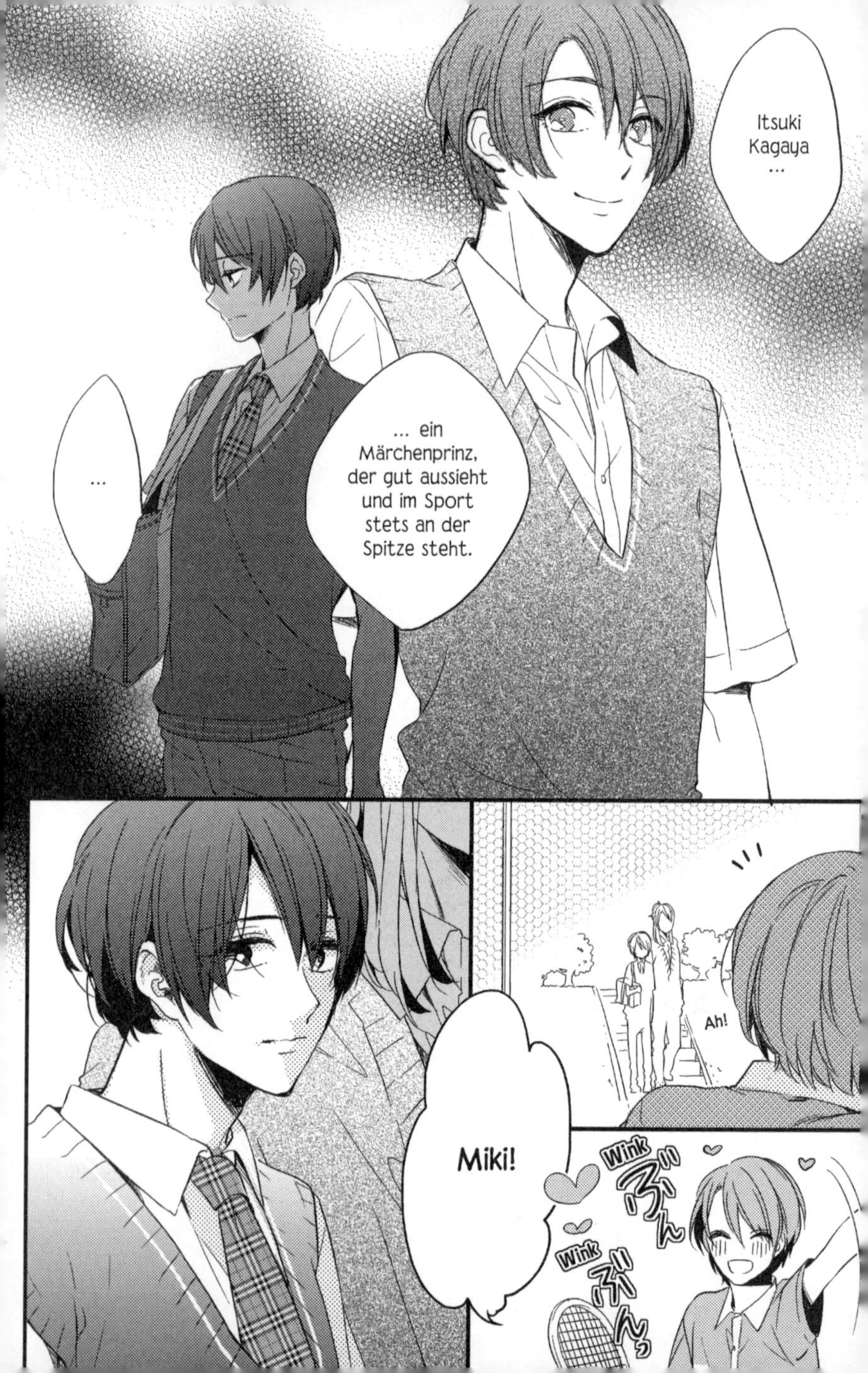

Itsuki Kagaya ...
... ein Märchenprinz, der gut aussieht und im Sport stets an der Spitze steht.
...
Ah!
Wink
Wink
Miki!

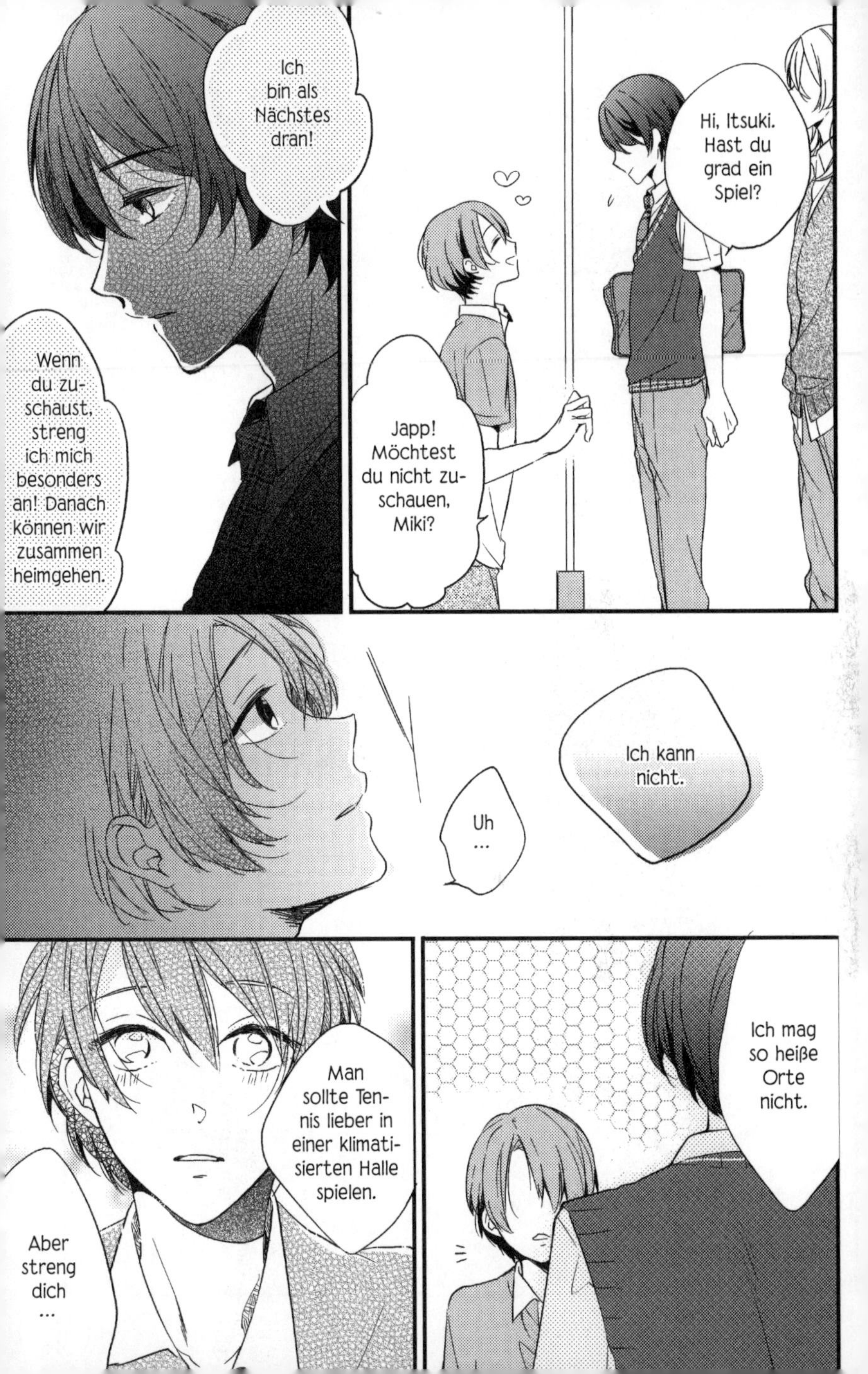
Hi, Itsuki. Hast du grad ein Spiel?
Japp! Möchtest du nicht zuschauen, Miki?
Ich bin als Nächstes dran!
Wenn du zuschaust, streng ich mich besonders an! Danach können wir zusammen heimgehen.
Ich kann nicht.
Uh ...
Ich mag so heiße Orte nicht.
Man sollte Tennis lieber in einer klimatisierten Halle spielen.
Aber streng dich ...

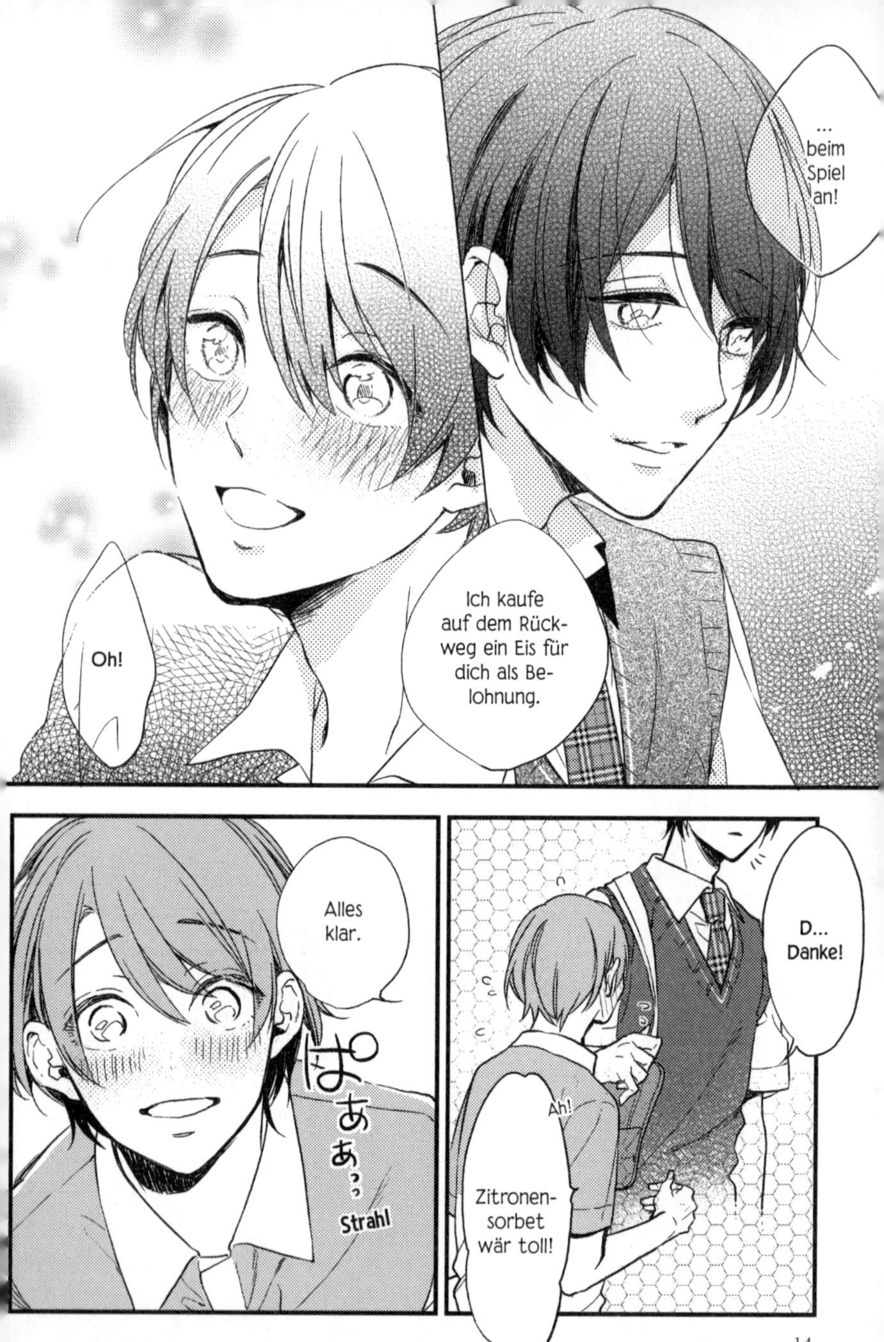
... beim Spiel an!
Ich kaufe auf dem Rück-weg ein Eis für dich als Be-lohnung.
Oh!
D... Danke!
Ah!
Zitronen-sorbet wär toll!
Alles klar.
ぱあぁっ
Strahl

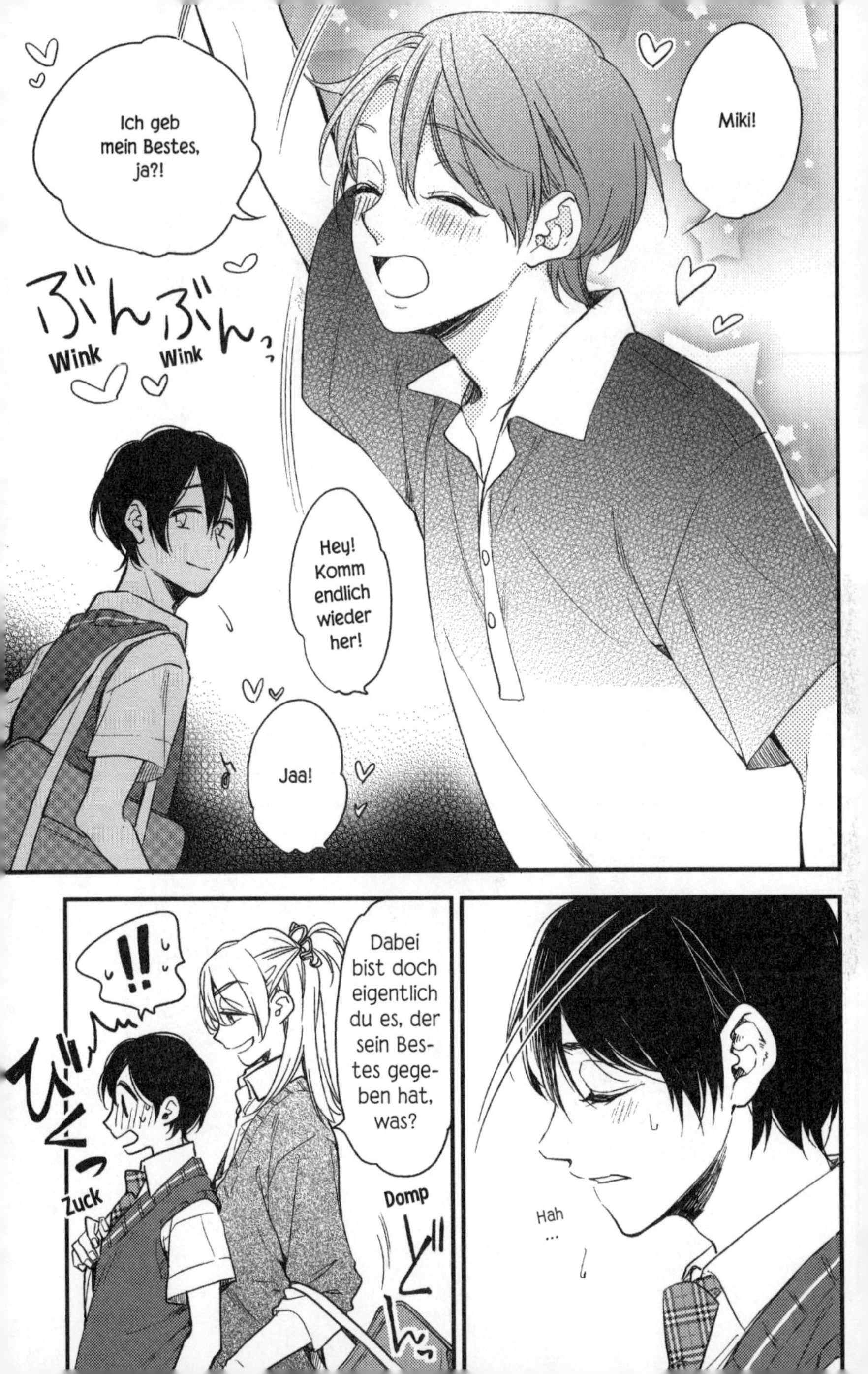
Miki!
Ich geb mein Bestes, ja?!
ぶんぶんっ
Wink Wink
Hey! Komm endlich wieder her!
Jaa!
Dabei bist doch eigentlich du es, der sein Bestes gegeben hat, was?
!!
びくっ
Zuck
どんっ
Domp
Hah ...

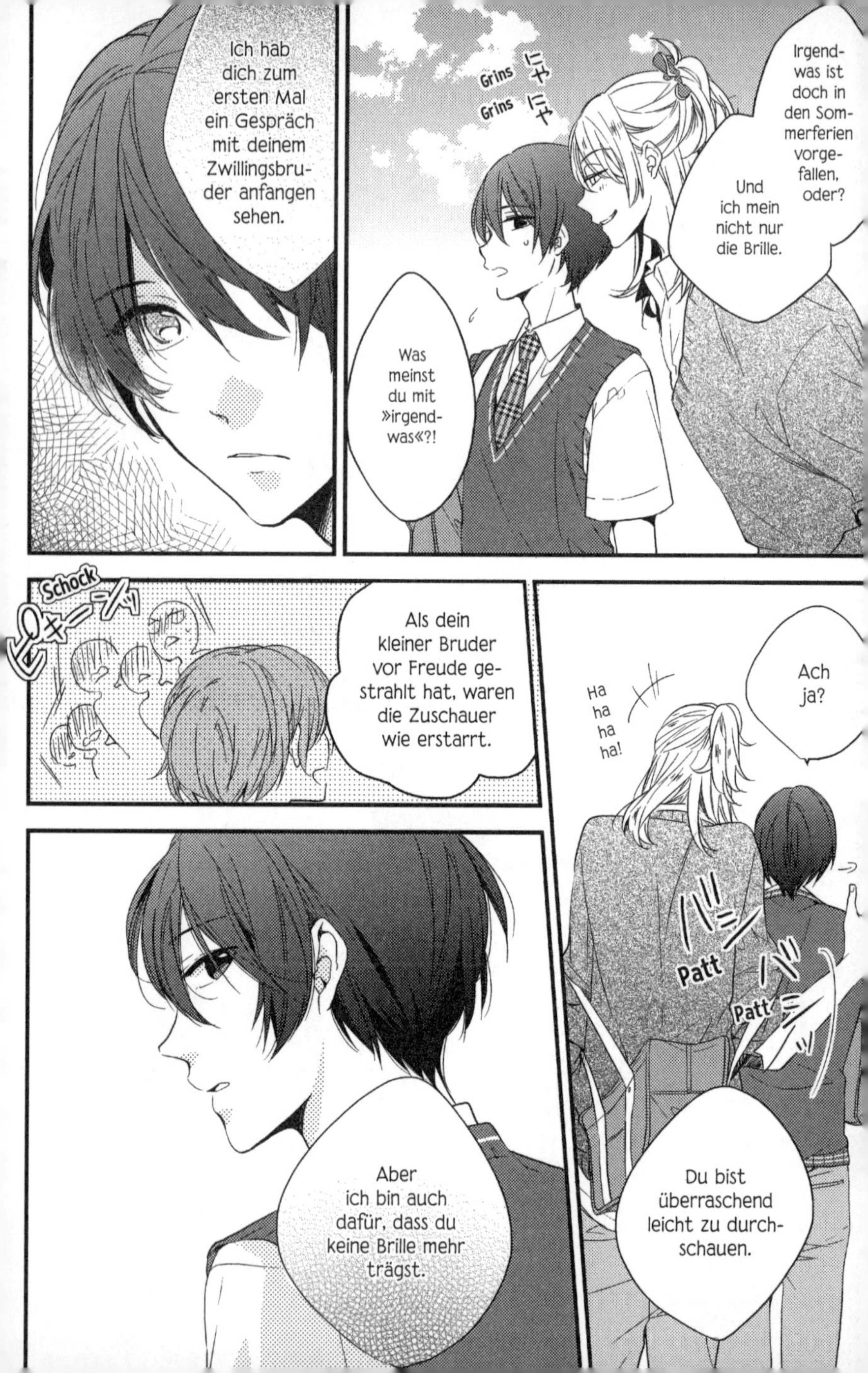

Irgendwas ist doch in den Sommerferien vorgefallen, oder?
Und ich mein nicht nur die Brille.
Grins にや
Grins にや
Was meinst du mit »irgendwas«?!
Ich hab dich zum ersten Mal ein Gespräch mit deinem Zwillingsbruder anfangen sehen.
Als dein kleiner Bruder vor Freude gestrahlt hat, waren die Zuschauer wie erstarrt.
Schock
Ach ja?
Ha ha ha ha!
Patt
Patt
Du bist überraschend leicht zu durchschauen.
Aber ich bin auch dafür, dass du keine Brille mehr trägst.

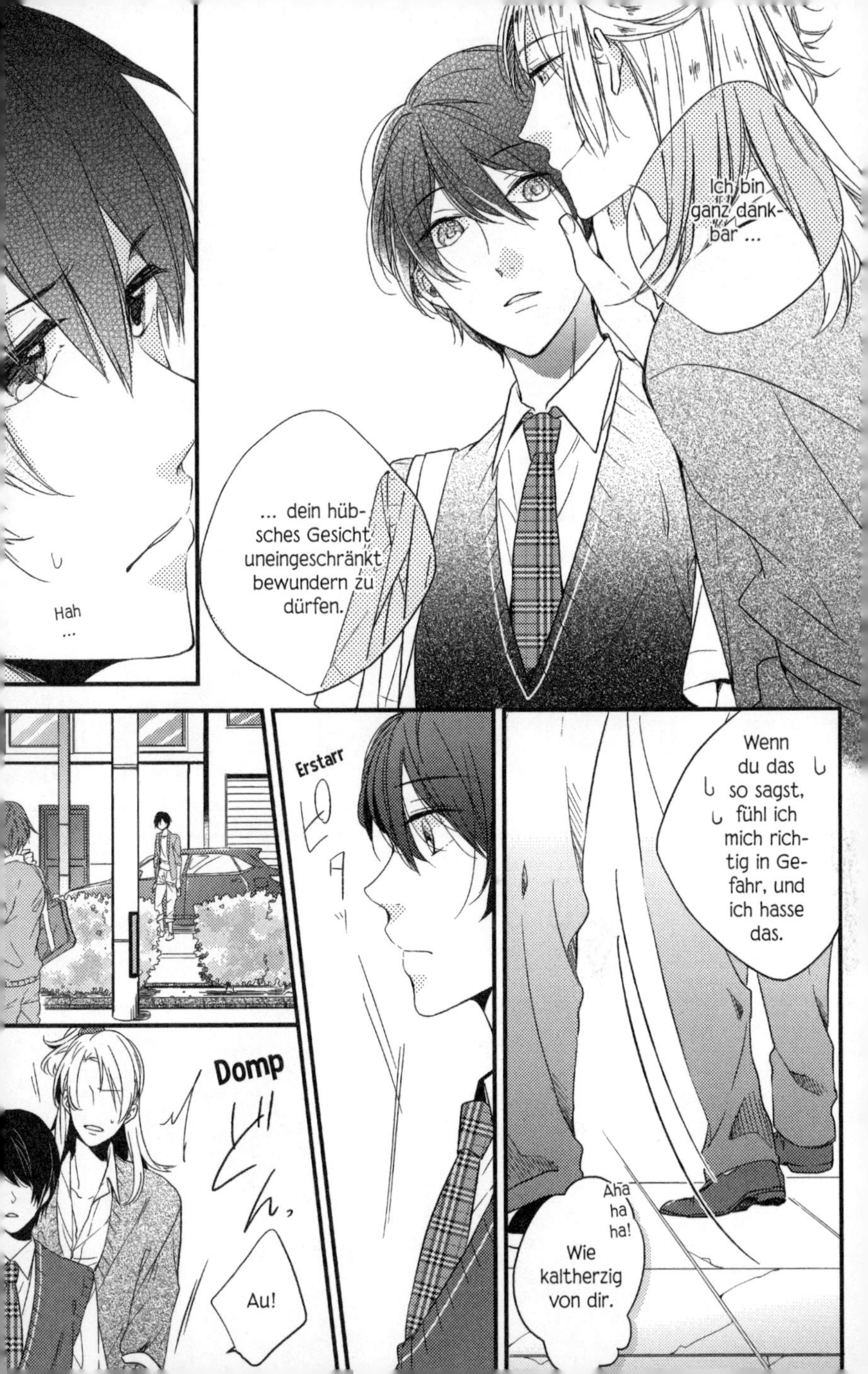
Ich bin ganz dankbar ...
... dein hübsches Gesicht uneingeschränkt bewundern zu dürfen.
Hah ...
Wenn du das so sagst, fühl ich mich richtig in Gefahr, und ich hasse das.
Ahaha ha! Wie kaltherzig von dir.
Erstarr
Domp
Au!

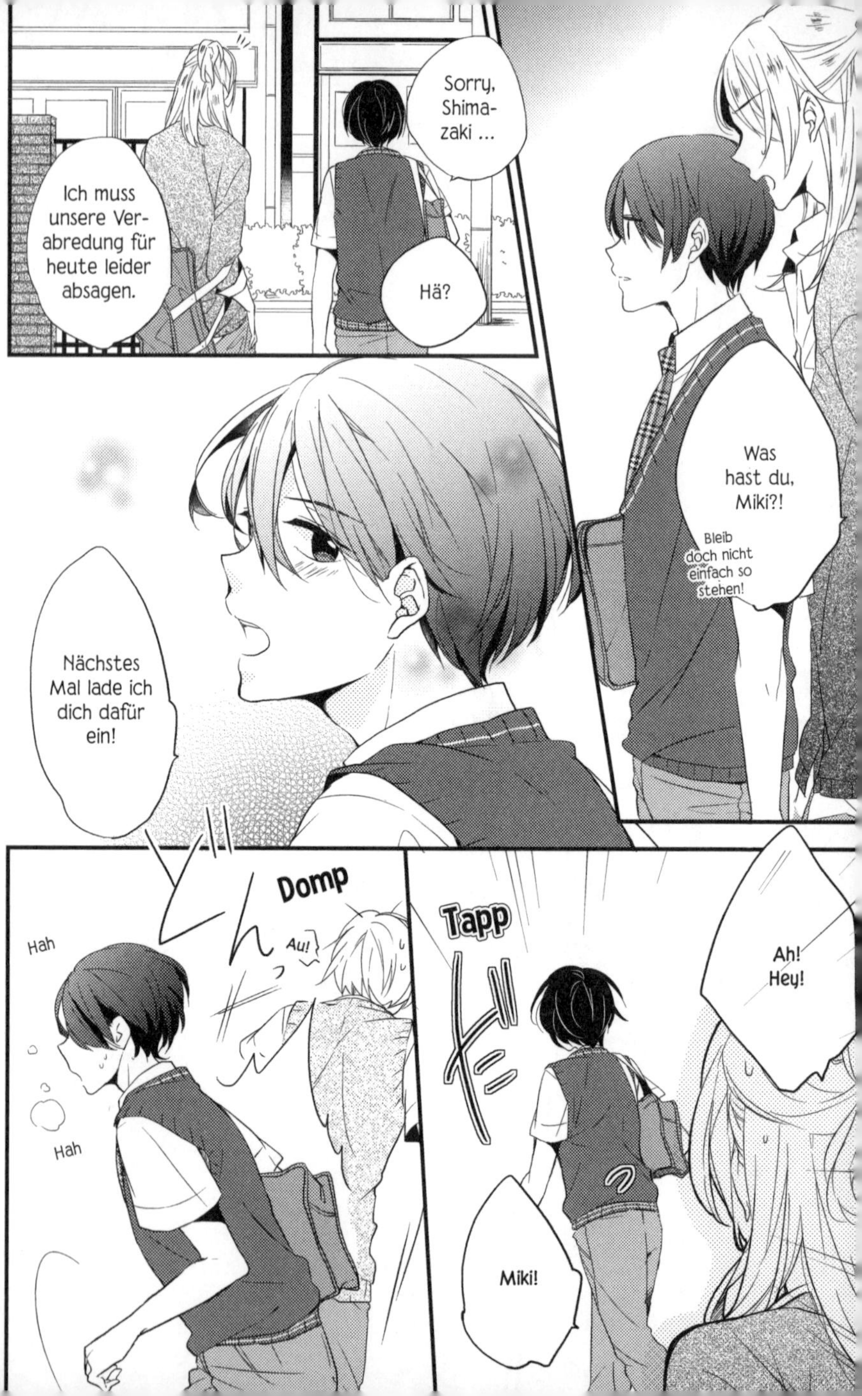

Sorry, Shimaza-zaki ...
Ich muss unsere Verabredung für heute leider absagen.
Hä?
Was hast du, Miki?!
Bleib doch nicht einfach so stehen!
Nächstes Mal lade ich dich dafür ein!
Ah! Hey!
Tapp
Miki!
Domp
Au!
Hah
Hah

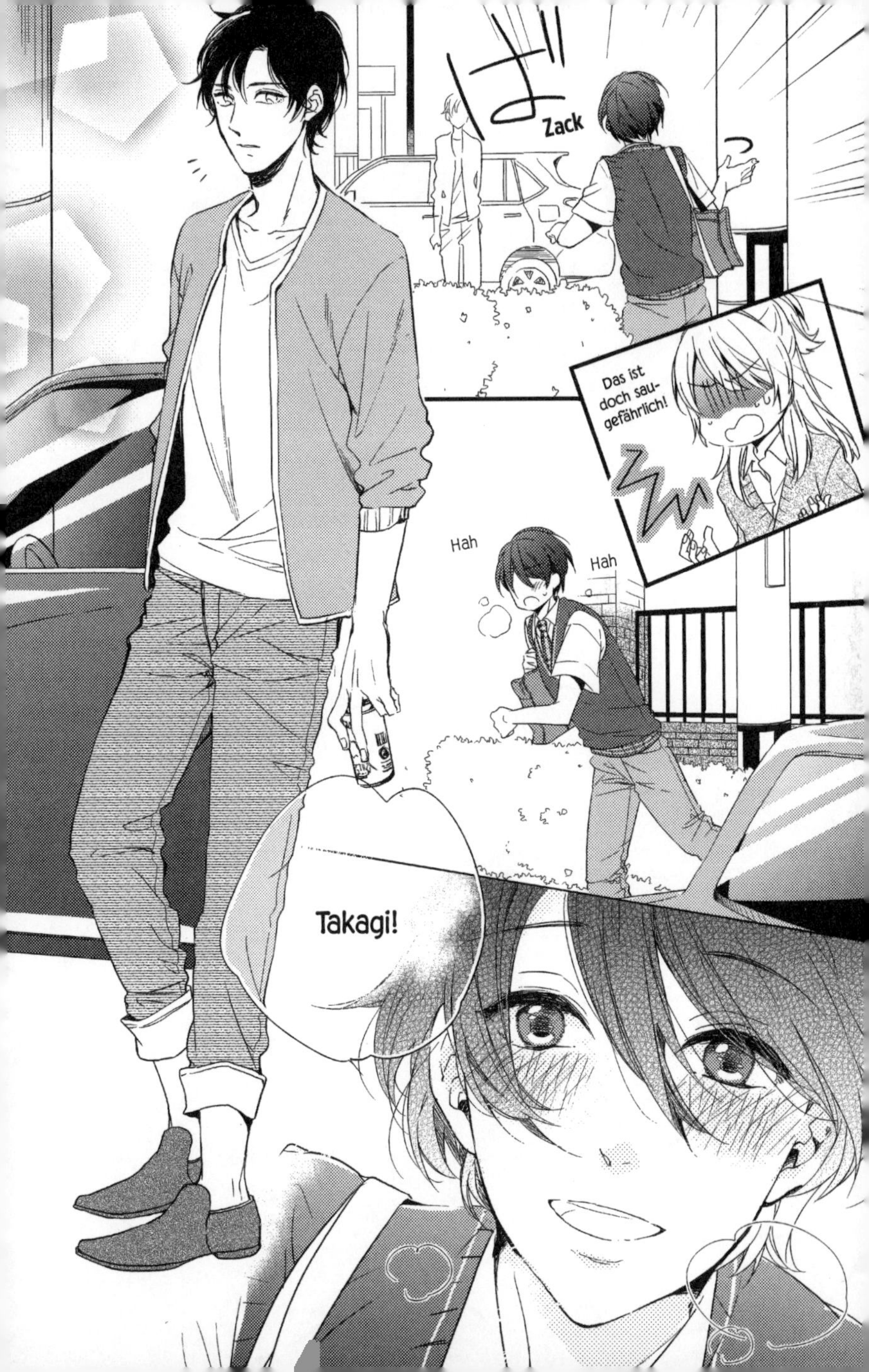
Zack
Das ist doch sau-gefährlich!
Hah
Hah
Takagi!

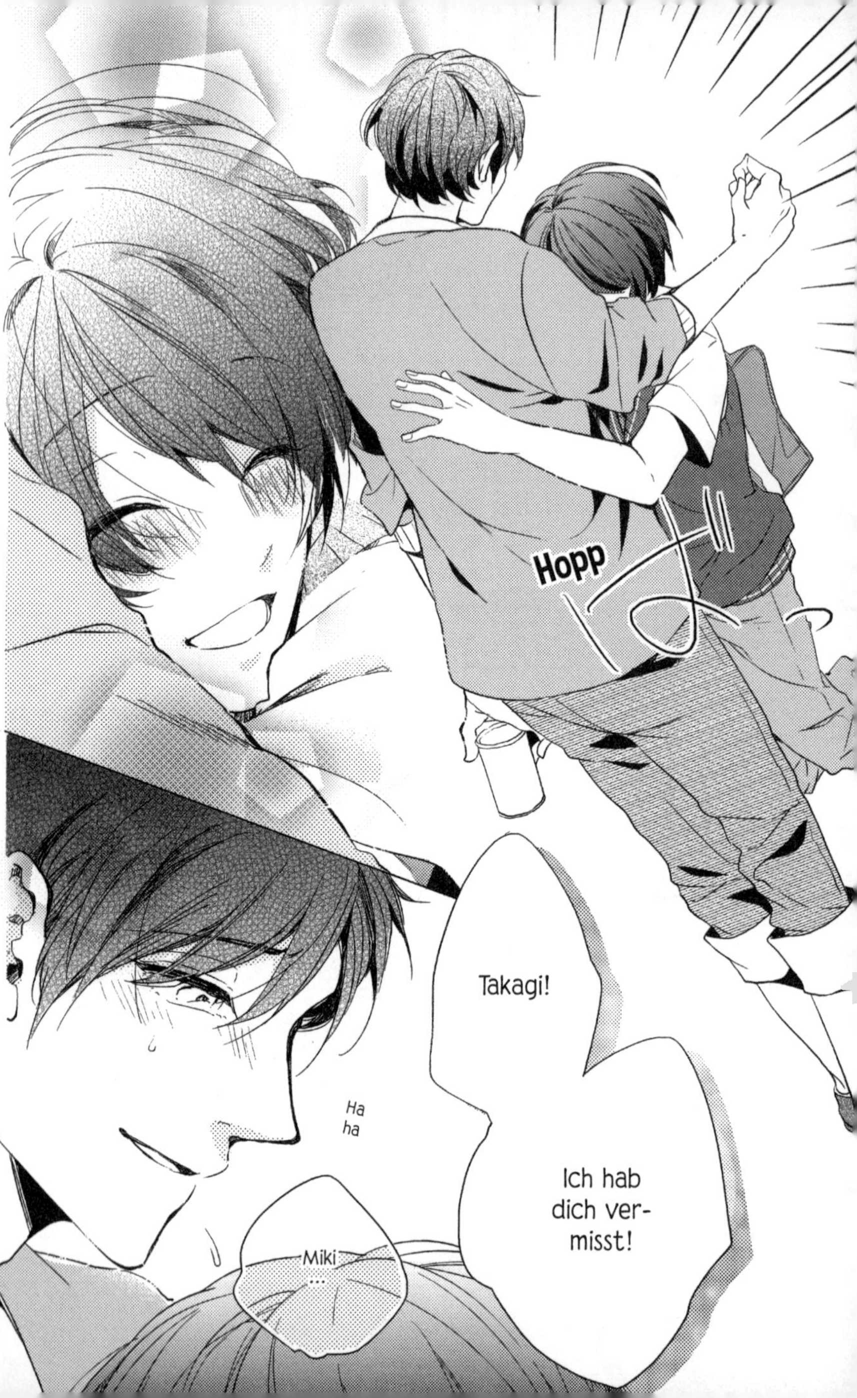
Hopp
Takagi!
Ich hab dich ver-
misst!
Ha
ha
Miki
...

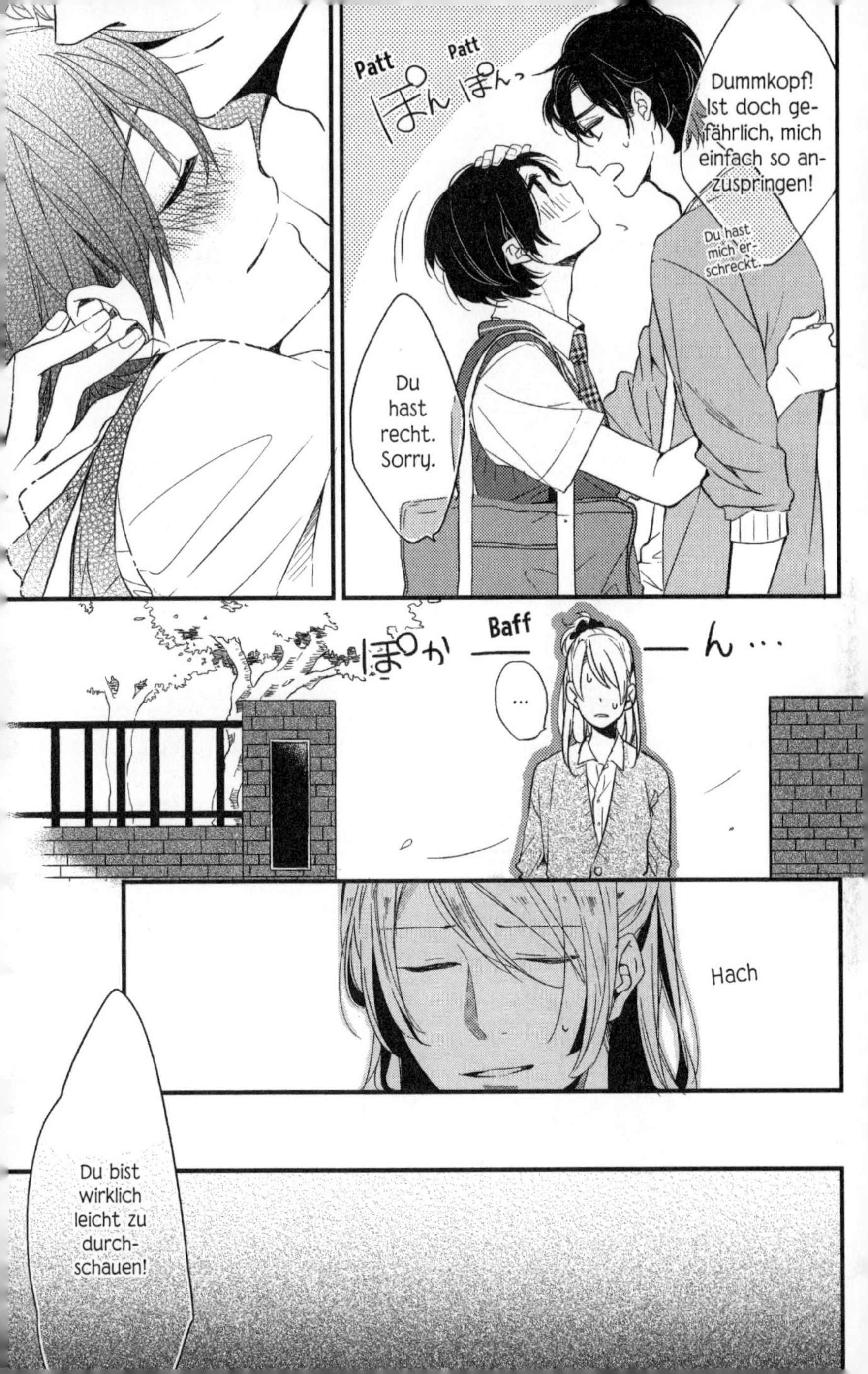
Patt
Patt
ぽん ぽんっ
Dummkopf! Ist doch gefährlich, mich einfach so anzuspringen!
Du hast mich erschreckt.
Du hast recht. Sorry.
Baff
ぽかーーん…
…
Hach
Du bist wirklich leicht zu durchschauen!

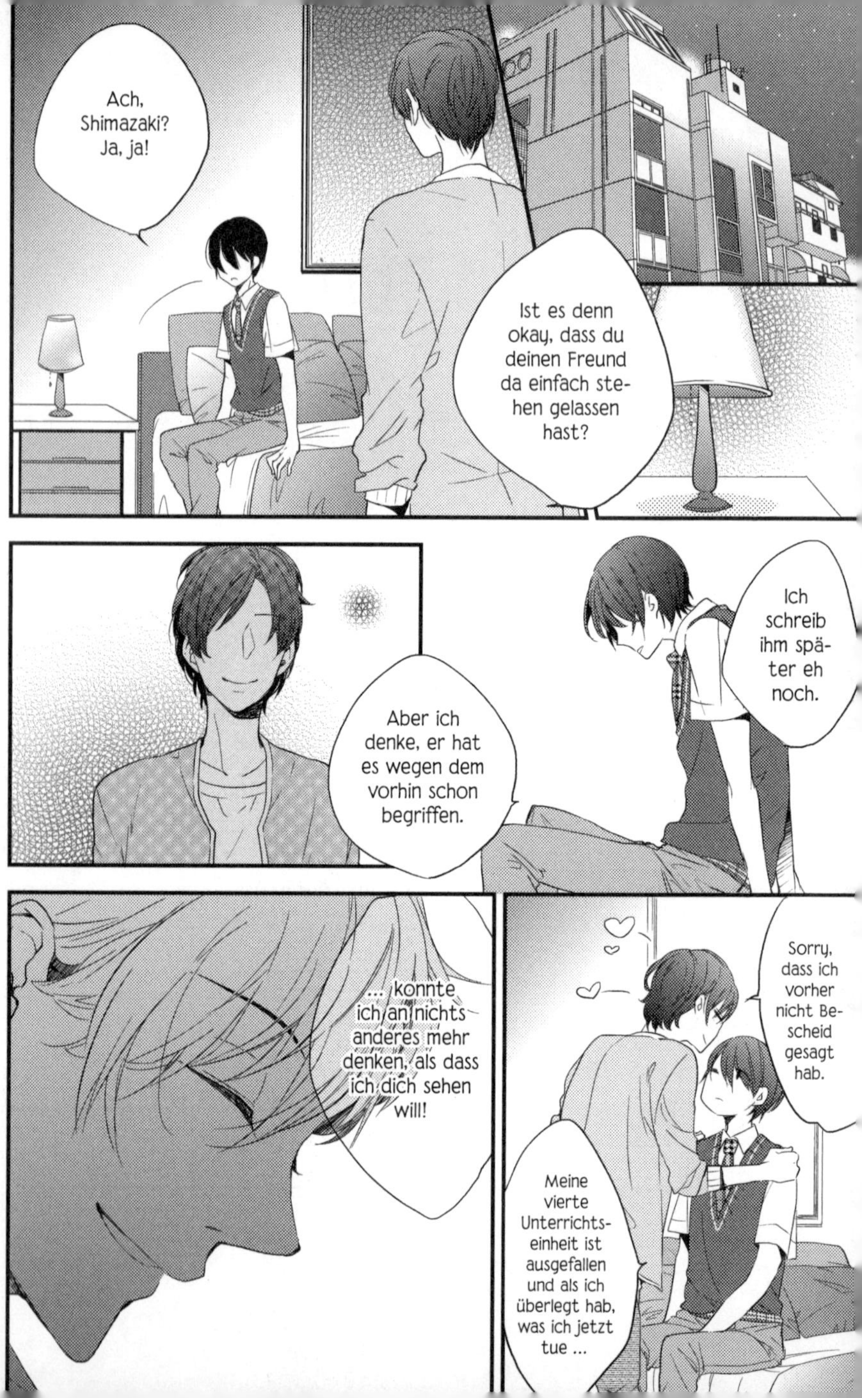
Ist es denn okay, dass du deinen Freund da einfach stehen gelassen hast?
Ach, Shimazaki? Ja, ja!
Ich schreib ihm später eh noch.
Aber ich denke, er hat es wegen dem vorhin schon begriffen.
Sorry, dass ich vorher nicht Bescheid gesagt hab.
Meine vierte Unterrichtseinheit ist ausgefallen und als ich überlegt hab, was ich jetzt tue ...
... konnte ich an nichts anderes mehr denken, als dass ich dich sehen will!

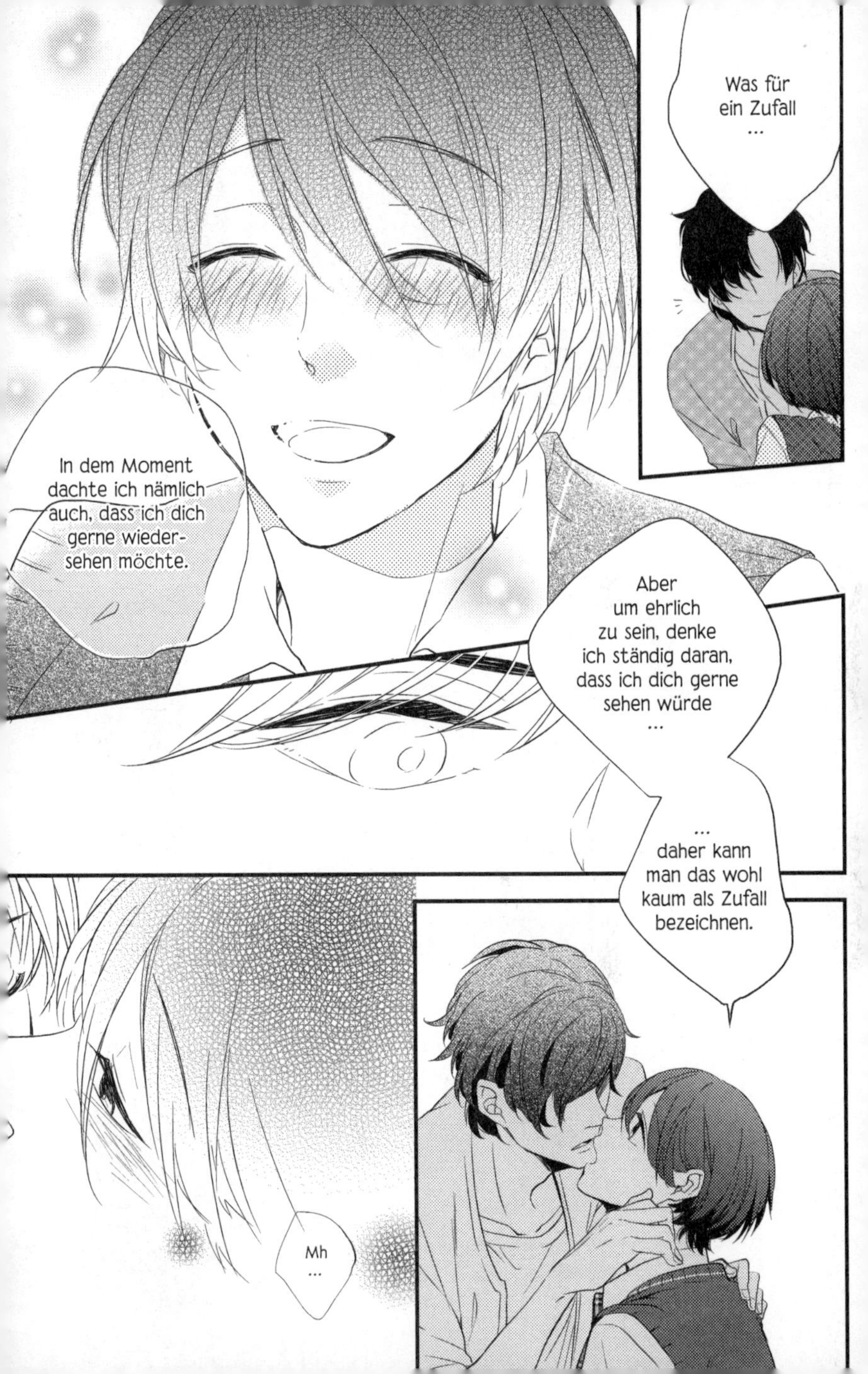
Was für ein Zufall ...
In dem Moment dachte ich nämlich auch, dass ich dich gerne wiedersehen möchte.
Aber um ehrlich zu sein, denke ich ständig daran, dass ich dich gerne sehen würde ...
... daher kann man das wohl kaum als Zufall bezeichnen.
Mh ...

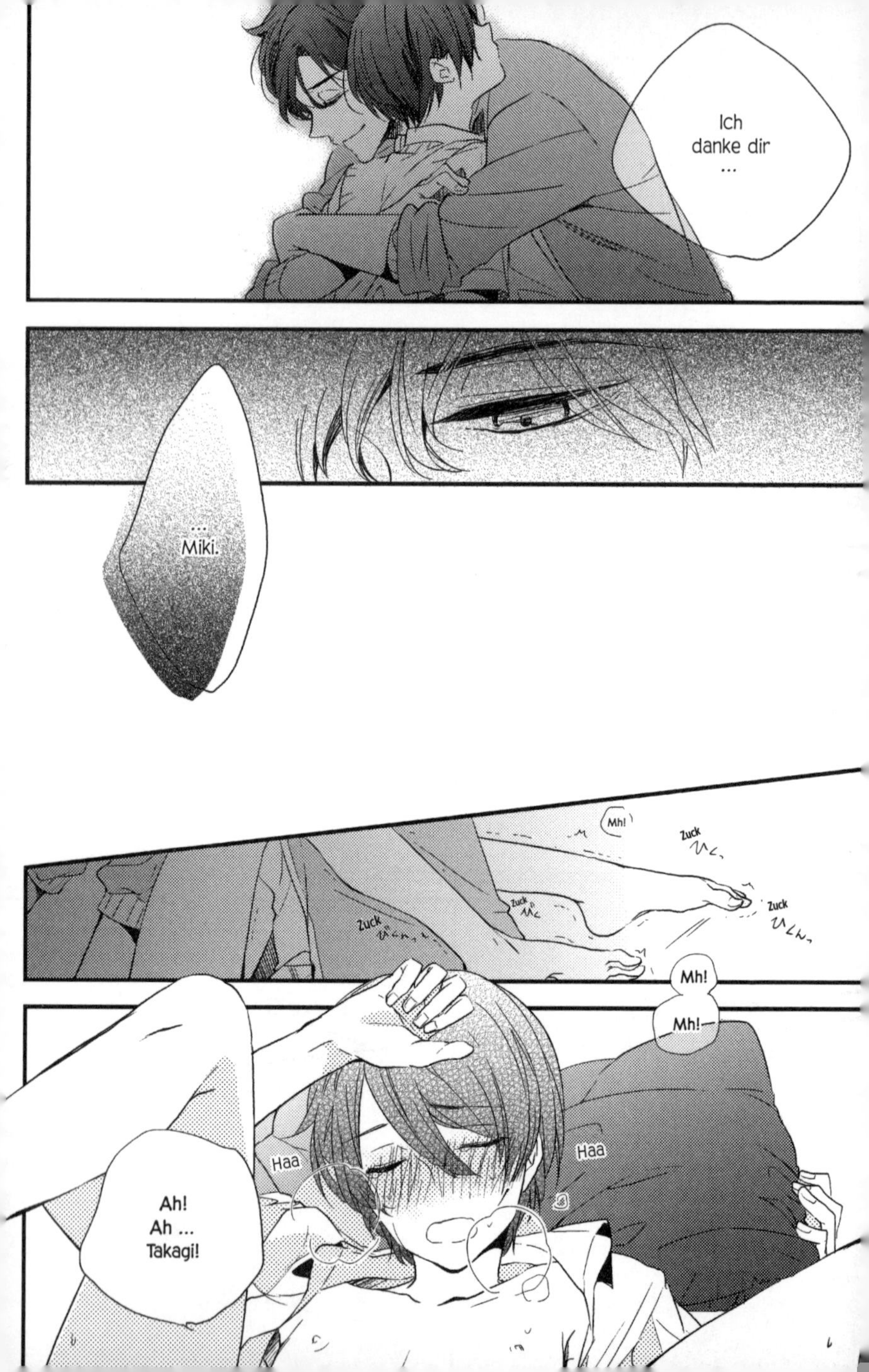
Ich danke dir ...
... Miki.
Mh!
Zuck
Zuck
Zuck
Zuck
Mh!
Mh!
Haa
Haa
Ah! Ah ... Takagi!

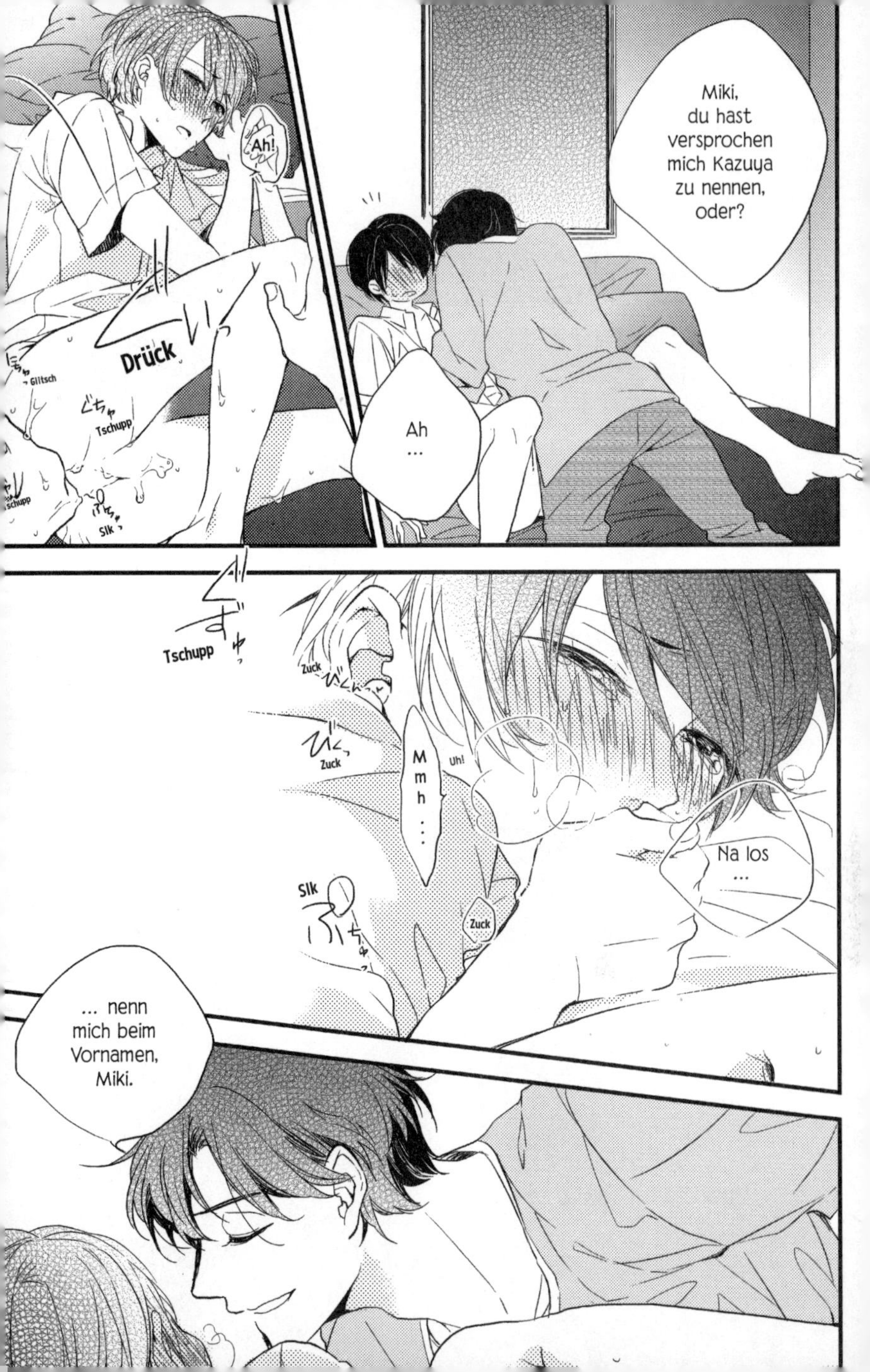
Miki, du hast versprochen mich Kazuya zu nennen, oder?
Ah ...
Ah!
Drück
Glitsch
Tschupp
Tschupp
Slk
Tschupp
Zuck
Zuck
Uh!
Mmh ...
Na los ...
Slk
Zuck
... nenn mich beim Vornamen, Miki.

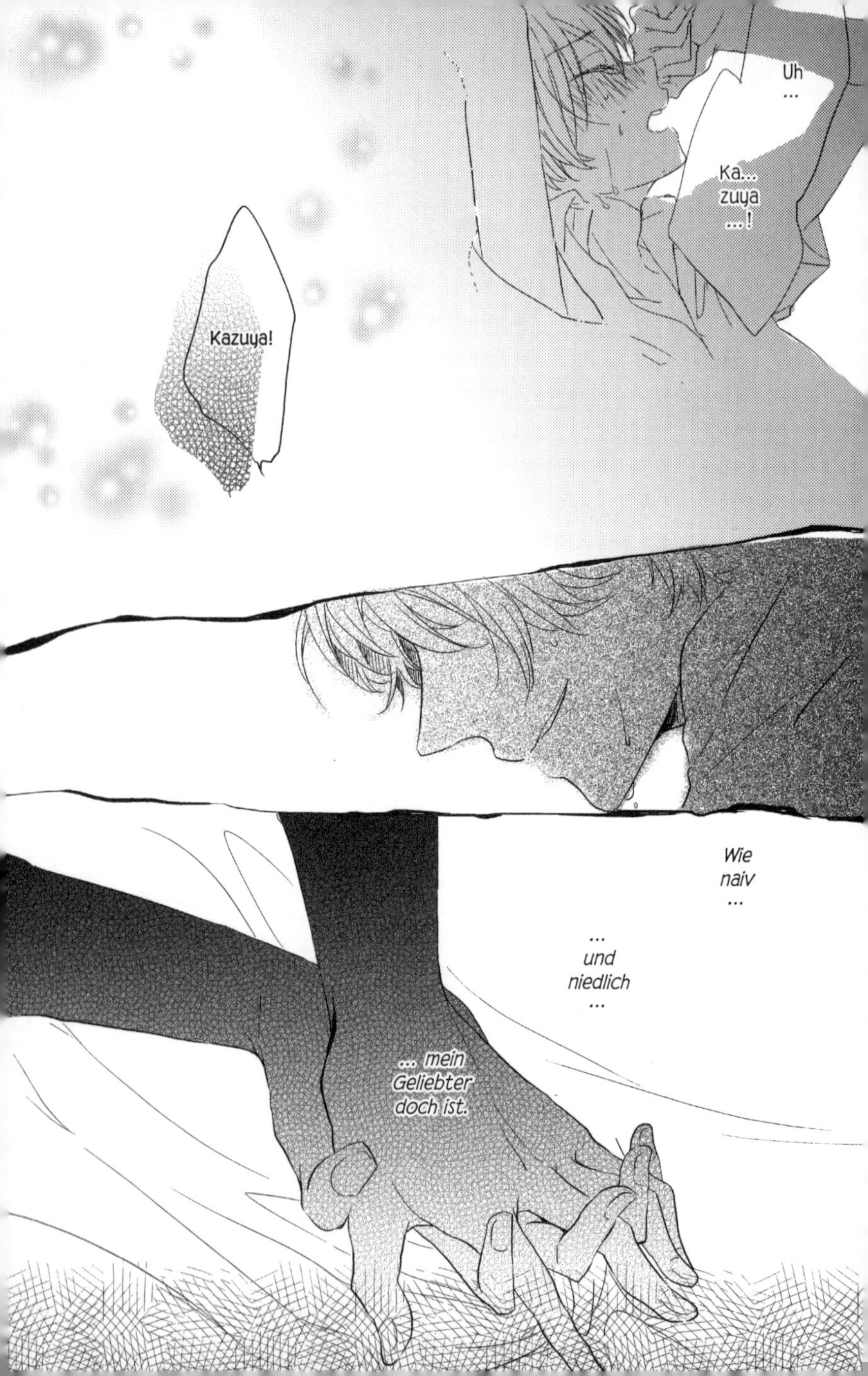
Uh …
Ka… zuya …!
Kazuya!
Wie naiv …
… und niedlich …
… mein Geliebter doch ist.

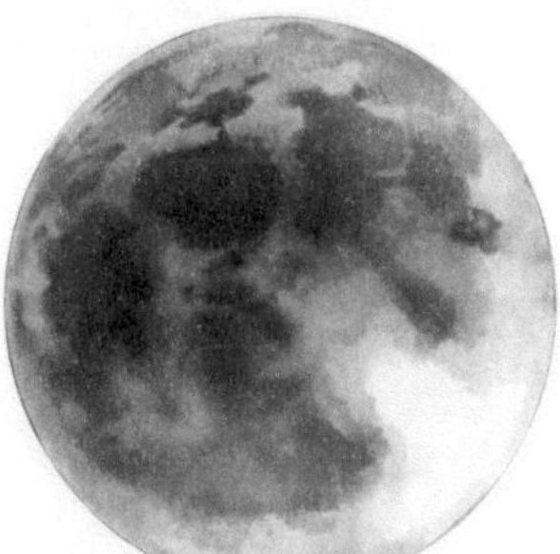

Der stille Mond

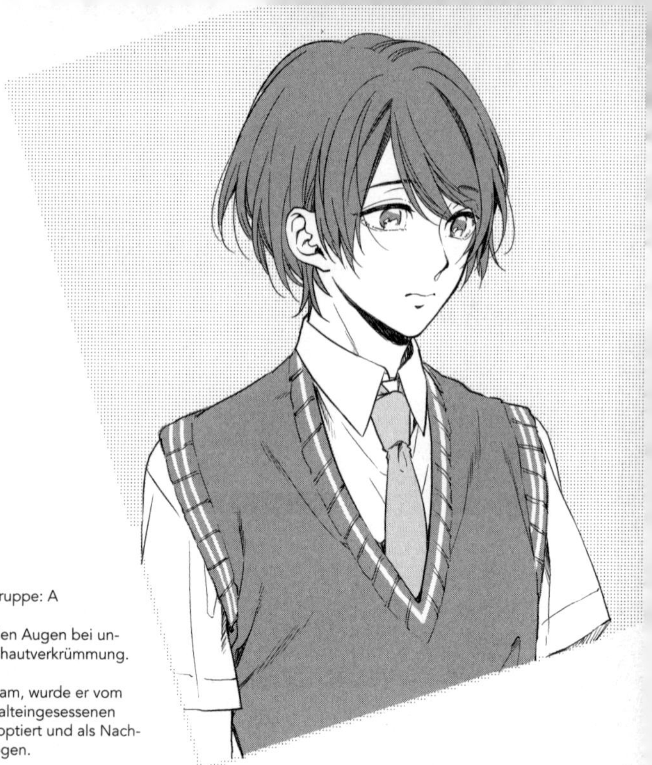

Miki Asaoka

Sternzeichen: Jungfrau, Blutgruppe: A

Seine Sehstärke liegt auf beiden Augen bei unter 30 % und er hat eine Hornhautverkrümmung.

Bevor er in die Grundschule kam, wurde er vom Elternhaus seiner Mutter, der alteingesessenen Asaoka-Familie in Niigata, adoptiert und als Nachfolger seiner Oma streng erzogen.

Zehn Jahre später wurde er in die renommierte Tokioter K-Schule aufgenommen, die zu einer Universität gehört. Als er eingeschult wurde, zog er zurück zu seinen eigentlichen Eltern und seinem jüngeren Zwillingsbruder Itsuki.

Bis zur Mittelstufe waren seine schulischen und sportlichen Leistungen überdurchschnittlich, aber in der landesweit höchstrangigen Schule waren seine Noten nicht mehr vorzeigefähig. Da Itsuki über den Standard hinaus in allem gut war, entwickelte Miki einen tief sitzenden Minderwertigkeitskomplex.

Vom Aussehen her sind die Zwillinge zwei umwerfend hübsche Jungs, die sich wie aus dem Gesicht geschnitten sind, aber Mikis Charakter ist vollkommen uneitel. Weil er es nicht ausstehen kann, mit seinem jüngeren Bruder verwechselt zu werden, trägt er eine unvorteilhafte Brille und versteckt sich hinter einem langen Pony. Zumindest versucht er es. In einem Manga mit solchen Schönheiten ist das aber ohnehin zwecklos. Weil es unmöglich für ihn ist, sich zu verstecken, ist er in der Jungenschule ziemlich beliebt, wenn auch nicht so sehr wie Itsuki. Da er sich aber Gesichter schlecht merken kann, sein Freundeskreis extrem klein ist und er kaum Gerüchte mitbekommt, merkt er nichts davon.

Dank der strengen Erziehung seiner Oma hat er gute Manieren, ist ernst und sparsam. Sein Kleidungsstil und seine Ausdrucksweise entsprechen nicht denen eines Jugendlichen und im Gegensatz zu anderen Jungs seines Alters hat er nur sehr wenig Interesse an materiellen Dingen. Zudem ist er aus den Klamotten, die ihm während seines Aufenthalts in Niigata von seiner Oma und älteren Bediensteten gekauft wurden, noch nicht wirklich herausgewachsen. Daher trägt er sie auch weiterhin. Entsprechend ist sein Geschmack bei Alltagsklamotten ziemlich fragwürdig und da ihm das bewusst ist, zieht er für gewöhnlich, wenn er ausgeht, entsprechend den Schulregeln seine Schuluniform an. Schuluniformen sind in dieser Hinsicht wirklich praktisch.

Er mag – nein, liebt – historische Stücke und Kazuya. Und auch Shiokara* liebt er sehr! Zu seinen Spezialitäten gehört das Tischtennisspielen in den Hotels an heißen Quellen. Er hat es auf den Geschäftsreisen gelernt, auf die seine Oma ihn mitgenommen hat. Er ist jedoch kein ernst zu nehmender Gegner für seine Oma, die ihn großgezogen hat, und Shimazaki, seinen besten Freund, der in vielerlei Hinsicht sein Lebensretter ist.

* Meerestierfleisch in einer braunen Paste aus den stark gesalzenen, fermentierten Innereien des Tieres.

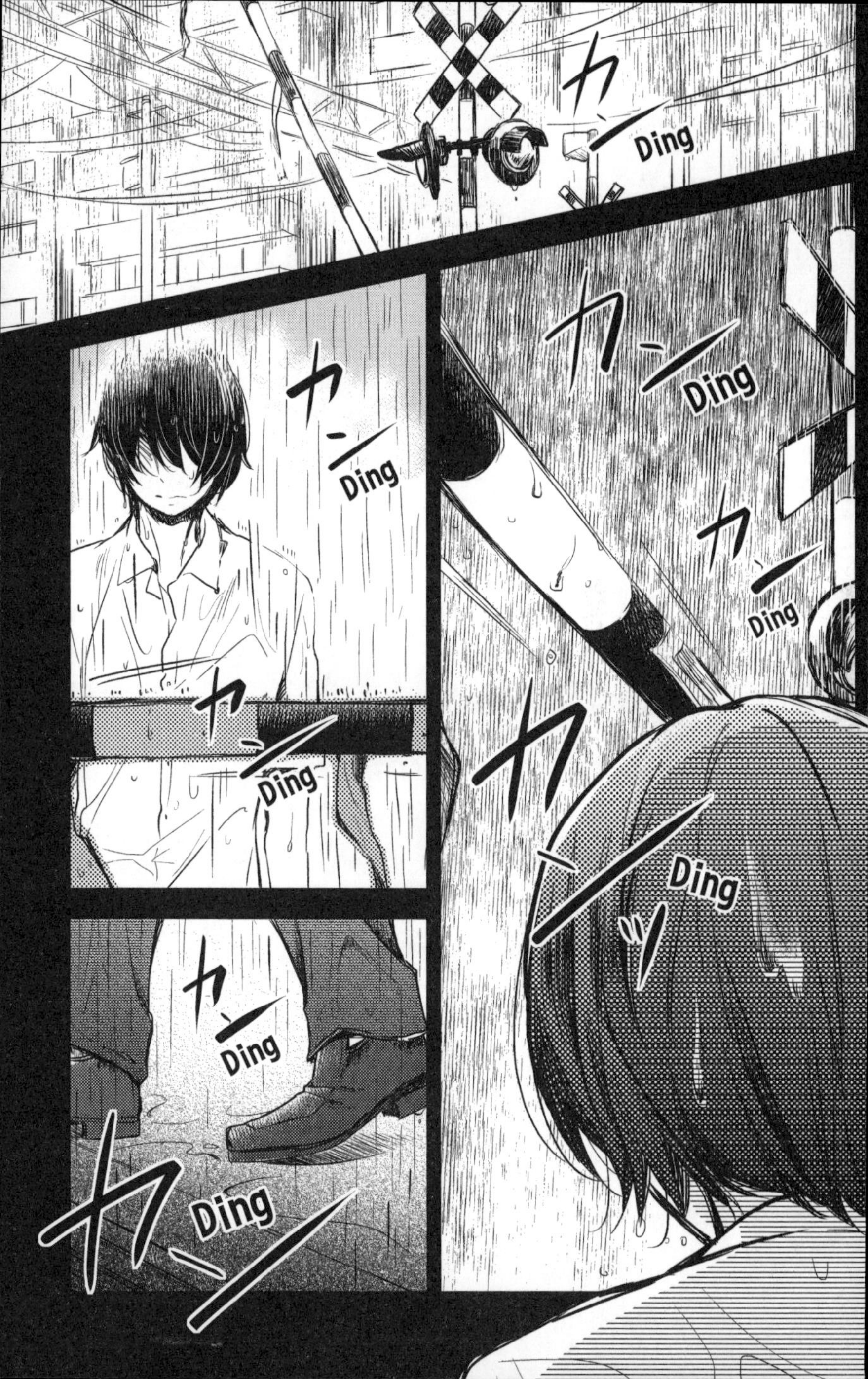
Ding
Ding
Ding
Ding
Ding
Ding
Ding
Ding
Ding

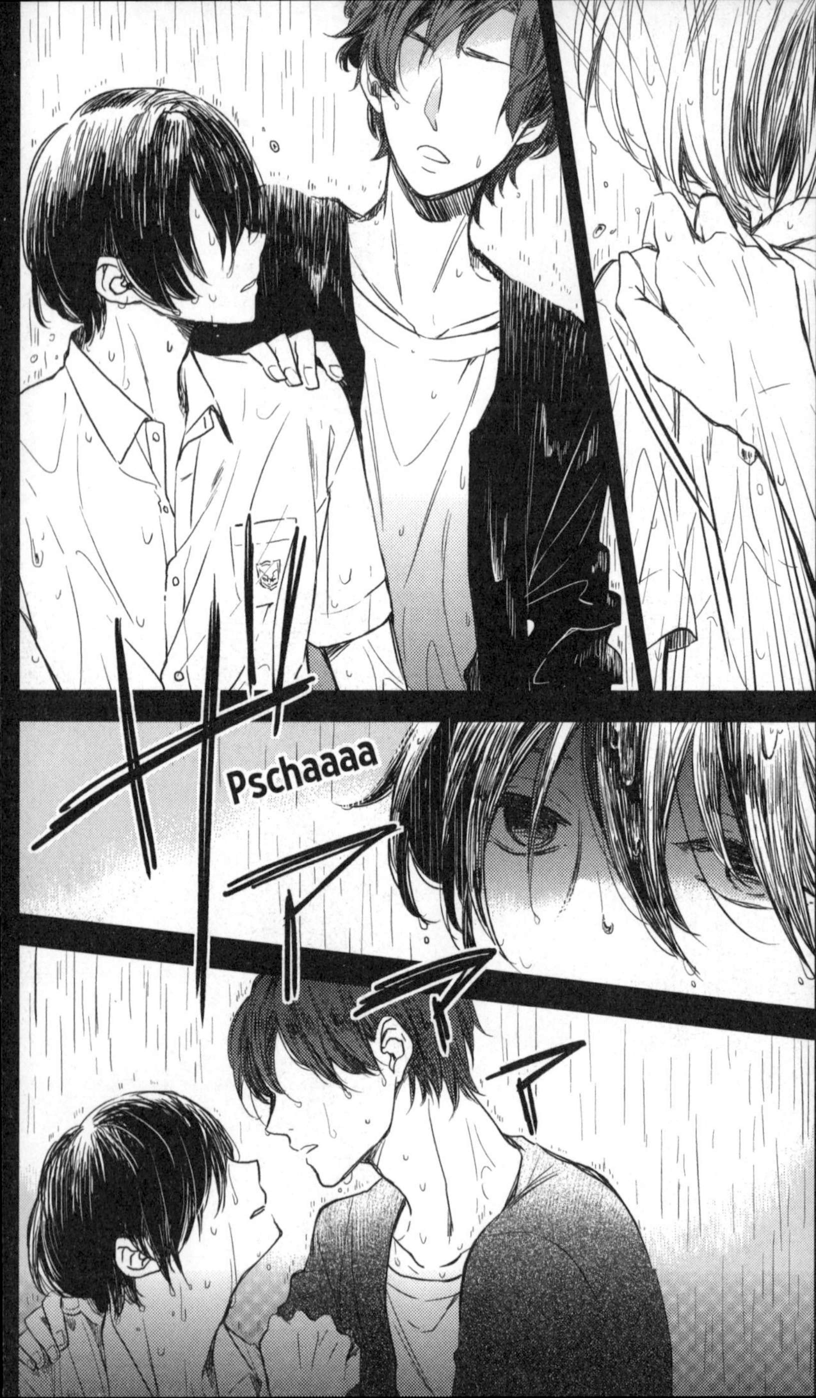
Pschaaaa

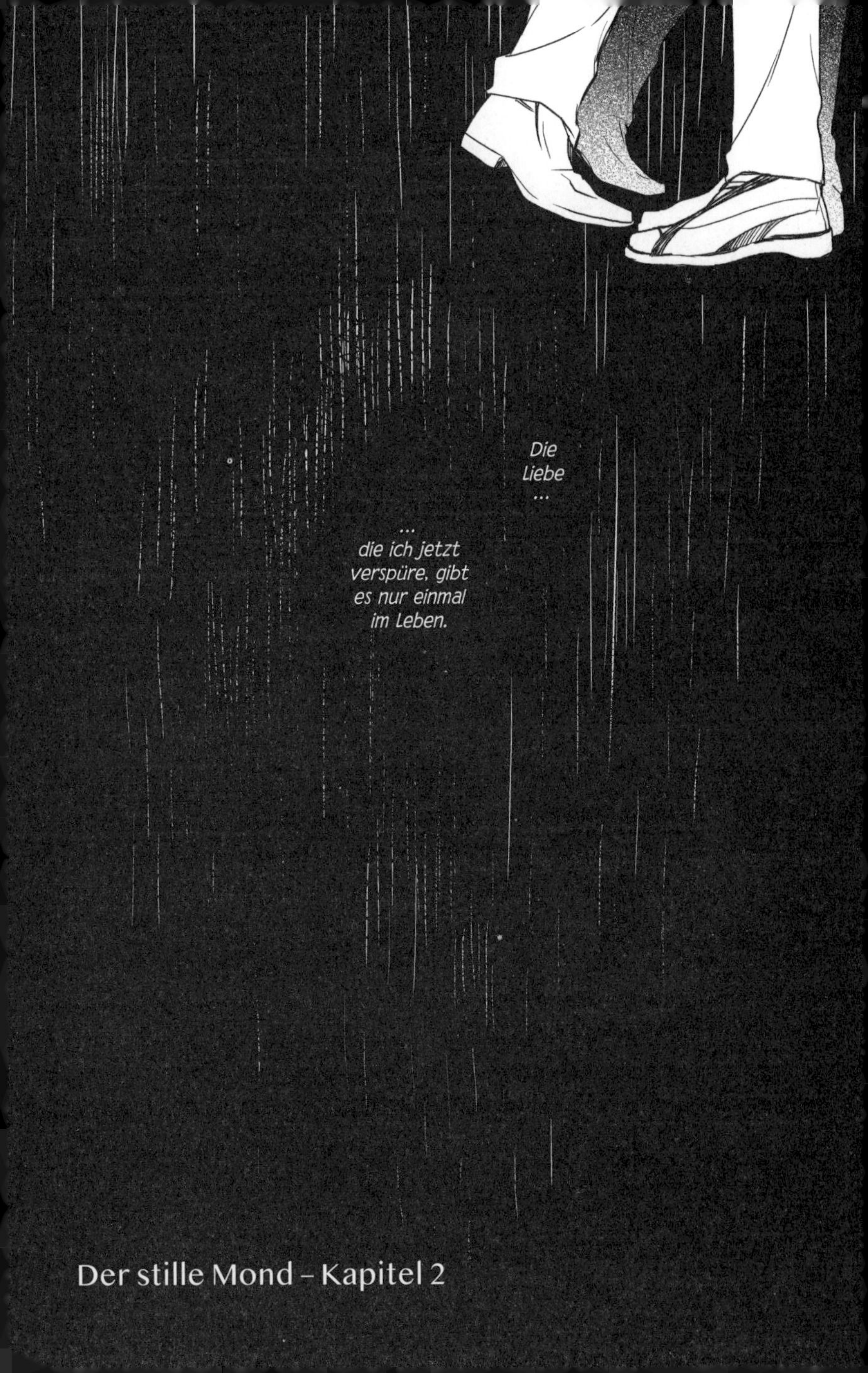
Die Liebe …
… die ich jetzt verspüre, gibt es nur einmal im Leben.
Der stille Mond – Kapitel 2

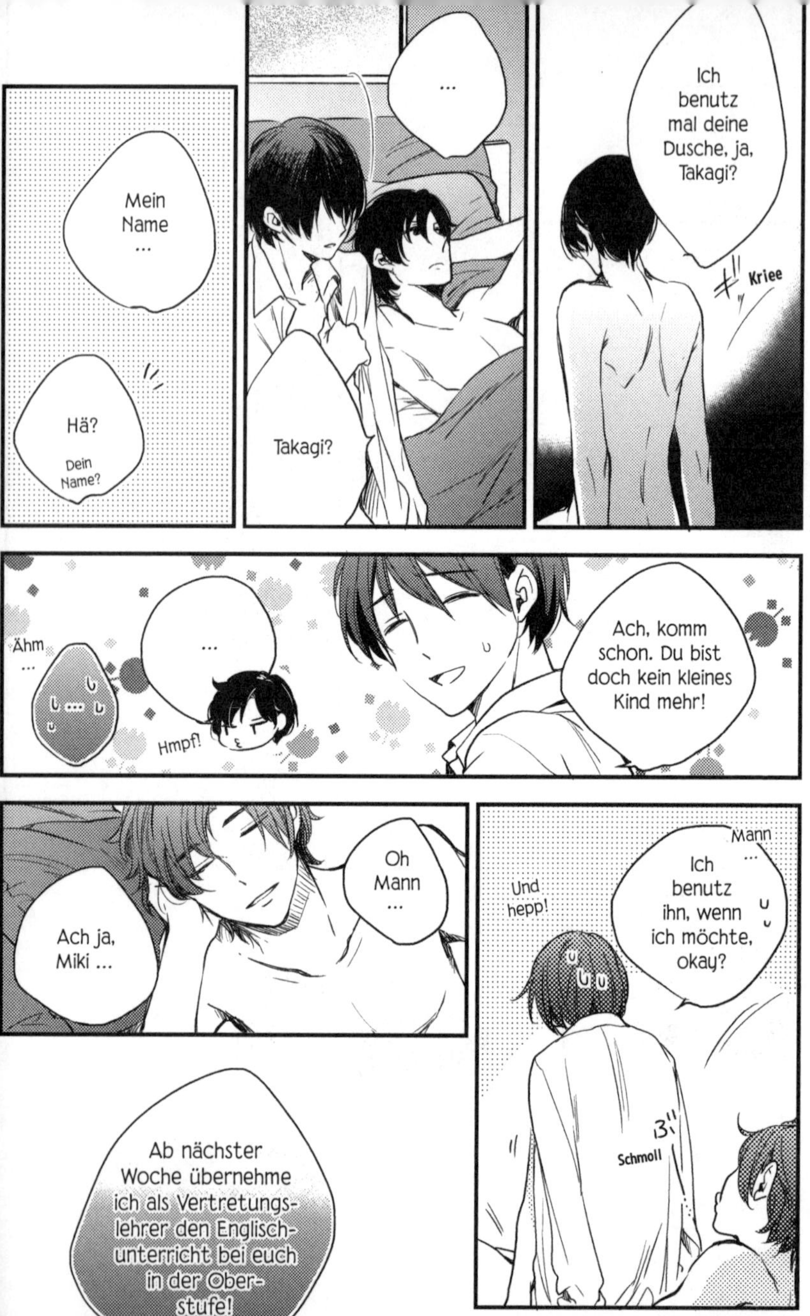

Ich benutz mal deine Dusche, ja, Takagi?
Kriee
...
Takagi?
Mein Name ...
Hä?
Dein Name?
Ach, komm schon. Du bist doch kein kleines Kind mehr!
...
Hmpf!
Ähm ...
Mann ...
Ich benutz ihn, wenn ich möchte, okay?
Und hepp!
Schmoll
Oh Mann ...
Ach ja, Miki ...
Ab nächster Woche übernehme ich als Vertretungslehrer den Englischunterricht bei euch in der Oberstufe!

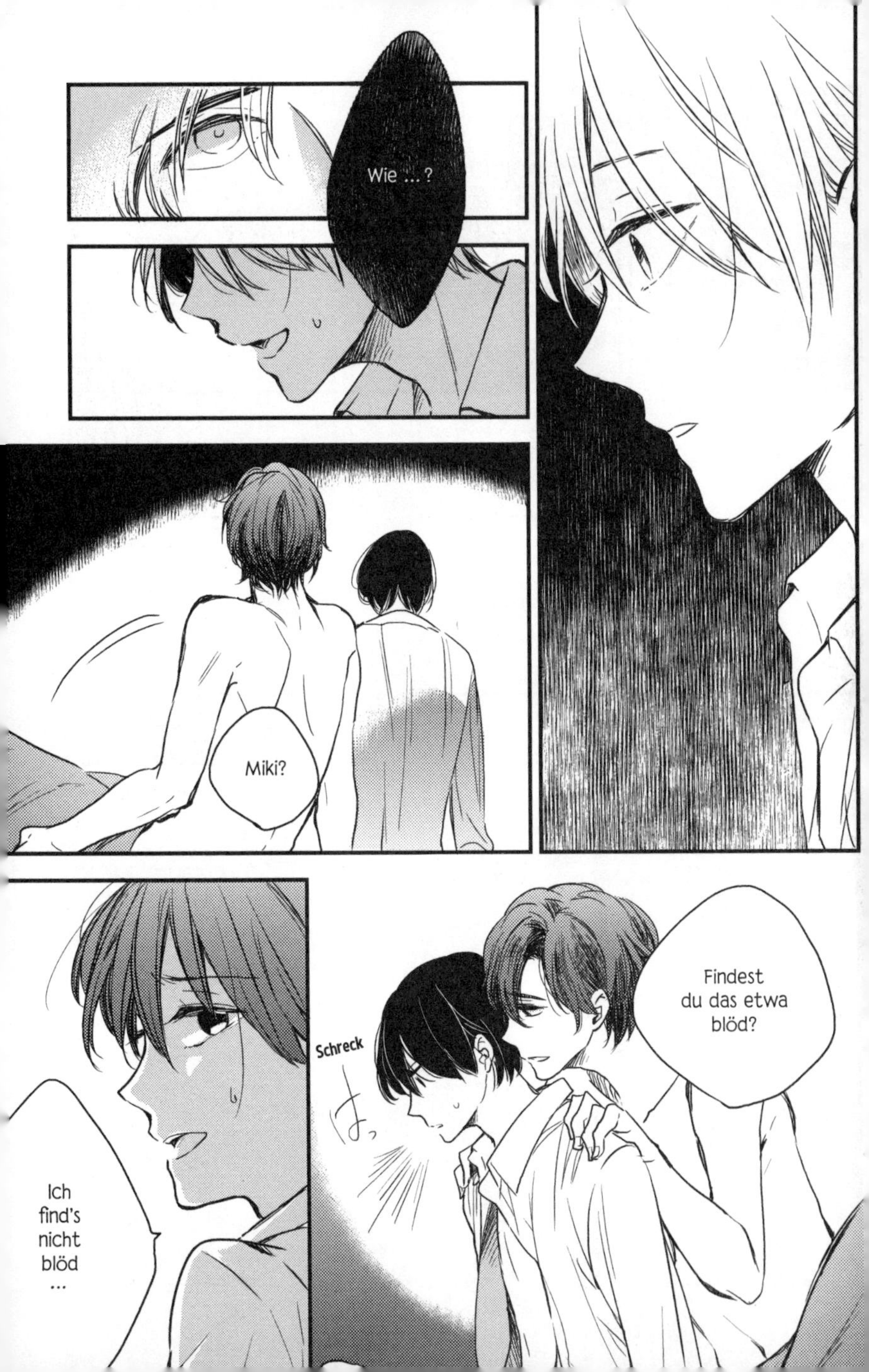
Wie ...?
Miki?
Findest du das etwa blöd?
Schreck
Ich find's nicht blöd ...

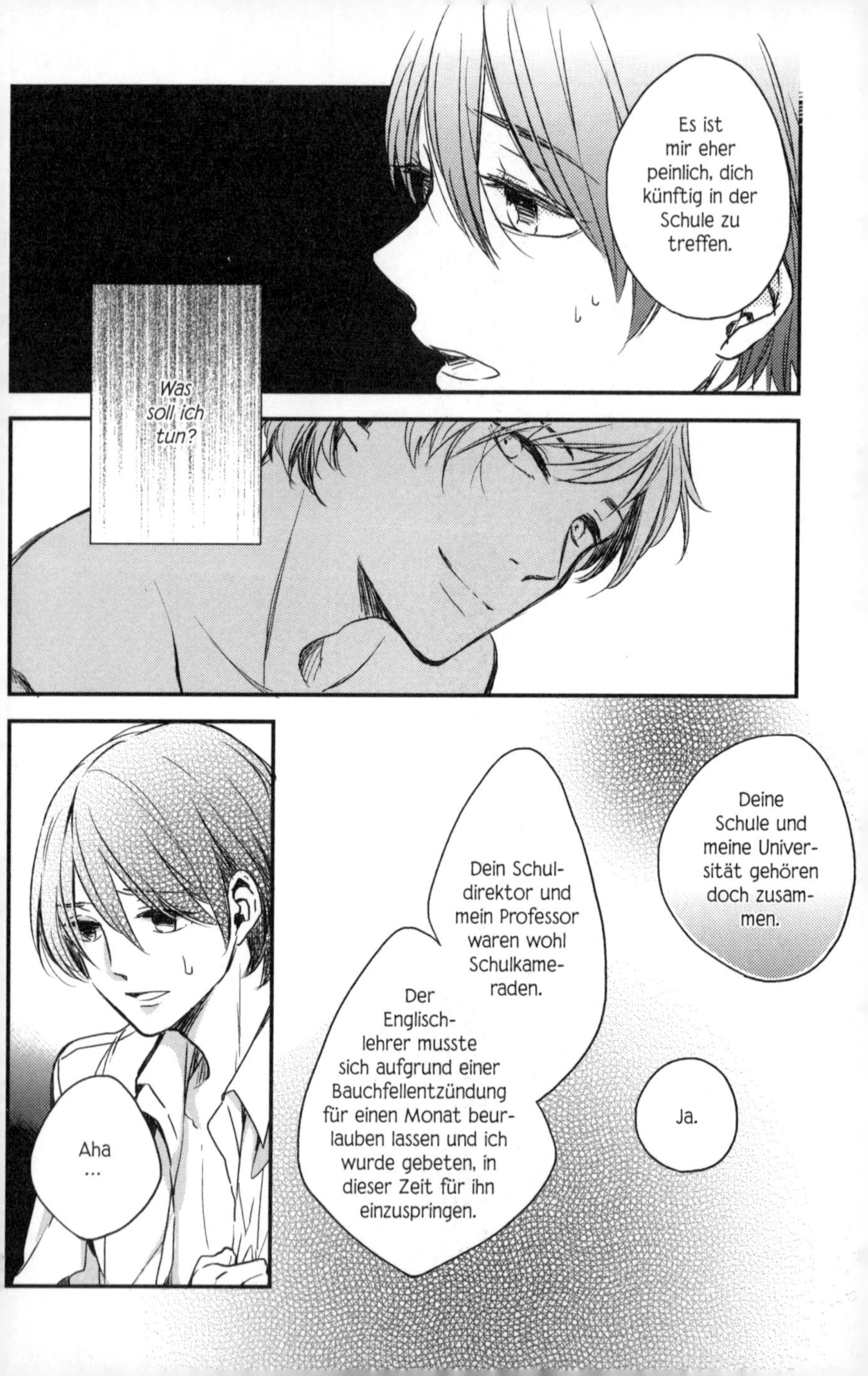
Es ist mir eher peinlich, dich künftig in der Schule zu treffen.
Was soll ich tun?
Deine Schule und meine Universität gehören doch zusammen.
Dein Schuldirektor und mein Professor waren wohl Schulkameraden.
Der Englischlehrer musste sich aufgrund einer Bauchfellentzündung für einen Monat beurlauben lassen und ich wurde gebeten, in dieser Zeit für ihn einzuspringen.
Ja.
Aha …

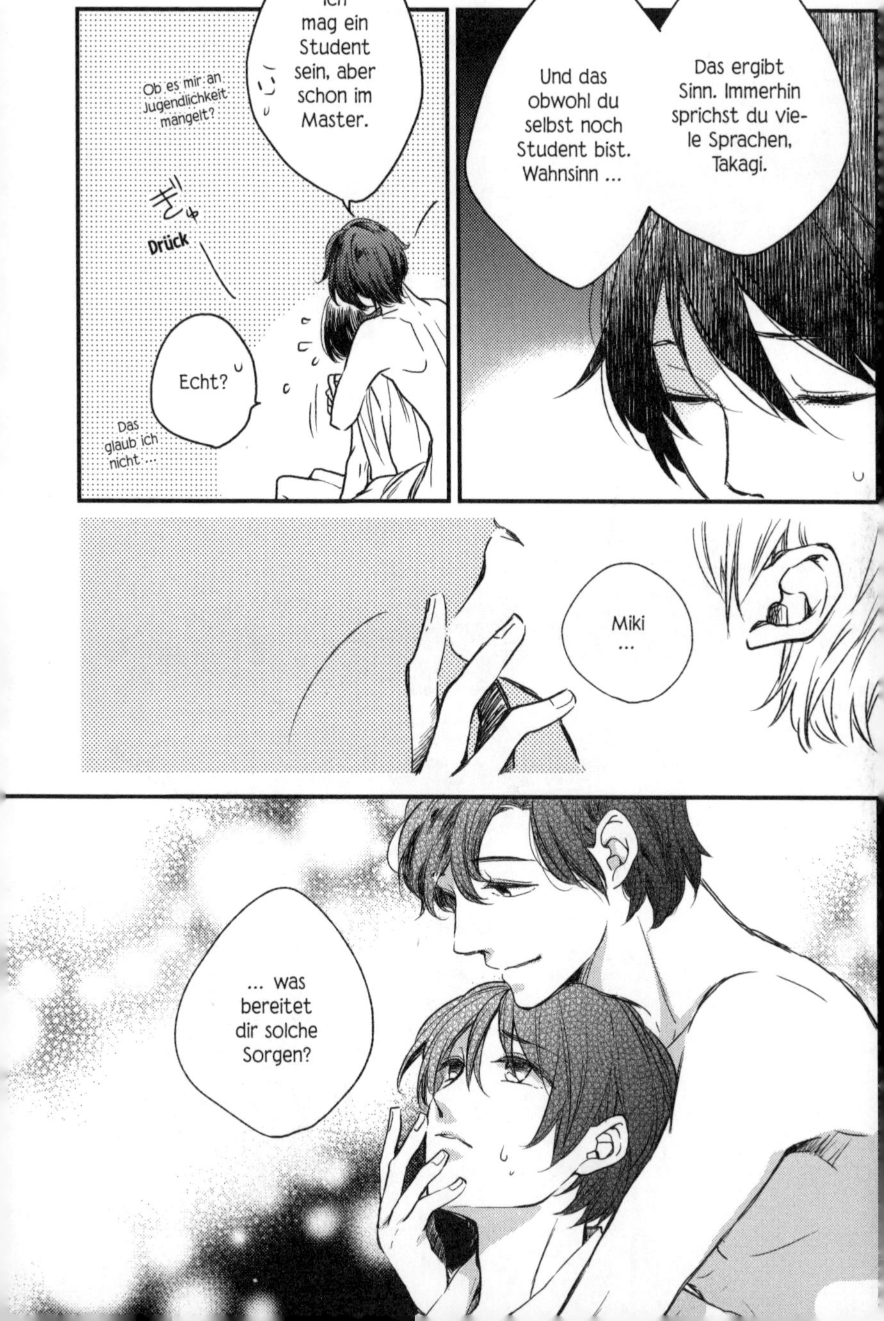
Das ergibt Sinn. Immerhin sprichst du vie-le Sprachen, Takagi.
Und das obwohl du selbst noch Student bist. Wahnsinn ...
Ich mag ein Student sein, aber schon im Master.
Ob es mir an Jugendlichkeit mangelt?
ぎゅ
Drück
Echt?
Das glaub ich nicht ...
Miki ...
... was bereitet dir solche Sorgen?

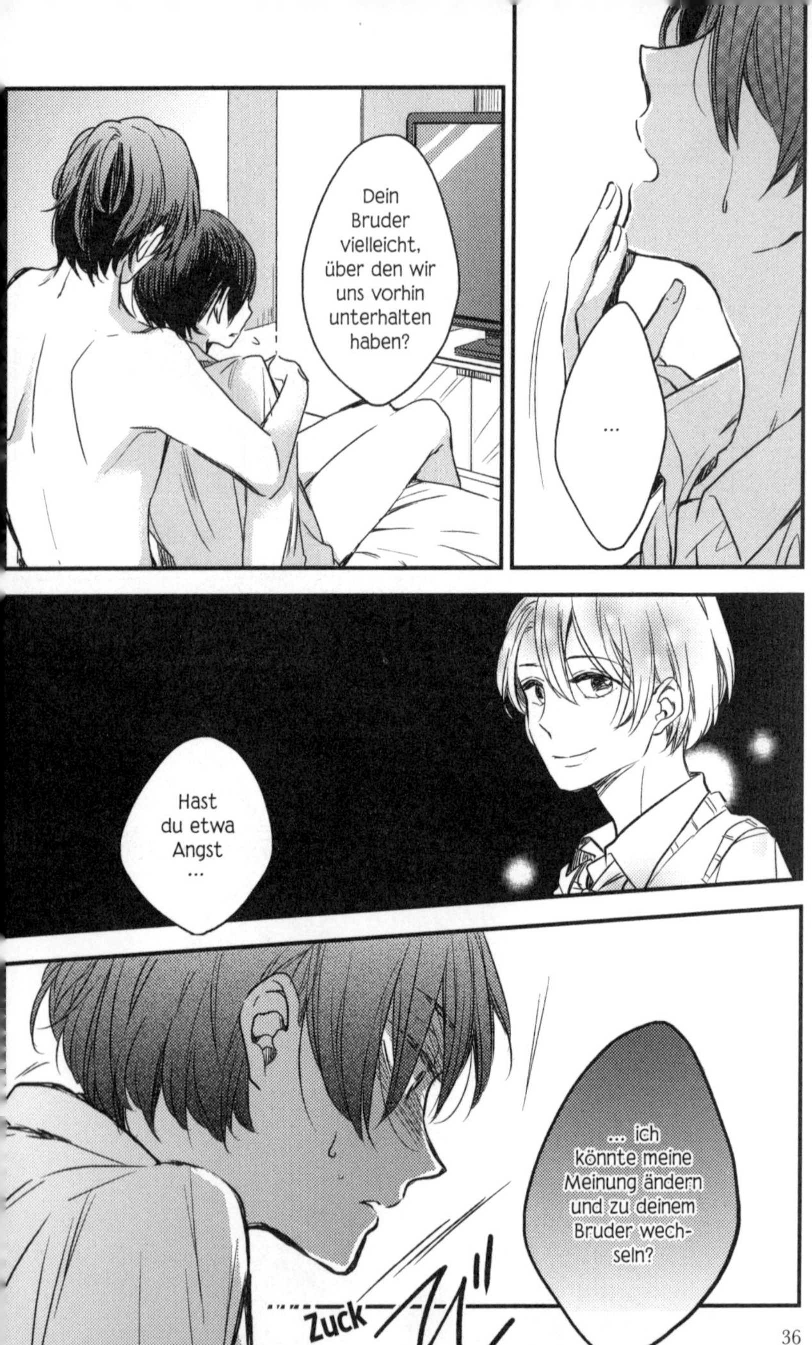
...
Dein Bruder vielleicht, über den wir uns vorhin unterhalten haben?
Hast du etwa Angst ...
... ich könnte meine Meinung ändern und zu deinem Bruder wechseln?
Zuck

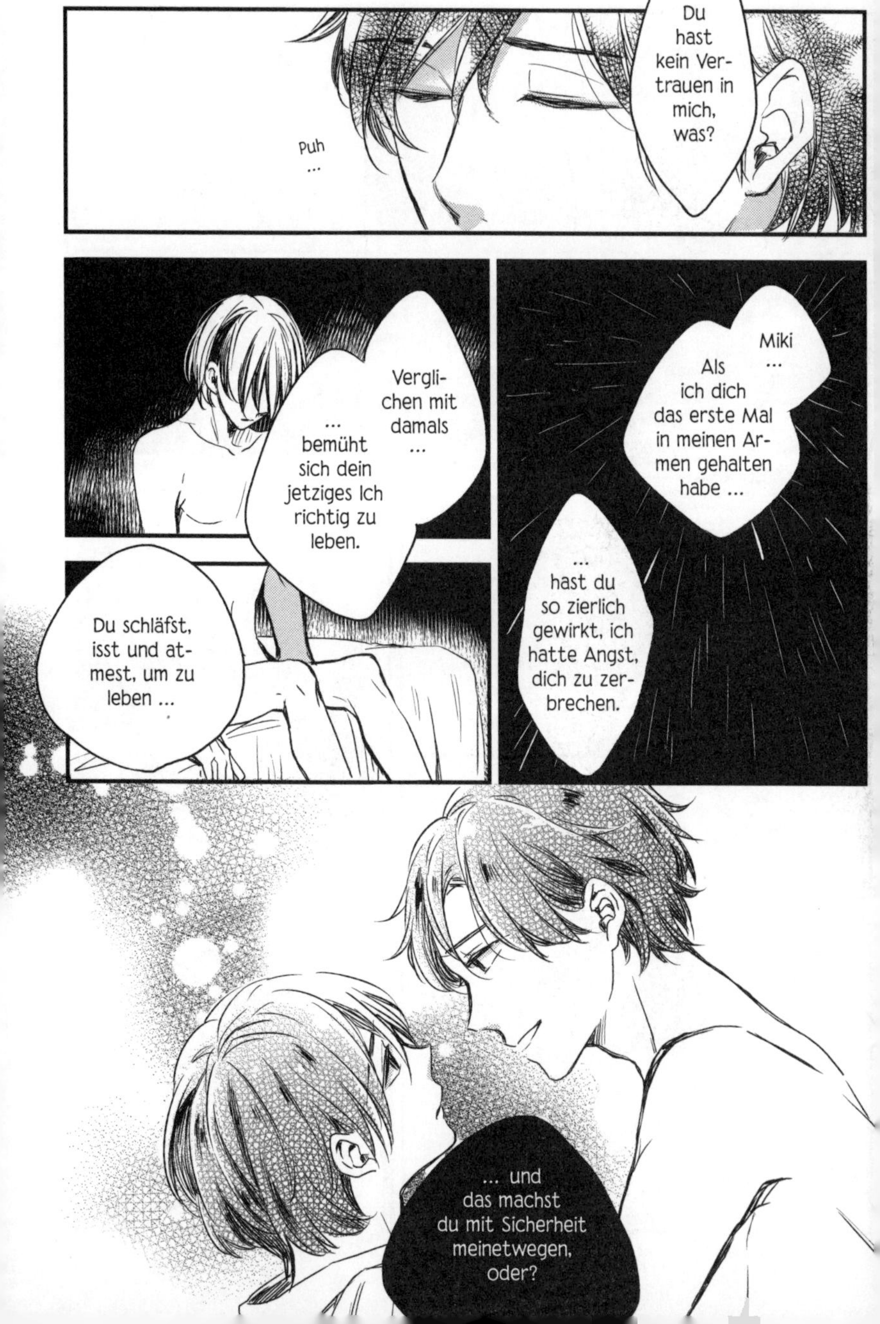
Du hast kein Vertrauen in mich, was?
Puh ...
Miki ...
Als ich dich das erste Mal in meinen Armen gehalten habe ...
... hast du so zierlich gewirkt, ich hatte Angst, dich zu zerbrechen.
Verglichen mit damals ...
... bemüht sich dein jetziges Ich richtig zu leben.
Du schläfst, isst und atmest, um zu leben ...
... und das machst du mit Sicherheit meinetwegen, oder?

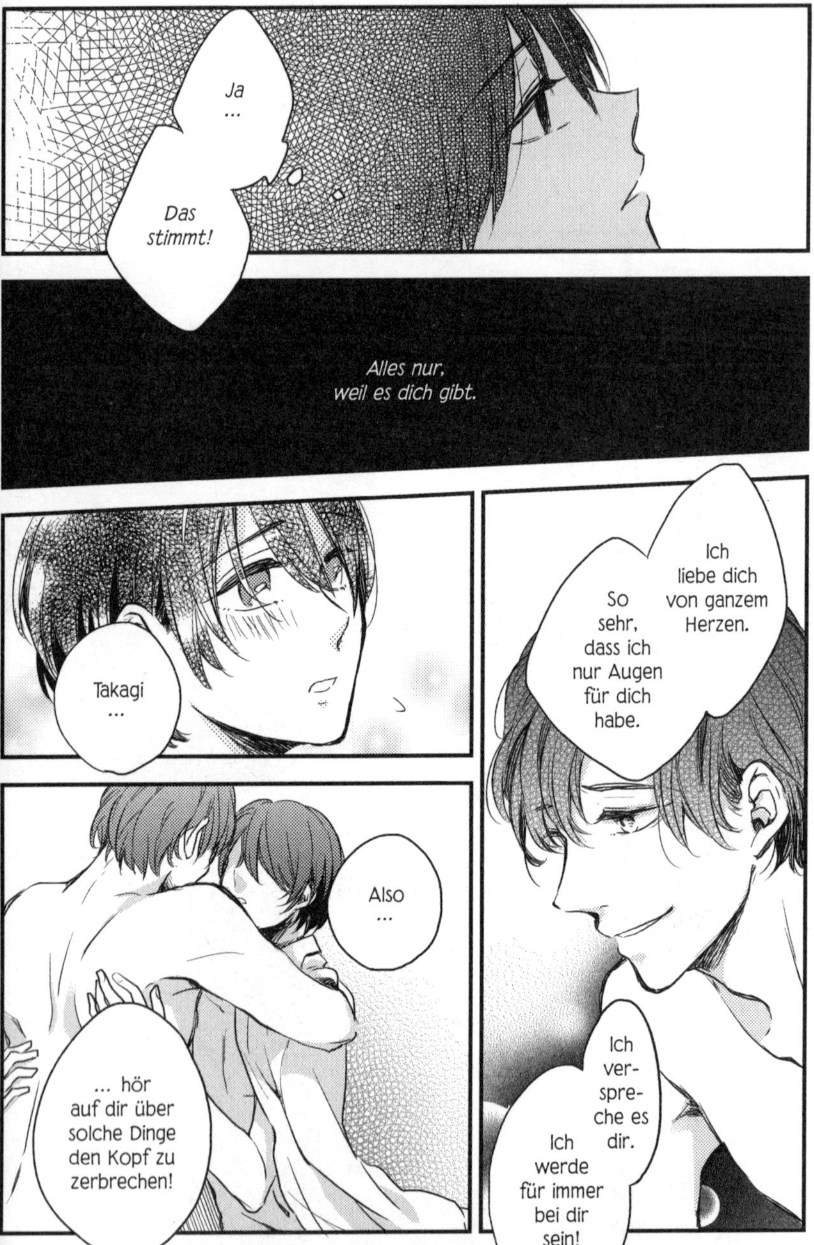
Ja ...
Das stimmt!
Alles nur, weil es dich gibt.
Ich liebe dich von ganzem Herzen.
So sehr, dass ich nur Augen für dich habe.
Takagi ...
Also ...
... hör auf dir über solche Dinge den Kopf zu zerbrechen!
Ich verspreche es dir.
Ich werde für immer bei dir sein!

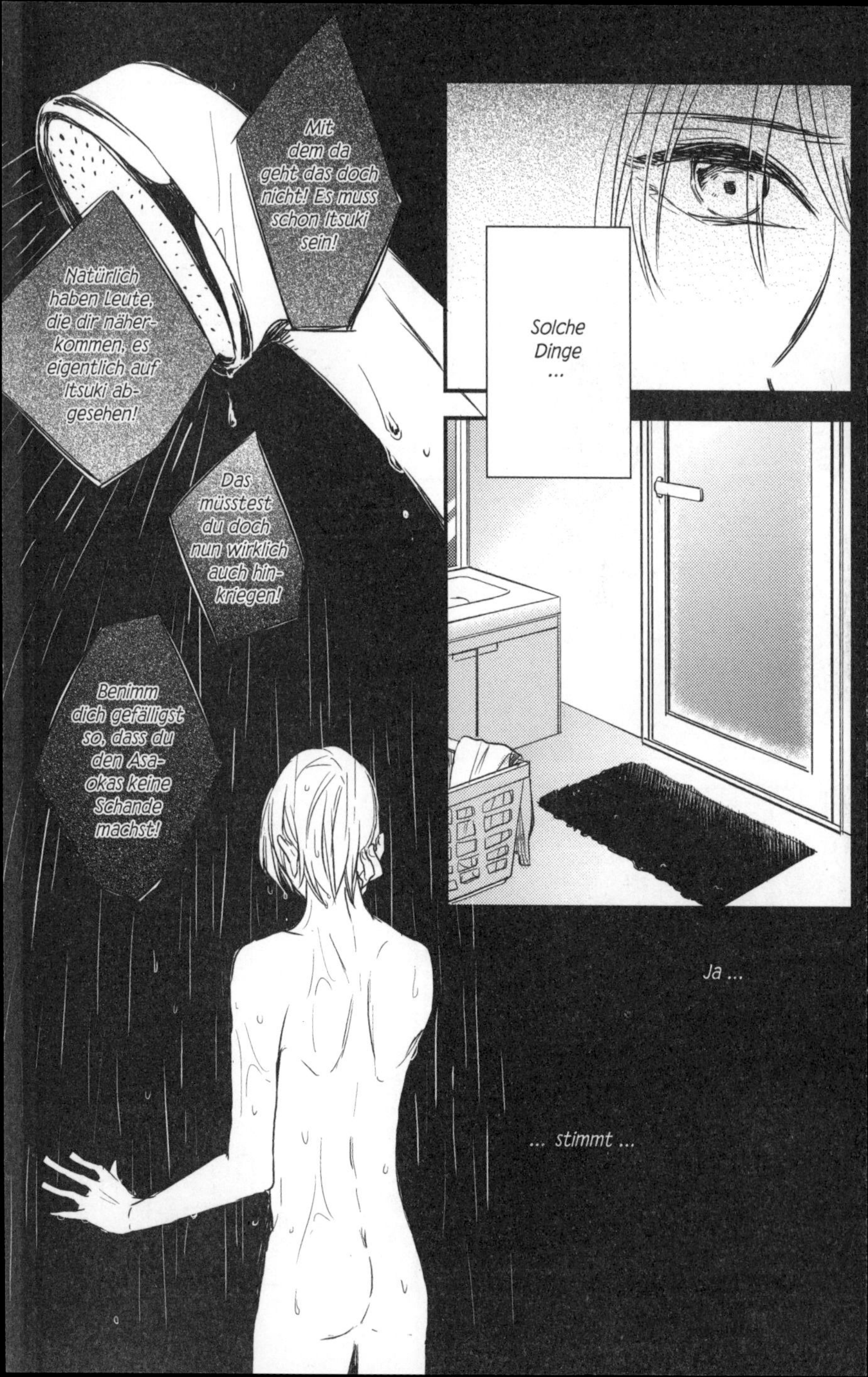
Solche Dinge ...
Mit dem da geht das doch nicht! Es muss schon Itsuki sein!
Natürlich haben Leute, die dir näherkommen, es eigentlich auf Itsuki abgesehen!
Das müsstest du doch nun wirklich auch hinkriegen!
Benimm dich gefälligst so, dass du den Asaokas keine Schande machst!
Ja ...
... stimmt ...

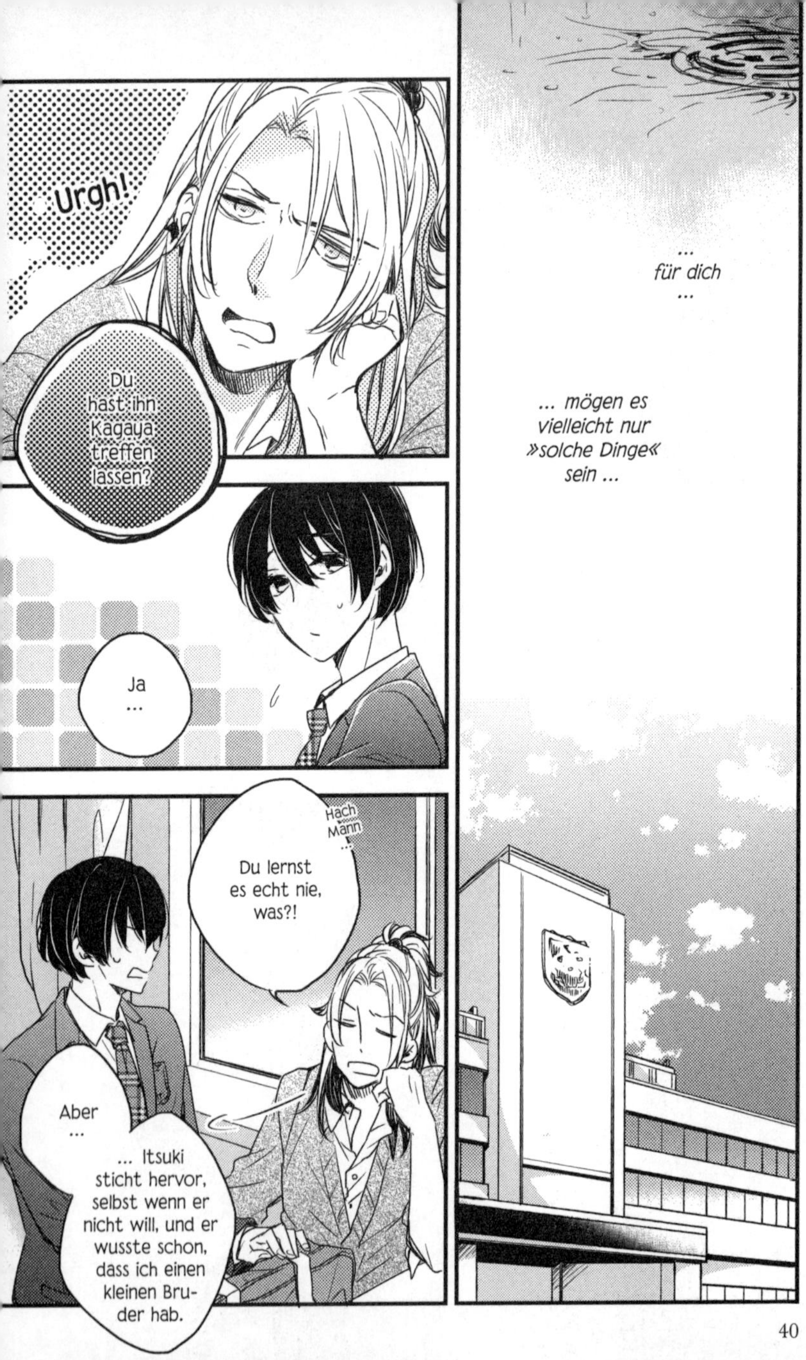
... für dich ...
... mögen es vielleicht nur »solche Dinge« sein ...
Urgh!
Du hast ihn Kagaya treffen lassen?
Ja ...
Hach Mann ...
Du lernst es echt nie, was?!
Aber ...
... Itsuki sticht hervor, selbst wenn er nicht will, und er wusste schon, dass ich einen kleinen Bruder hab.

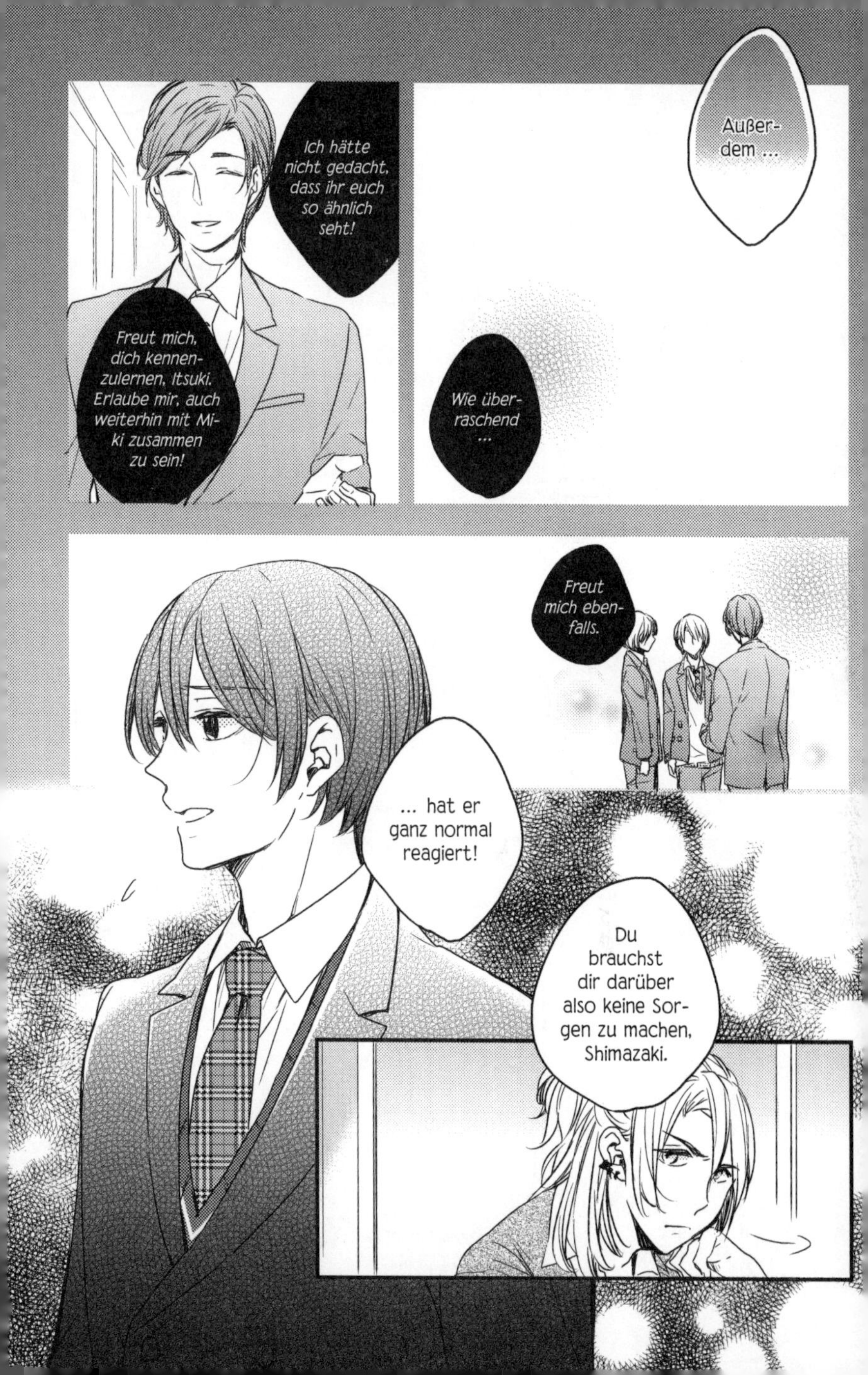
Außer-
dem ...
Ich hätte nicht gedacht, dass ihr euch so ähnlich seht!
Freut mich, dich kennenzulernen, Itsuki. Erlaube mir, auch weiterhin mit Miki zusammen zu sein!
Wie überraschend ...
Freut mich ebenfalls.
... hat er ganz normal reagiert!
Du brauchst dir darüber also keine Sorgen zu machen, Shimazaki.

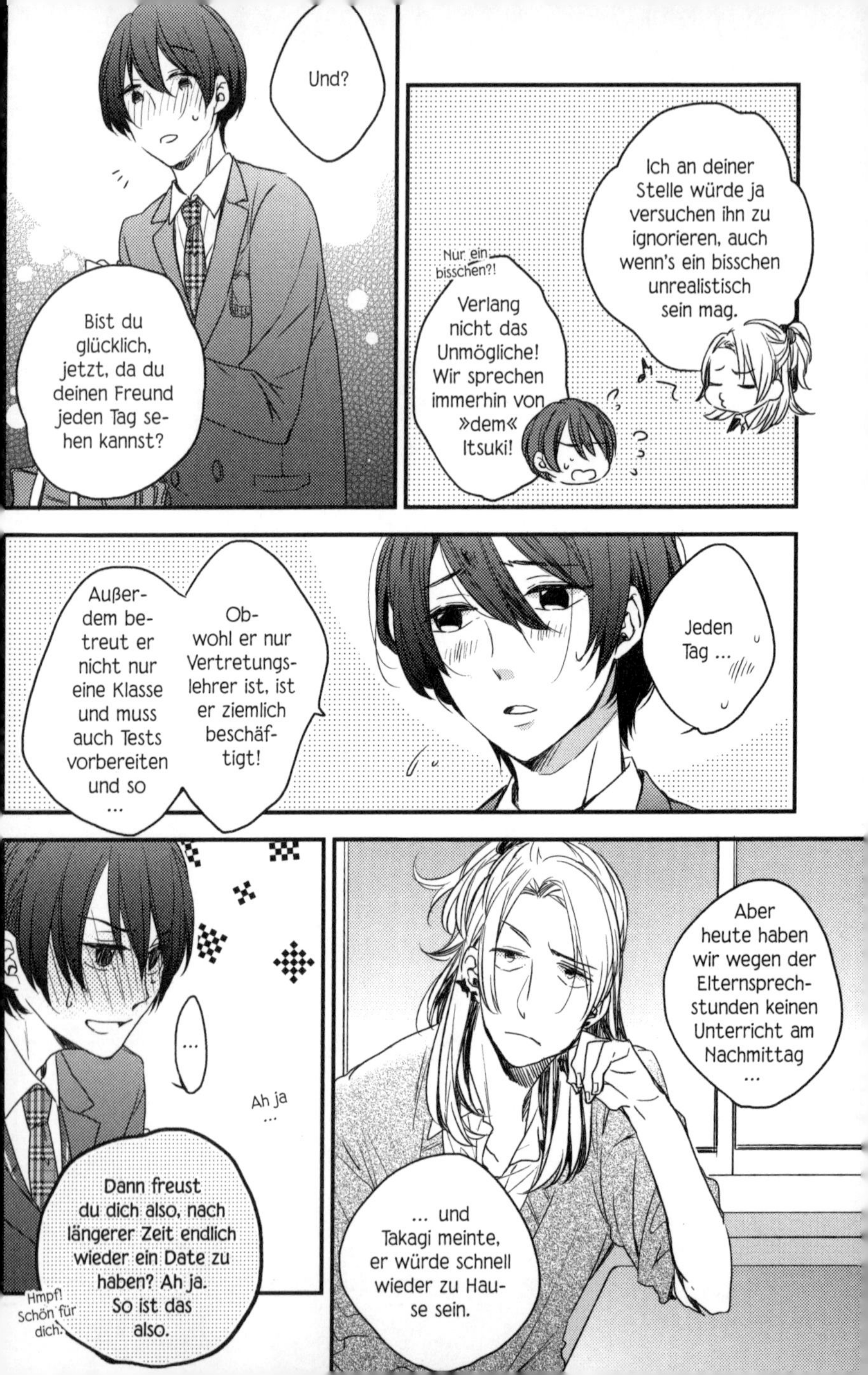
Und?
Ich an deiner Stelle würde ja versuchen ihn zu ignorieren, auch wenn's ein bisschen unrealistisch sein mag.
Nur ein bisschen?!
Verlang nicht das Unmögliche! Wir sprechen immerhin von »dem« Itsuki!
Bist du glücklich, jetzt, da du deinen Freund jeden Tag sehen kannst?
Jeden Tag …
Obwohl er nur Vertretungslehrer ist, ist er ziemlich beschäftigt!
Außerdem betreut er nicht nur eine Klasse und muss auch Tests vorbereiten und so …
Aber heute haben wir wegen der Elternsprechstunden keinen Unterricht am Nachmittag …
… und Takagi meinte, er würde schnell wieder zu Hause sein.
…
Ah ja …
Dann freust du dich also, nach längerer Zeit endlich wieder ein Date zu haben? Ah ja. So ist das also.
Hmpf! Schön für dich.

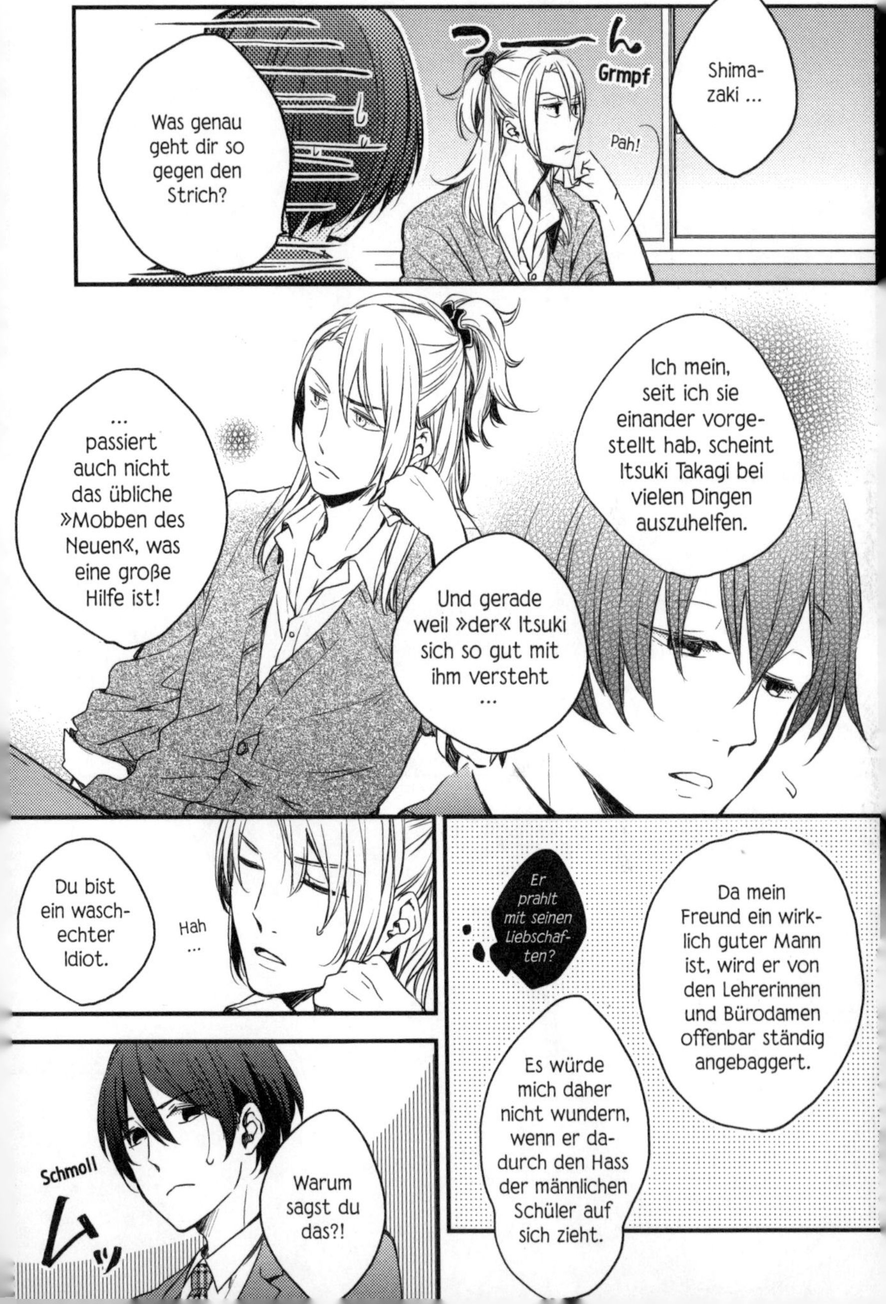
Shima-
zaki ...
Grmpf
Pah!
Was genau
geht dir so
gegen den
Strich?
Ich mein,
seit ich sie
einander vorge-
stellt hab, scheint
Itsuki Takagi bei
vielen Dingen
auszuhelfen.
... passiert
auch nicht
das übliche
»Mobben des
Neuen«, was
eine große
Hilfe ist!
Und gerade
weil »der« Itsuki
sich so gut mit
ihm versteht
...
Da mein
Freund ein wirk-
lich guter Mann
ist, wird er von
den Lehrerinnen
und Bürodamen
offenbar ständig
angebaggert.
Er
prahlt
mit seinen
Liebschaf-
ten?
Es würde
mich daher
nicht wundern,
wenn er da-
durch den Hass
der männlichen
Schüler auf
sich zieht.
Hah
...
Du bist
ein wasch-
echter
Idiot.
Warum
sagst du
das?!
Schmoll

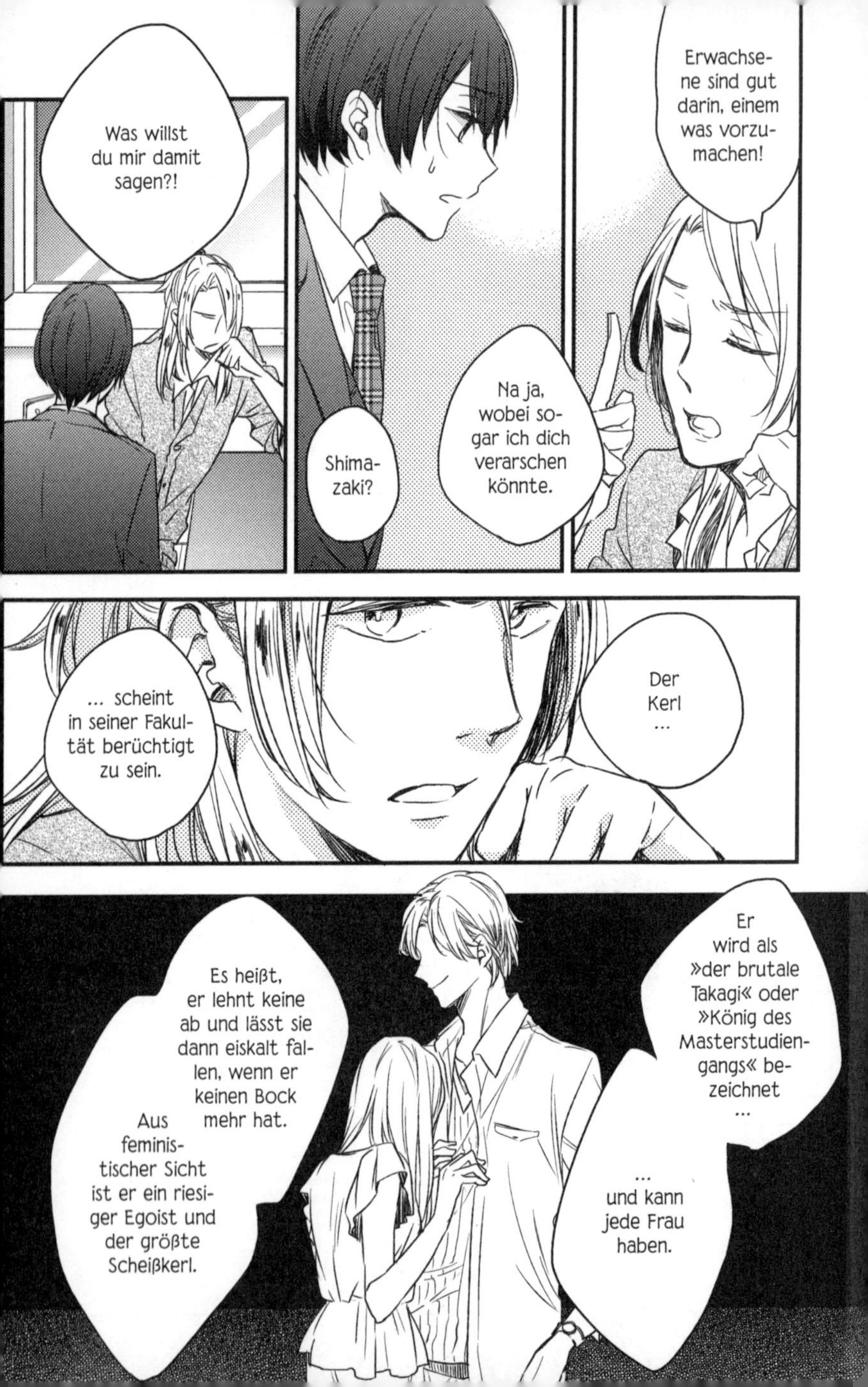
Erwachsene sind gut darin, einem was vorzumachen!
Na ja, wobei sogar ich dich verarschen könnte.
Shimazaki?
Was willst du mir damit sagen?!
Der Kerl ...
... scheint in seiner Fakultät berüchtigt zu sein.
Er wird als »der brutale Takagi« oder »König des Masterstudiengangs« bezeichnet ...
... und kann jede Frau haben.
Es heißt, er lehnt keine ab und lässt sie dann eiskalt fallen, wenn er keinen Bock mehr hat.
Aus feministischer Sicht ist er ein riesiger Egoist und der größte Scheißkerl.

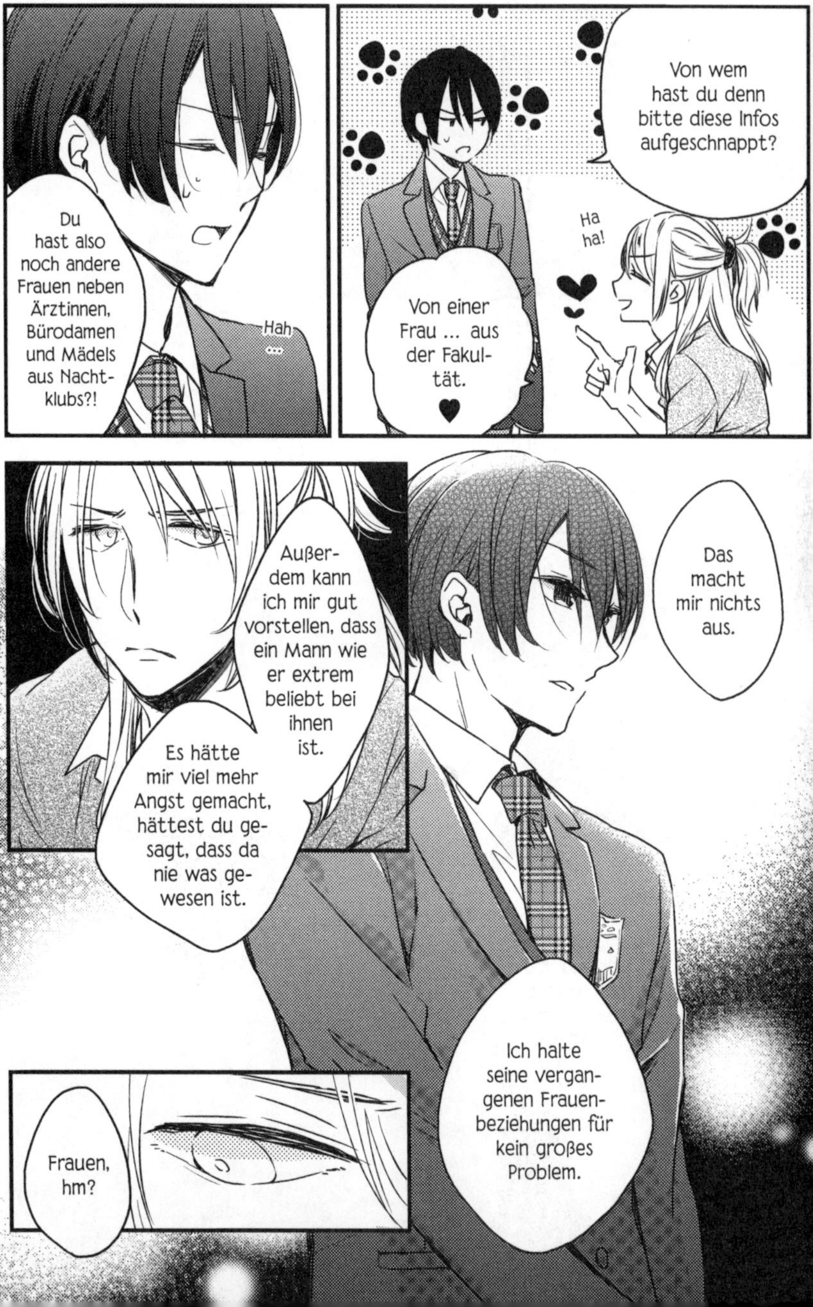
Von wem hast du denn bitte diese Infos aufgeschnappt?
Ha ha!
Von einer Frau ... aus der Fakultät.
Du hast also noch andere Frauen neben Ärztinnen, Bürodamen und Mädels aus Nachtklubs?!
Hah ...
Das macht mir nichts aus.
Außerdem kann ich mir gut vorstellen, dass ein Mann wie er extrem beliebt bei ihnen ist.
Es hätte mir viel mehr Angst gemacht, hättest du gesagt, dass da nie was gewesen ist.
Ich halte seine vergangenen Frauenbeziehungen für kein großes Problem.
Frauen, hm?

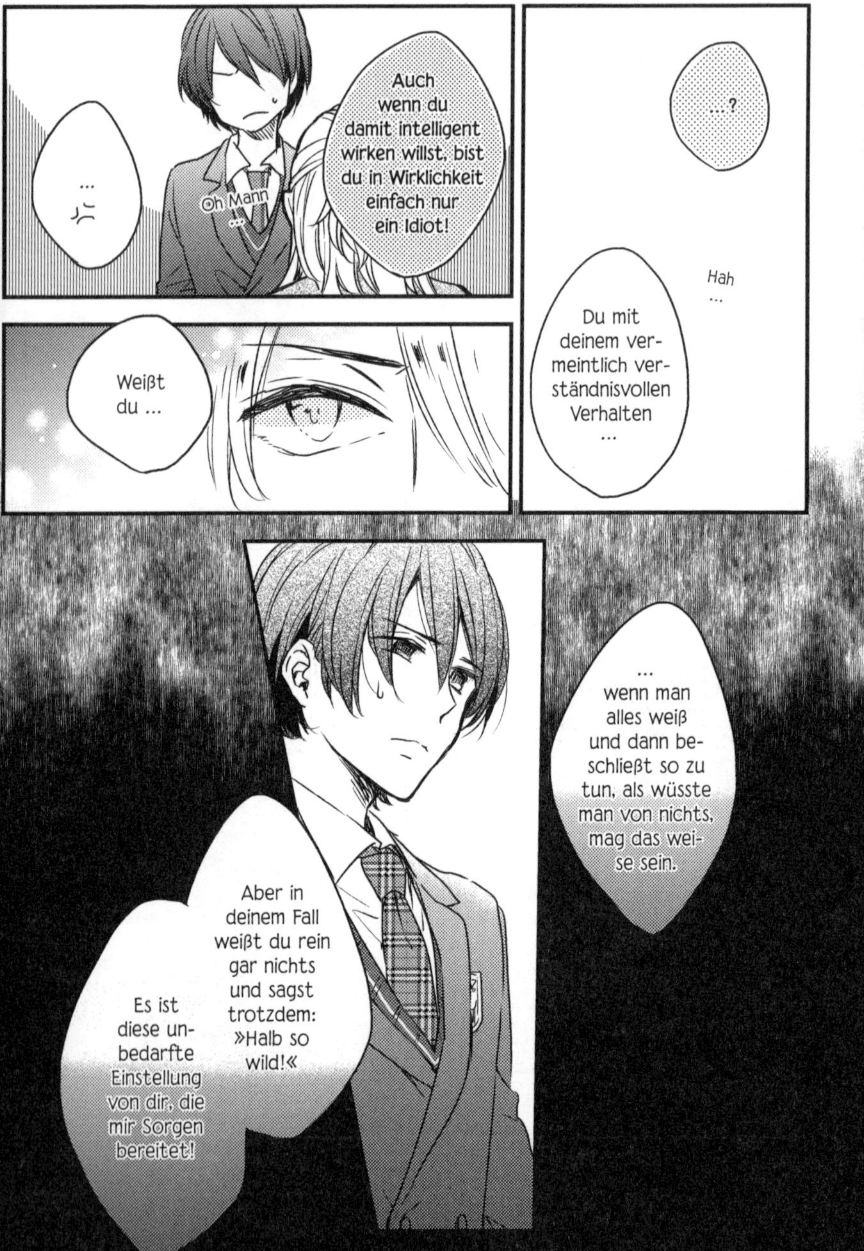

Auch wenn du damit intelligent wirken willst, bist du in Wirklichkeit einfach nur ein Idiot!
Oh Mann …
…
…?
Hah …
Du mit deinem vermeintlich verständnisvollen Verhalten …
Weißt du …
… wenn man alles weiß und dann beschließt so zu tun, als wüsste man von nichts, mag das weise sein.
Aber in deinem Fall weißt du rein gar nichts und sagst trotzdem: »Halb so wild!«
Es ist diese unbedarfte Einstellung von dir, die mir Sorgen bereitet!

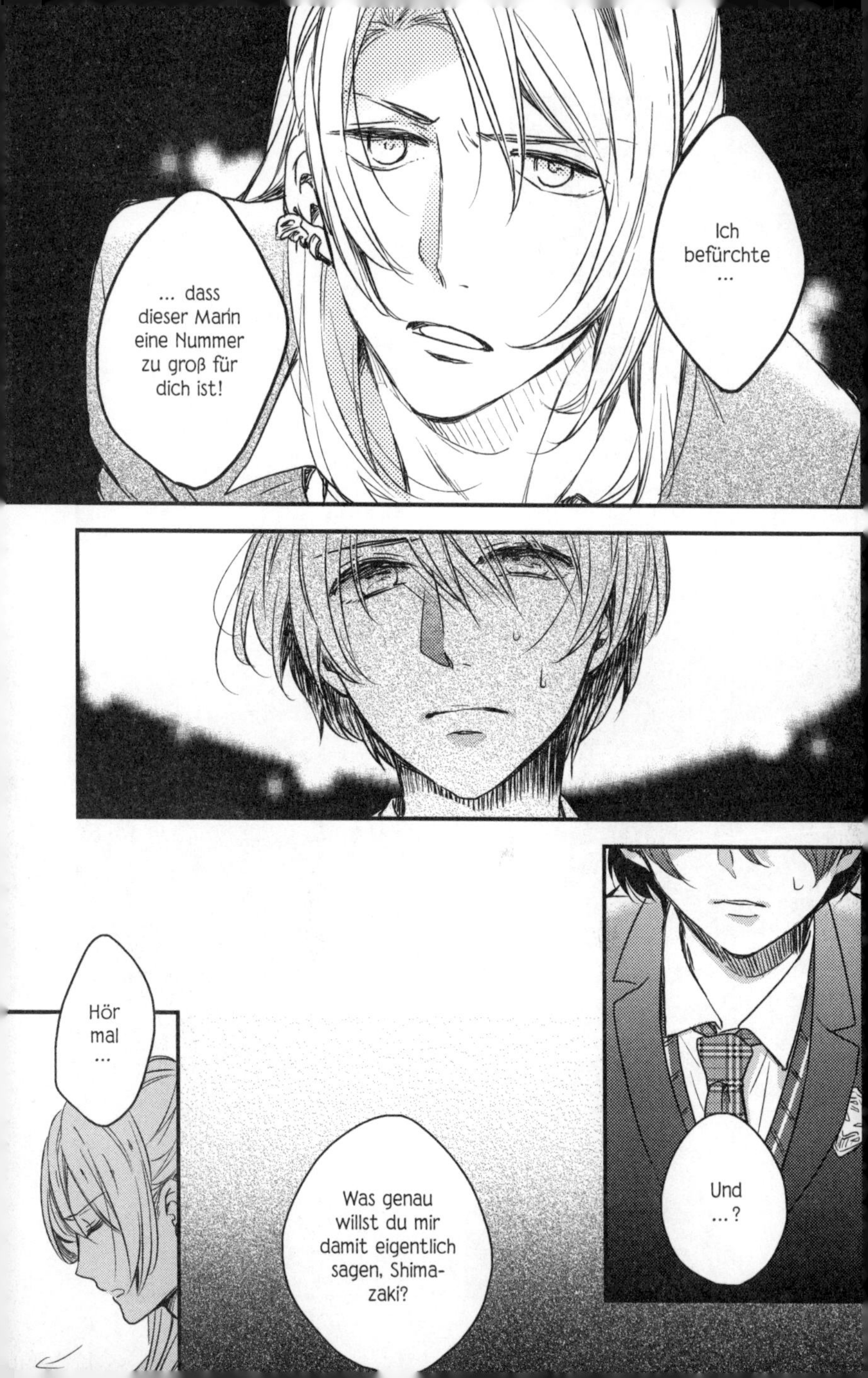
Ich befürchte ...
... dass dieser Mann eine Nummer zu groß für dich ist!
Und ...?
Was genau willst du mir damit eigentlich sagen, Shimazaki?
Hör mal ...

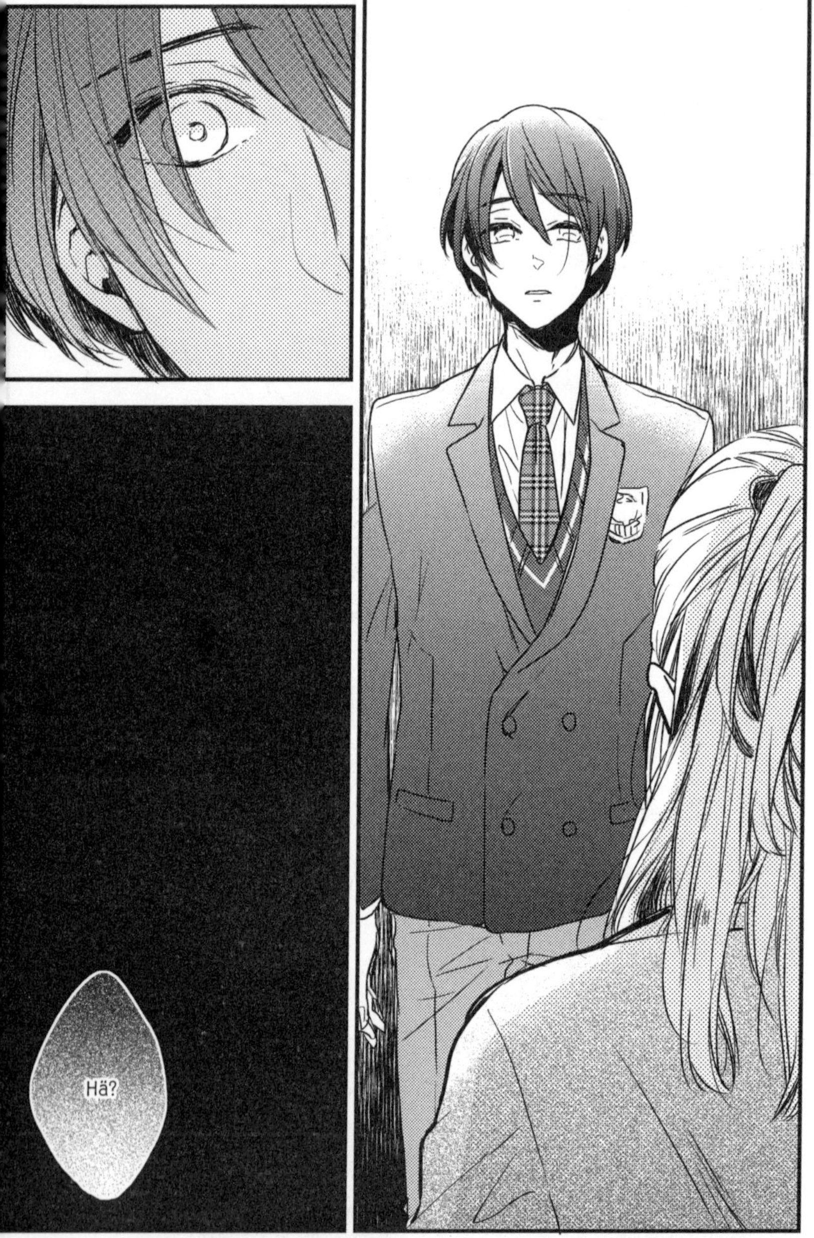
Hä?

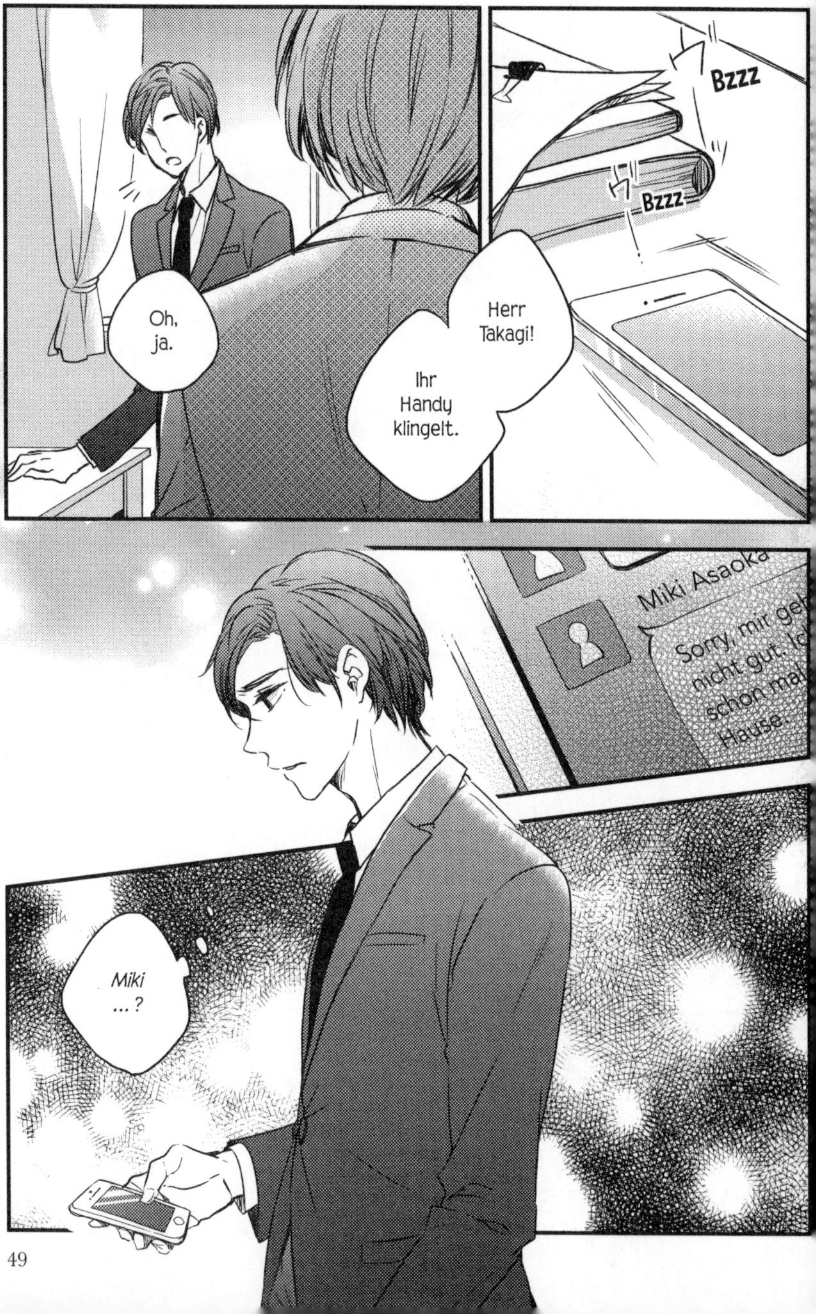
Bzzz
Bzzz
Herr Takagi!
Ihr Handy klingelt.
Oh, ja.
Miki Asaoka
Sorry, mir geh nicht gut. Ic schon mal Hause.
Miki ...?

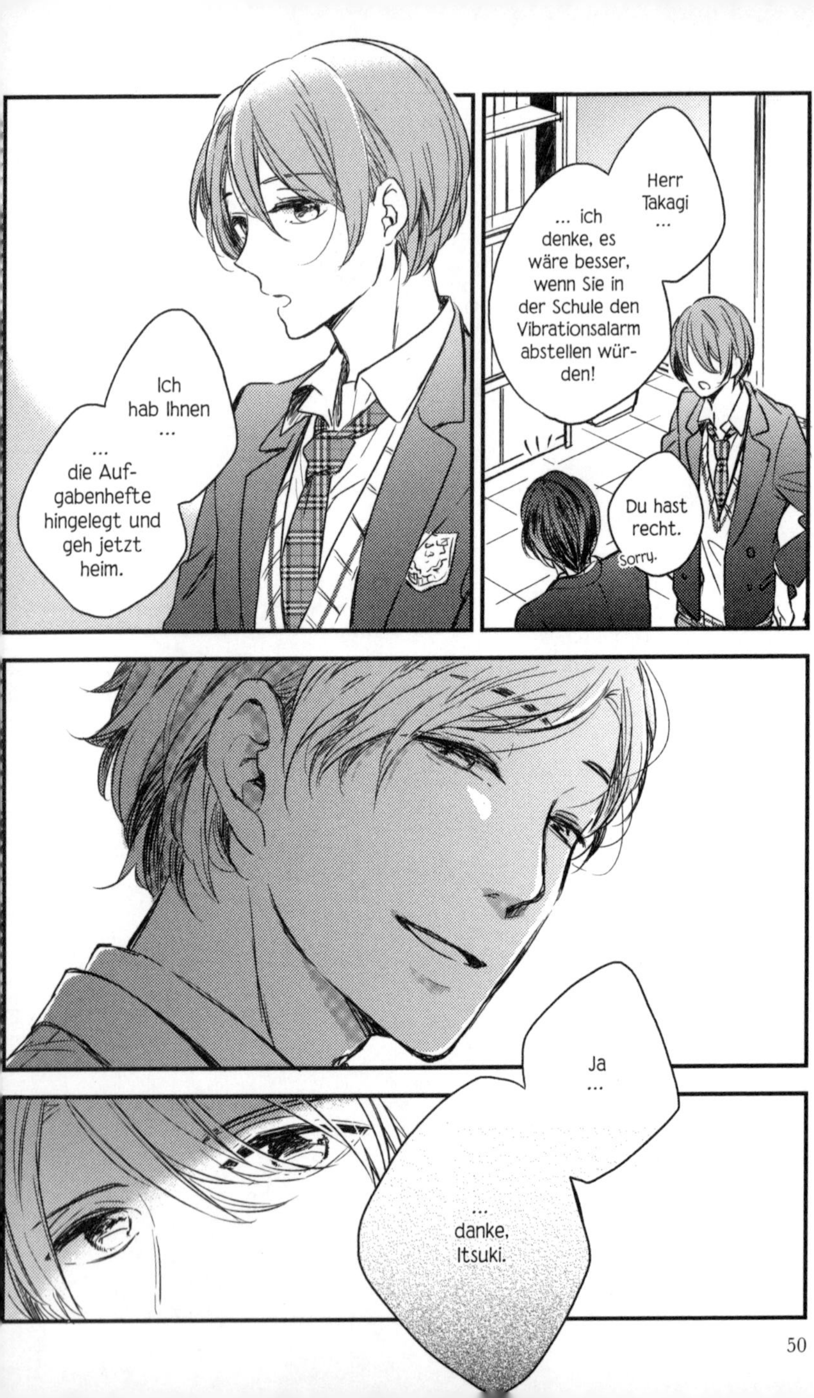
Herr Takagi ...
... ich denke, es wäre besser, wenn Sie in der Schule den Vibrationsalarm abstellen würden!
Du hast recht.
Sorry.
Ich hab Ihnen ...
... die Aufgabenhefte hingelegt und geh jetzt heim.
Ja ...
... danke, Itsuki.

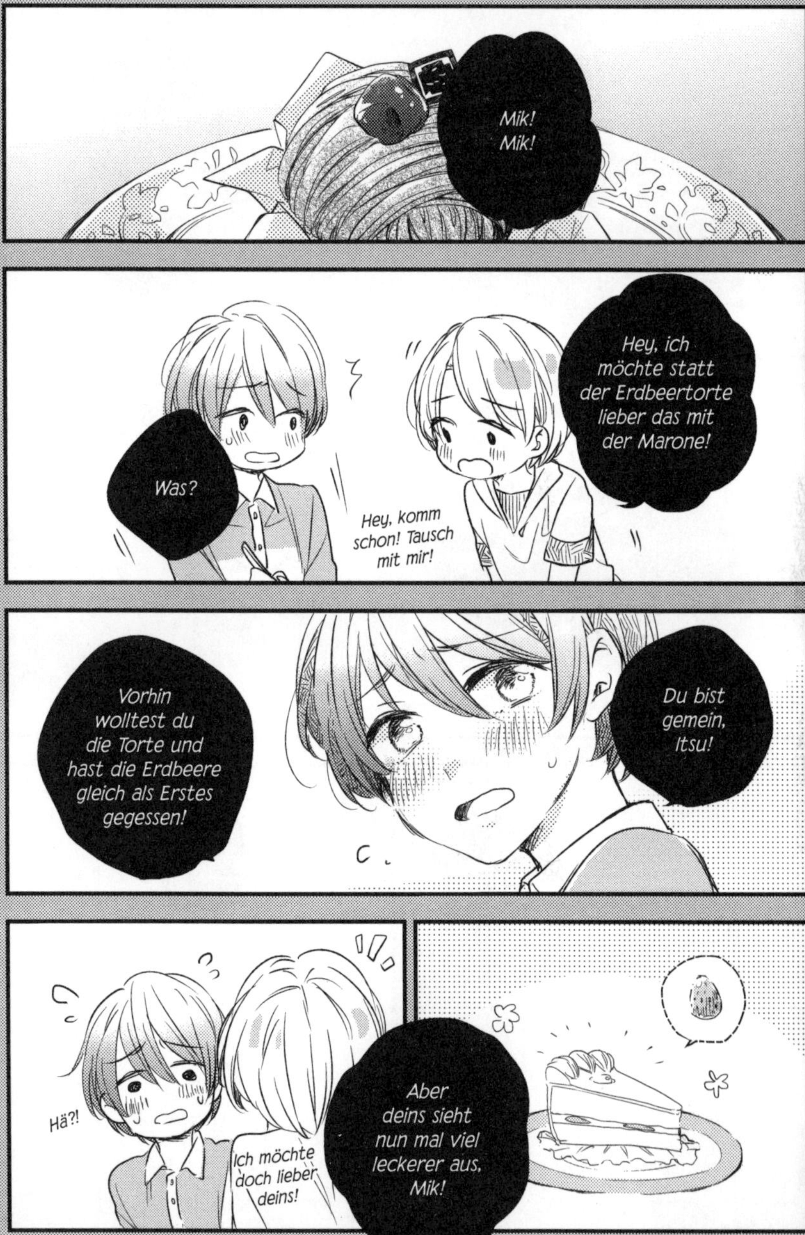
Mik! Mik!
Hey, ich möchte statt der Erdbeertorte lieber das mit der Marone!
Hey, komm schon! Tausch mit mir!
Was?
Du bist gemein, Itsu!
Vorhin wolltest du die Torte und hast die Erdbeere gleich als Erstes gegessen!
Aber deins sieht nun mal viel leckerer aus, Mik!
Ich möchte doch lieber deins!
Hä?!

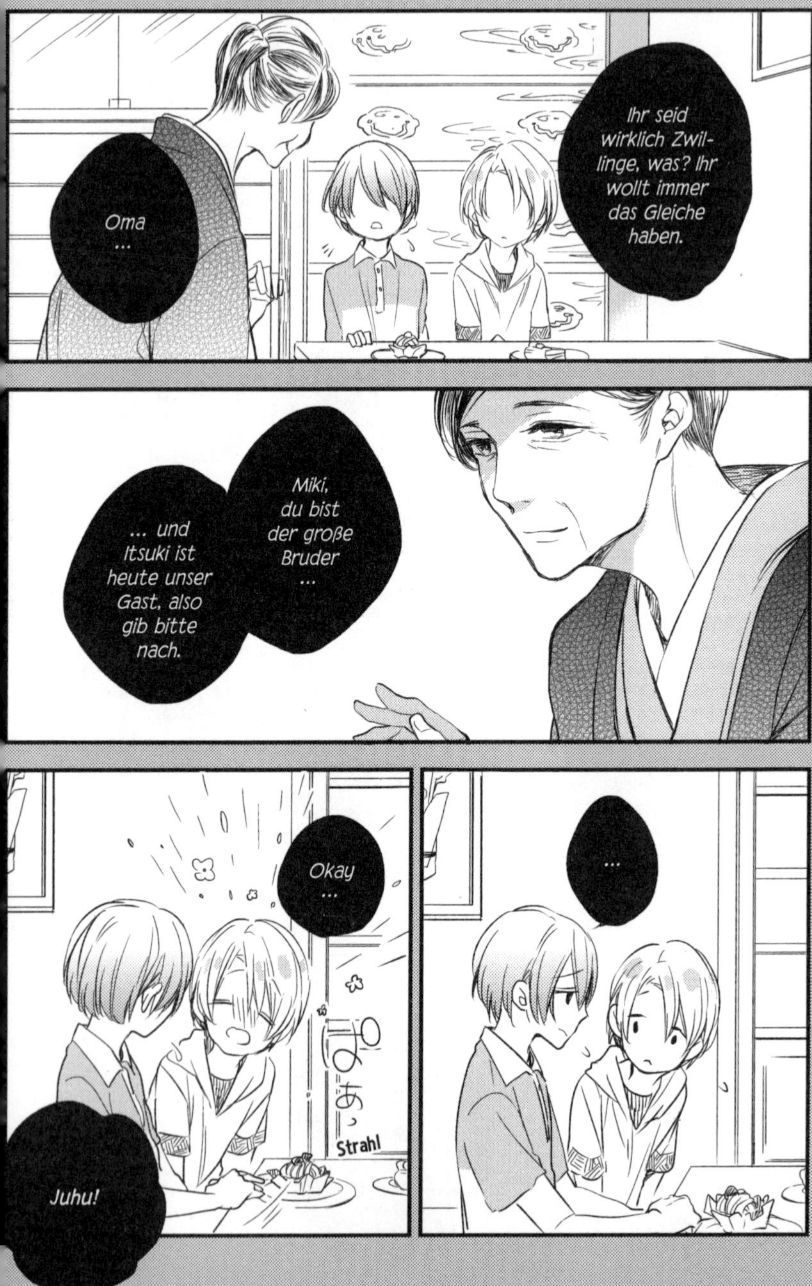
Ihr seid wirklich Zwillinge, was? Ihr wollt immer das Gleiche haben.
Oma ...
Miki, du bist der große Bruder ...
... und Itsuki ist heute unser Gast, also gib bitte nach.
...
Okay ...
Strahl
Juhu!

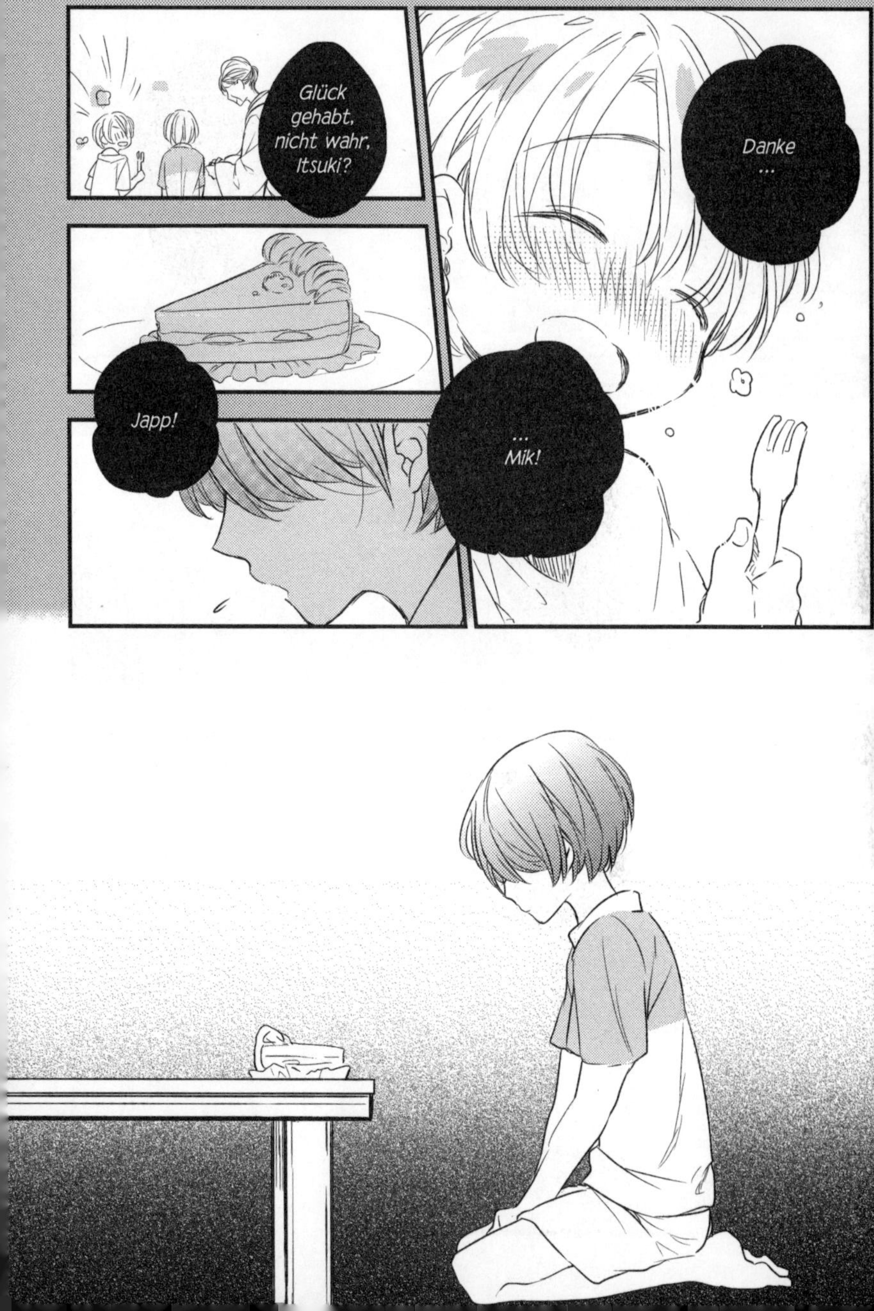

Danke ...
... Mik!
Glück gehabt, nicht wahr, Itsuki?
Japp!

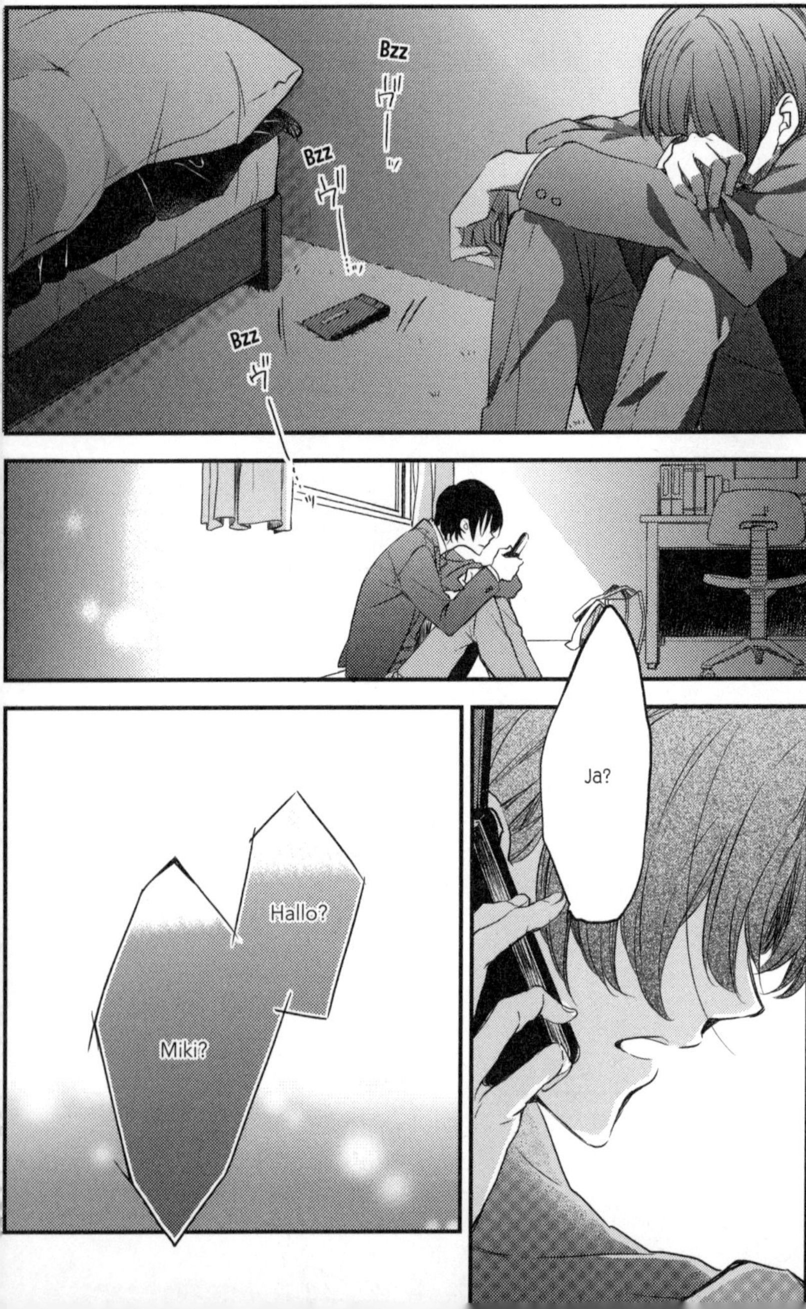
Bzz
ヴーーッ
Bzz
ヴーーッ
Bzz
ヴーーッ
Ja?
Hallo?
Miki?

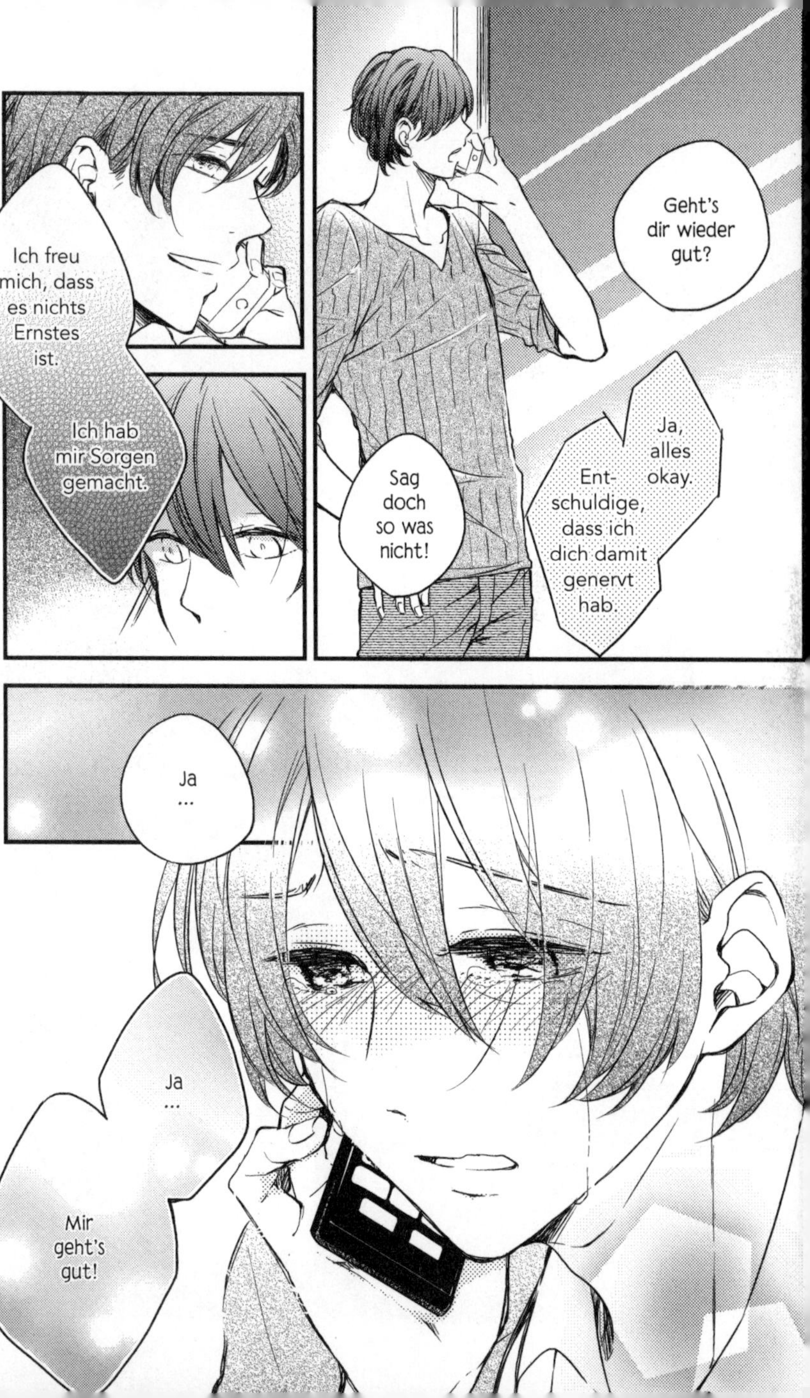
Geht's dir wieder gut?
Ja, alles okay.
Ent-schuldige, dass ich dich damit genervt hab.
Sag doch so was nicht!
Ich freu mich, dass es nichts Ernstes ist.
Ich hab mir Sorgen gemacht.
Ja …
Ja …
Mir geht's gut!

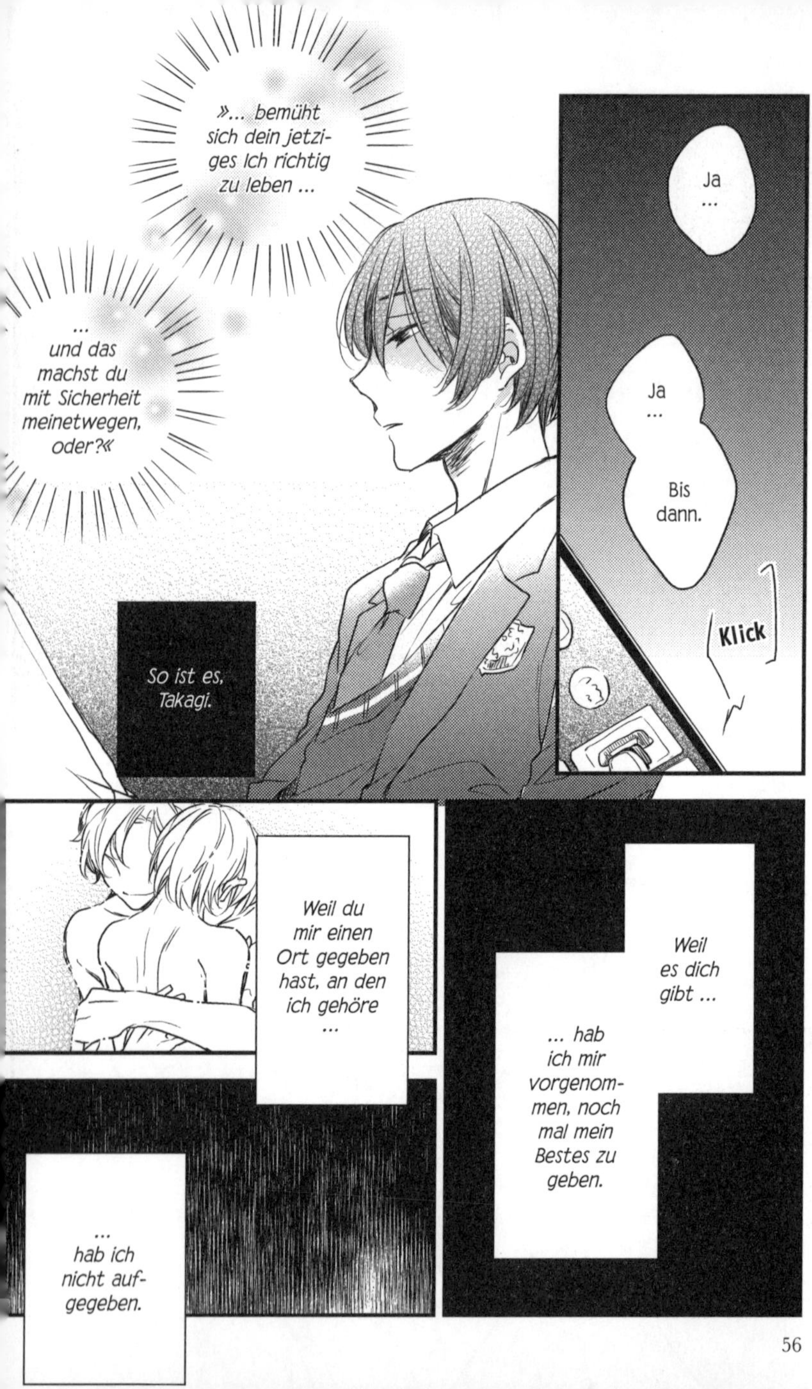
Ja …
Ja …
Bis dann.
Klick
»… bemüht sich dein jetziges Ich richtig zu leben …
… und das machst du mit Sicherheit meinetwegen, oder?«
So ist es, Takagi.
Weil es dich gibt …
… hab ich mir vorgenommen, noch mal mein Bestes zu geben.
Weil du mir einen Ort gegeben hast, an den ich gehöre …
… hab ich nicht aufgegeben.

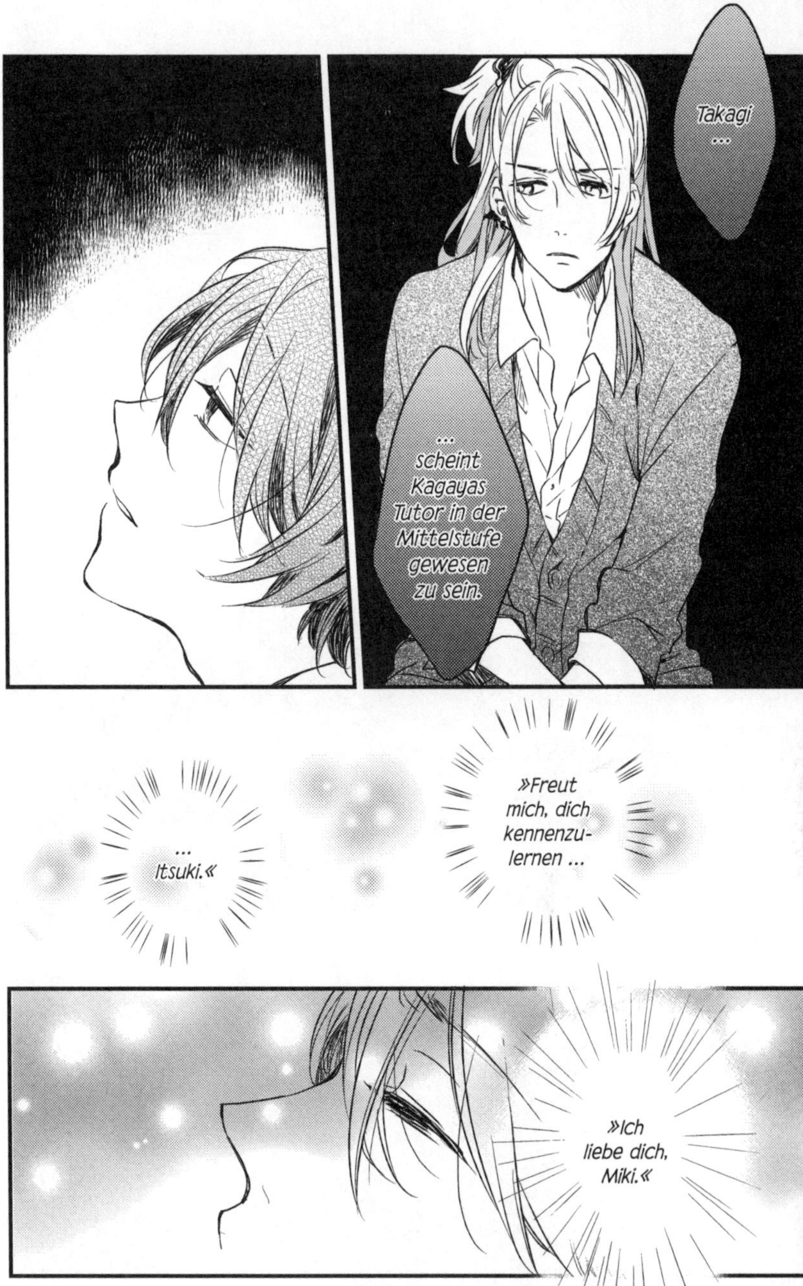
Takagi …
… scheint Kagayas Tutor in der Mittelstufe gewesen zu sein.
»Freut mich, dich kennenzu-lernen …
… Itsuki.«
»Ich liebe dich, Miki.«

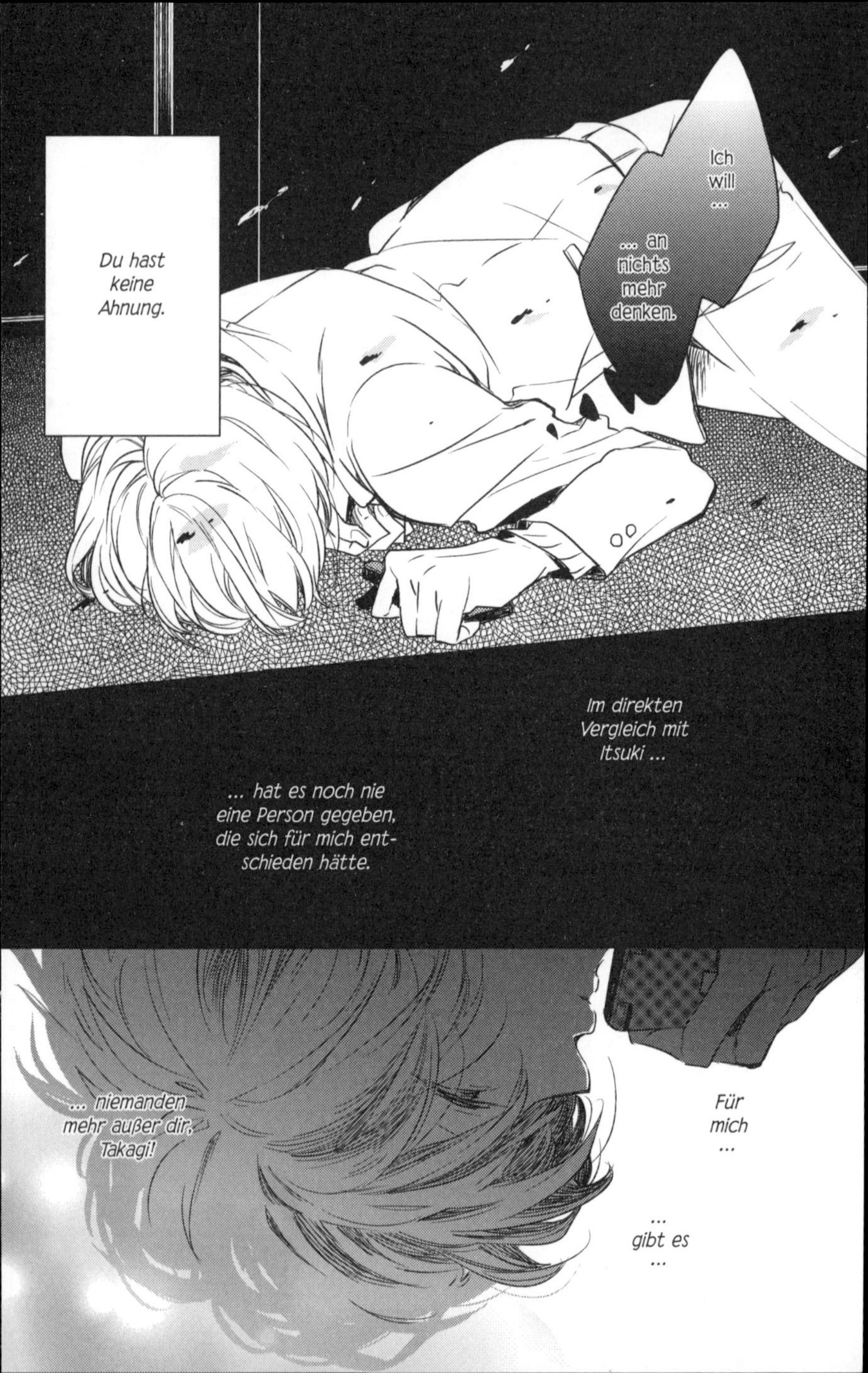
Ich will ...
... an nichts mehr denken.
Du hast keine Ahnung.
Im direkten Vergleich mit Itsuki ...
... hat es noch nie eine Person gegeben, die sich für mich entschieden hätte.
Für mich ...
... gibt es ...
... niemanden mehr außer dir, Takagi!

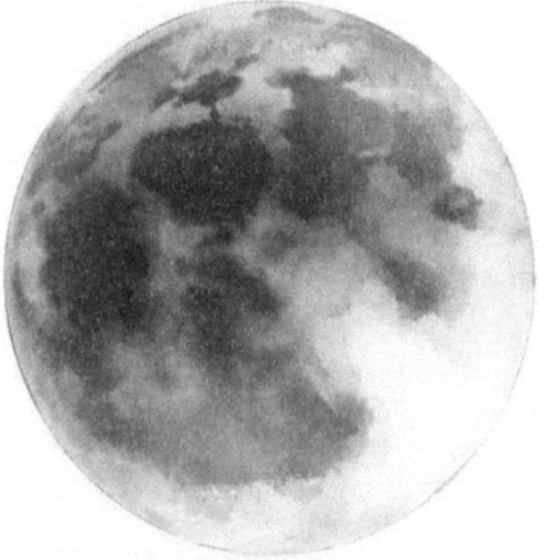

Der stille Mond

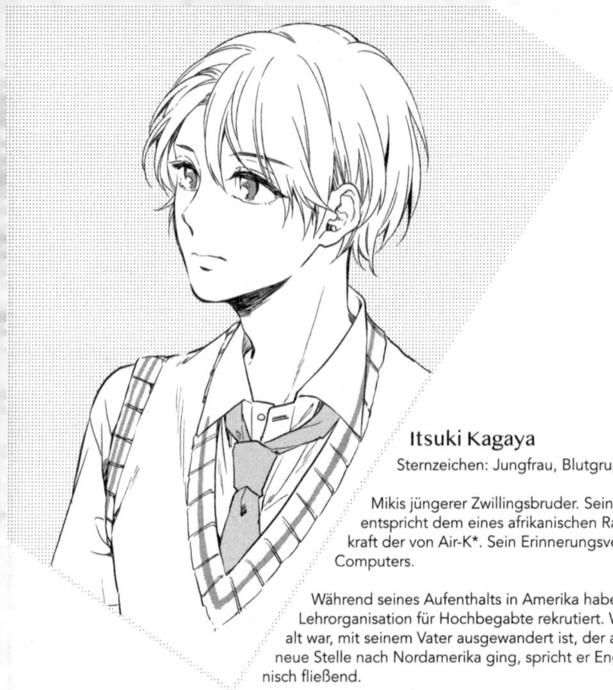

Itsuki Kagaya

Sternzeichen: Jungfrau, Blutgruppe: A

Mikis jüngerer Zwillingsbruder. Sein Seh- und Hörvermögen entspricht dem eines afrikanischen Raubtiers und seine Schlagkraft der von Air-K*. Sein Erinnerungsvermögen gleicht dem eines Computers.

Während seines Aufenthalts in Amerika haben ihn Scouts von einer Lehrorganisation für Hochbegabte rekrutiert. Weil er, als er sechs Jahre alt war, mit seinem Vater ausgewandert ist, der als Bankangestellter für eine neue Stelle nach Nordamerika ging, spricht er Englisch, Französisch und Spanisch fließend.

In der siebten Klasse kam er zurück nach Japan. Zu Beginn der achten Klasse kam er auf die K-Schule, zu der auch eine Uni gehört. Später wurde er in die dortige Oberstufe versetzt. Seither war er immer der beste Schüler seines Jahrgangs. Seit der elften Klasse besucht er die A-Klasse, der ein Großteil der Prüflinge für das Aufnahmeexamen der renommierten Tokioter Todai-Universität entstammen. Er hat außerdem für die Infobroschüre der Oberstufe der K in Schuluniform gemodelt.

In der neunten Klasse stand er im Tennis auf Landesebene auf Platz acht und in der Elften war er auf Oberstufenebene unter den Top sechzehn. Er hat starke Handgelenke und eine hohe Schlagkraft. Entsprechend kann er diverse Techniken nutzen und clevere Spieltaktiken anwenden. Ihm fehlt es jedoch etwas an Energie und Ausdauer. Als er in Amerika war, hatte er einen Klavierlehrer, der seinen Schülern Jazznummern statt Stücken von Ferdinand Beyer** beigebracht hat. Entsprechend umfasst sein Repertoire hauptsächlich Jazz.

Er mag ein in allem perfekter Junge mit besten Veranlagungen sein, aber er ist ein Perverser. Immerhin ist er vernarrt in seinen älteren Zwillingsbruder. Er liebt ihn wirklich sehr. Er hat das Gefühl, in der Schuld seines großen Bruders zu stehen, da dieser wegen ihm allerlei schwere Dinge durchgemacht hat. Für Miki wäre er sogar gewillt, eine Straftat zu begehen. Er hat Takagi beschimpft, ein Kinderschänder und Perverser zu sein, dabei ist er mit seiner abnormalen Bruderliebe auch nicht besser.

Itsuki ist sich seines Aussehens bewusst und ein moderner Stadtjunge, der günstige, modische Sachen trägt, die ihm stehen. Er findet Mikis Stil und seine Brille auf ihre eigene Art und Weise ganz gut. Sie sollten ihm zumindest die Kakerlaken vom Hals halten – was allerdings nicht immer funktioniert. Gerade seine Schuluniform scheint sie magisch anzuziehen.

Er liebt Miki und Sushi. Er hasst fermentierte Sojabohnen und Shimazaki. Seine Gefühle für Takagi sind kompliziert, daher kann er selbst nicht genau einschätzen, ob er ihn mag oder hasst. Shimazaki hasst er jedoch definitiv abgrundtief. Es pisst ihn an, wann immer er Miki und ihn nah beieinander sieht. »Hey, fass ihn gefälligst nicht an!« »Umarm ihn nicht!« »Trink nicht aus der gleichen Flasche wie er!« »Füttere ihn nicht mit Schokolade!« »Stirb!«

Ja, für Miki würde er eine Straftat begehen, wie oben bereits erwähnt. Das ist sehr wichtig, deswegen muss es zweimal gesagt werden.

* Spitzname des japanischen Tennisprofis Kei Nishikori. ** Deutscher Komponist und Pianist.

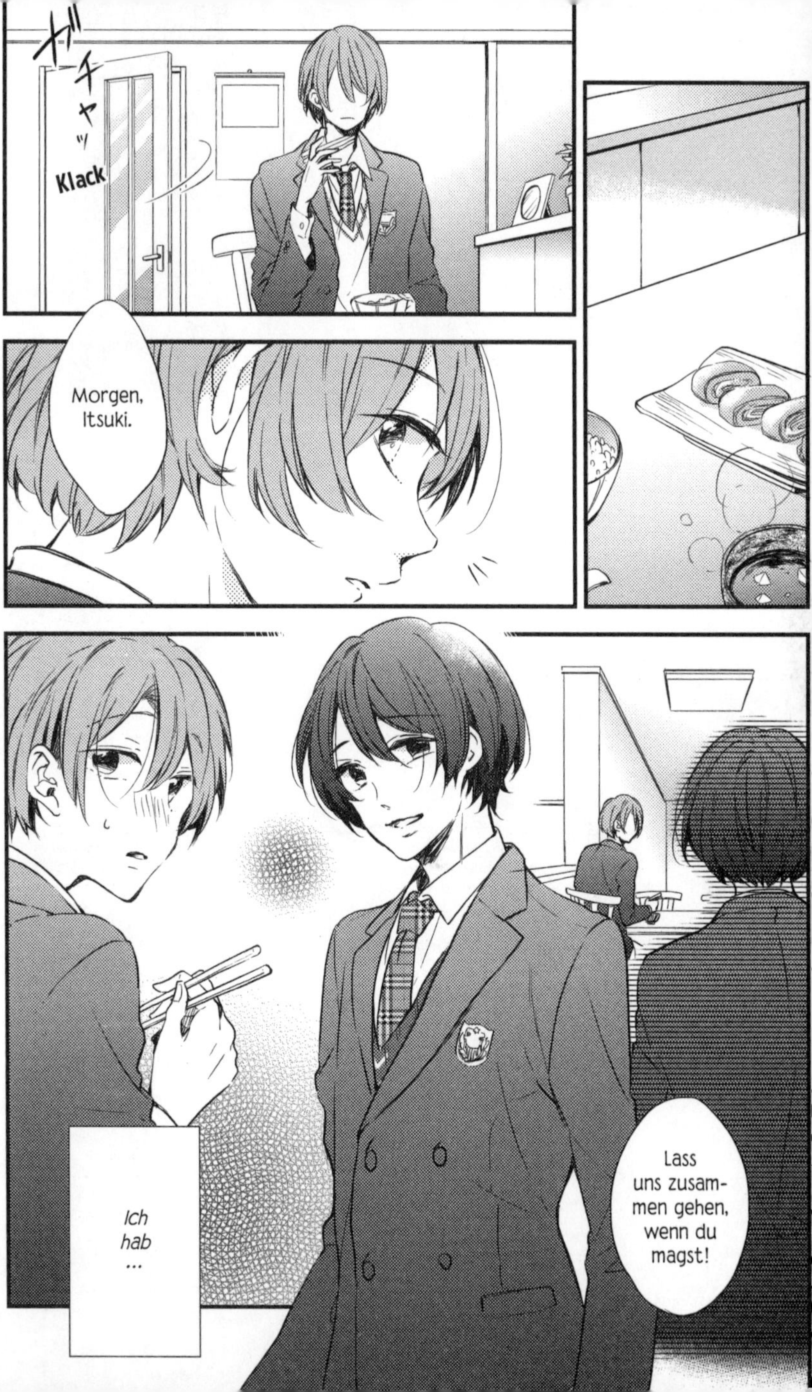
ガチャッ
Klack
Morgen, Itsuki.
Lass uns zusammen gehen, wenn du magst!
Ich hab ...

Der stille Mond – Kapitel 3

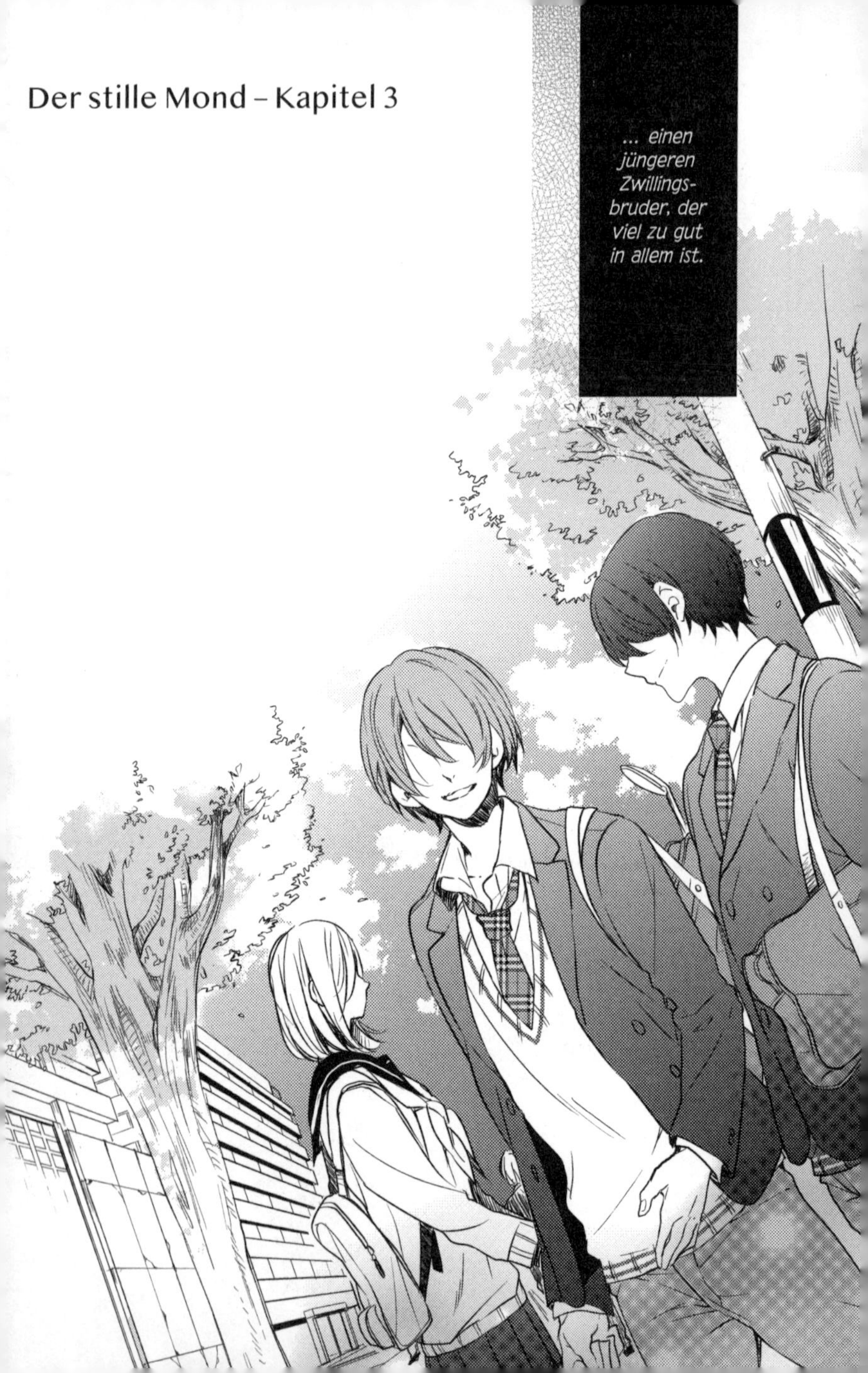

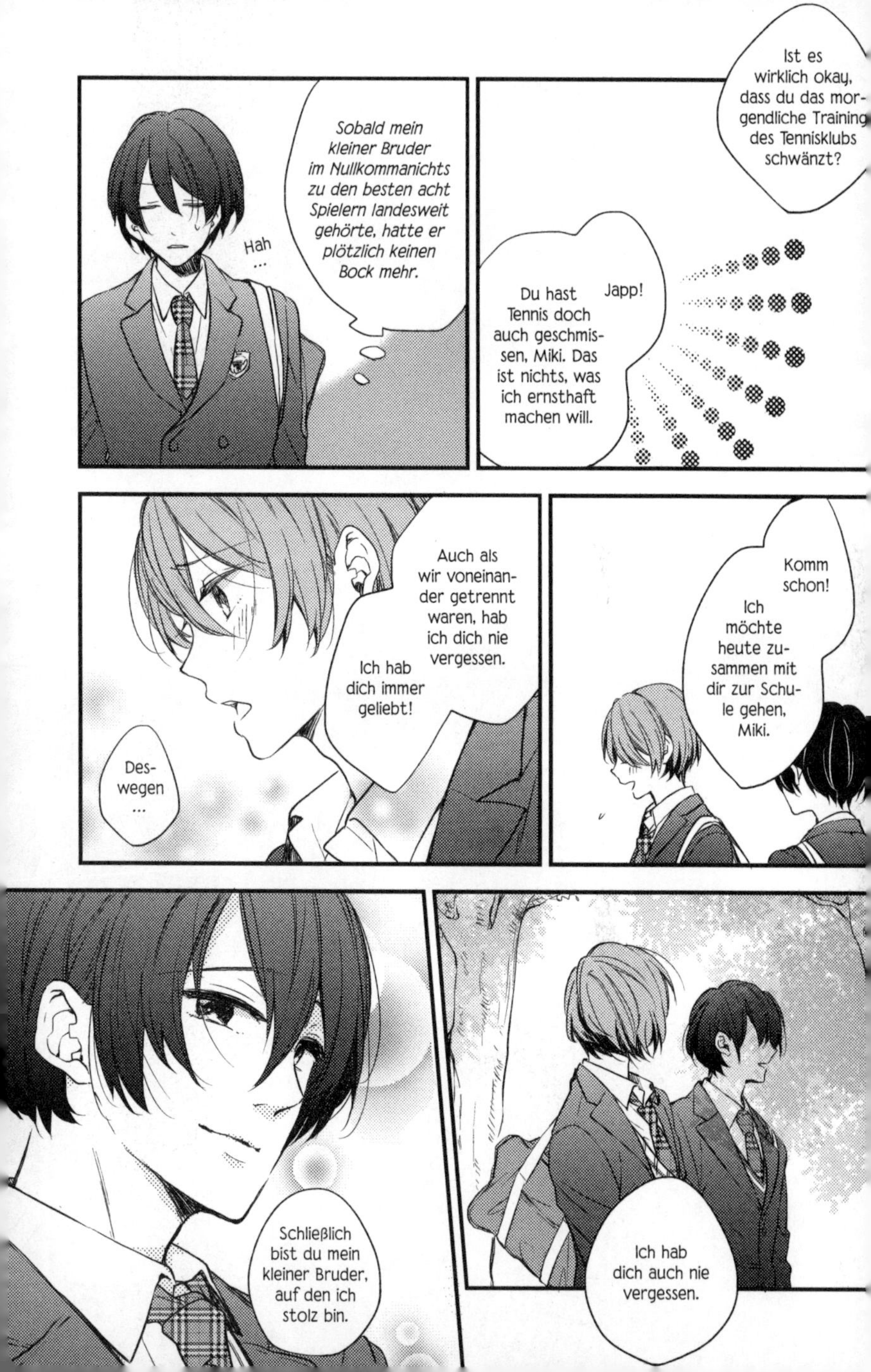
Ist es wirklich okay, dass du das morgendliche Training des Tennisklubs schwänzt?
Japp!
Du hast Tennis doch auch geschmissen, Miki. Das ist nichts, was ich ernsthaft machen will.
Sobald mein kleiner Bruder im Nullkommanichts zu den besten acht Spielern landesweit gehörte, hatte er plötzlich keinen Bock mehr.
Hah ...
Komm schon!
Ich möchte heute zusammen mit dir zur Schule gehen, Miki.
Auch als wir voneinander getrennt waren, hab ich dich nie vergessen.
Ich hab dich immer geliebt!
Deswegen ...
Ich hab dich auch nie vergessen.
Schließlich bist du mein kleiner Bruder, auf den ich stolz bin.

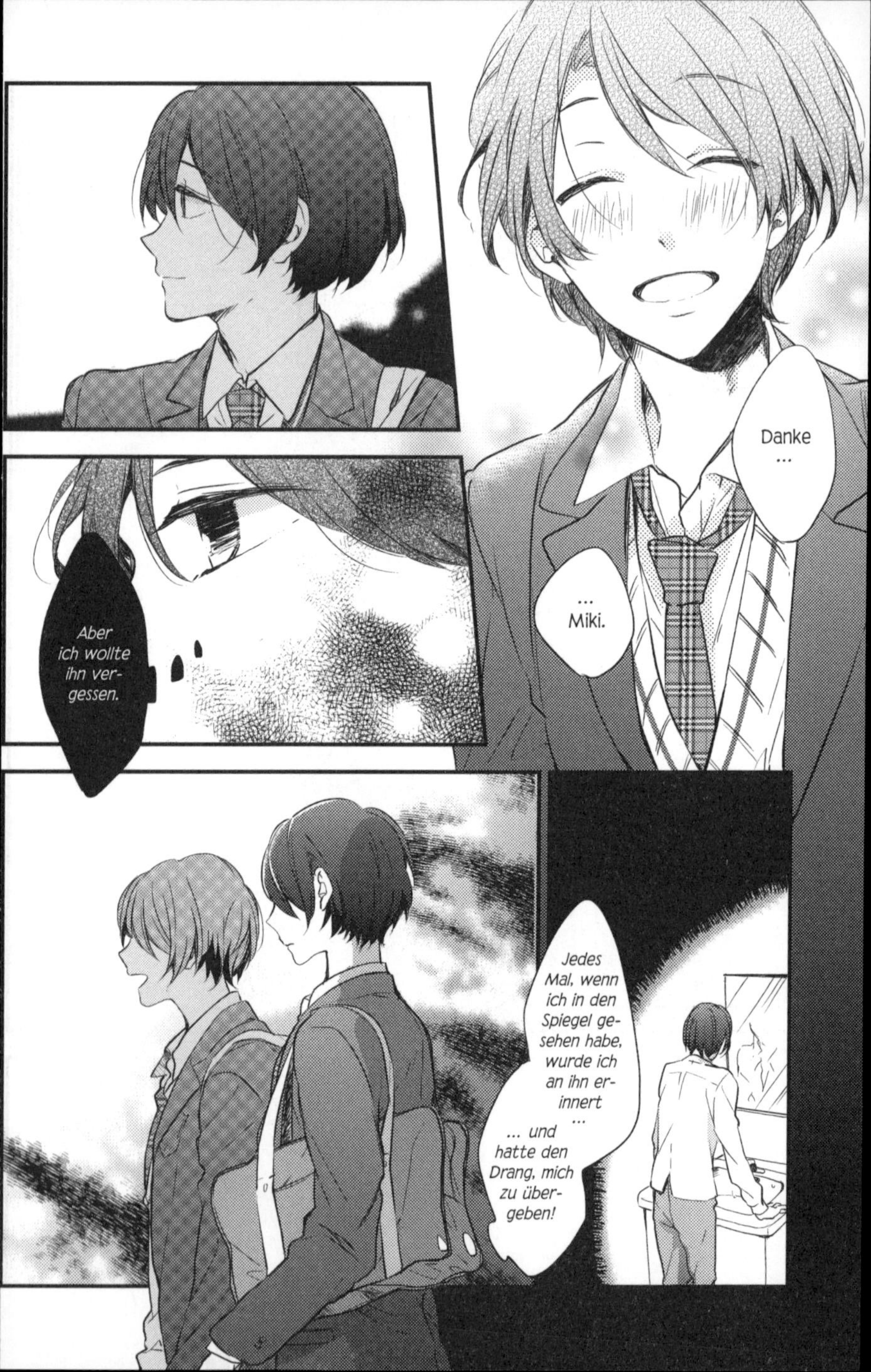
Danke ...
... Miki.
Aber ich wollte ihn ver-gessen.
Jedes Mal, wenn ich in den Spiegel ge-sehen habe, wurde ich an ihn er-innert ...
... und hatte den Drang, mich zu über-geben!

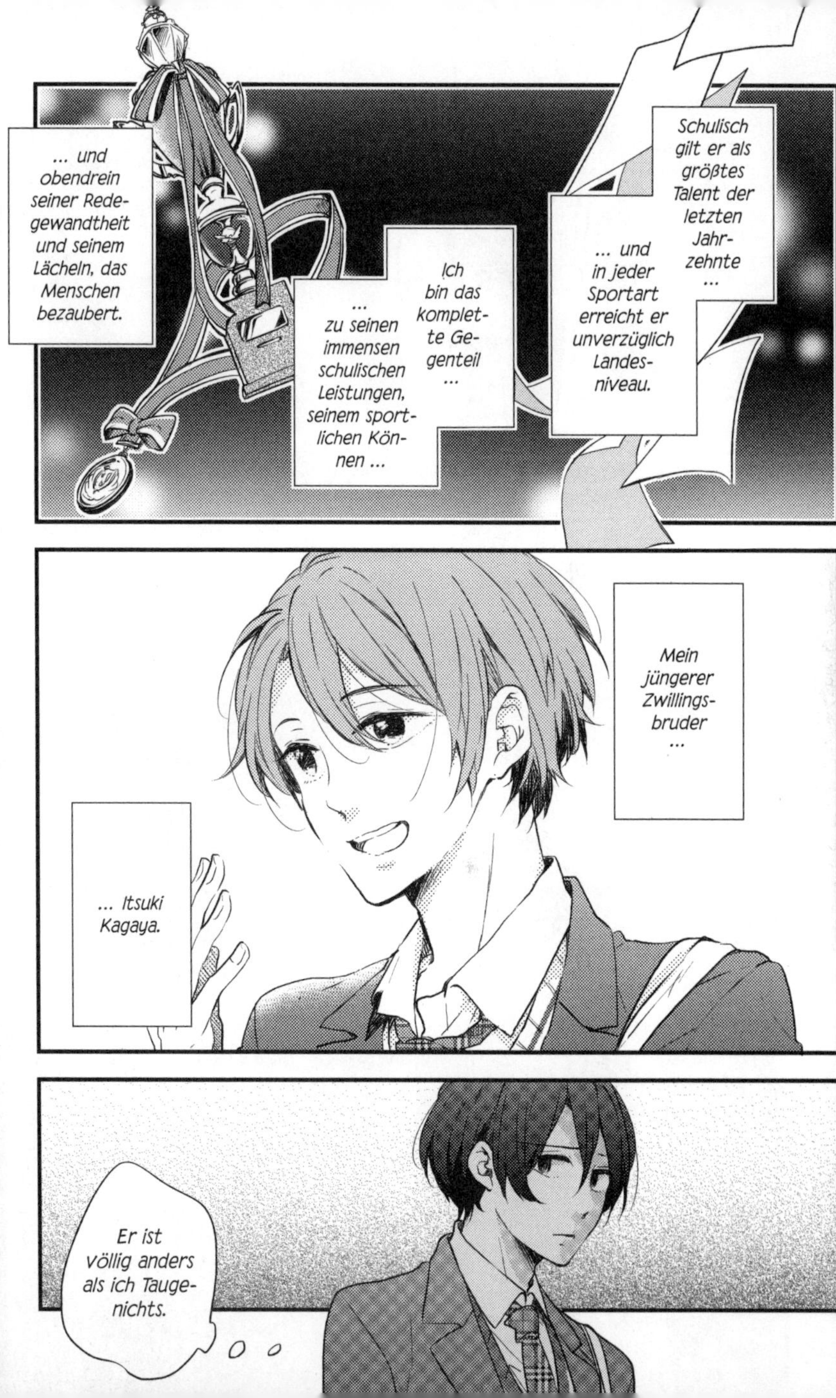

Schulisch gilt er als größtes Talent der letzten Jahrzehnte ...
... und in jeder Sportart erreicht er unverzüglich Landesniveau.
Ich bin das komplette Gegenteil ...
... zu seinen immensen schulischen Leistungen, seinem sportlichen Können ...
... und obendrein seiner Redegewandtheit und seinem Lächeln, das Menschen bezaubert.
Mein jüngerer Zwillingsbruder ...
... Itsuki Kagaya.
Er ist völlig anders als ich Taugenichts.

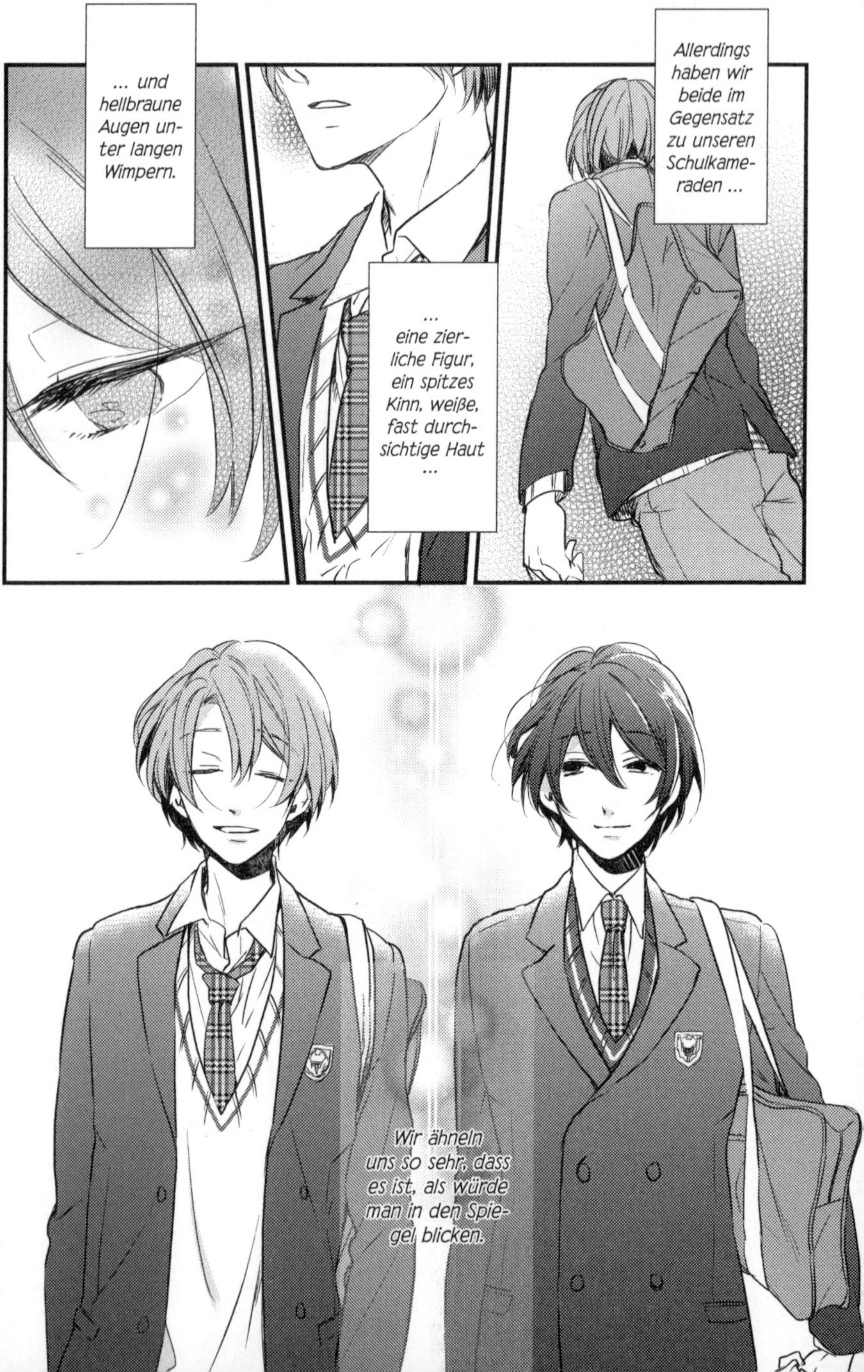
Allerdings haben wir beide im Gegensatz zu unseren Schulkameraden ...
... eine zierliche Figur, ein spitzes Kinn, weiße, fast durchsichtige Haut ...
... und hellbraune Augen unter langen Wimpern.
Wir ähneln uns so sehr, dass es ist, als würde man in den Spiegel blicken.

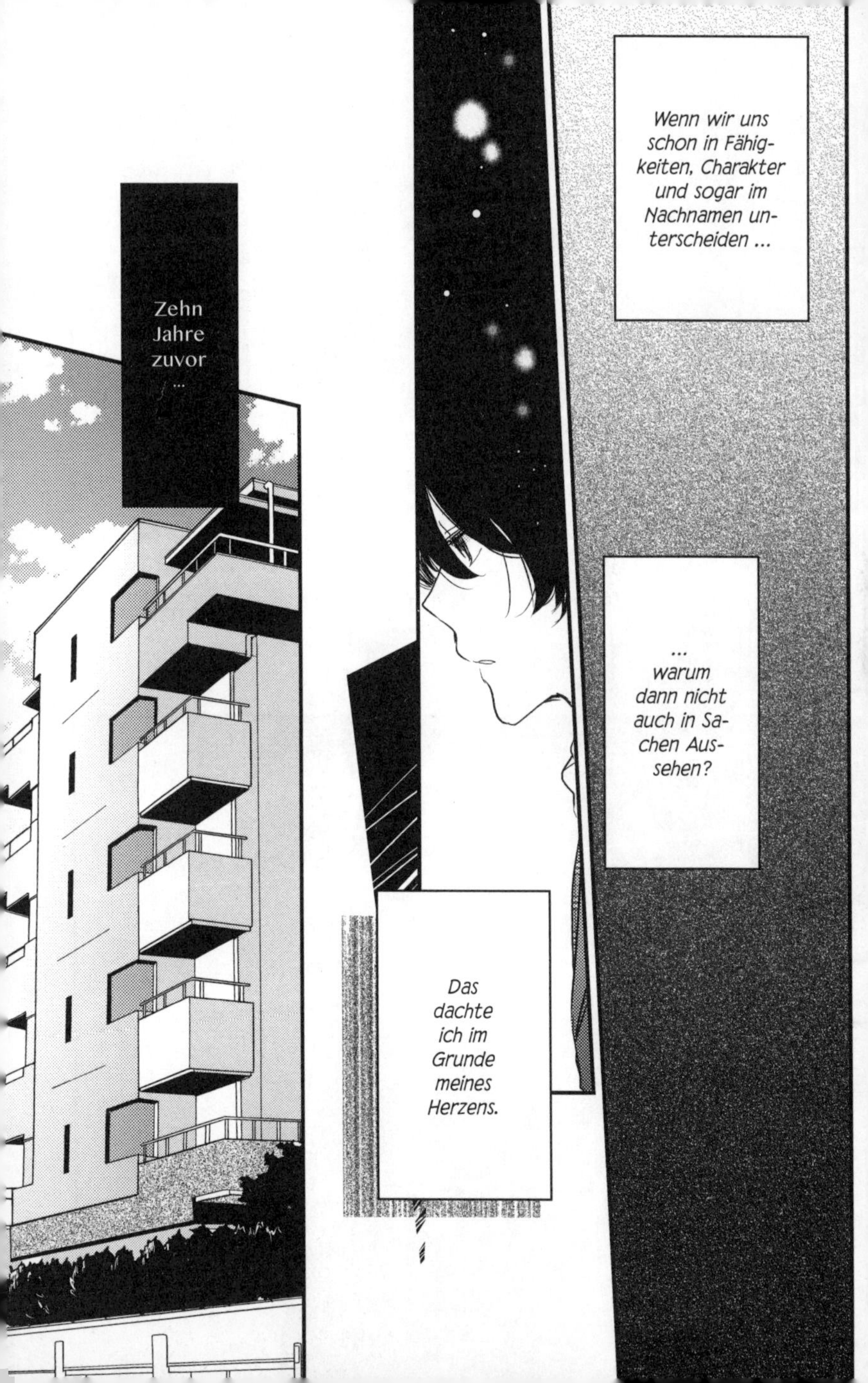
Wenn wir uns schon in Fähigkeiten, Charakter und sogar im Nachnamen unterscheiden ...
... warum dann nicht auch in Sachen Aussehen?
Das dachte ich im Grunde meines Herzens.
Zehn Jahre zuvor ...

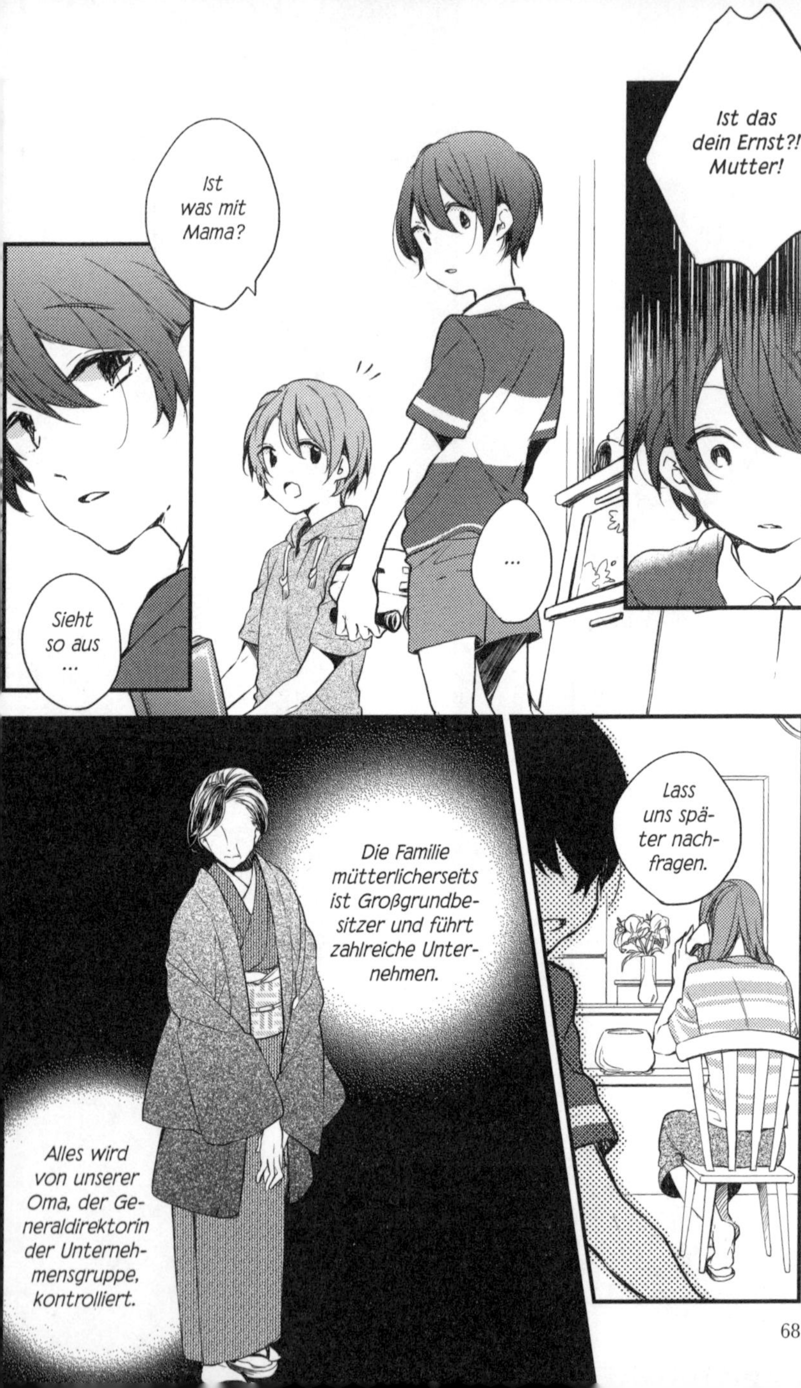
Ist das dein Ernst?! Mutter!
Ist was mit Mama?
...
Sieht so aus ...
Lass uns später nachfragen.
Die Familie mütterlicherseits ist Großgrundbesitzer und führt zahlreiche Unternehmen.
Alles wird von unserer Oma, der Generaldirektorin der Unternehmensgruppe, kontrolliert.

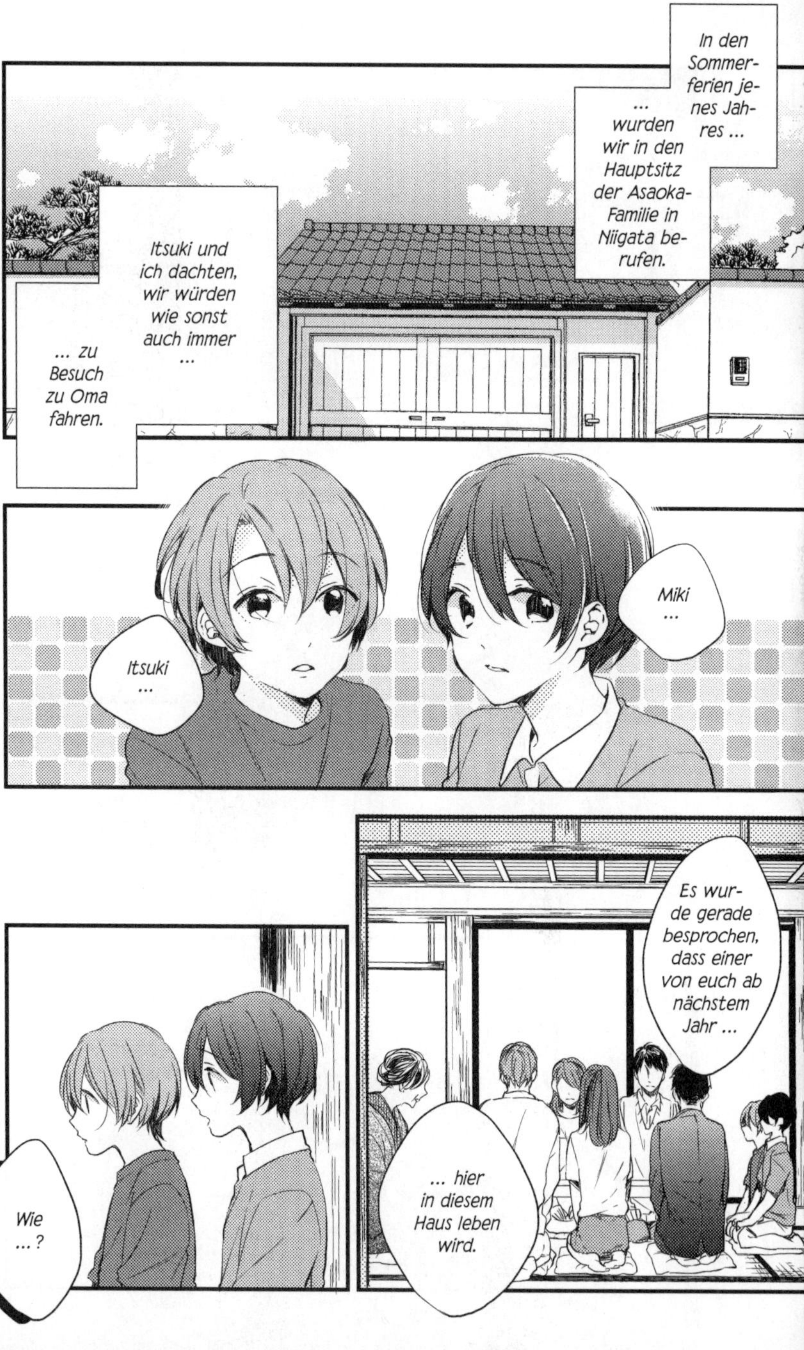
In den Sommerferien jenes Jahres ...
... wurden wir in den Hauptsitz der Asaoka-Familie in Niigata berufen.
Itsuki und ich dachten, wir würden wie sonst auch immer ...
... zu Besuch zu Oma fahren.
Miki ...
Itsuki ...
Es wurde gerade besprochen, dass einer von euch ab nächstem Jahr ...
... hier in diesem Haus leben wird.
Wie ...?

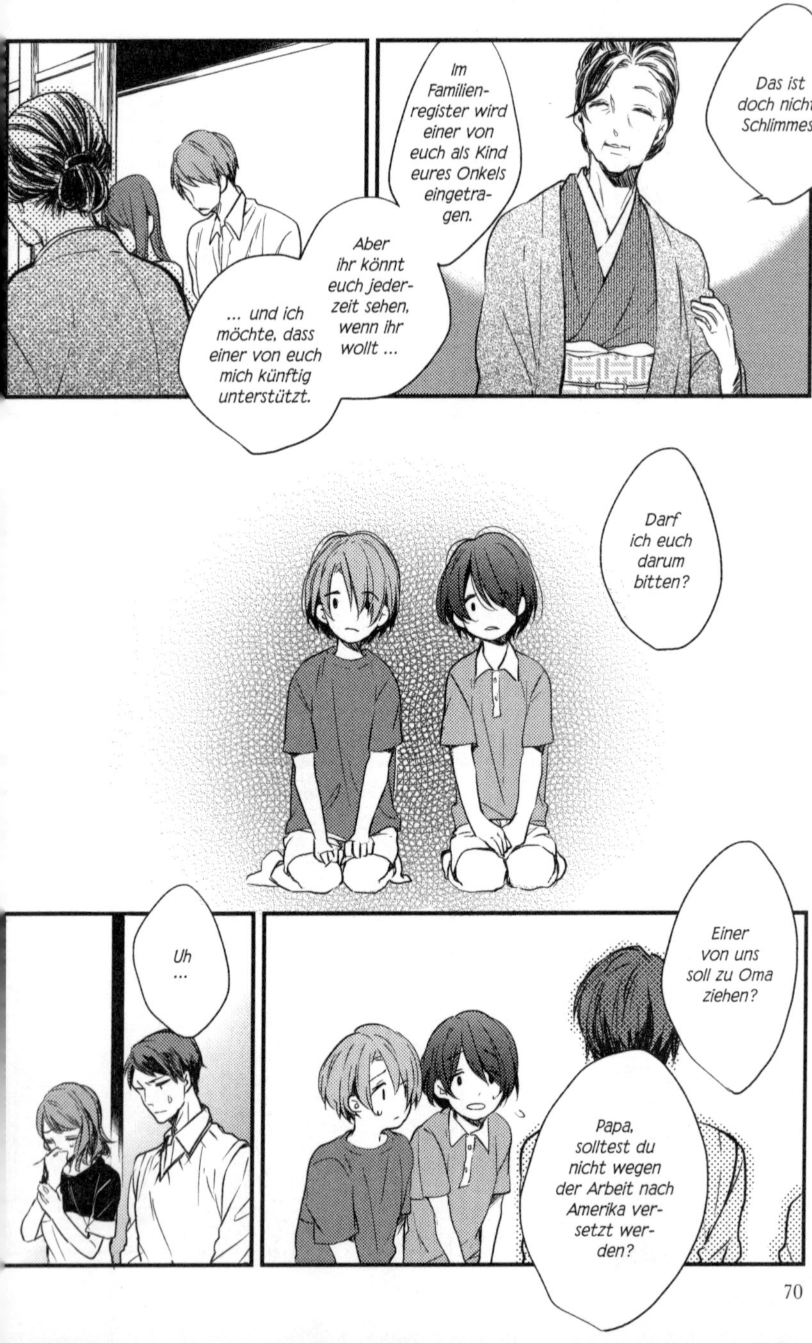
Das ist doch nichts Schlimmes!
Im Familien-register wird einer von euch als Kind eures Onkels eingetra-gen.
Aber ihr könnt euch jeder-zeit sehen, wenn ihr wollt ...
... und ich möchte, dass einer von euch mich künftig unterstützt.
Darf ich euch darum bitten?
Einer von uns soll zu Oma ziehen?
Papa, solltest du nicht wegen der Arbeit nach Amerika ver-setzt wer-den?
Uh ...

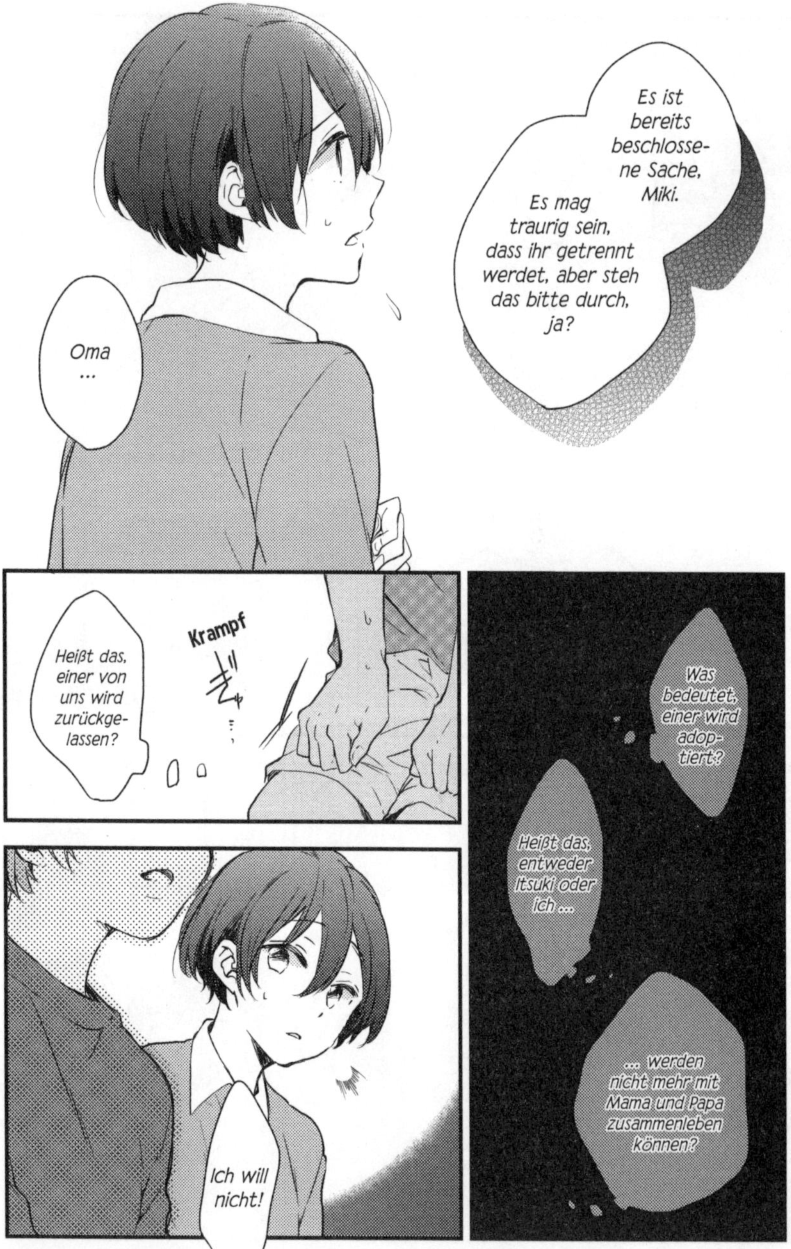
Es ist bereits beschlossene Sache, Miki.
Es mag traurig sein, dass ihr getrennt werdet, aber steh das bitte durch, ja?
Oma ...
Was bedeutet, einer wird adoptiert?
Heißt das, entweder Itsuki oder ich ...
... werden nicht mehr mit Mama und Papa zusammenleben können?
Krampf
Heißt das, einer von uns wird zurückgelassen?
Ich will nicht!

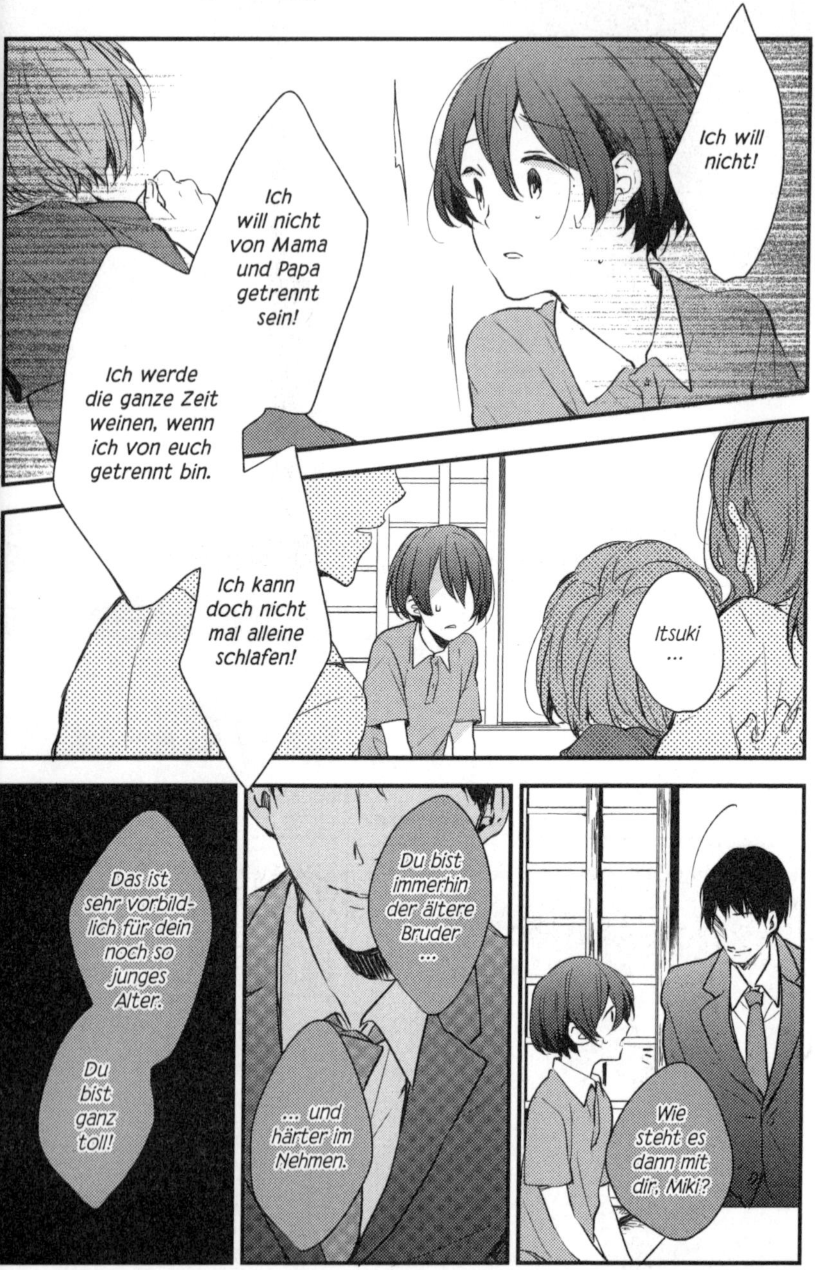
Ich will nicht!
Ich will nicht von Mama und Papa getrennt sein!
Ich werde die ganze Zeit weinen, wenn ich von euch getrennt bin.
Ich kann doch nicht mal alleine schlafen!
Itsuki …
Wie steht es dann mit dir, Miki?
Du bist immerhin der ältere Bruder …
… und härter im Nehmen.
Das ist sehr vorbildlich für dein noch so junges Alter.
Du bist ganz toll!

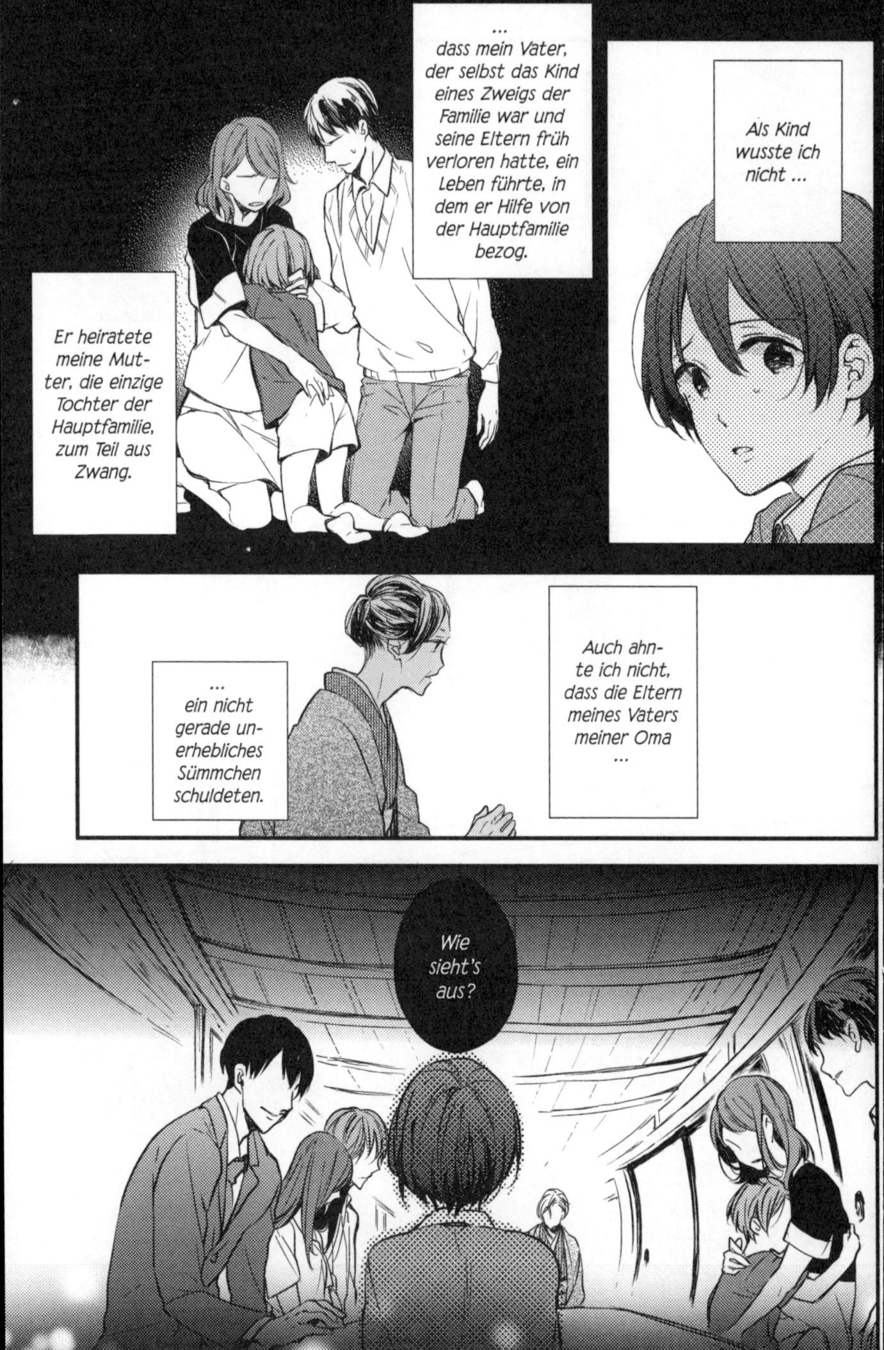
Als Kind wusste ich nicht ...
... dass mein Vater, der selbst das Kind eines Zweigs der Familie war und seine Eltern früh verloren hatte, ein Leben führte, in dem er Hilfe von der Hauptfamilie bezog.
Er heiratete meine Mutter, die einzige Tochter der Hauptfamilie, zum Teil aus Zwang.
Auch ahnte ich nicht, dass die Eltern meines Vaters meiner Oma ...
... ein nicht gerade unerhebliches Sümmchen schuldeten.
Wie sieht's aus?

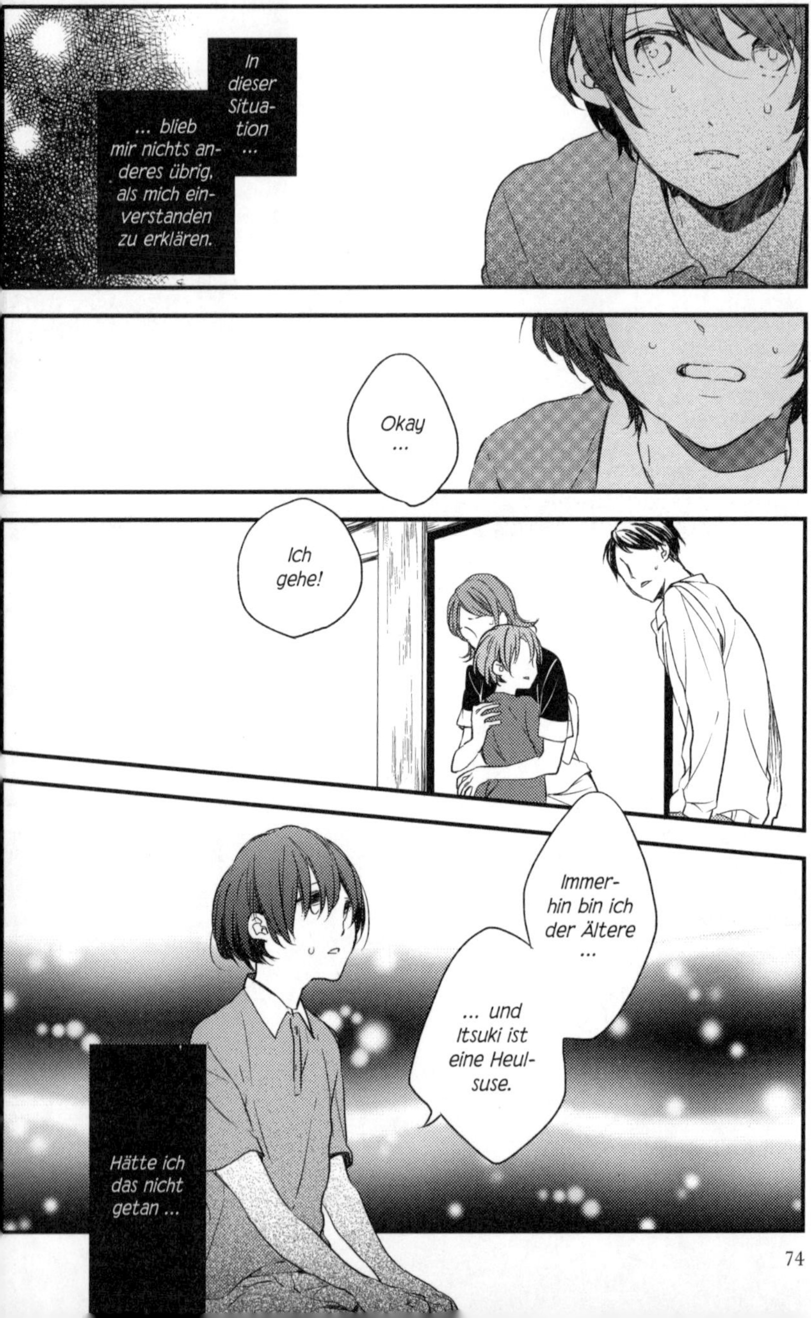
In dieser Situation ...
... blieb mir nichts anderes übrig, als mich einverstanden zu erklären.
Okay ...
Ich gehe!
Immerhin bin ich der Ältere ...
... und Itsuki ist eine Heulsuse.
Hätte ich das nicht getan ...

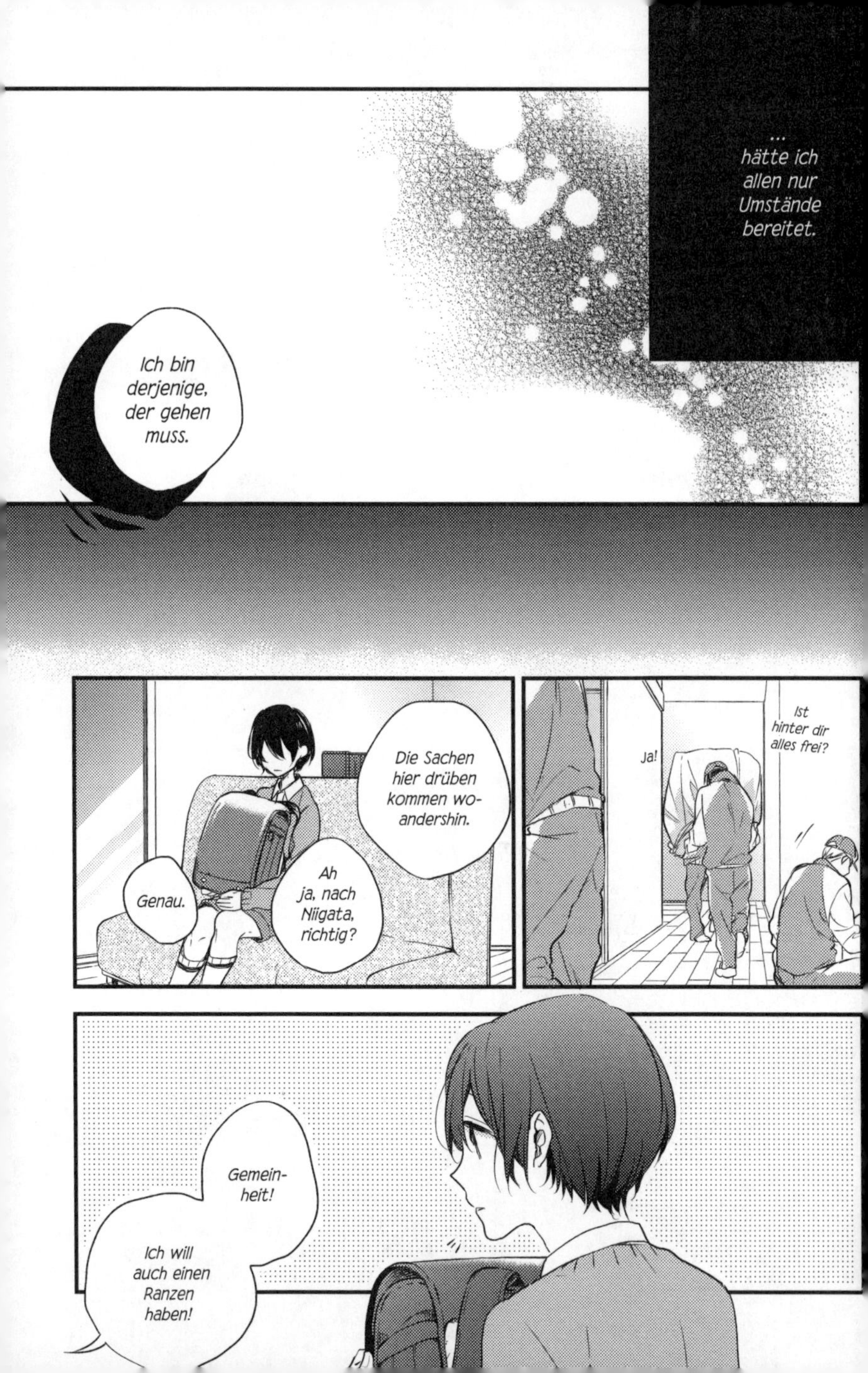
...
hätte ich allen nur Umstände bereitet.
Ich bin derjenige, der gehen muss.
Ist hinter dir alles frei?
Ja!
Die Sachen hier drüben kommen wo-andershin.
Ah ja, nach Niigata, richtig?
Genau.
Gemein-heit!
Ich will auch einen Ranzen haben!

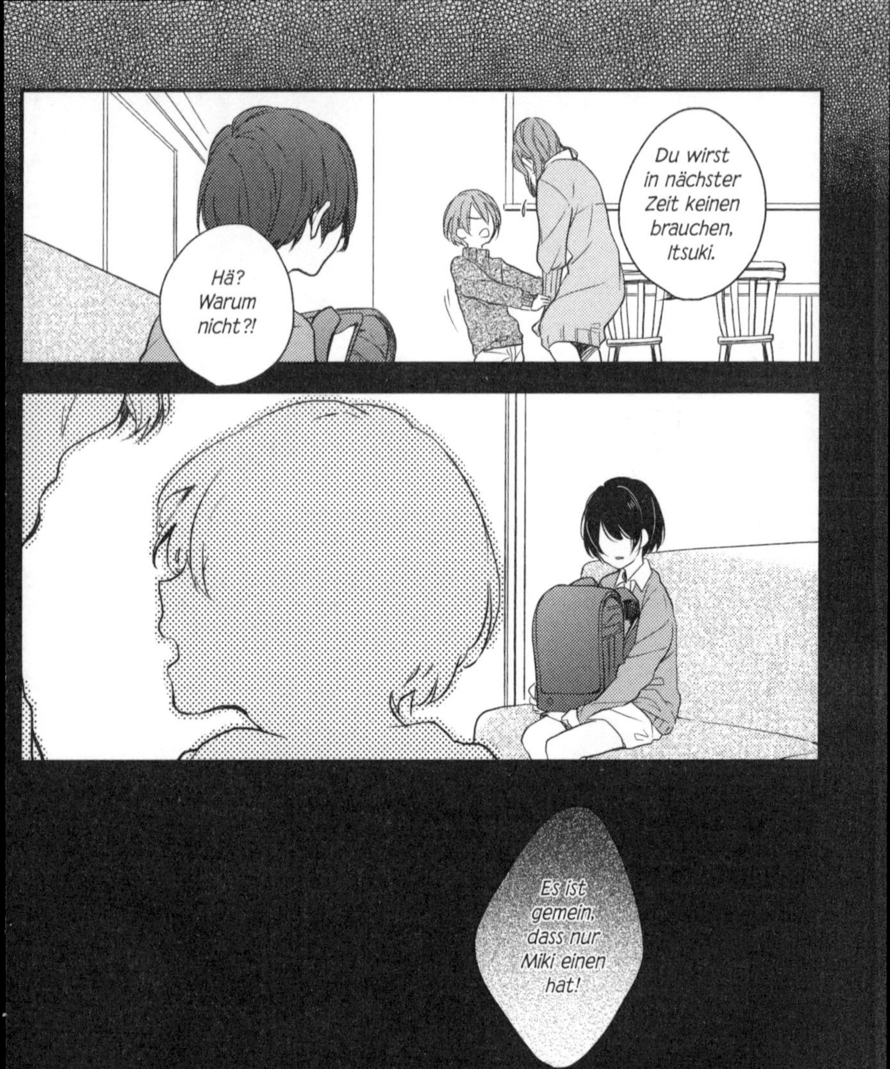
Du wirst in nächster Zeit keinen brauchen, Itsuki.
Hä? Warum nicht?!
Es ist gemein, dass nur Miki einen hat!

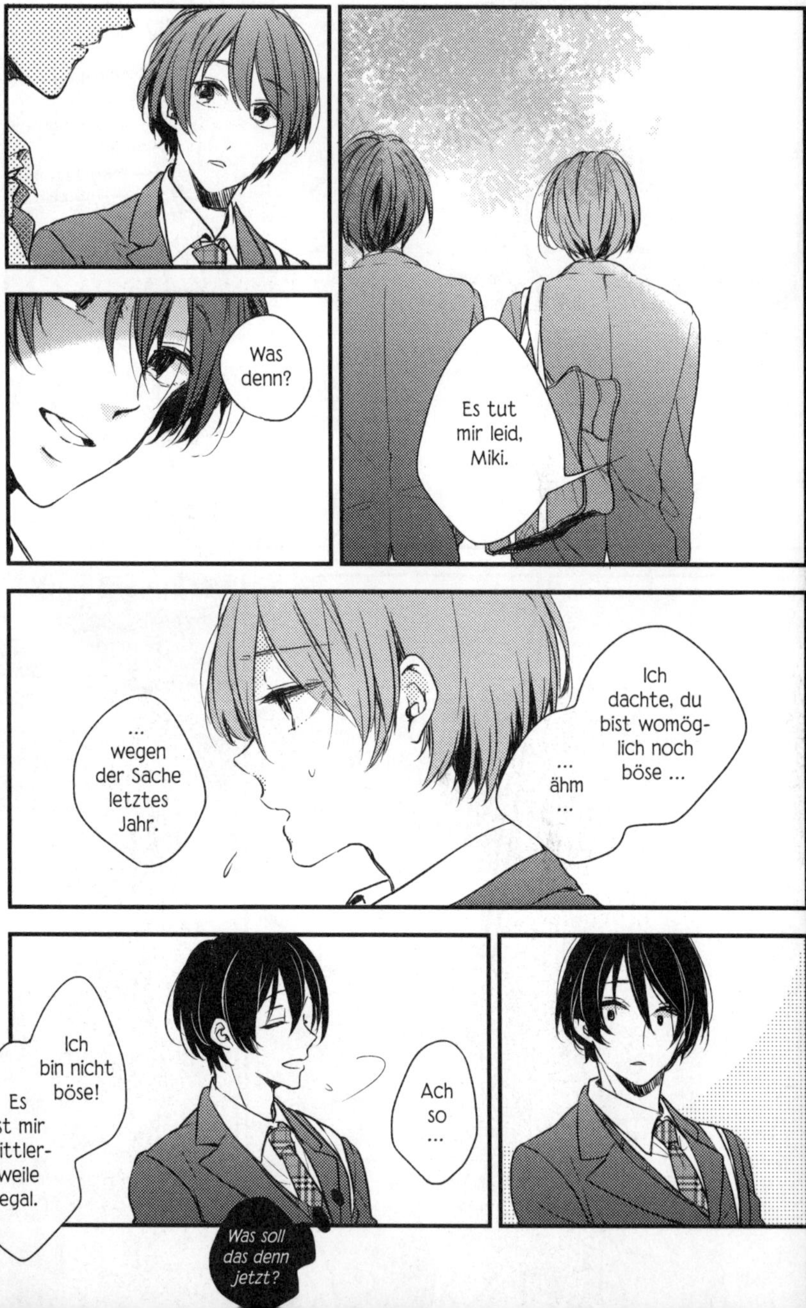
Es tut mir leid, Miki.
Was denn?
Ich dachte, du bist womöglich noch böse ...
... ähm ...
... wegen der Sache letztes Jahr.
Ach so ...
Ich bin nicht böse!
Es ist mir mittlerweile egal.
Was soll das denn jetzt?

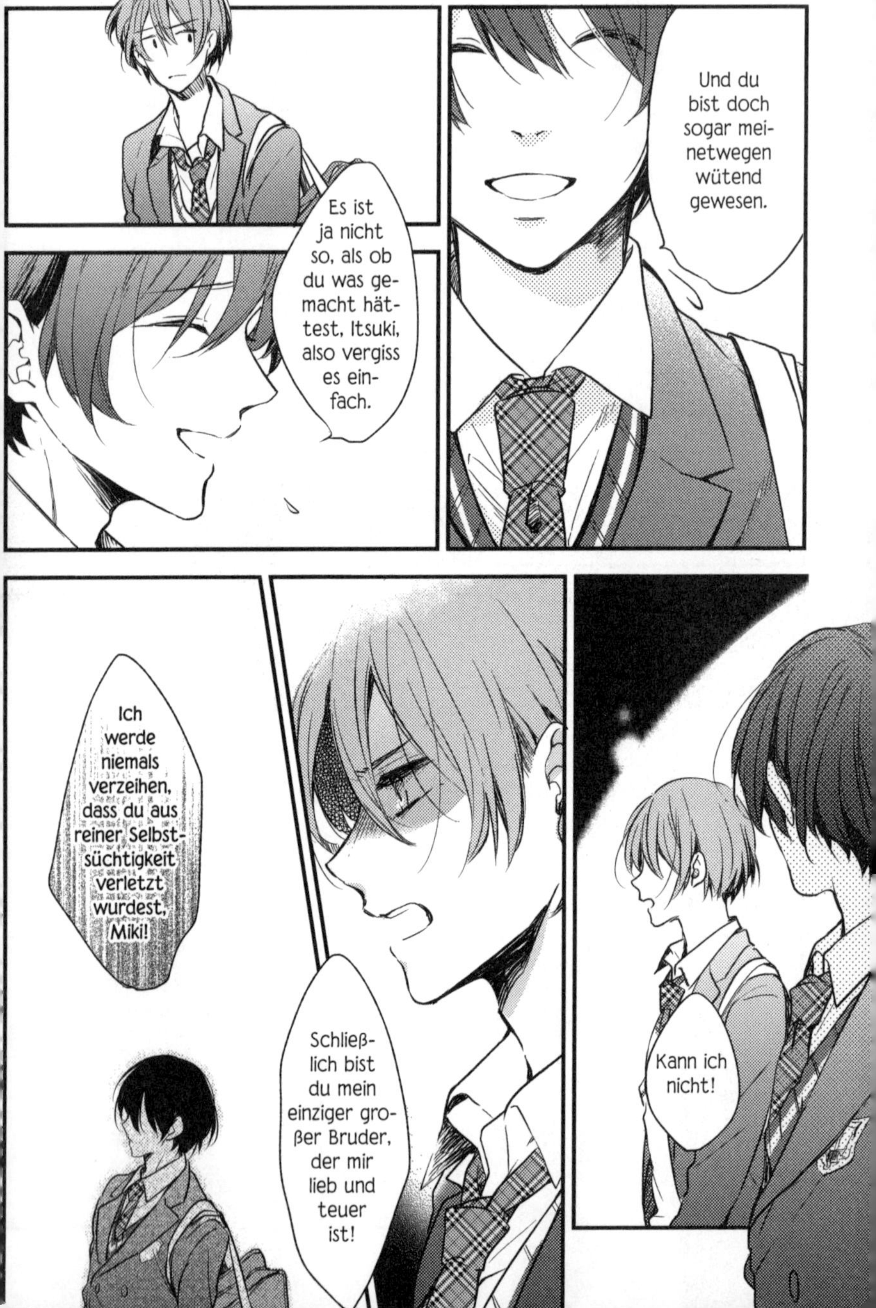
Und du bist doch sogar meinetwegen wütend gewesen.
Es ist ja nicht so, als ob du was gemacht hättest, Itsuki, also vergiss es einfach.
Kann ich nicht!
Schließlich bist du mein einziger großer Bruder, der mir lieb und teuer ist!
Ich werde niemals verzeihen, dass du aus reiner Selbstsüchtigkeit verletzt wurdest, Miki!

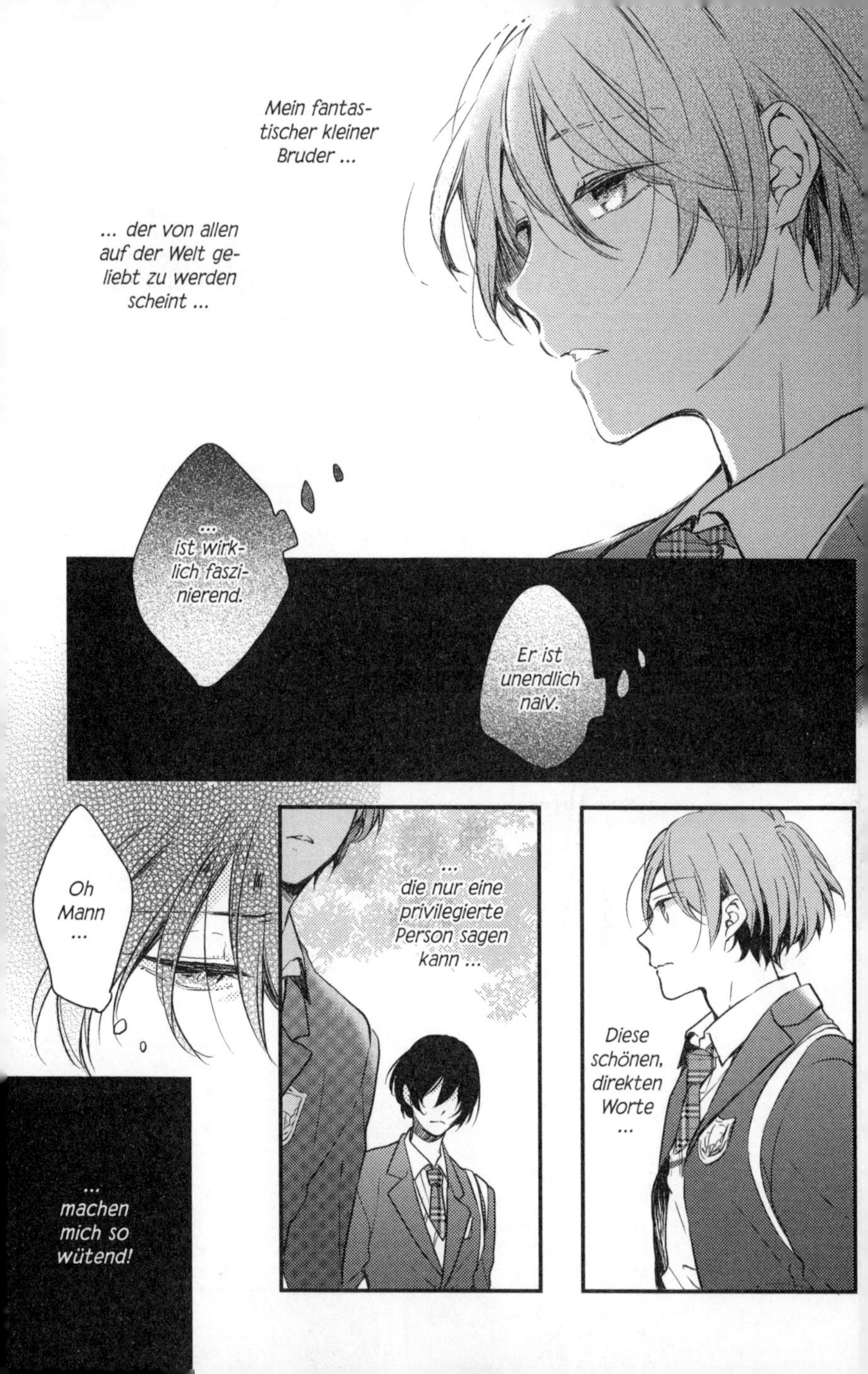
Mein fantastischer kleiner Bruder ...
... der von allen auf der Welt geliebt zu werden scheint ...
... ist wirklich faszinierend.
Er ist unendlich naiv.
Diese schönen, direkten Worte ...
... die nur eine privilegierte Person sagen kann ...
Oh Mann ...
... machen mich so wütend!

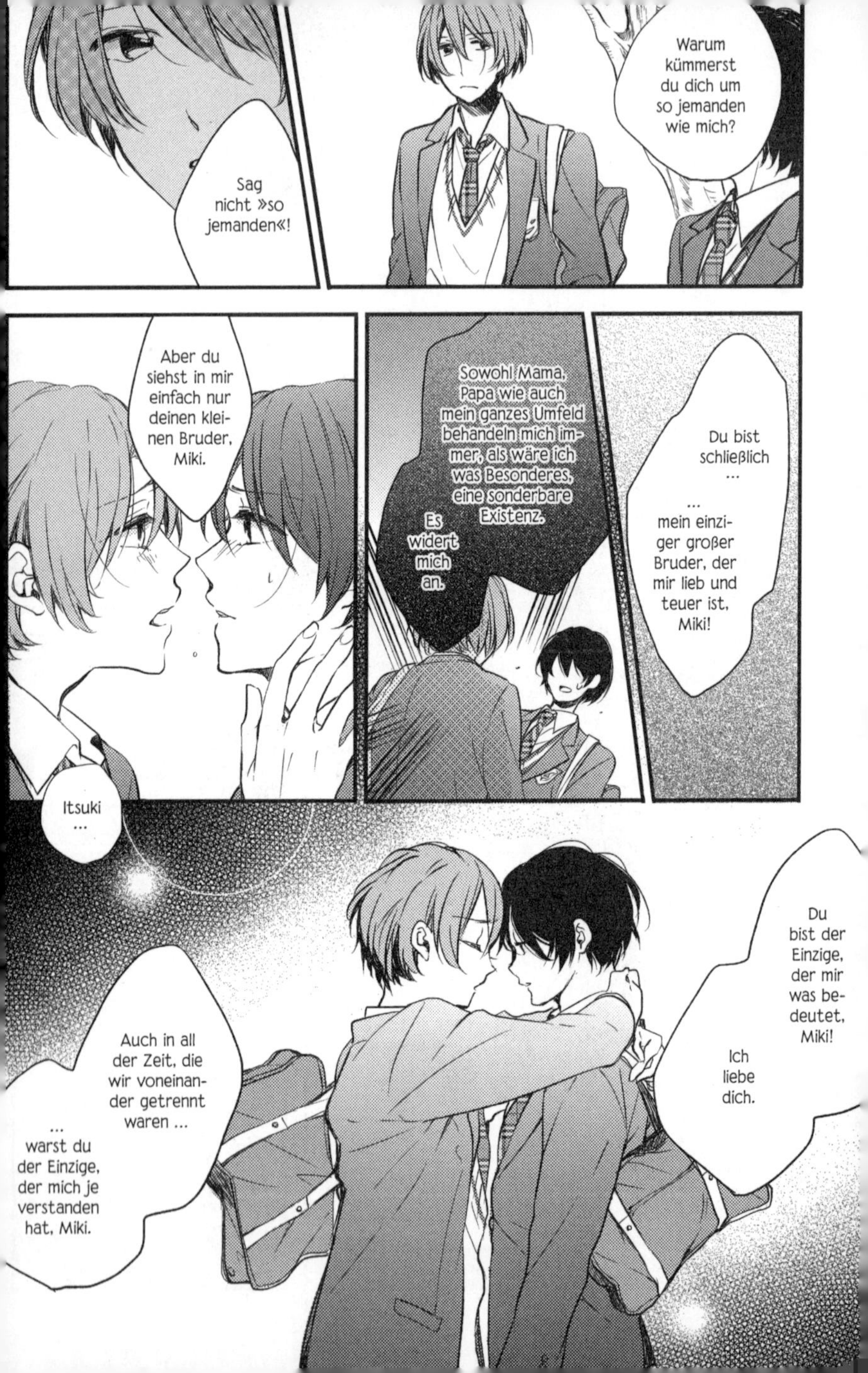
Warum kümmerst du dich um so jemanden wie mich?
Sag nicht »so jemanden«!
Du bist schließlich ...
... mein einziger großer Bruder, der mir lieb und teuer ist, Miki!
Sowohl Mama, Papa wie auch mein ganzes Umfeld behandeln mich immer, als wäre ich was Besonderes, eine sonderbare Existenz.
Es widert mich an.
Aber du siehst in mir einfach nur deinen kleinen Bruder, Miki.
Itsuki ...
Du bist der Einzige, der mir was bedeutet, Miki!
Ich liebe dich.
Auch in all der Zeit, die wir voneinander getrennt waren ...
... warst du der Einzige, der mich je verstanden hat, Miki.

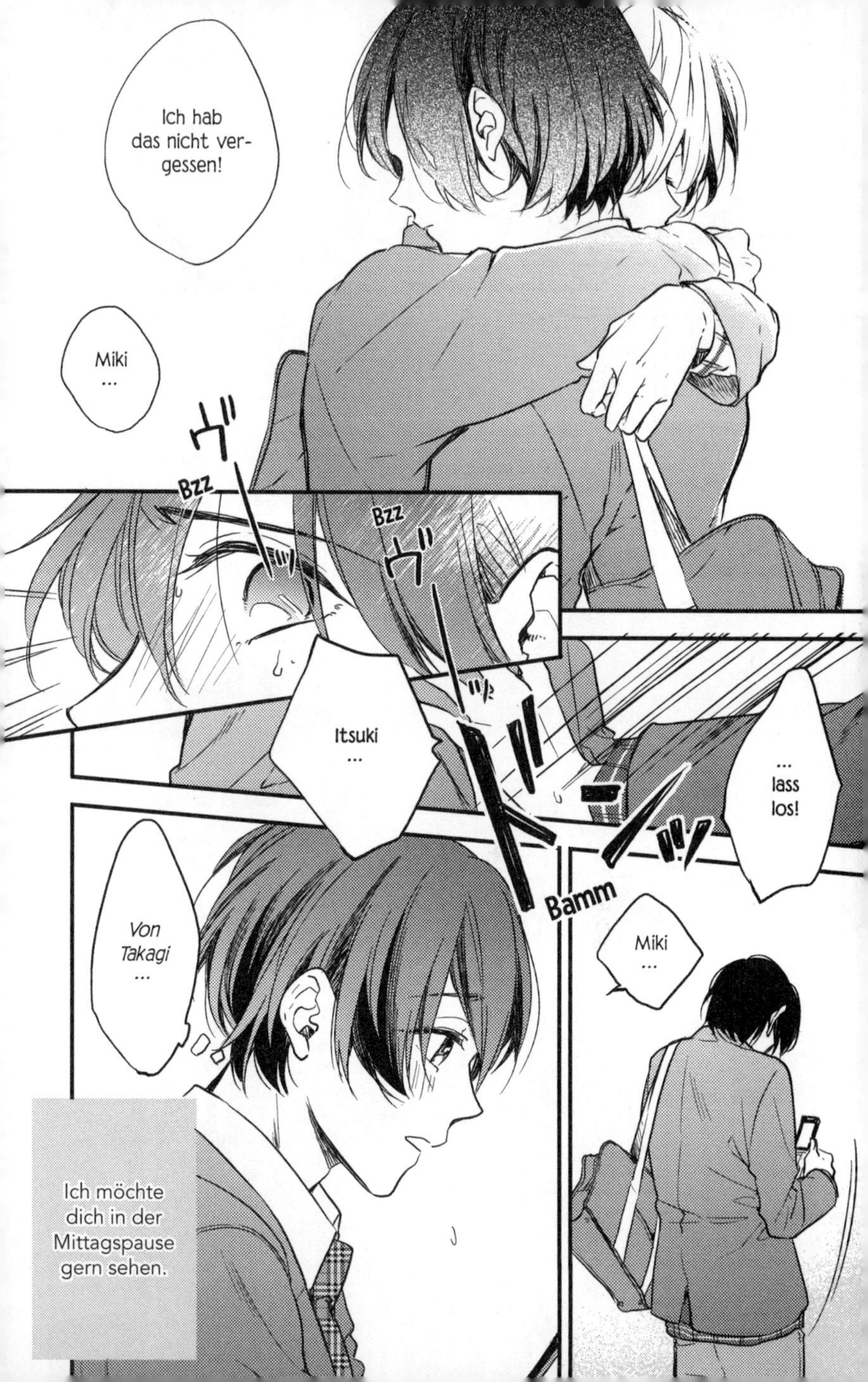

Ich hab das nicht vergessen!
Miki ...
Bzz
Bzz
Itsuki ...
... lass los!
Bamm
Von Takagi ...
Miki ...
Ich möchte dich in der Mittagspause gern sehen.

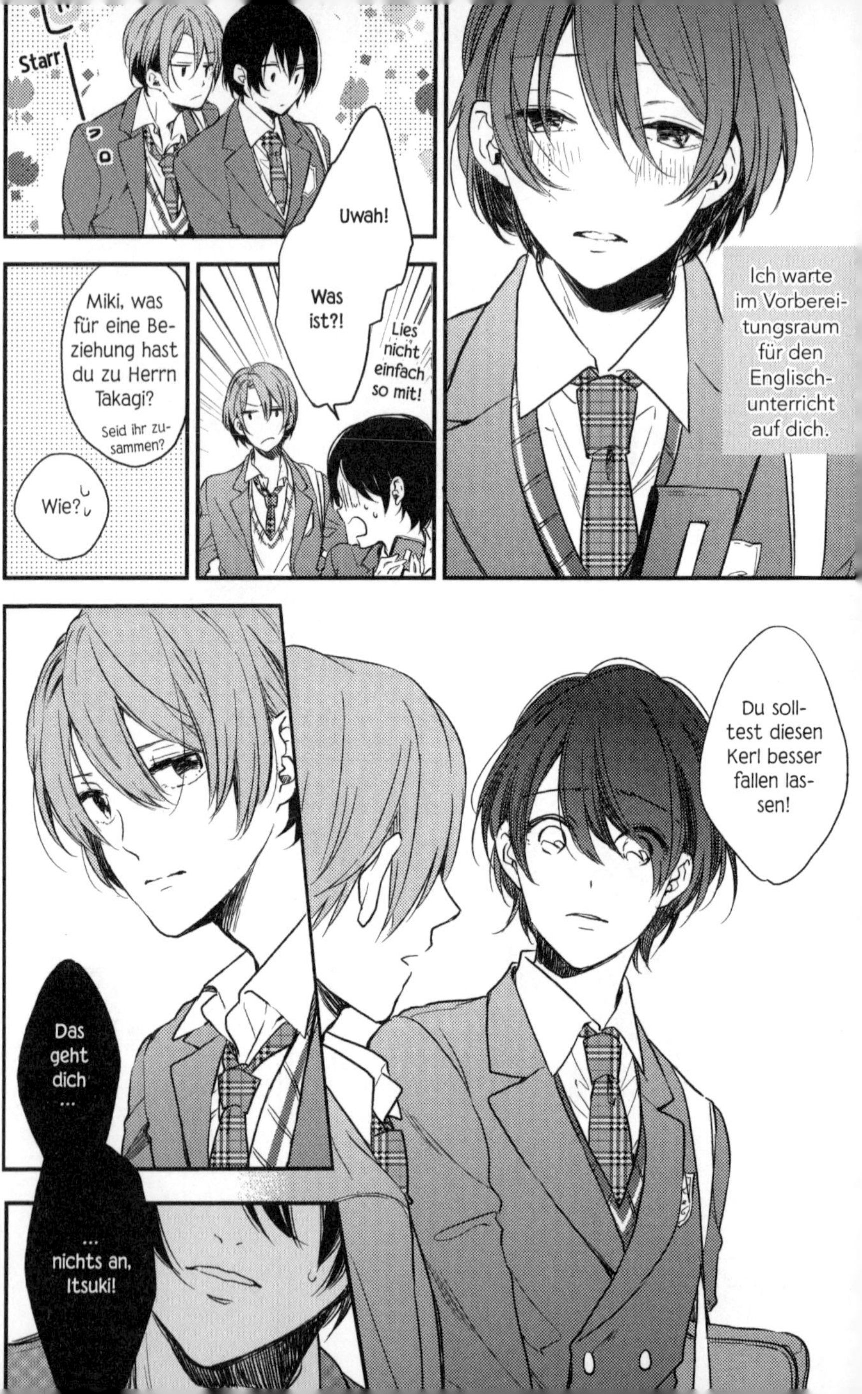
Ich warte im Vorbereitungsraum für den Englischunterricht auf dich.
Starr
Uwah!
Was ist?!
Lies nicht einfach so mit!
Miki, was für eine Beziehung hast du zu Herrn Takagi?
Seid ihr zusammen?
Wie?
Du solltest diesen Kerl besser fallen lassen!
Das geht dich …
… nichts an, Itsuki!

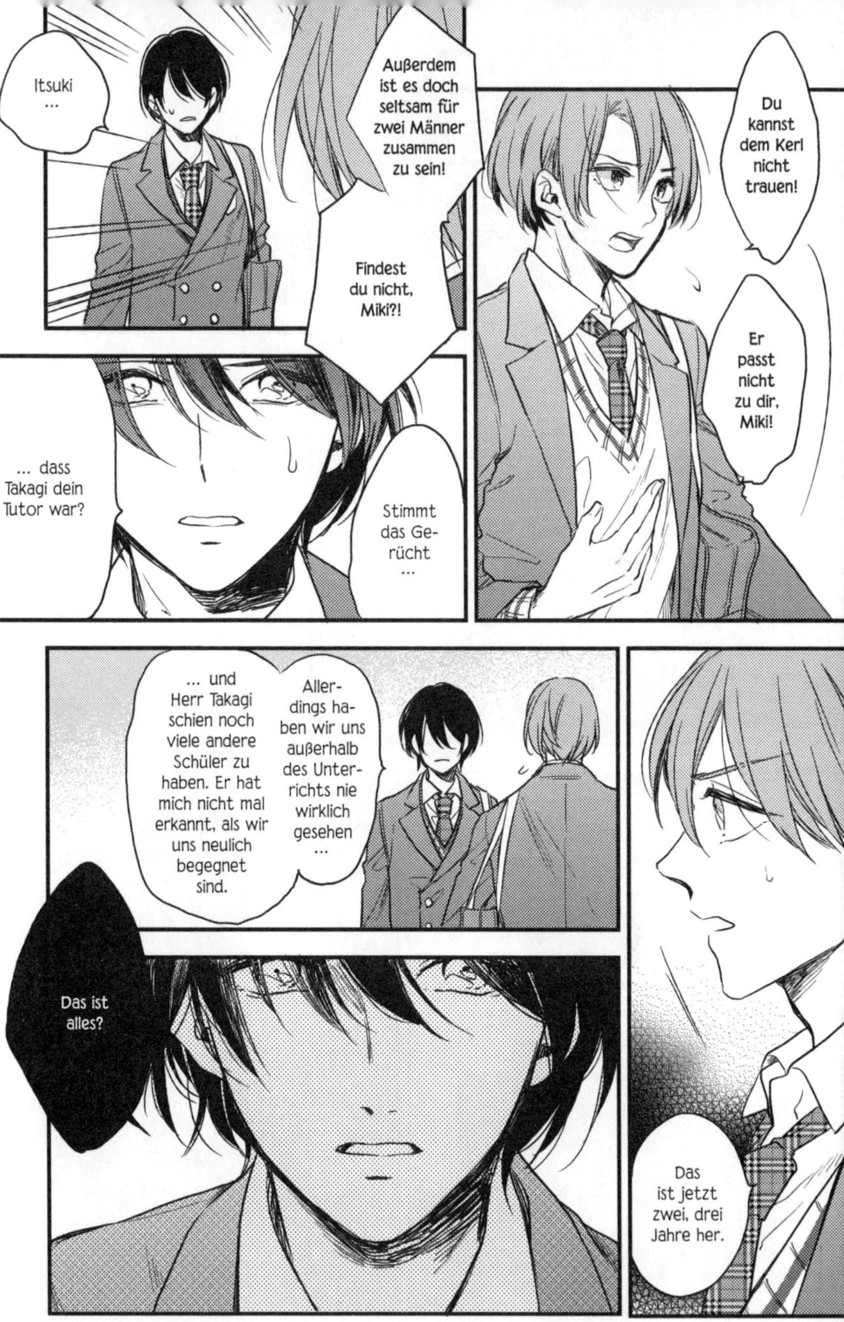

Du kannst dem Kerl nicht trauen!
Er passt nicht zu dir, Miki!
Außerdem ist es doch seltsam für zwei Männer zusammen zu sein!
Findest du nicht, Miki?!
Itsuki ...
Stimmt das Gerücht ...
... dass Takagi dein Tutor war?
Das ist jetzt zwei, drei Jahre her.
Allerdings haben wir uns außerhalb des Unterrichts nie wirklich gesehen ...
... und Herr Takagi schien noch viele andere Schüler zu haben. Er hat mich nicht mal erkannt, als wir uns neulich begegnet sind.
Das ist alles?

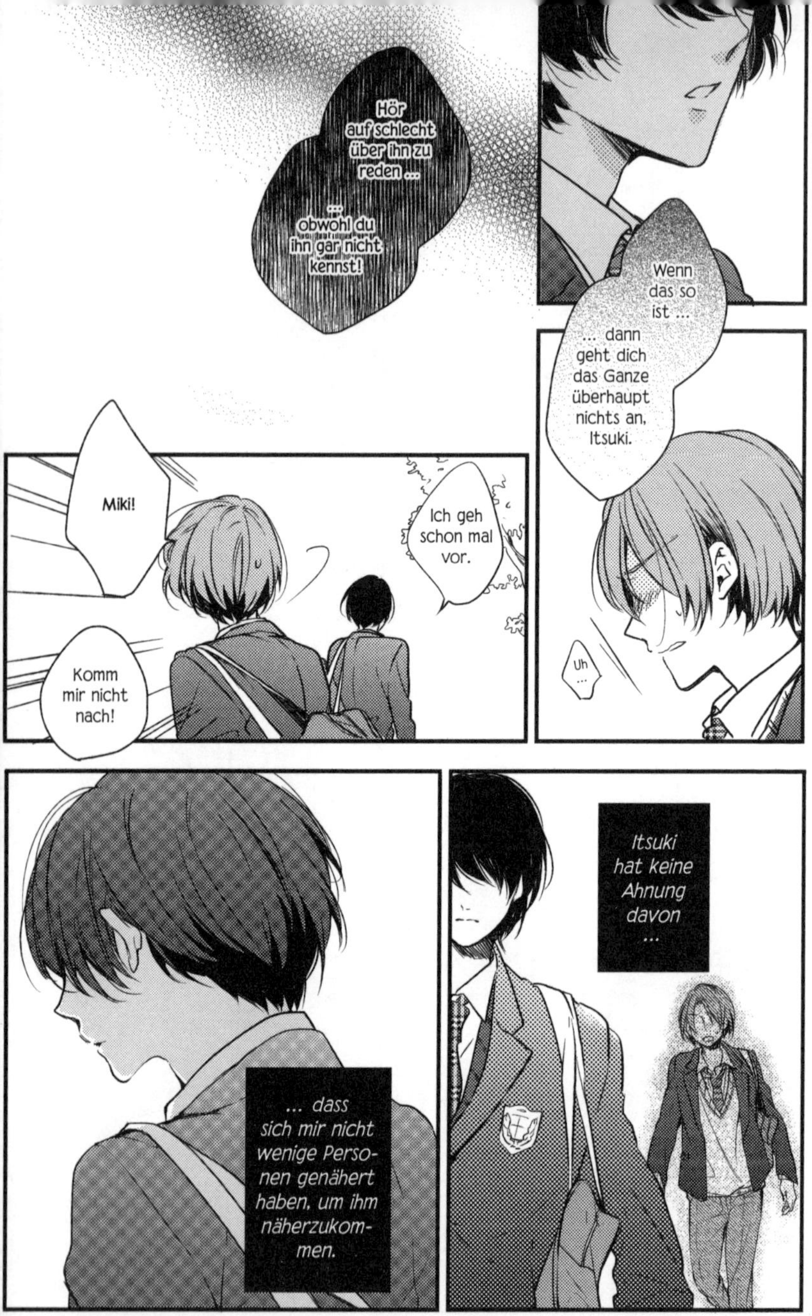
Hör auf schlecht über ihn zu reden ...
... obwohl du ihn gar nicht kennst!
Wenn das so ist ...
... dann geht dich das Ganze überhaupt nichts an, Itsuki.
Uh ...
Ich geh schon mal vor.
Miki!
Komm mir nicht nach!
Itsuki hat keine Ahnung davon ...
... dass sich mir nicht wenige Personen genähert haben, um ihm näherzukommen.

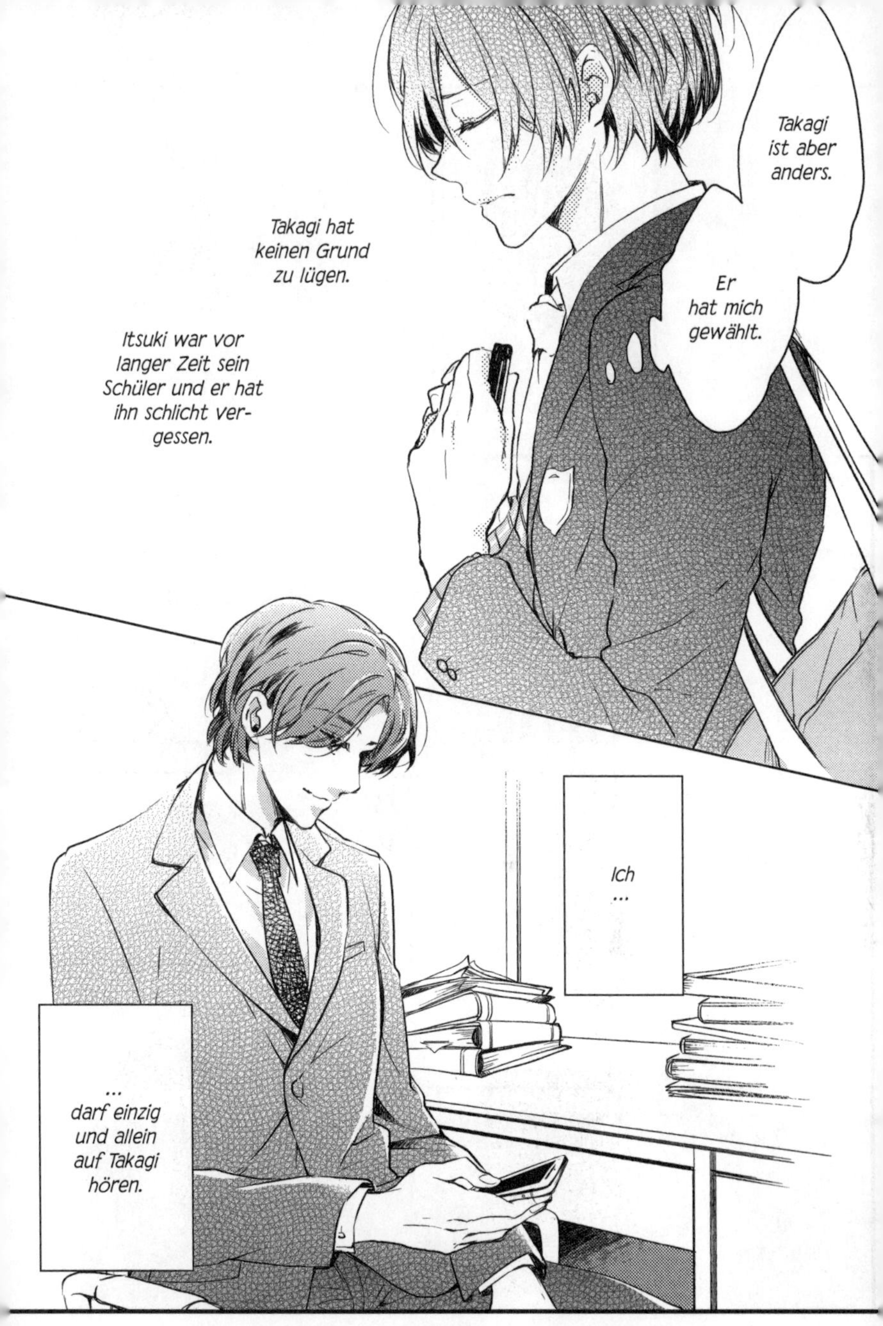
Takagi ist aber anders.
Er hat mich gewählt.
Takagi hat keinen Grund zu lügen.
Itsuki war vor langer Zeit sein Schüler und er hat ihn schlicht vergessen.
Ich ...
... darf einzig und allein auf Takagi hören.

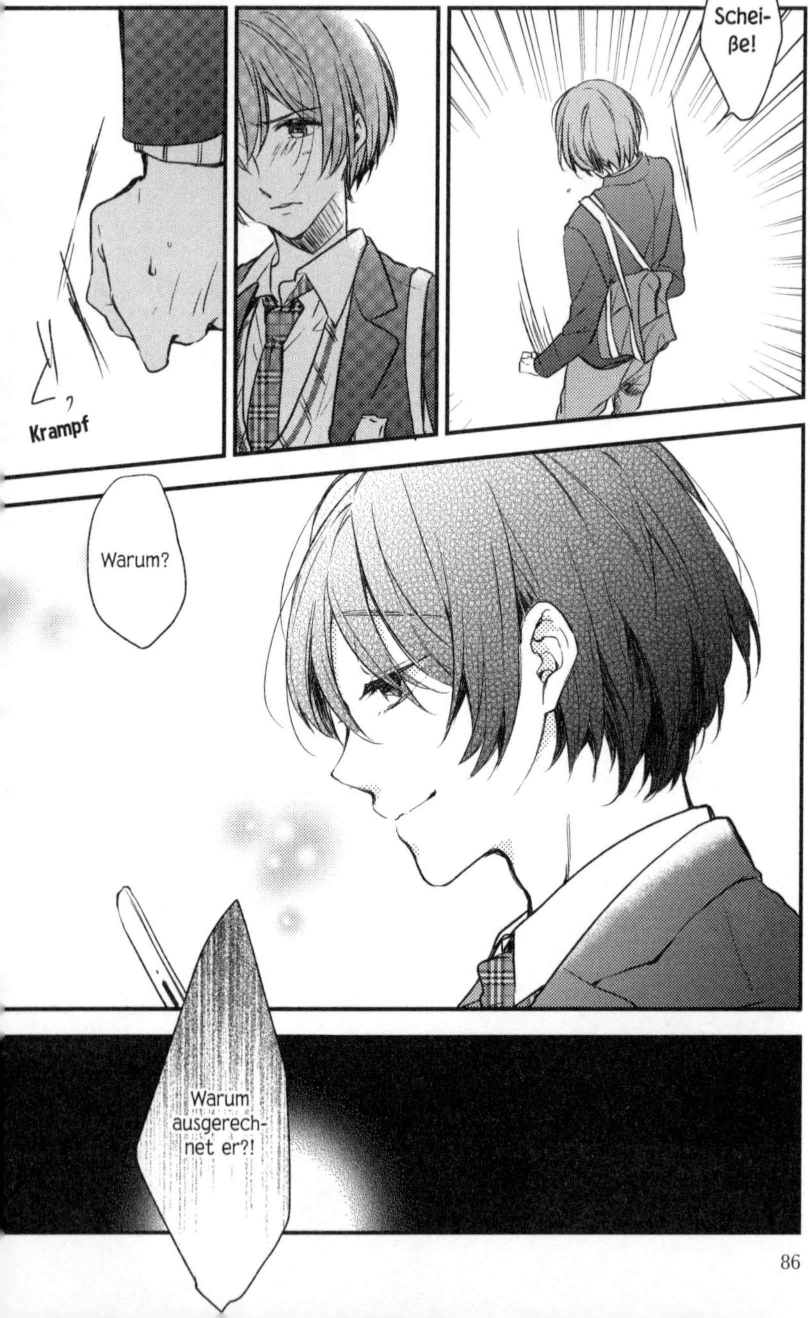

Schei-
ße!
Krampf
Warum?
Warum
ausgerech-
net er?!

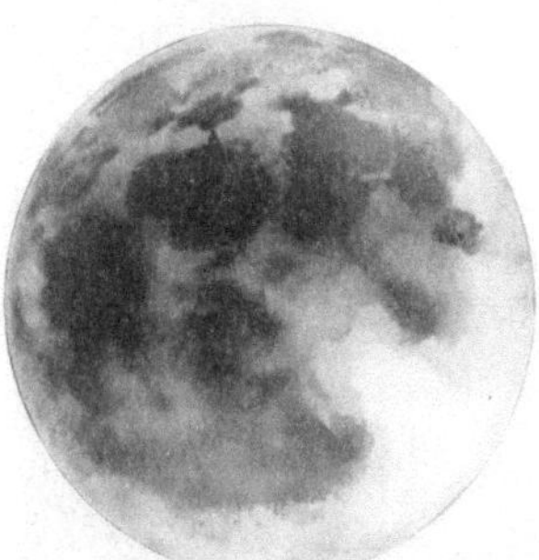

Der stille Mond

Kazuya Takagi

Er studiert an der K-Universität im Masterstudiengang Geisteswissenschaften und Soziologie mit komparativer Linguistik als Schwerpunkt (englische und französische Literatur sowie europäische Sprachforschung). Dabei sitzt er in den Seminaren von Professor Shinohara. Er spricht zehn Sprachen fließend. Zählt man die Sprachen, die er auf Alltagsgesprächsniveau beherrscht, und diverse Dialekte dazu, spricht er rund zwanzig Sprachen, womit er für einen gebürtigen Japaner ein beeindruckendes Talent aufweist.

Im Tennis zählt er auf Uniebene zu den Top drei. Auch als er in Frankreich studiert hat, hat er bei nationalen Wettkämpfen alle vom Platz gefegt. Sogar Profis setzten große Hoffnungen in seine Fähigkeiten.

Sein Elternhaus befindet sich in Nagano und er ist der zweite Sohn einer angesehenen Familie, die viele Kongressmitglieder hervorgebracht hat. Sein Vater ist, nachdem er Vize-Außenminister war, gegenwärtig Naganos Kongressabgeordneter. Seine Mutter ist eine ehemalige Geisha und die zweite Frau seines Vaters. Er rebellierte gegen seinen engstirnigen und despotischen Vater, aber da er von seiner Mutter und seinem älteren Bruder verwöhnt wurde und in einer an einem netten Fleckchen oberhalb einer privaten Eisenbahnlinie gelegenen Villa lebte, hatte er ein sorgenfreies, entspanntes Leben. Bis zur Oberstufe hat er, angefangen mit Frankreich, an verschiedenen Orten Europas gelebt und gerade als er sich dachte, er hätte gern eine Gelegenheit, in Japan zu lernen, bevor er weiter in die Welt hinauszieht, wurde er von Professor Shinohara gescoutet.

Bereits während seiner Zeit im Ausland waren seine Beziehungen zu Frauen extrem auffällig. Nachdem er zur Uni zugelassen worden war, wurden ihm nach Belieben geschmacklose, unwillkommene Spitznamen wie »der Hengst aus Shinoharas Seminar«, »der brutale Takagi« oder »der König des Masterstudiengangs« verpasst. Romanzen – wenn man sie so nennen will – hatte er hauptsächlich mit Frauen, aber solange es sich um eine außerordentliche Schönheit handelt, ist das Geschlecht für ihn nicht von großer Bedeutung. Er ist in der Hinsicht prinzipienlos. Als passiver Part hat er bislang jedoch keine Erfahrungen gesammelt.

Seine Lieblingsfrauentypen sind Audrey Hepburn, Nadia Comaneci* und Glöckchen aus *Peter Pan*. Frauen mit großen Brüsten dagegen mag er nicht. Das liegt daran, dass er bei seinem ersten Mal fast unter den Brüsten einer großbusigen Krankenschwester, die sieben Jahre älter war als er, erstickt wäre.

Er hat eine Schwäche für elegante Kleidung und weiß genau, was er tragen will. Marken sind ihm dabei aber egal. Entsprechend ist er der Typ Mann, der nonchalant so nervige Sätze wie »Diese Marke habe ich mir ganz zufällig ausgesucht« fallen lässt. Er war etwas schockiert, als er Miki das erste Mal in Alltagsklamotten gesehen hat. Na ja, immerhin war er niedlich.

Sein geliebtes Auto ist ein schwarzer Sportwagen. Er hat einen Klasse-B-Führerschein. Stellt euch als Automarke vor, was auch immer ihr als passend für ihn empfindet.

Zu seinen besonderen Fähigkeiten gehören Kochen, die Kunst des Kimonoanziehens**, Teezeremonie, Karaoke, Golf, Skifahren, Standardtänze und Zauberwürfel. Man kann wohl sagen, dass sein wahrer Wert, abgesehen von seiner vielversprechenden Zukunft als Gelehrter, in seinen sinnlosen Begabungen liegt.

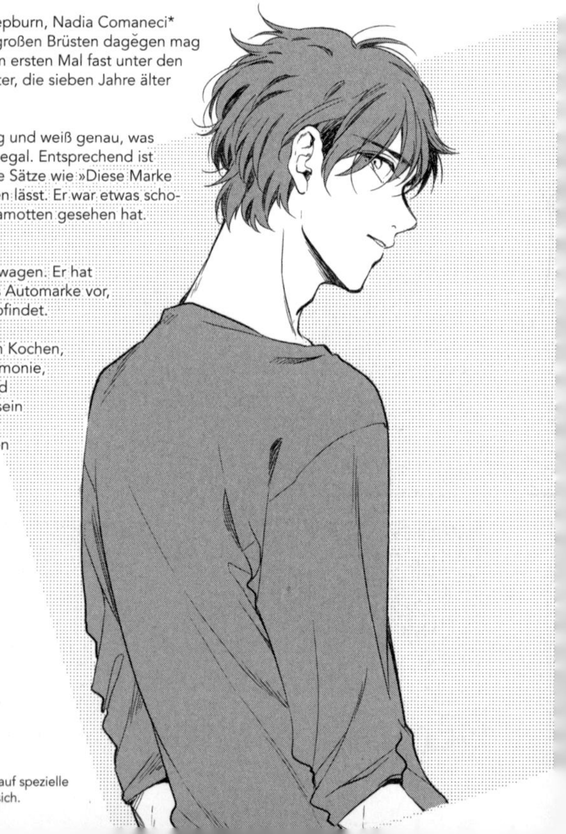

* Rumänische Turnerin.
** Da ein Kimono aus mehreren Lagen besteht, die auf spezielle Art gewickelt werden, ist das eine Wissenschaft für sich.

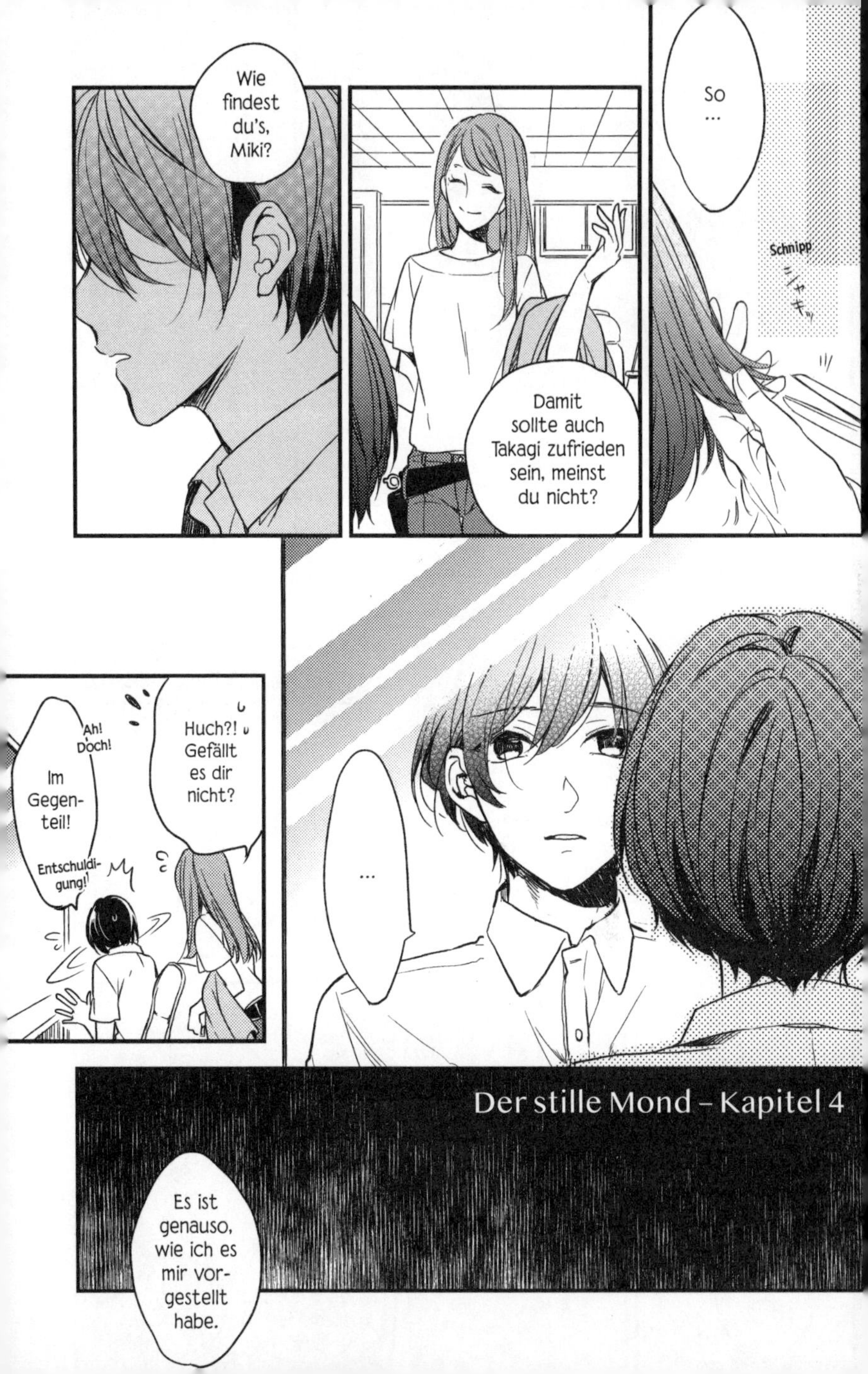
So ...
Schnipp
Damit sollte auch Takagi zufrieden sein, meinst du nicht?
Wie findest du's, Miki?
...
Huch?! Gefällt es dir nicht?
Ah! Doch!
Im Gegenteil!
Entschuldigung!
Der stille Mond – Kapitel 4
Es ist genauso, wie ich es mir vorgestellt habe.

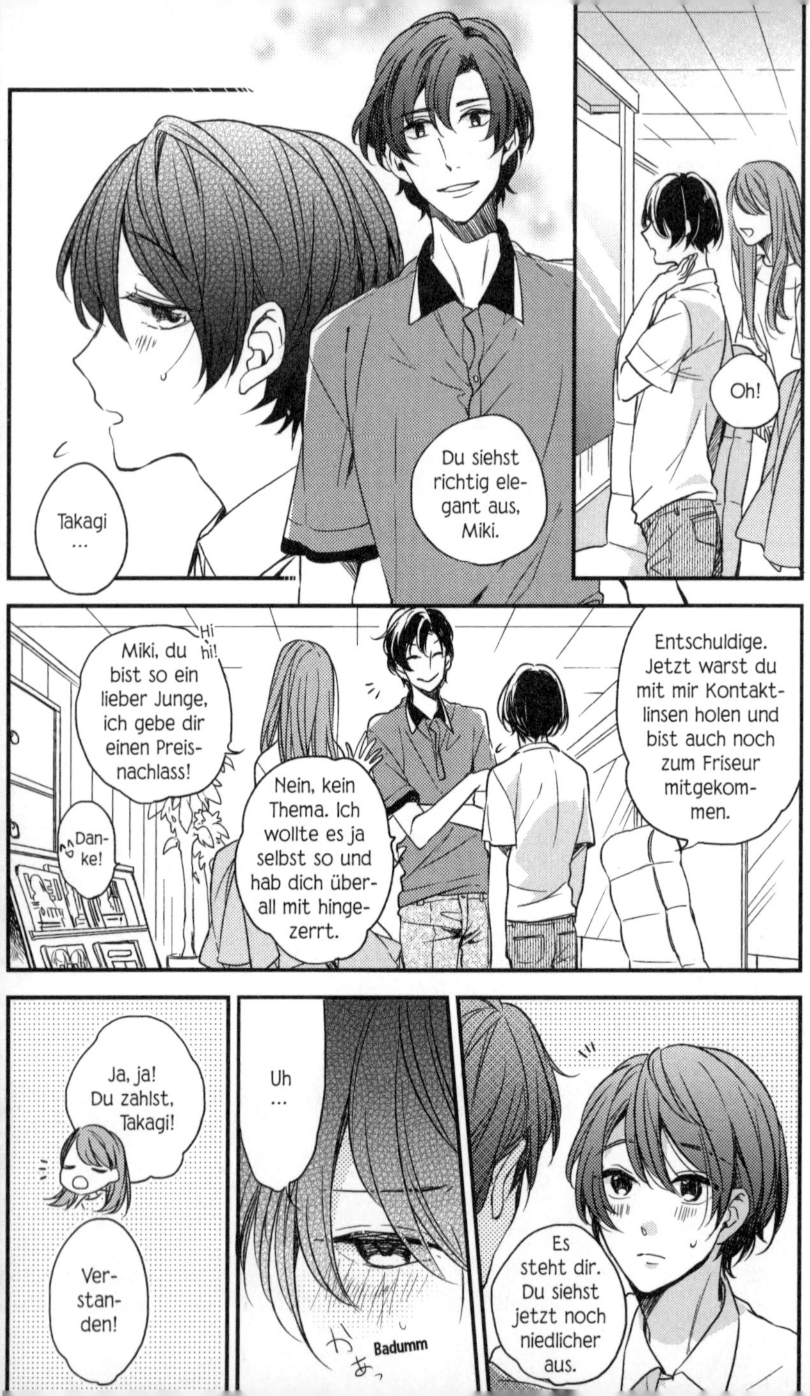
Oh!
Du siehst richtig elegant aus, Miki.
Takagi ...
Entschuldige. Jetzt warst du mit mir Kontaktlinsen holen und bist auch noch zum Friseur mitgekommen.
Nein, kein Thema. Ich wollte es ja selbst so und hab dich überall mit hingezerrt.
Hi hi!
Miki, du bist so ein lieber Junge, ich gebe dir einen Preisnachlass!
Danke!
Es steht dir. Du siehst jetzt noch niedlicher aus.
Badumm
Uh ...
Ja, ja! Du zahlst, Takagi!
Verstanden!

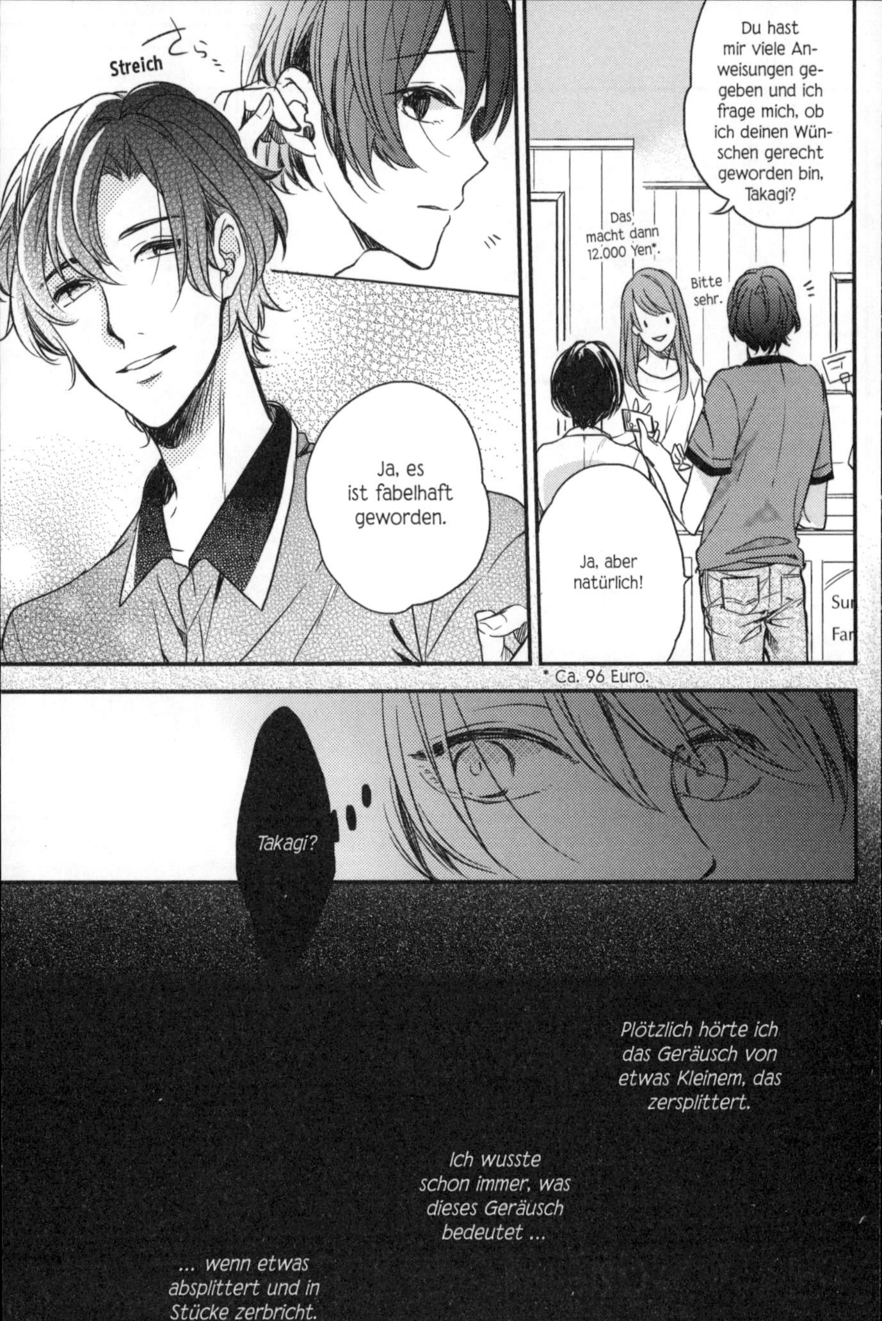
Du hast mir viele Anweisungen gegeben und ich frage mich, ob ich deinen Wünschen gerecht geworden bin, Takagi?
Das macht dann 12.000 Yen*.
Bitte sehr.
Ja, aber natürlich!
Streich
Ja, es ist fabelhaft geworden.
Takagi?
Plötzlich hörte ich das Geräusch von etwas Kleinem, das zersplittert.
Ich wusste schon immer, was dieses Geräusch bedeutet ...
... wenn etwas absplittert und in Stücke zerbricht.

* Ca. 96 Euro.

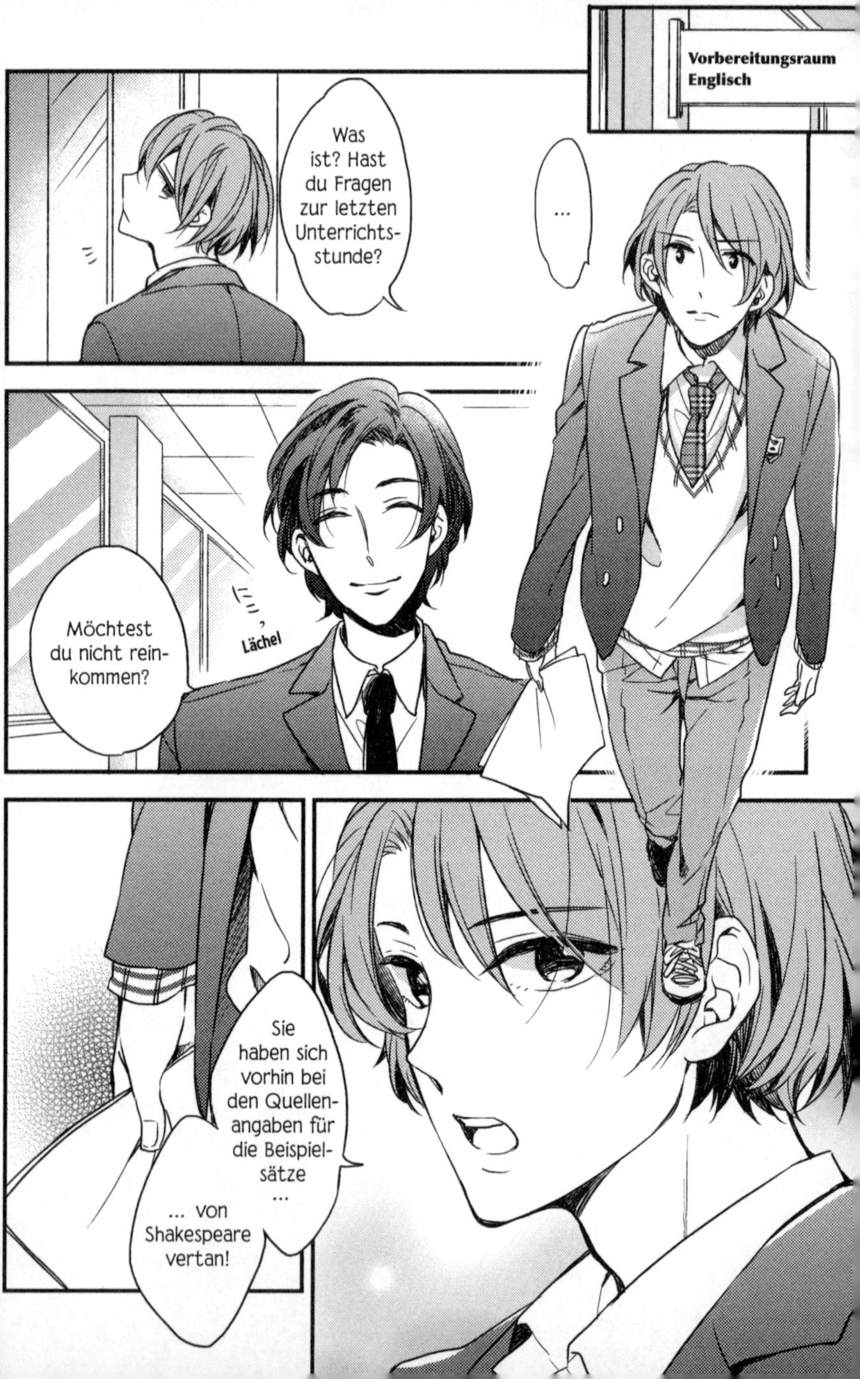
Vorbereitungsraum Englisch
...
Was ist? Hast du Fragen zur letzten Unterrichtsstunde?
Lächel
Möchtest du nicht reinkommen?
Sie haben sich vorhin bei den Quellenangaben für die Beispielsätze ...
... von Shakespeare vertan!

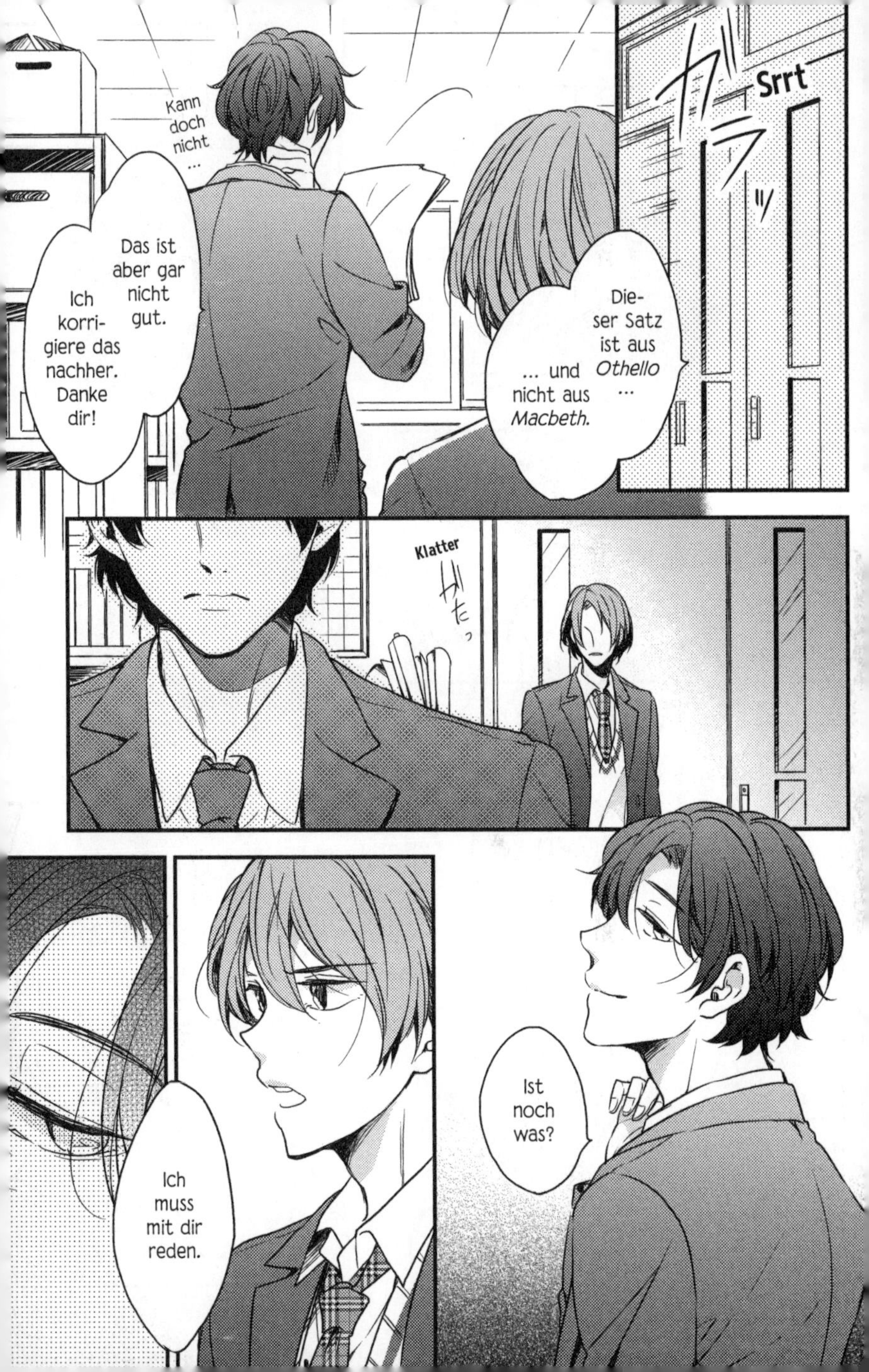

Srrt
Dieser Satz ist aus *Othello* ...
... und nicht aus *Macbeth.*
Kann doch nicht ...
Das ist aber gar nicht gut.
Ich korrigiere das nachher. Danke dir!
Klatter
Ist noch was?
Ich muss mit dir reden.

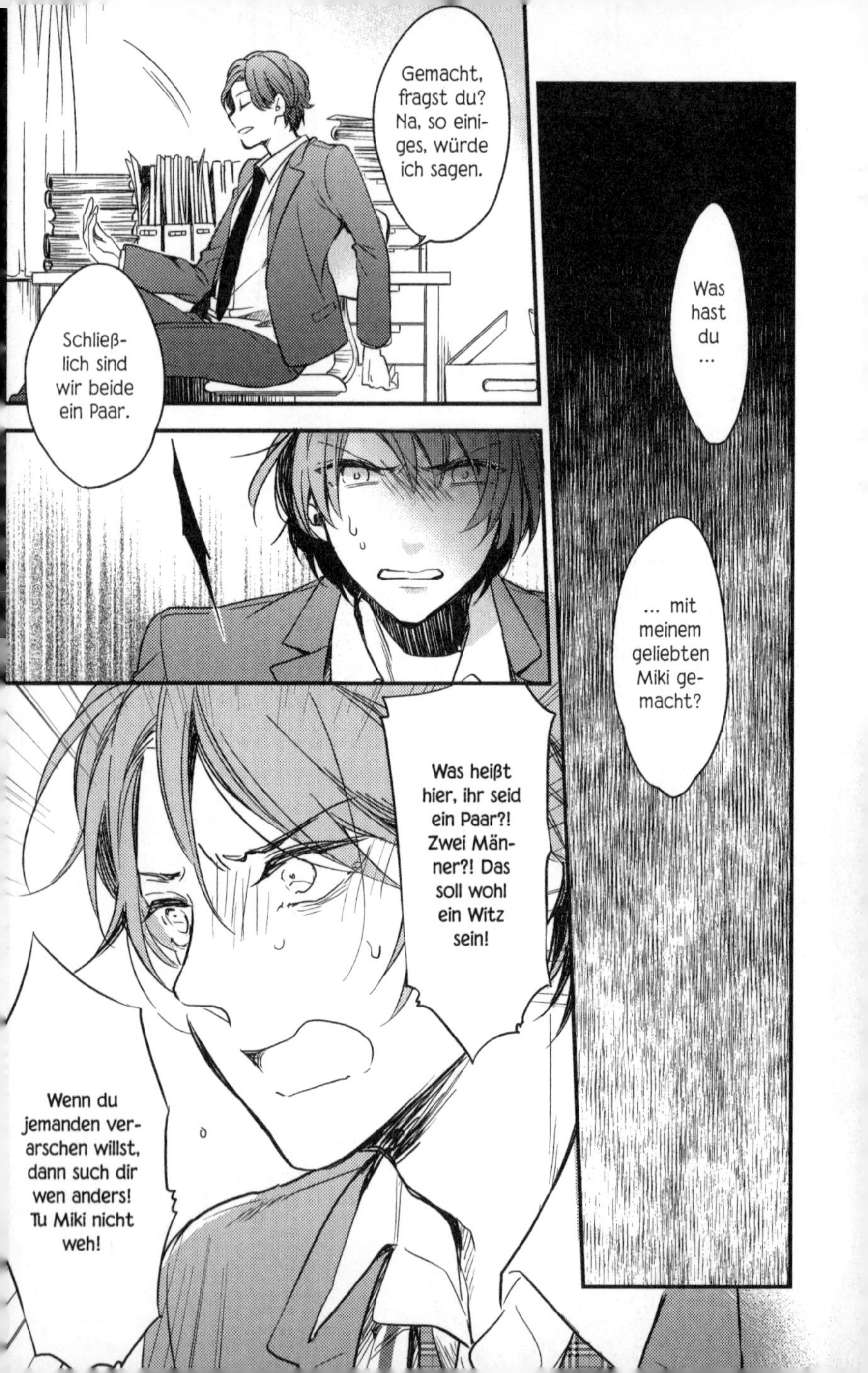
Was hast du ...
... mit meinem geliebten Miki gemacht?
Gemacht, fragst du? Na, so einiges, würde ich sagen.
Schließlich sind wir beide ein Paar.
Was heißt hier, ihr seid ein Paar?! Zwei Männer?! Das soll wohl ein Witz sein!
Wenn du jemanden verarschen willst, dann such dir wen anders! Tu Miki nicht weh!

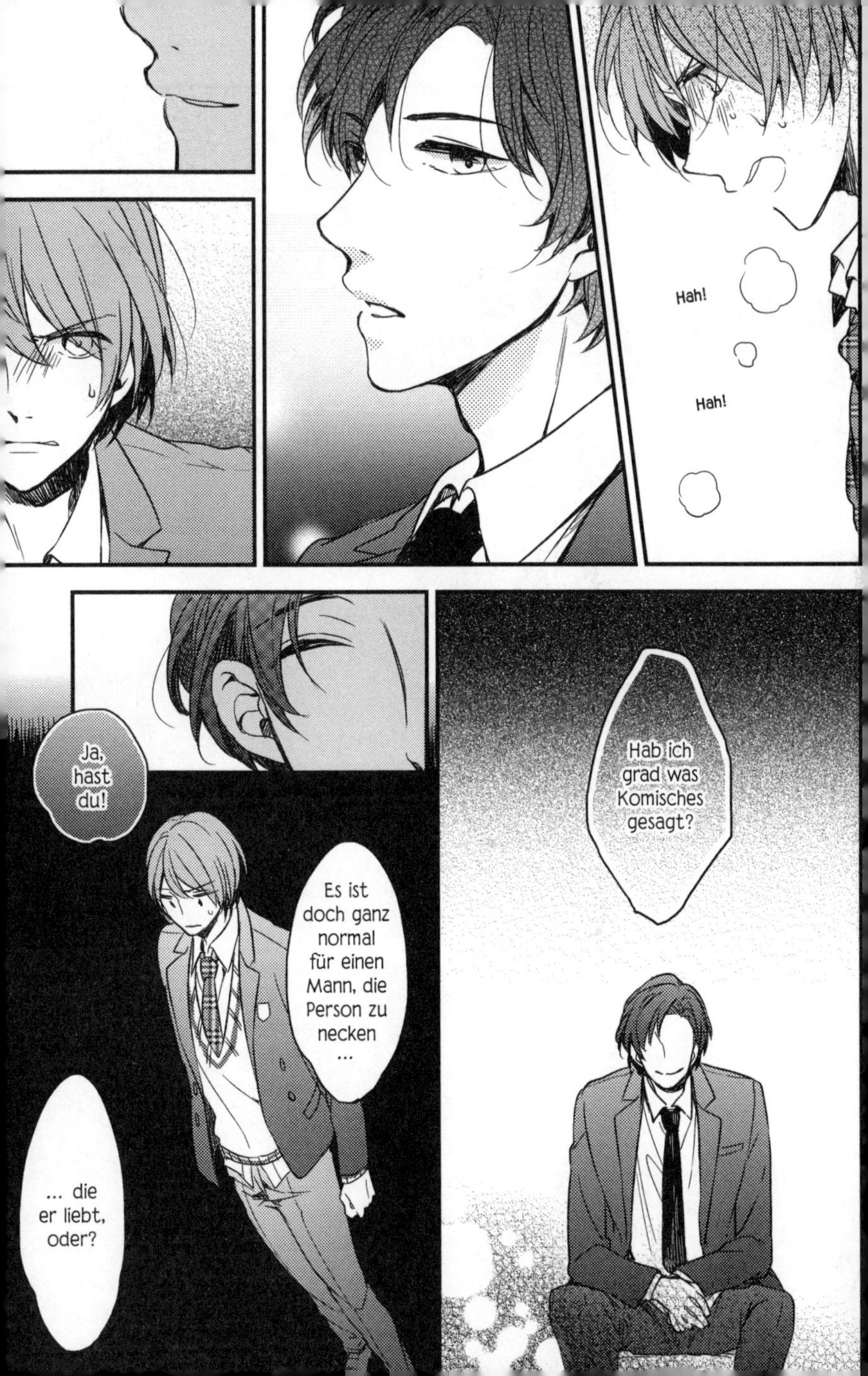
Hah!
Hah!
Hab ich grad was Komisches gesagt?
Ja, hast du!
Es ist doch ganz normal für einen Mann, die Person zu necken ...
... die er liebt, oder?

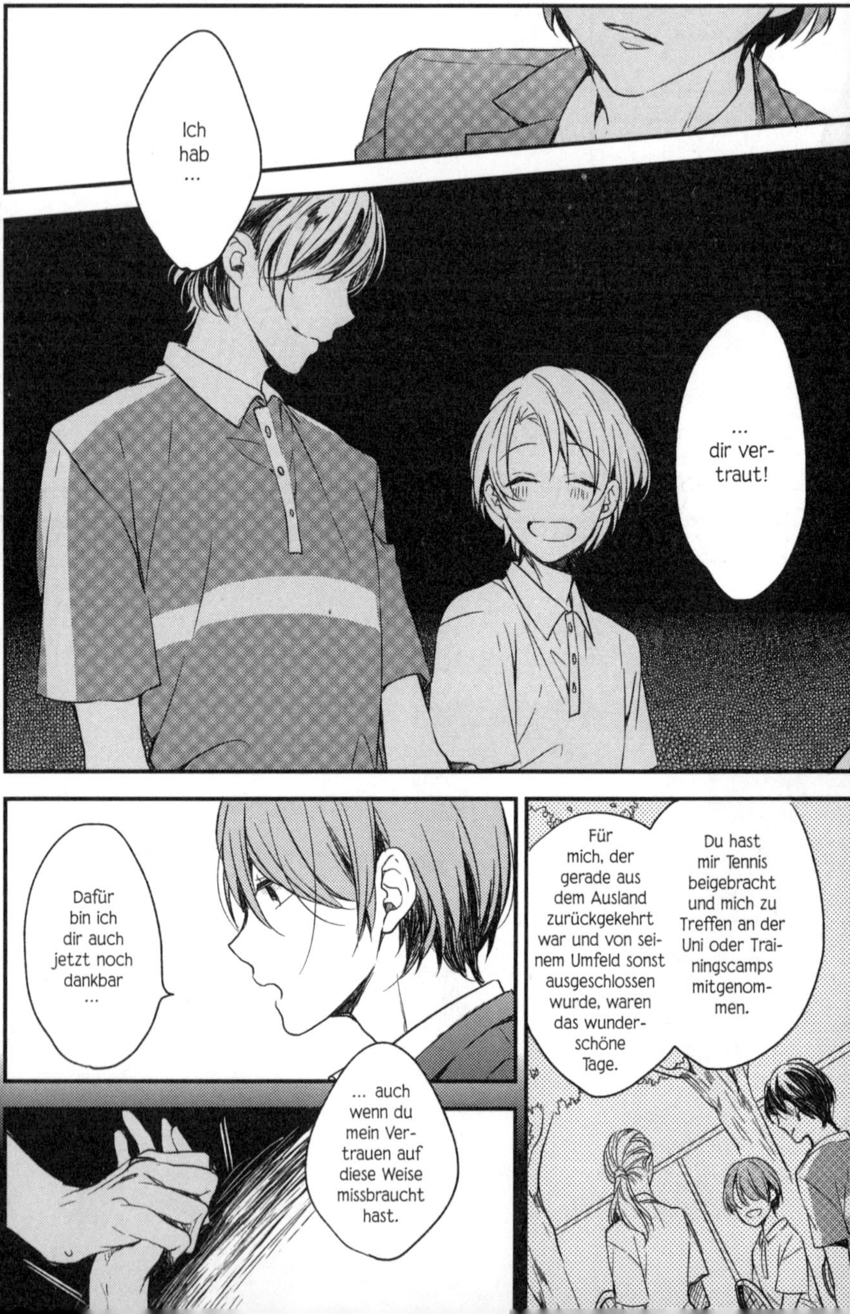
Ich hab ...
... dir vertraut!
Du hast mir Tennis beigebracht und mich zu Treffen an der Uni oder Trainingscamps mitgenommen.
Für mich, der gerade aus dem Ausland zurückgekehrt war und von seinem Umfeld sonst ausgeschlossen wurde, waren das wunderschöne Tage.
Dafür bin ich dir auch jetzt noch dankbar ...
... auch wenn du mein Vertrauen auf diese Weise missbraucht hast.

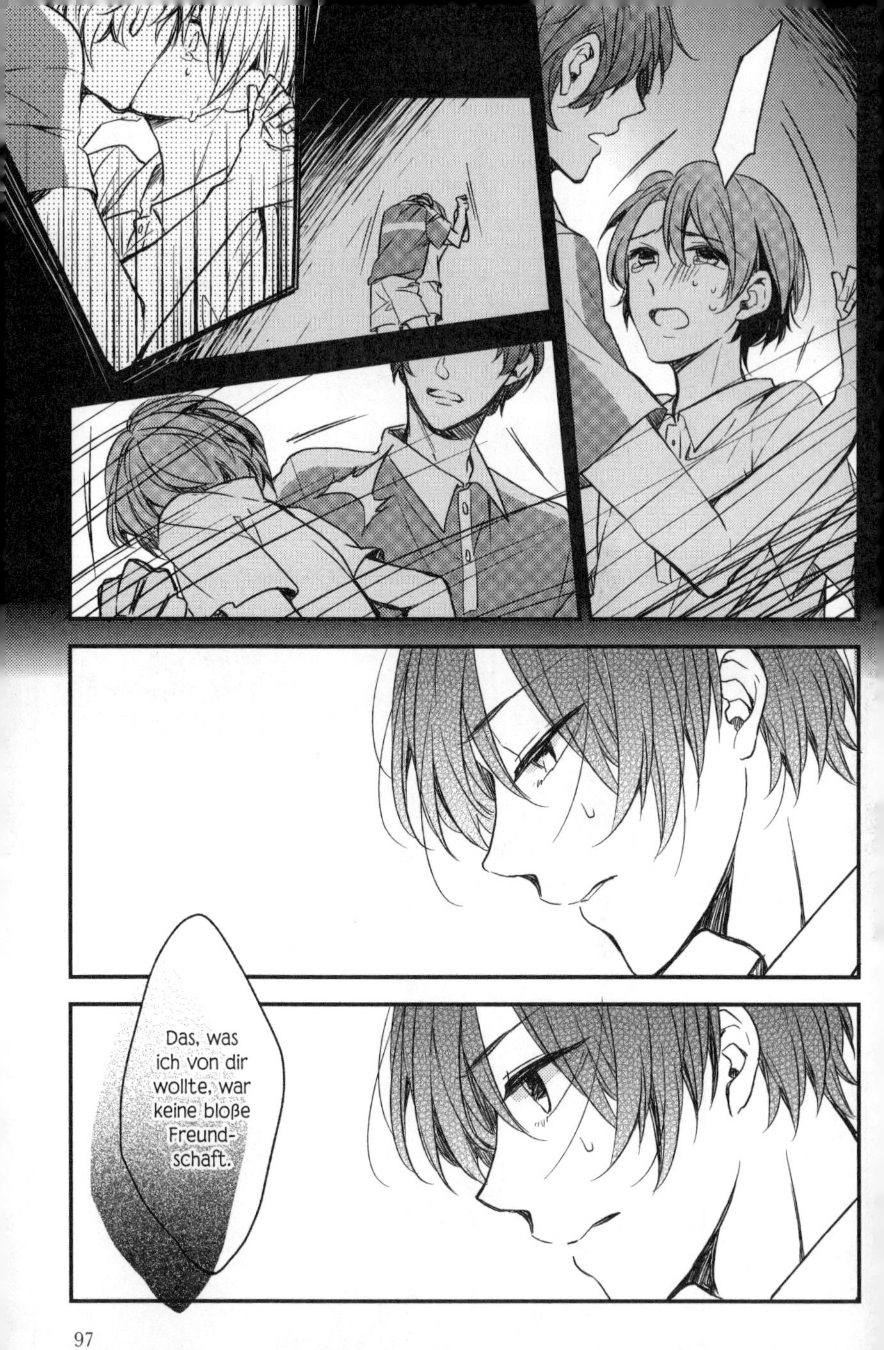
Das, was ich von dir wollte, war keine bloße Freundschaft.

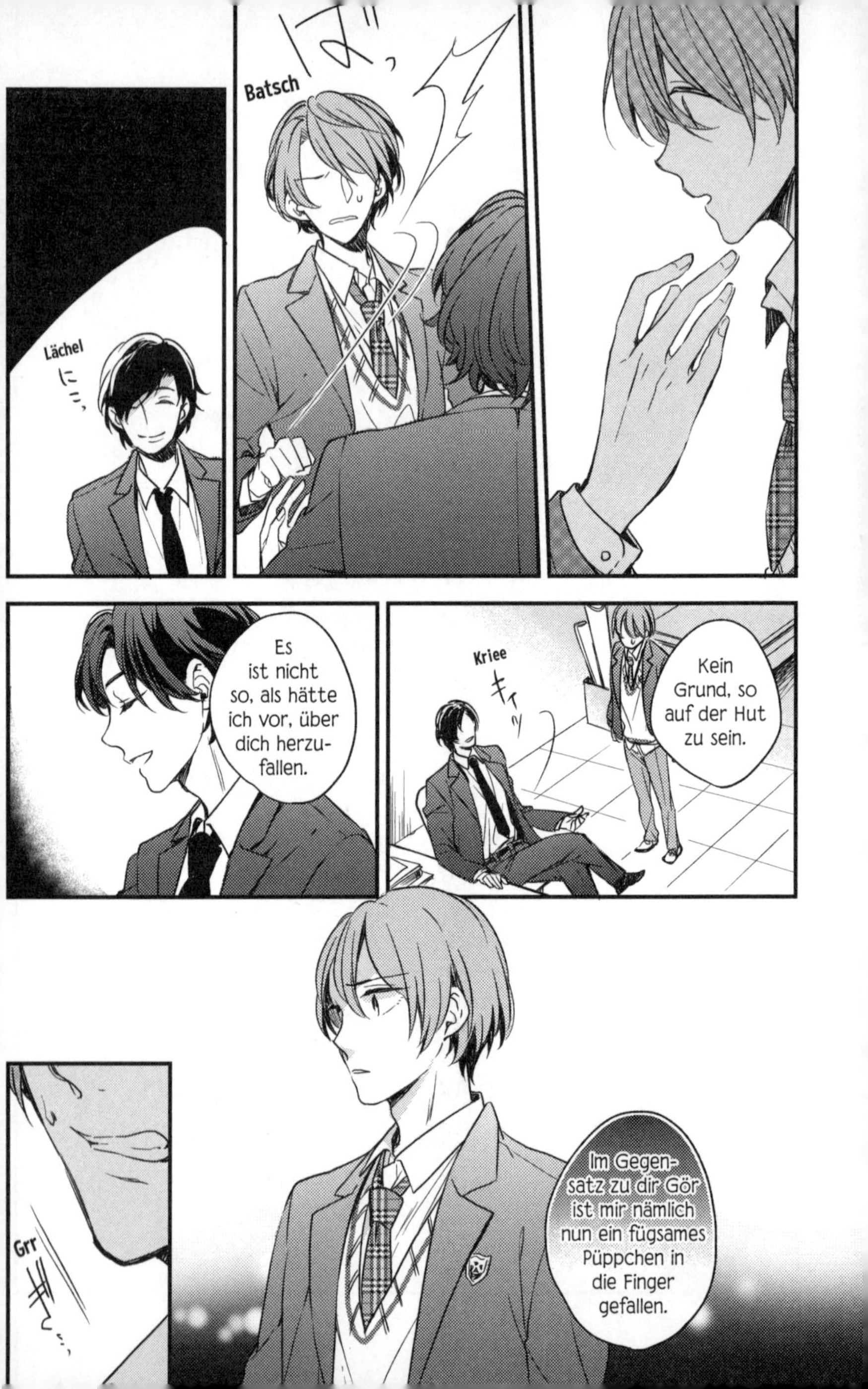

Batsch
Lächel
Kriee
Kein Grund, so auf der Hut zu sein.
Es ist nicht so, als hätte ich vor, über dich herzufallen.
Im Gegensatz zu dir Gör ist mir nämlich nun ein fügsames Püppchen in die Finger gefallen.
Grr

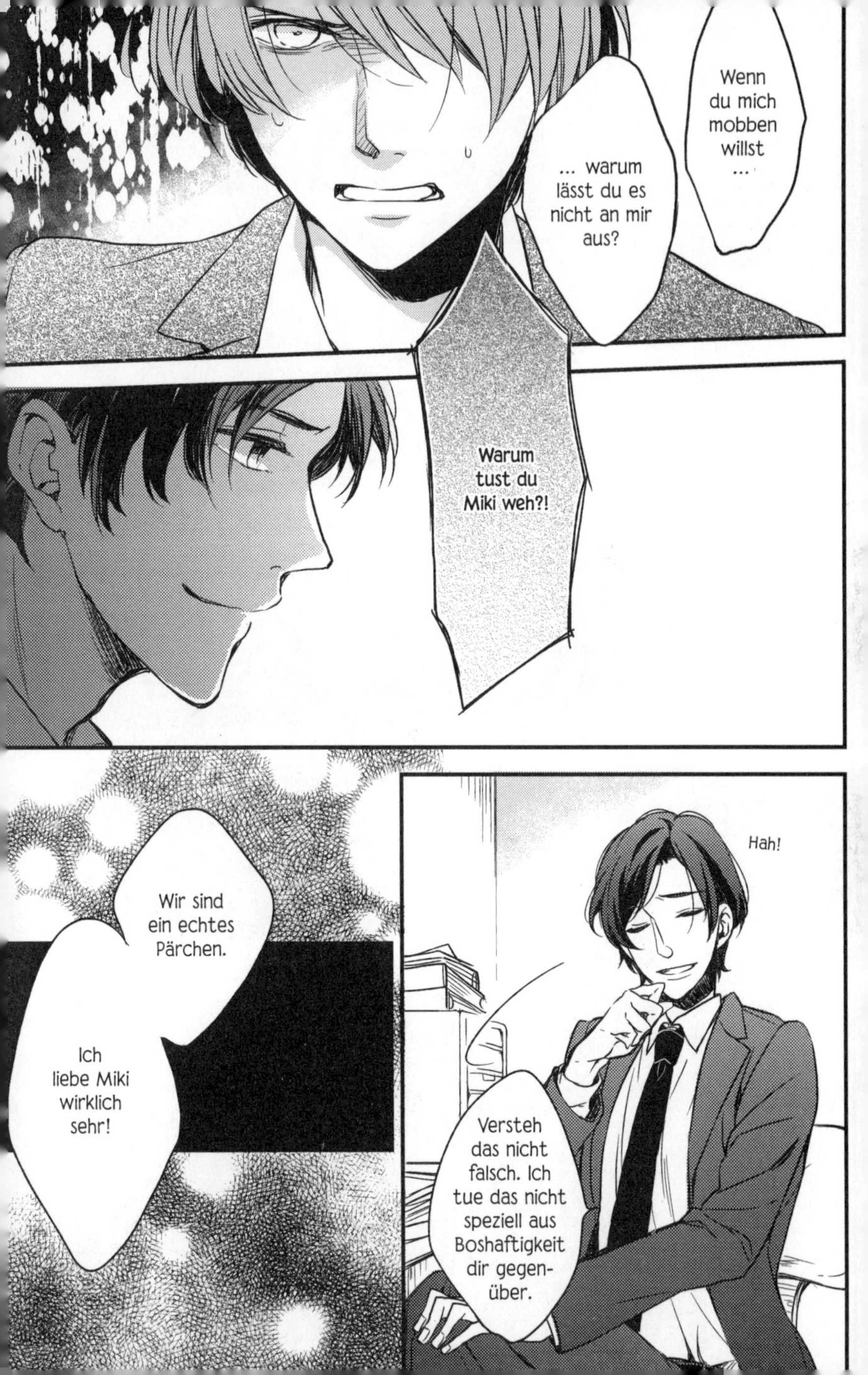
Wenn du mich mobben willst ...
... warum lässt du es nicht an mir aus?
Warum tust du Miki weh?!
Hah!
Versteh das nicht falsch. Ich tue das nicht speziell aus Boshaftigkeit dir gegenüber.
Wir sind ein echtes Pärchen.
Ich liebe Miki wirklich sehr!

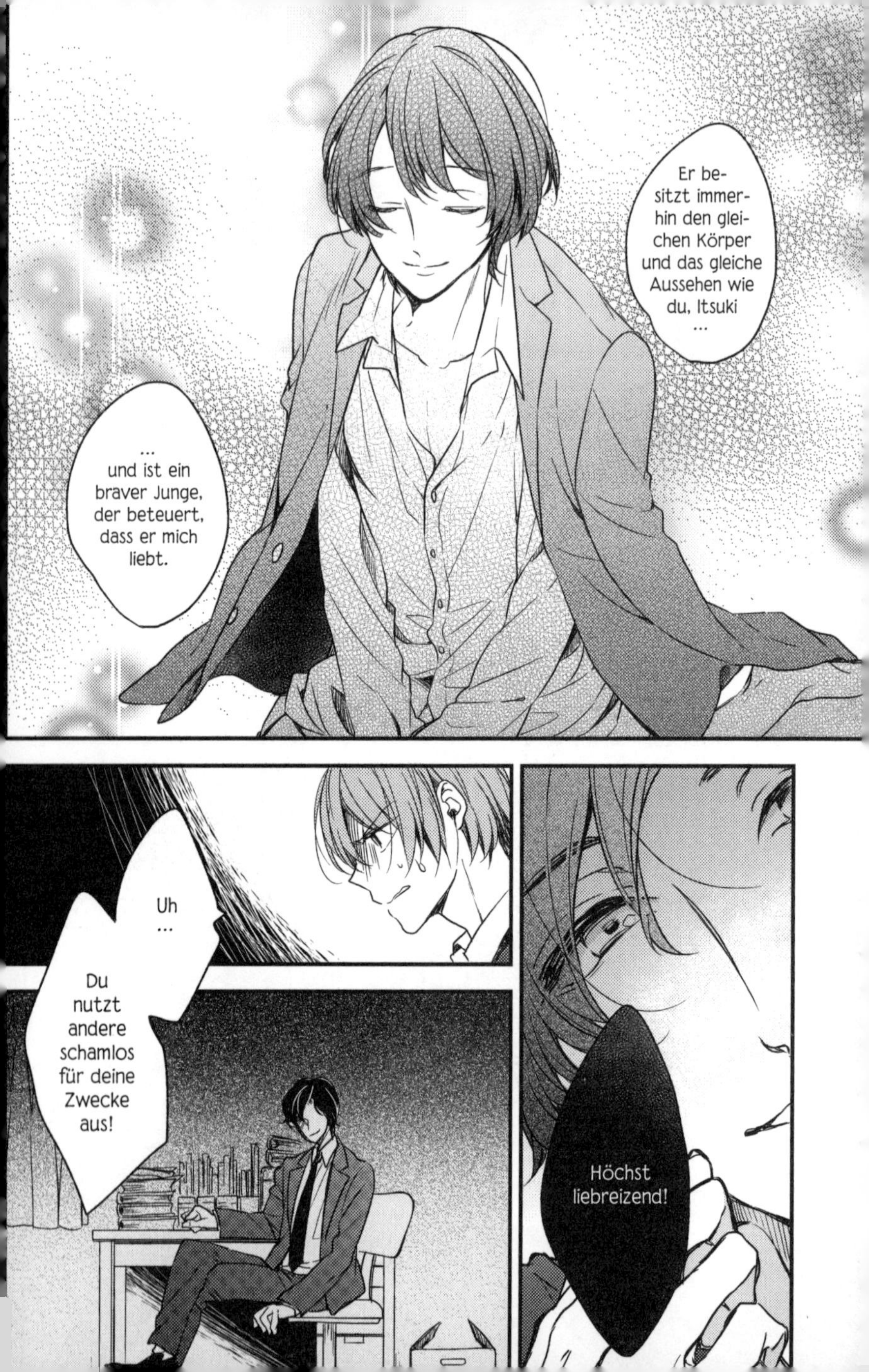
Er besitzt immerhin den gleichen Körper und das gleiche Aussehen wie du, Itsuki …
… und ist ein braver Junge, der beteuert, dass er mich liebt.
Höchst liebreizend!
Uh …
Du nutzt andere schamlos für deine Zwecke aus!

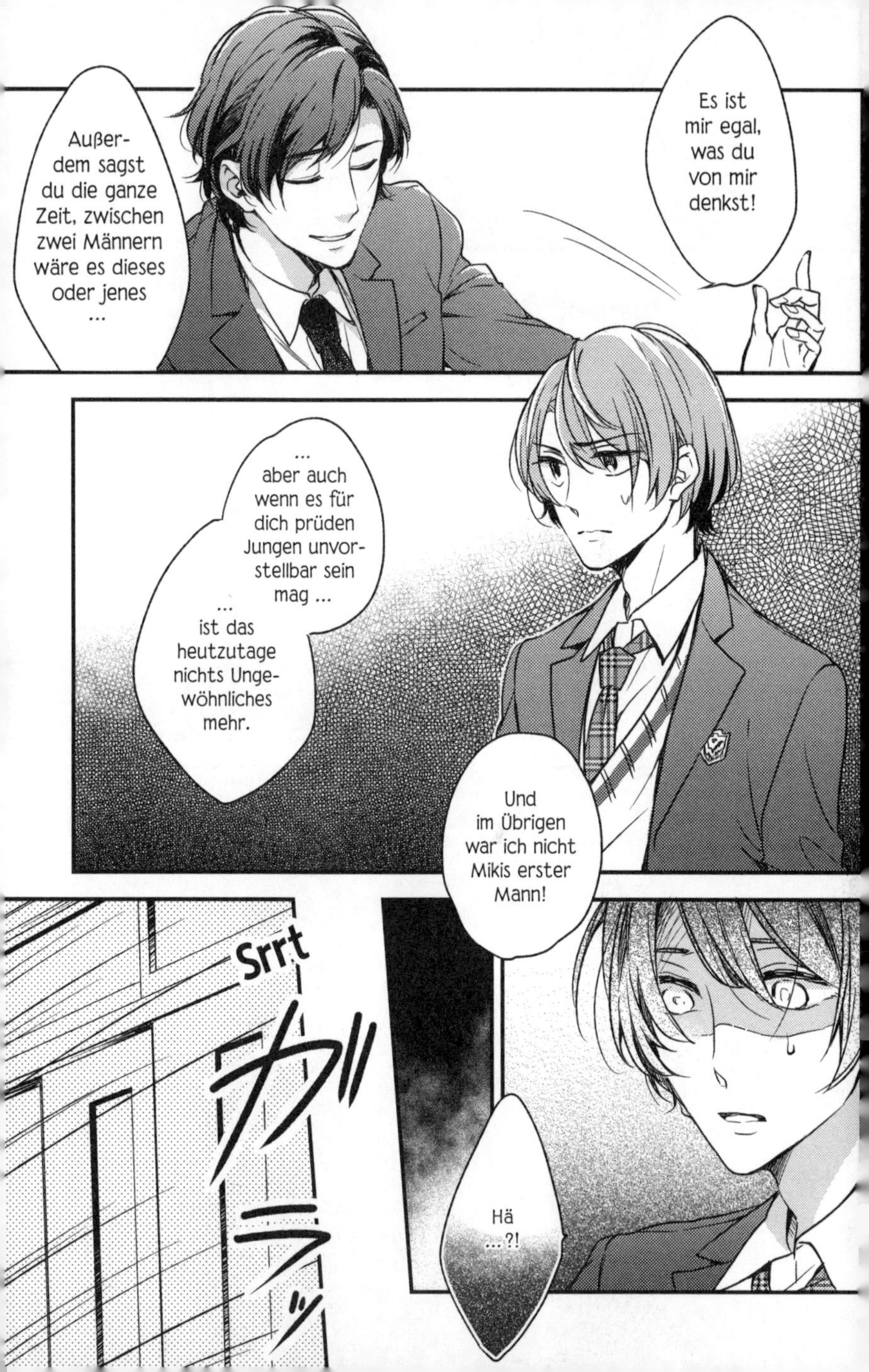
Es ist mir egal, was du von mir denkst!
Außer-dem sagst du die ganze Zeit, zwischen zwei Männern wäre es dieses oder jenes ...
... aber auch wenn es für dich prüden Jungen unvor-stellbar sein mag ...
... ist das heutzutage nichts Unge-wöhnliches mehr.
Und im Übrigen war ich nicht Mikis erster Mann!
Srrt
Hä ...?!

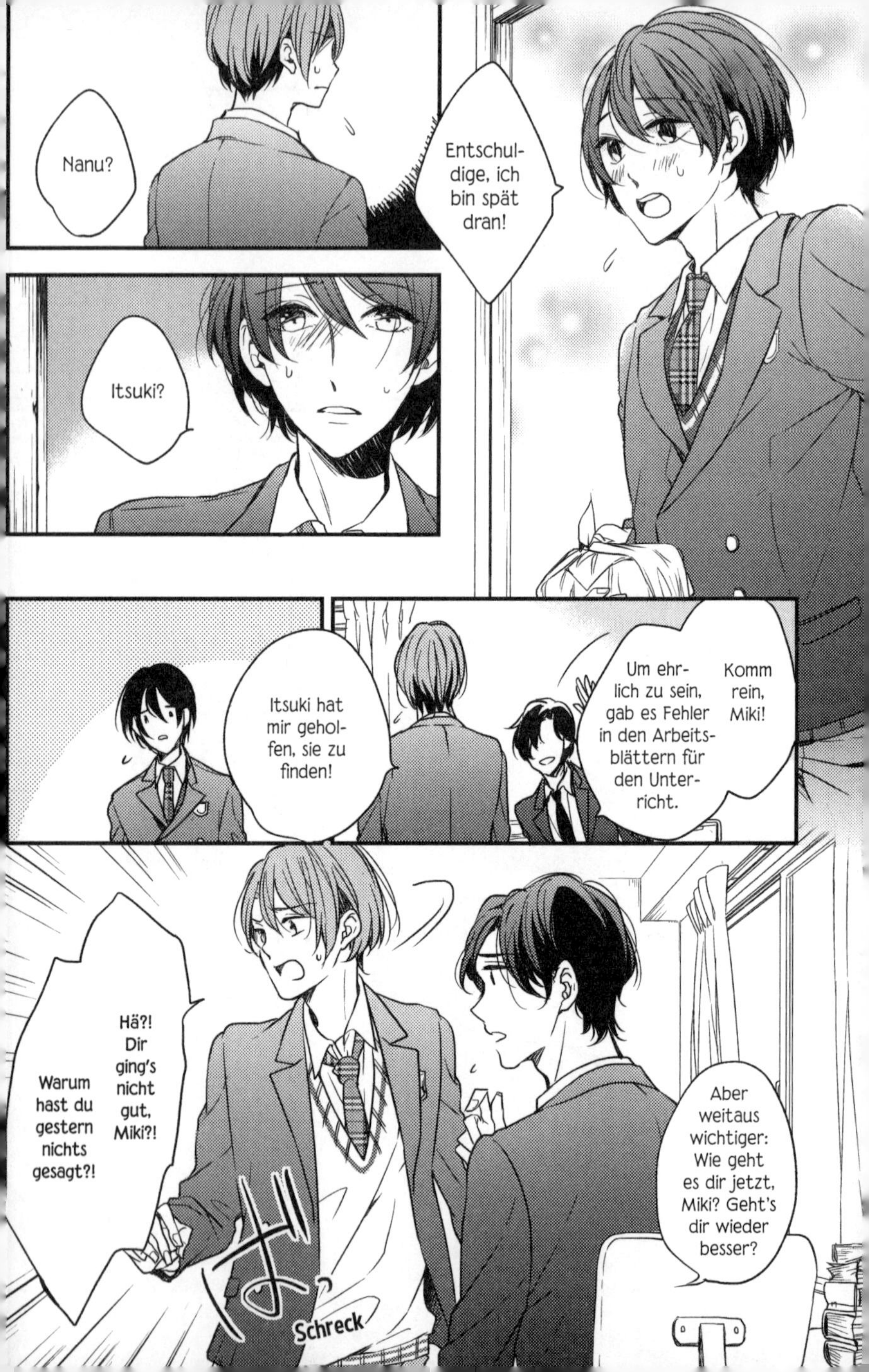
Entschuldige, ich bin spät dran!
Nanu?
Itsuki?
Komm rein, Miki!
Um ehrlich zu sein, gab es Fehler in den Arbeitsblättern für den Unterricht.
Itsuki hat mir geholfen, sie zu finden!
Aber weitaus wichtiger: Wie geht es dir jetzt, Miki? Geht's dir wieder besser?
Hä?! Dir ging's nicht gut, Miki?!
Warum hast du gestern nichts gesagt?!
Schreck

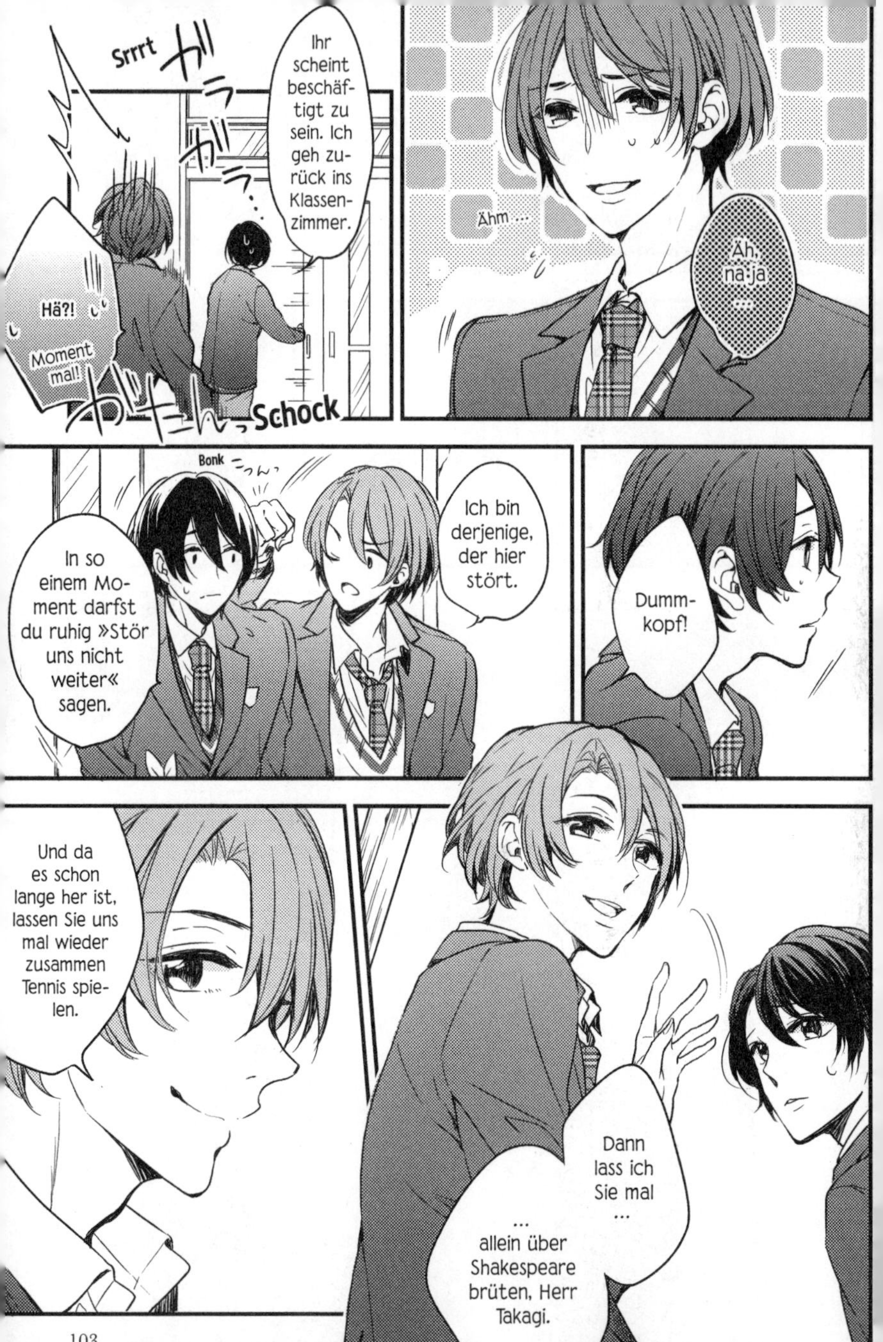

Ähm ...
Äh, na ja ...
Ihr scheint beschäftigt zu sein. Ich geh zurück ins Klassenzimmer.
Srrrt
Hä?!
Moment mal!
Schock
Dummkopf!
Ich bin derjenige, der hier stört.
Bonk
In so einem Moment darfst du ruhig »Stör uns nicht weiter« sagen.
Dann lass ich Sie mal ...
... allein über Shakespeare brüten, Herr Takagi.
Und da es schon lange her ist, lassen Sie uns mal wieder zusammen Tennis spielen.

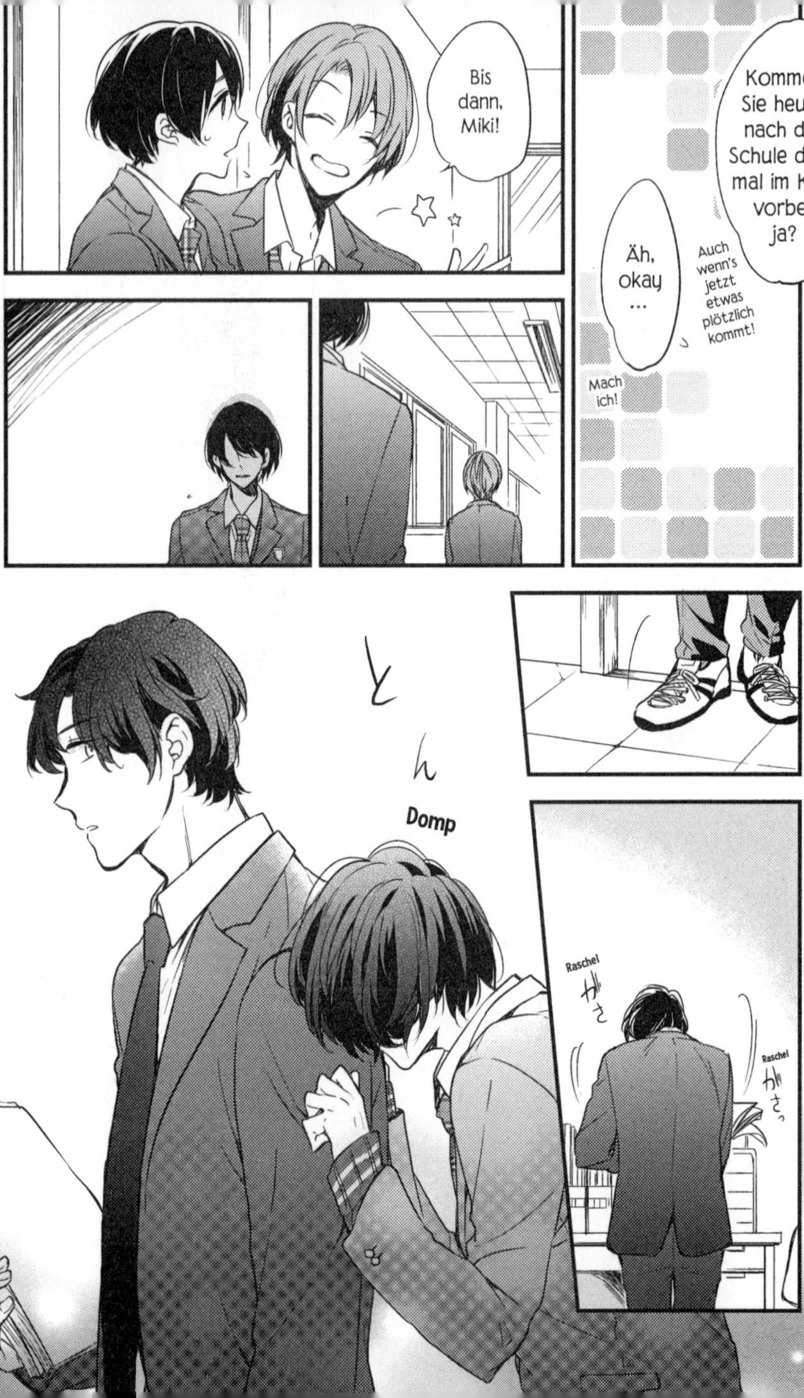
Kommen Sie heute nach der Schule doch mal im Klub vorbei, ja?
Auch wenn's jetzt etwas plötzlich kommt!
Äh, okay …
Mach ich!
Bis dann, Miki!
Domp
Raschel
Raschel

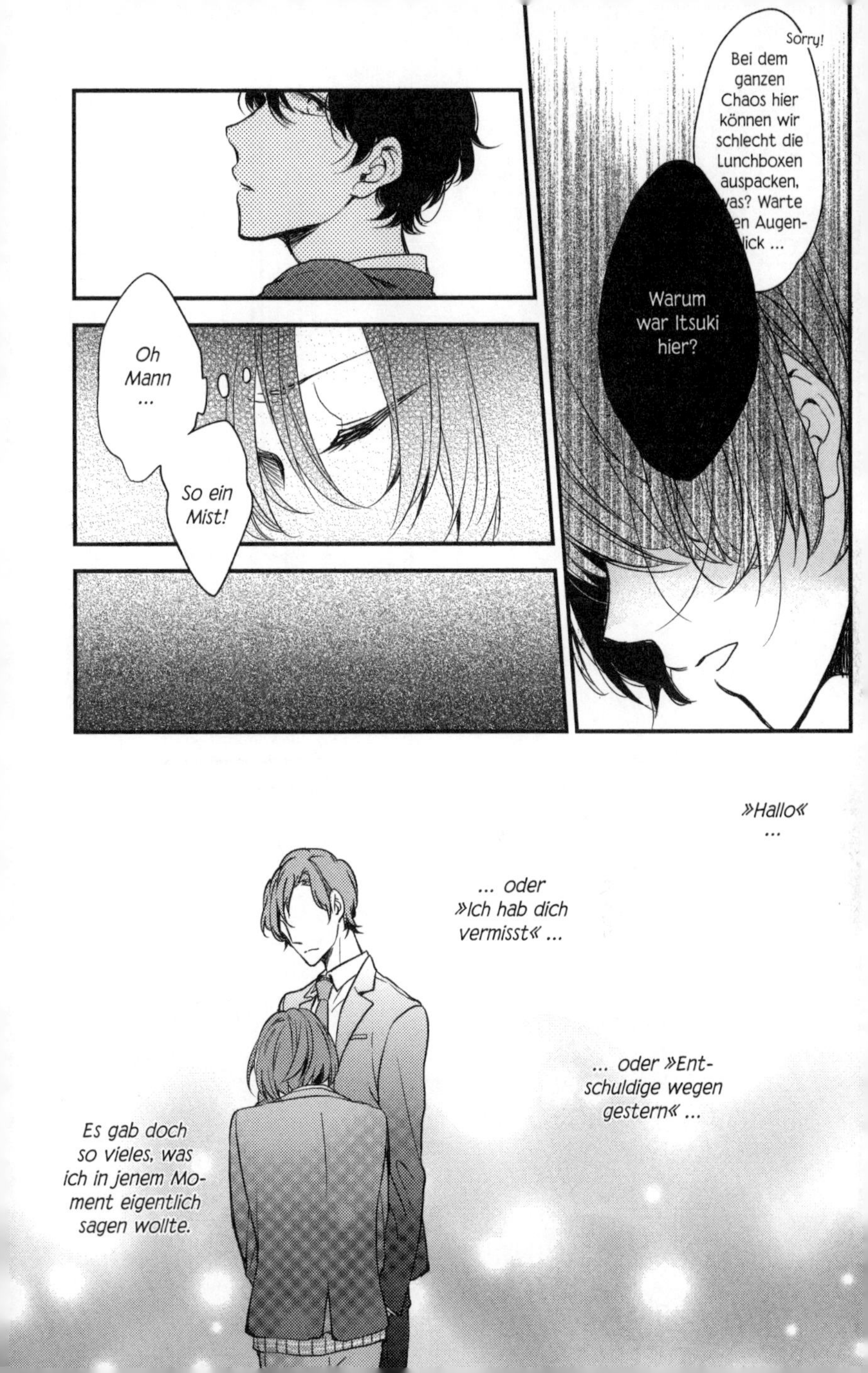
Sorry!
Bei dem ganzen Chaos hier können wir schlecht die Lunchboxen auspacken, was? Warte en Augen- lick ...
Warum war Itsuki hier?
Oh Mann ...
So ein Mist!
»Hallo« ...
... oder »Ich hab dich vermisst« ...
... oder »Entschuldige wegen gestern« ...
Es gab doch so vieles, was ich in jenem Moment eigentlich sagen wollte.

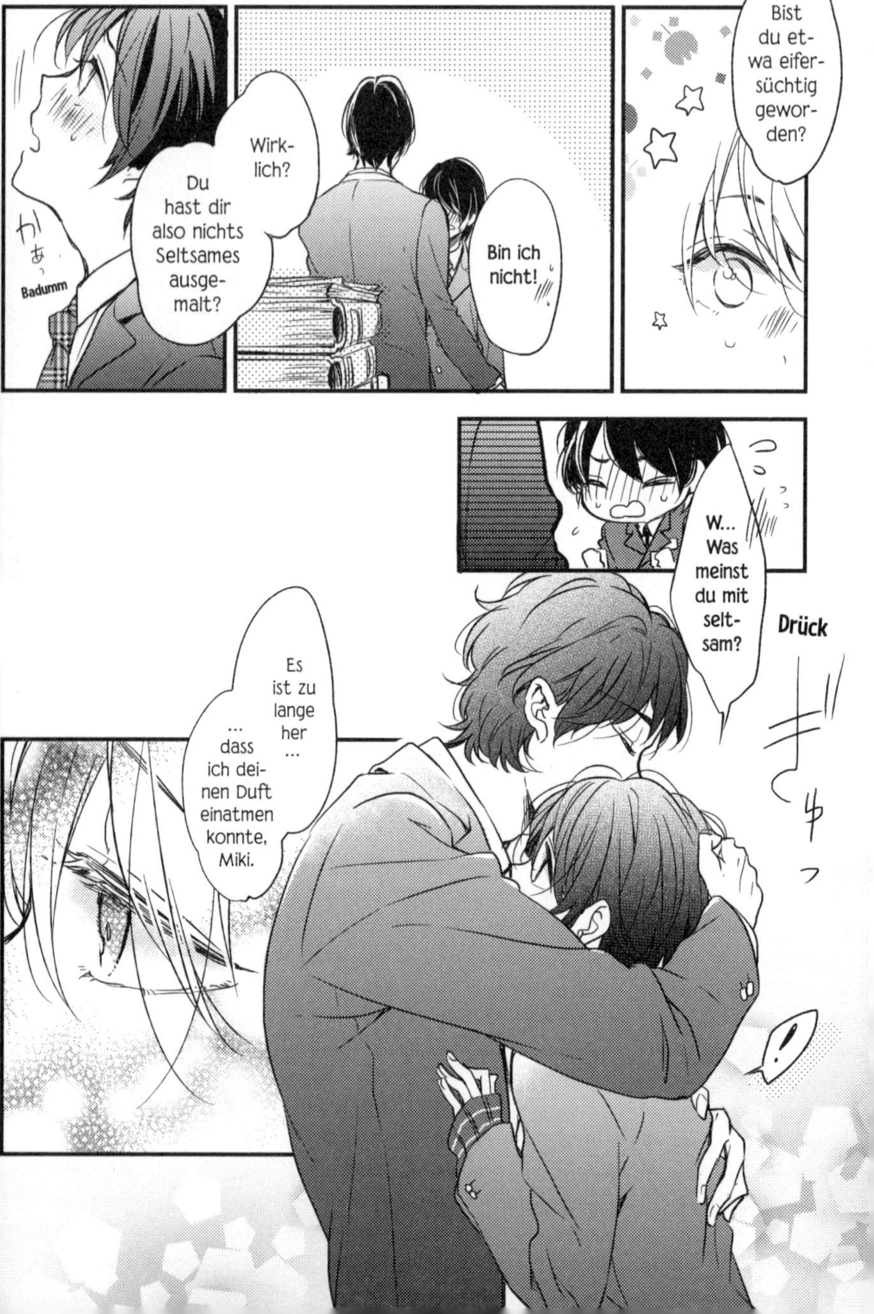
Bist du etwa eifersüchtig geworden?
Bin ich nicht!
Wirklich?
Du hast dir also nichts Seltsames ausgemalt?
Badumm
W... Was meinst du mit seltsam?
Drück
Es ist zu lange her ...
... dass ich deinen Duft einatmen konnte, Miki.
!

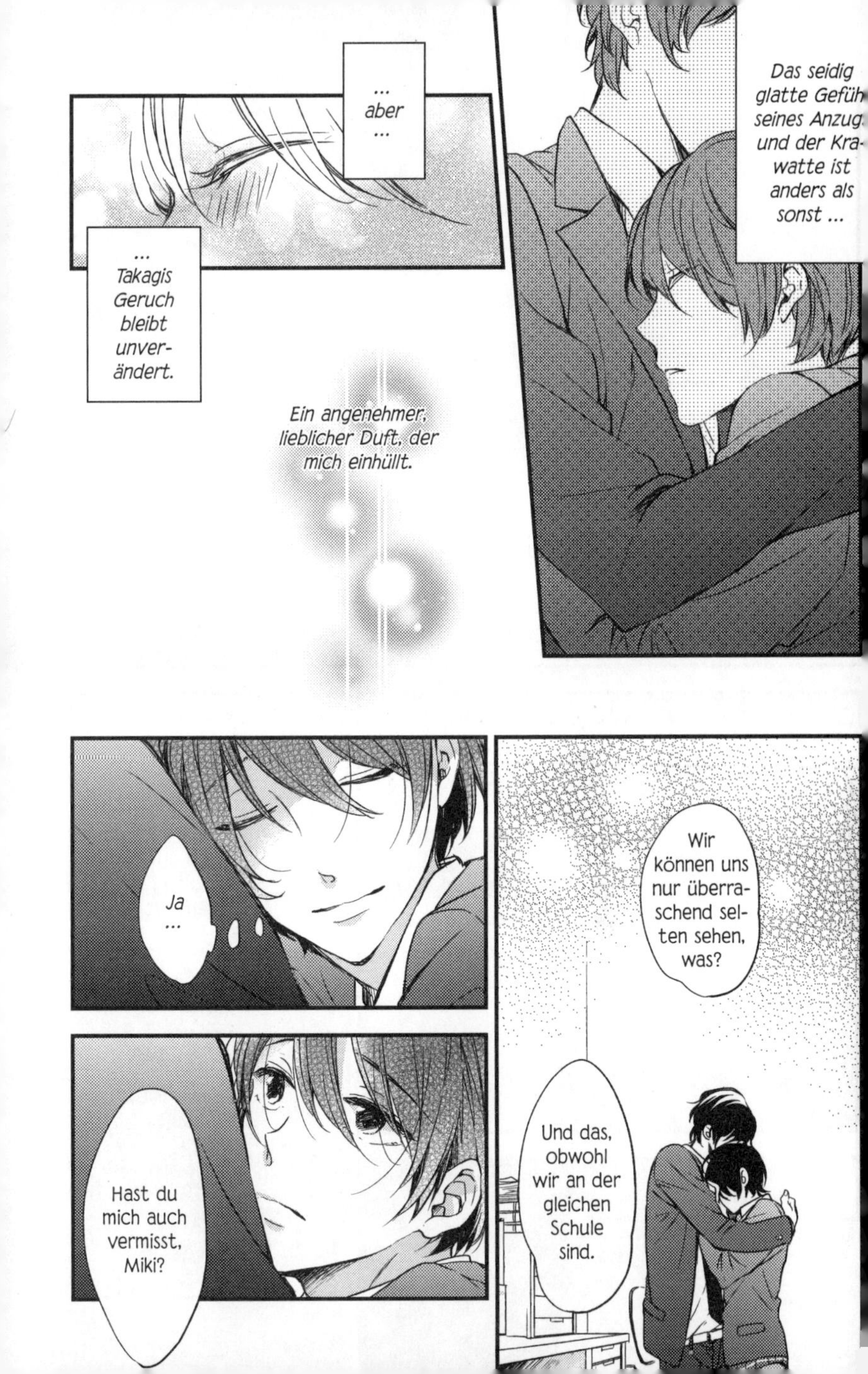
Das seidig glatte Gefüh seines Anzug und der Kra-watte ist anders als sonst ...
... aber ...
... Takagis Geruch bleibt unver-ändert.
Ein angenehmer, lieblicher Duft, der mich einhüllt.
Wir können uns nur überra-schend sel-ten sehen, was?
Und das, obwohl wir an der gleichen Schule sind.
Ja ...
Hast du mich auch vermisst, Miki?

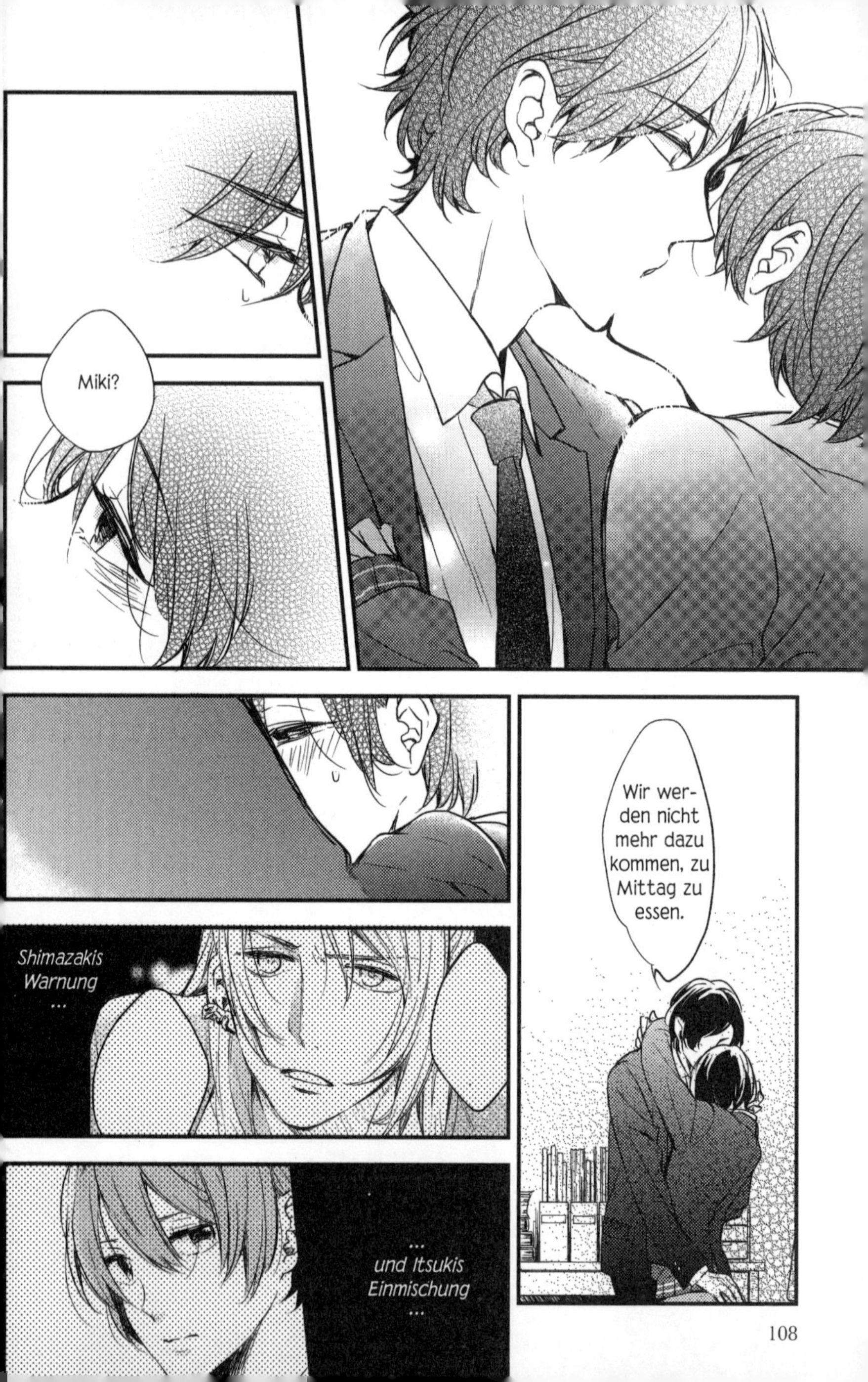

Miki?
Wir werden nicht mehr dazu kommen, zu Mittag zu essen.
Shimazakis Warnung …
… und Itsukis Einmischung …

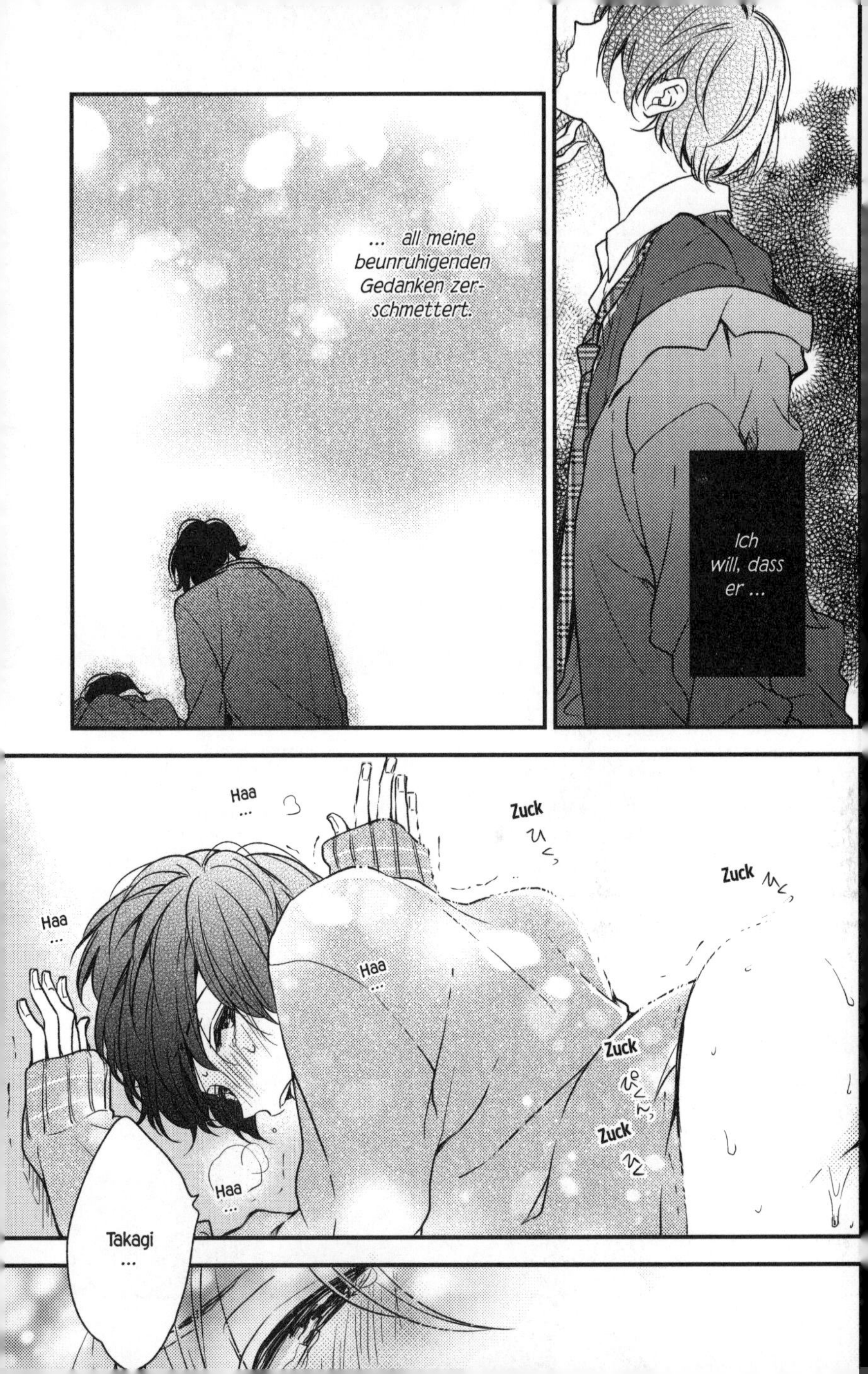
Ich will, dass er ...
... all meine beunruhigenden Gedanken zer-schmettert.
Zuck
Zuck
Haa ...
Haa ...
Haa ...
Zuck
Zuck
Haa ...
Takagi ...

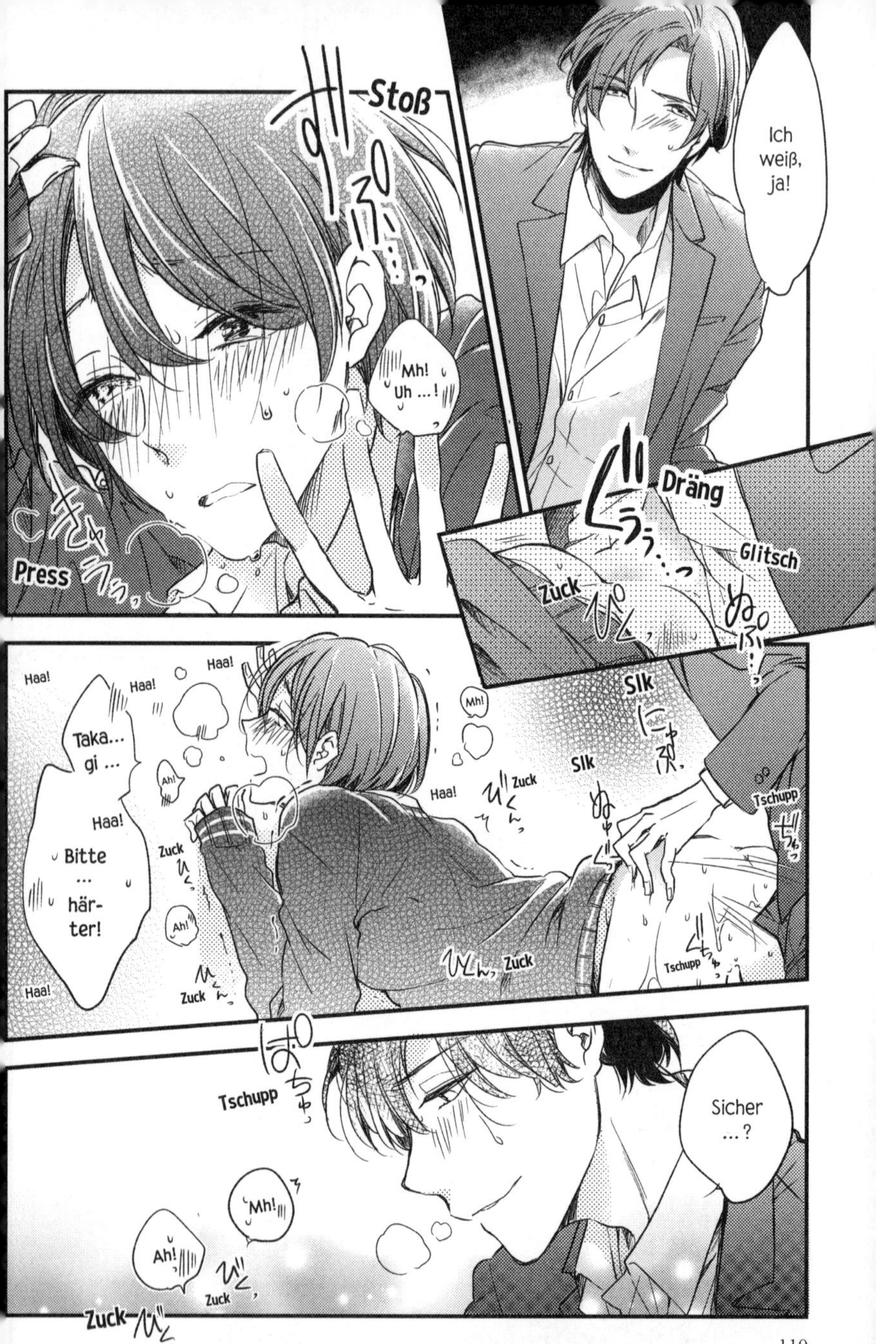

Ich weiß, ja!
Stoß
Mh! Uh ...!
Press
Dräng
Glitsch
Zuck
Slk
Tschupp
Slk
Zuck
Mh!
Haa!
Tschupp
Zuck
Haa!
Haa!
Haa!
Taka... gi ...
Ah!
Haa!
Bitte ... här- ter!
Zuck
Ah!
Zuck
Haa!
Sicher ...?
Tschupp
Mh!
Ah!
Zuck
Zuck

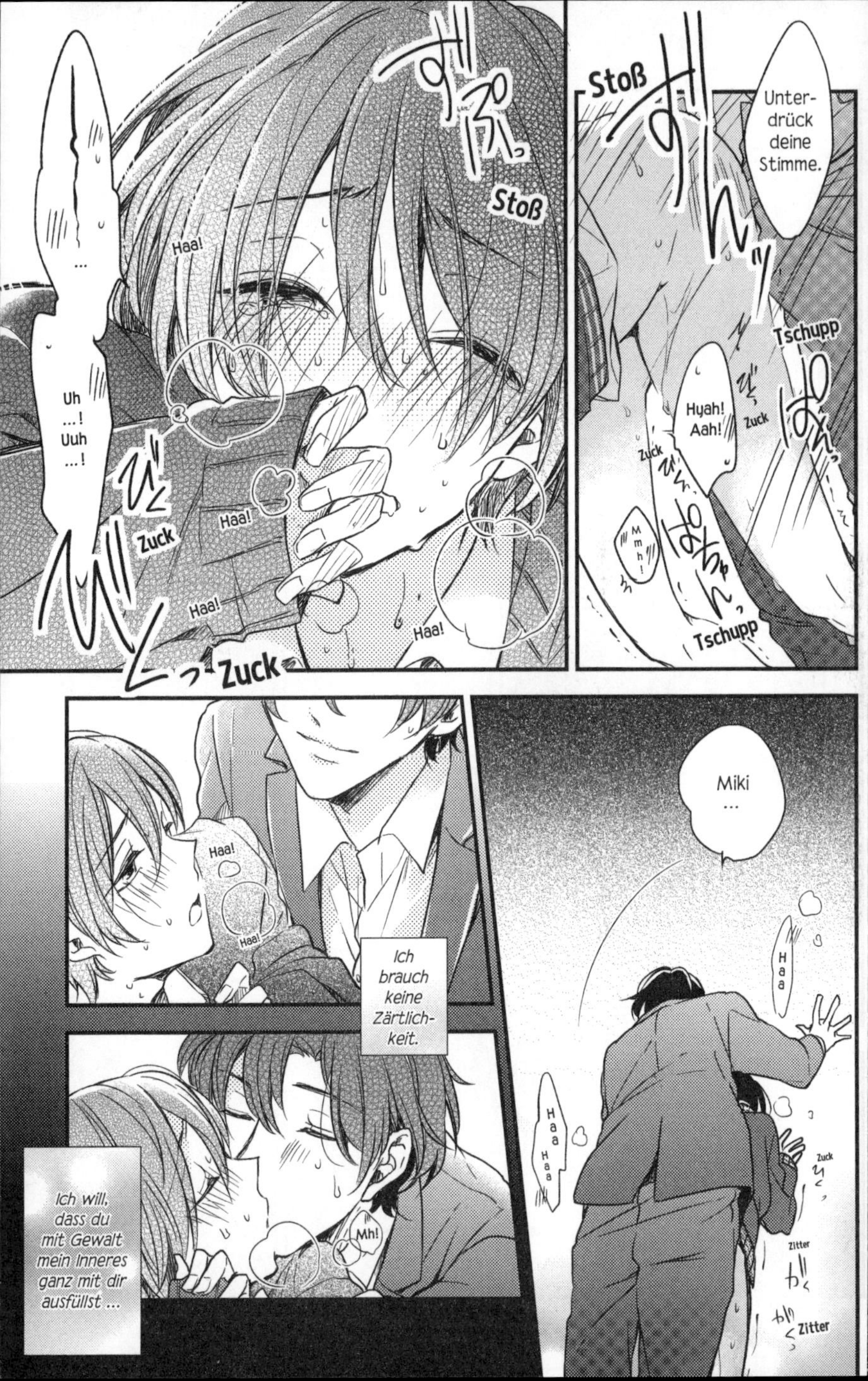

Stoß
Unter-drück deine Stimme.
Tschupp
Hyah! Aah!
Zuck
Zuck
Mmh!
Tschupp
Stoß
Haa!
…
Uh …! Uuh …!
Haa!
Zuck
Haa!
Haa!
Zuck
Miki …
Haa
Haa!
Haa!
Ich brauch keine Zärtlichkeit.
Haa Haa
Zuck
Zitter
Zitter
Ich will, dass du mit Gewalt mein Inneres ganz mit dir ausfüllst …
Mh!

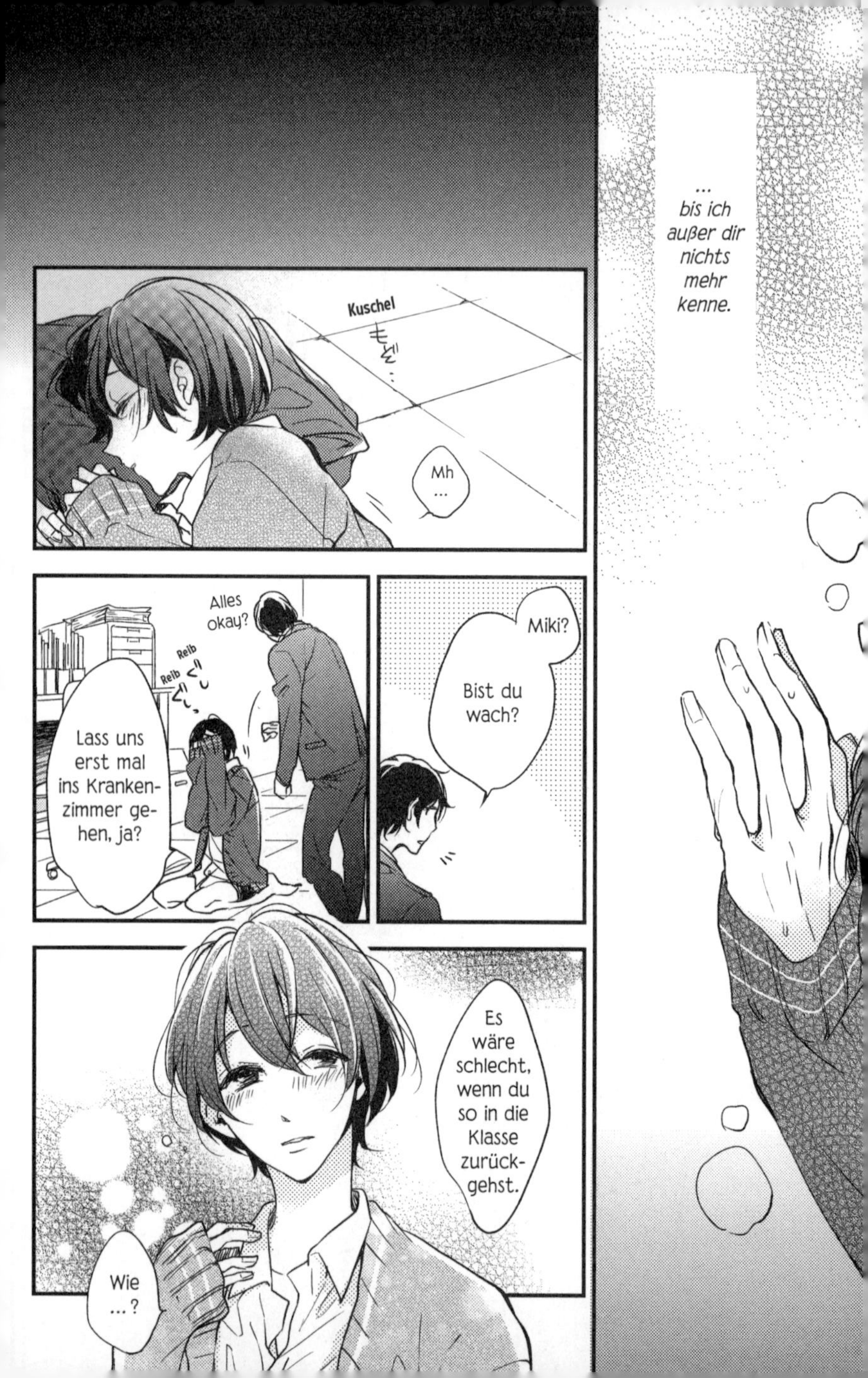

... bis ich außer dir nichts mehr kenne.
Kuschel
Mh ...
Miki?
Bist du wach?
Alles okay?
Reib
Reib
Lass uns erst mal ins Kranken-zimmer ge-hen, ja?
Es wäre schlecht, wenn du so in die Klasse zurück-gehst.
Wie ...?

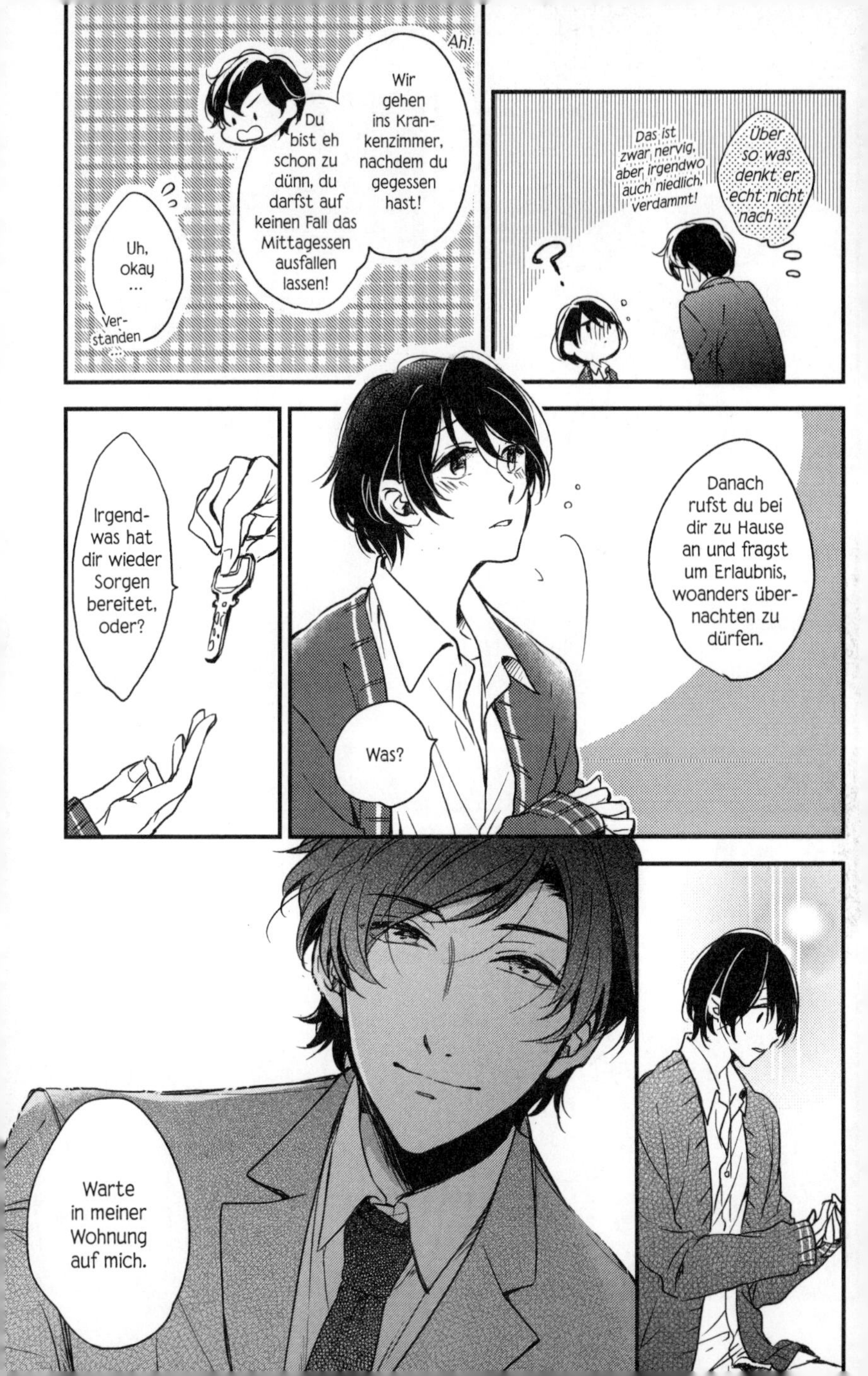
Ah!
Wir gehen ins Krankenzimmer, nachdem du gegessen hast!
Du bist eh schon zu dünn, du darfst auf keinen Fall das Mittagessen ausfallen lassen!
Uh, okay ...
Verstanden ...
Über so was denkt er echt nicht nach ...
Das ist zwar nervig, aber irgendwo auch niedlich, verdammt!
Danach rufst du bei dir zu Hause an und fragst um Erlaubnis, woanders übernachten zu dürfen.
Was?
Irgendwas hat dir wieder Sorgen bereitet, oder?
Warte in meiner Wohnung auf mich.

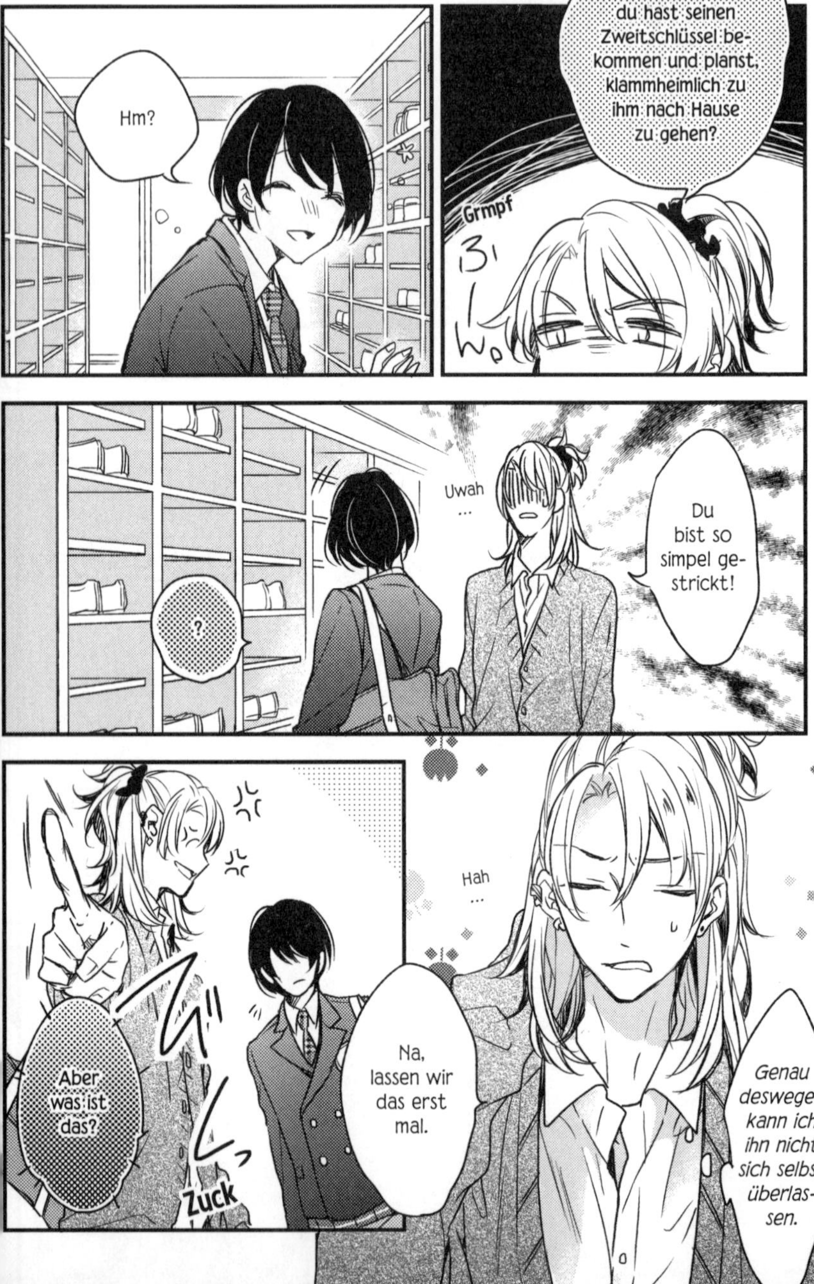
Das heißt, du hast seinen Zweitschlüssel bekommen und planst, klammheimlich zu ihm nach Hause zu gehen?
Grmpf
Hm?
Du bist so simpel gestrickt!
Uwah ...
?
Genau deswegen kann ich ihn nicht sich selbst überlassen.
Hah ...
Na, lassen wir das erst mal.
Aber was ist das?
Zuck

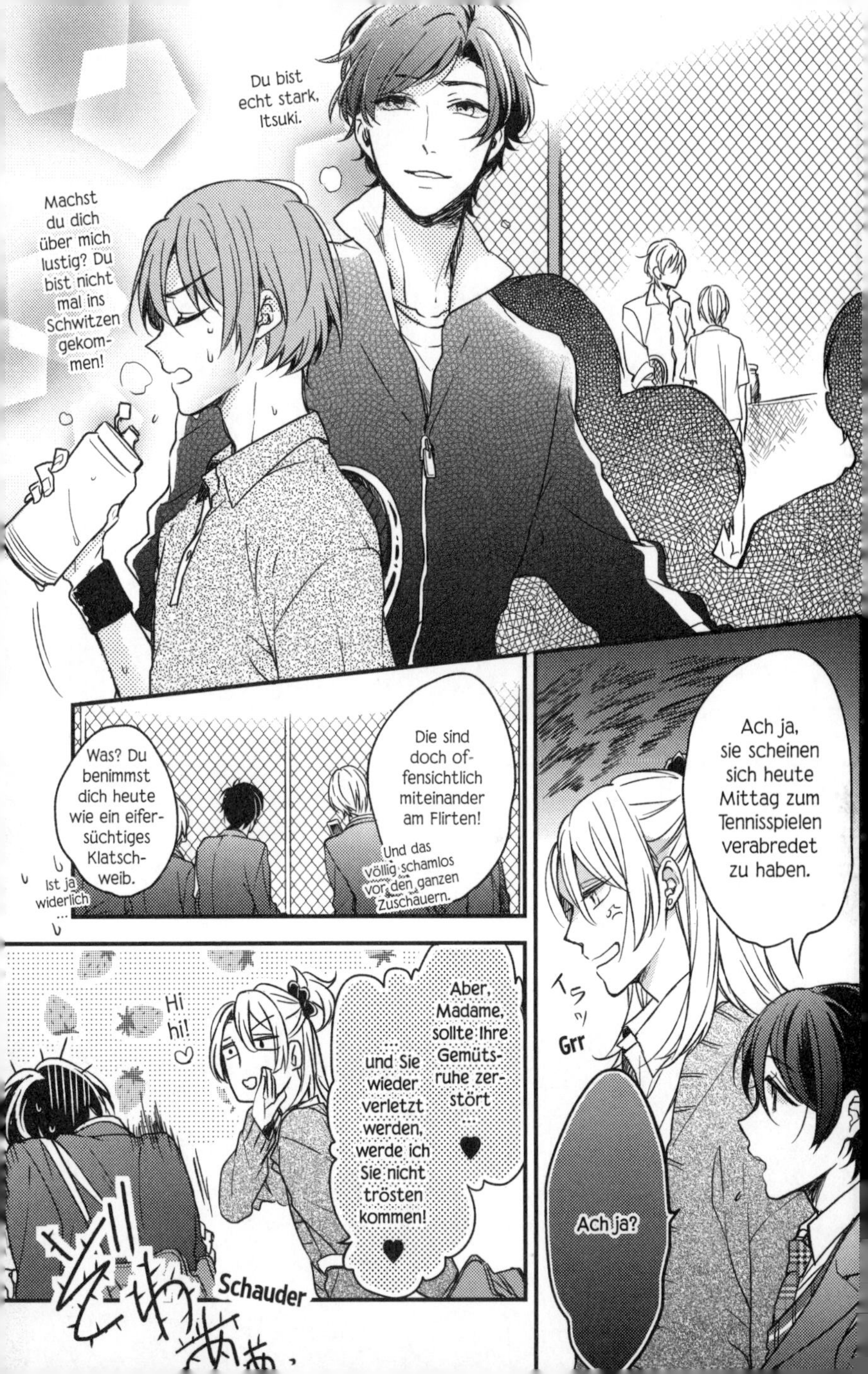
Du bist echt stark, Itsuki.
Machst du dich über mich lustig? Du bist nicht mal ins Schwitzen gekommen!
Ach ja, sie scheinen sich heute Mittag zum Tennisspielen verabredet zu haben.
Grr
Ach ja?
Die sind doch offensichtlich miteinander am Flirten!
Und das völlig schamlos vor den ganzen Zuschauern.
Was? Du benimmst dich heute wie ein eifersüchtiges Klatschweib.
Ist ja widerlich ...
Aber, Madame, sollte Ihre Gemütsruhe zerstört ...
und Sie wieder verletzt werden, werde ich Sie nicht trösten kommen!
Hi hi!
Schauder

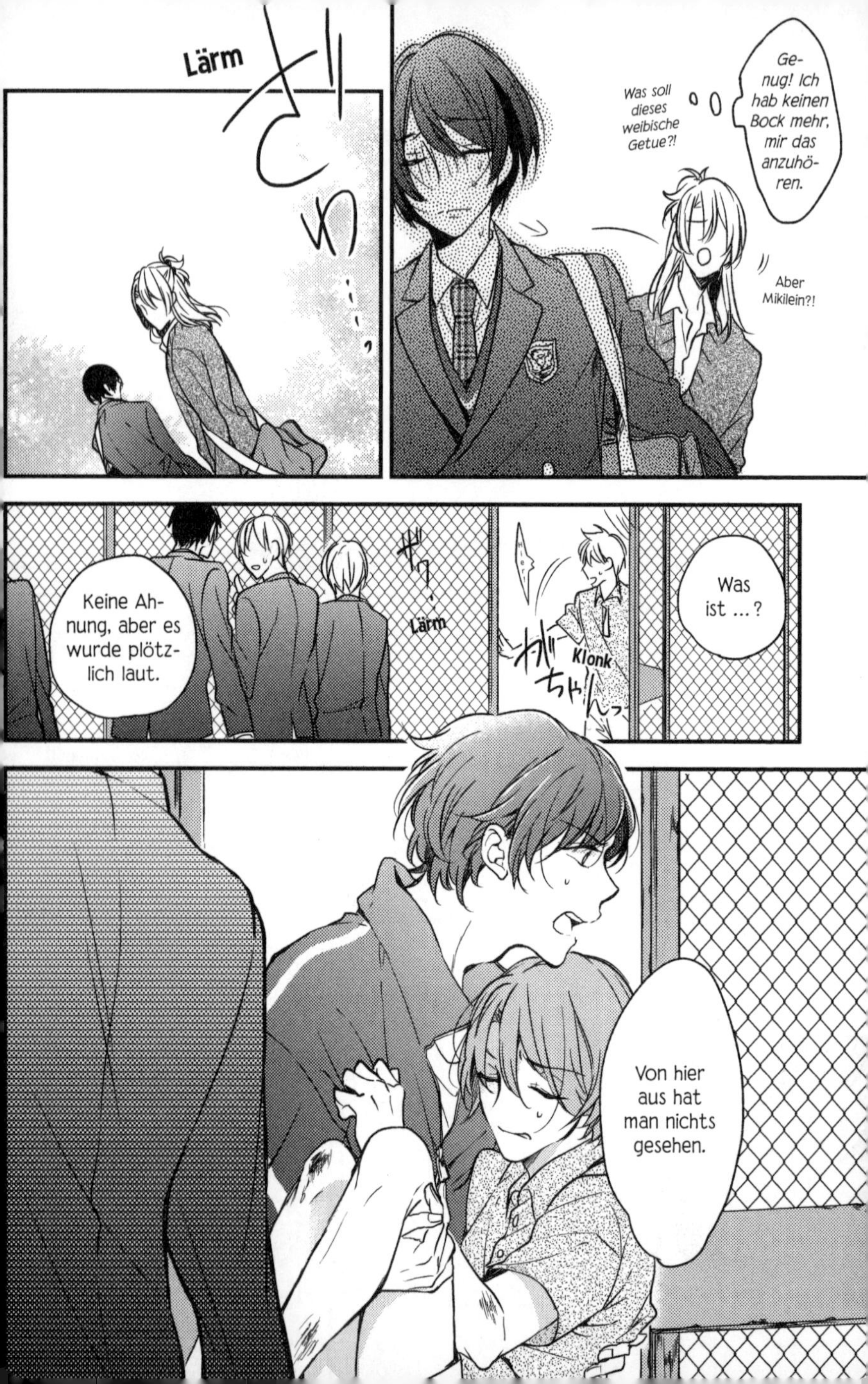
Genug! Ich hab keinen Bock mehr, mir das anzuhören.
Was soll dieses weibische Getue?!
Aber Mikilein?!
Lärm
Was ist ...?
Klonk
Lärm
Keine Ahnung, aber es wurde plötzlich laut.
Von hier aus hat man nichts gesehen.

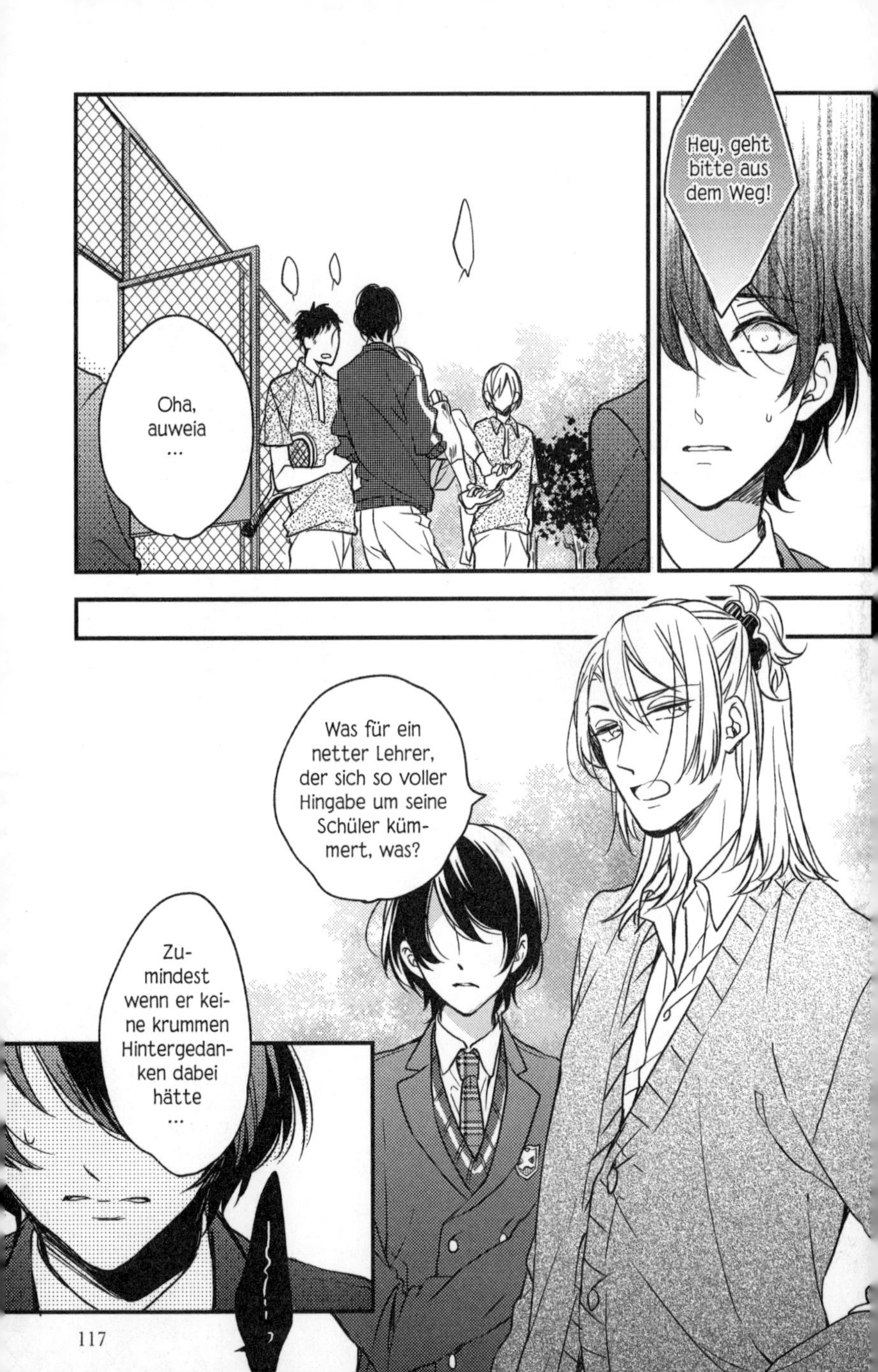
Hey, geht bitte aus dem Weg!
Oha, auweia ...
Was für ein netter Lehrer, der sich so voller Hingabe um seine Schüler küm-mert, was?
Zu-mindest wenn er kei-ne krummen Hintergedan-ken dabei hätte ...

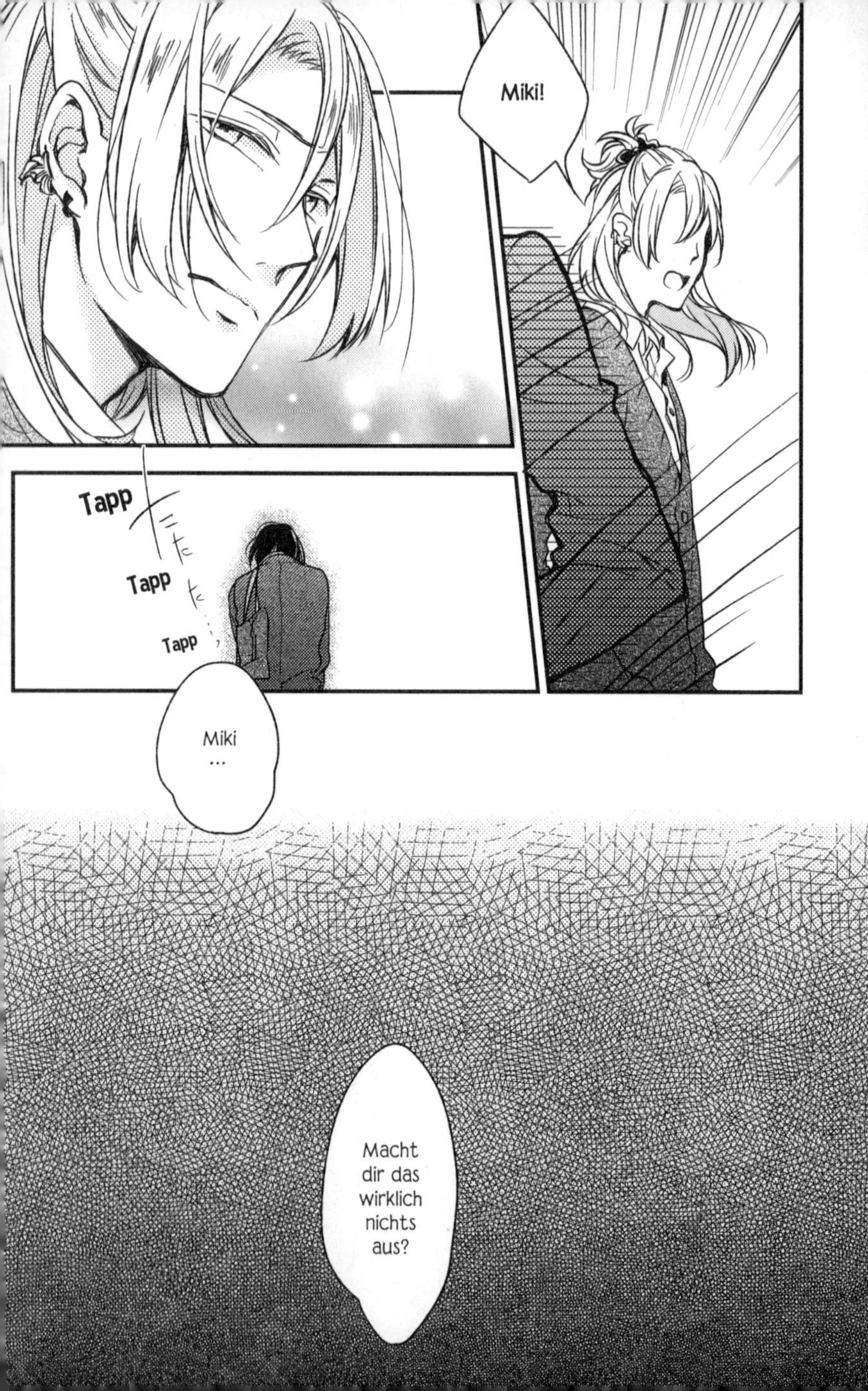
Miki!
Tapp
Tapp
Tapp
Miki …
Macht dir das wirklich nichts aus?

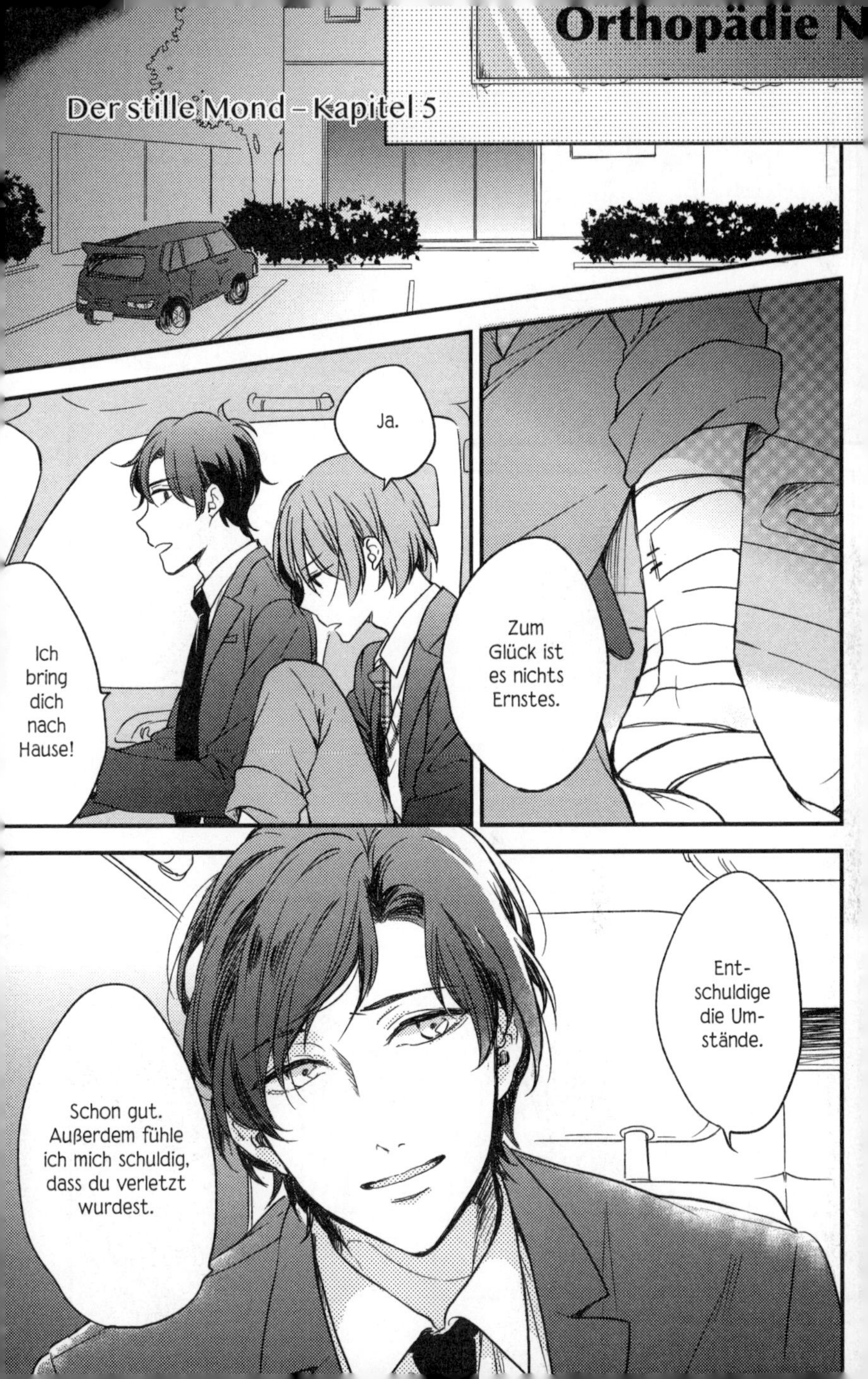

Orthopädie N
Der stille Mond – Kapitel 5
Ja.
Zum Glück ist es nichts Ernstes.
Ich bring dich nach Hause!
Ent-schuldige die Umstände.
Schon gut. Außerdem fühle ich mich schuldig, dass du verletzt wurdest.

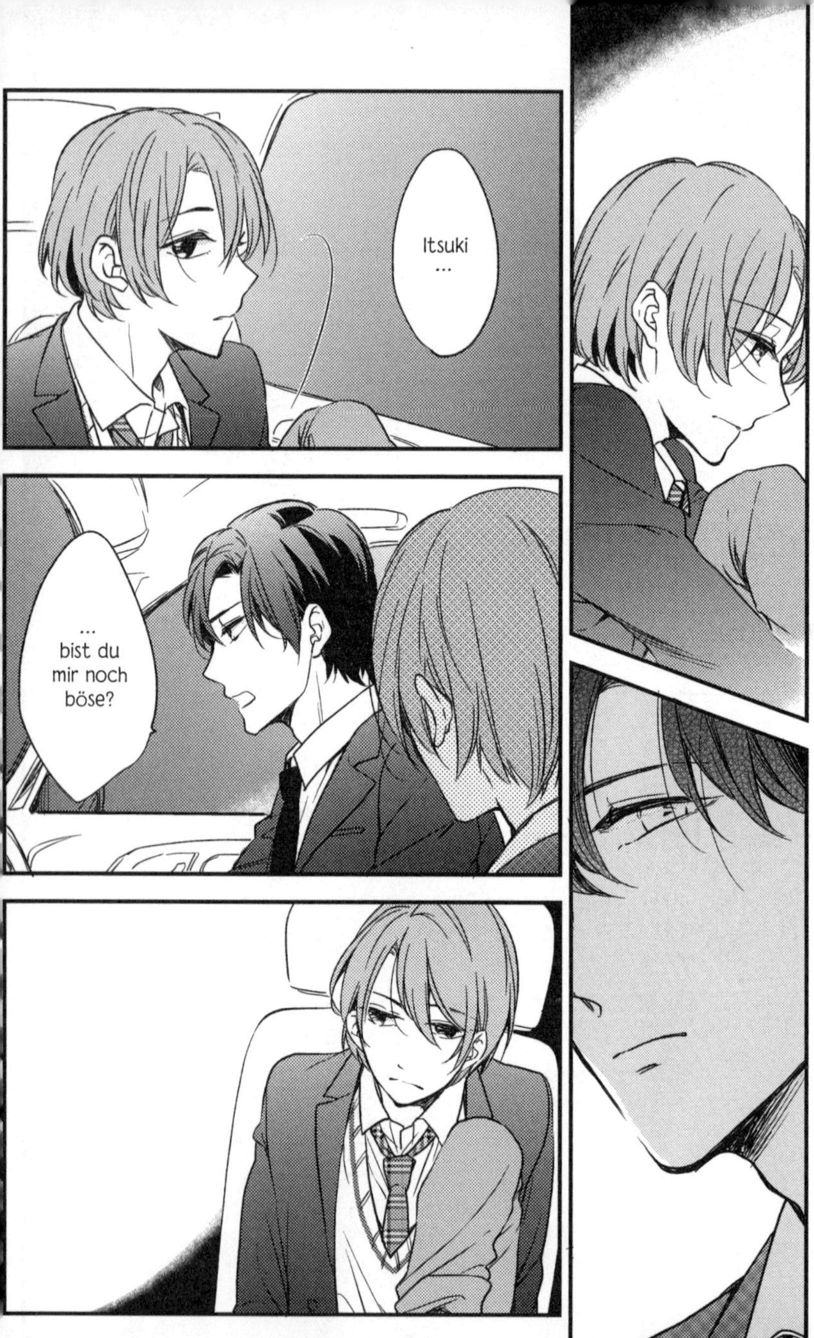
Itsuki
...
... bist du mir noch böse?

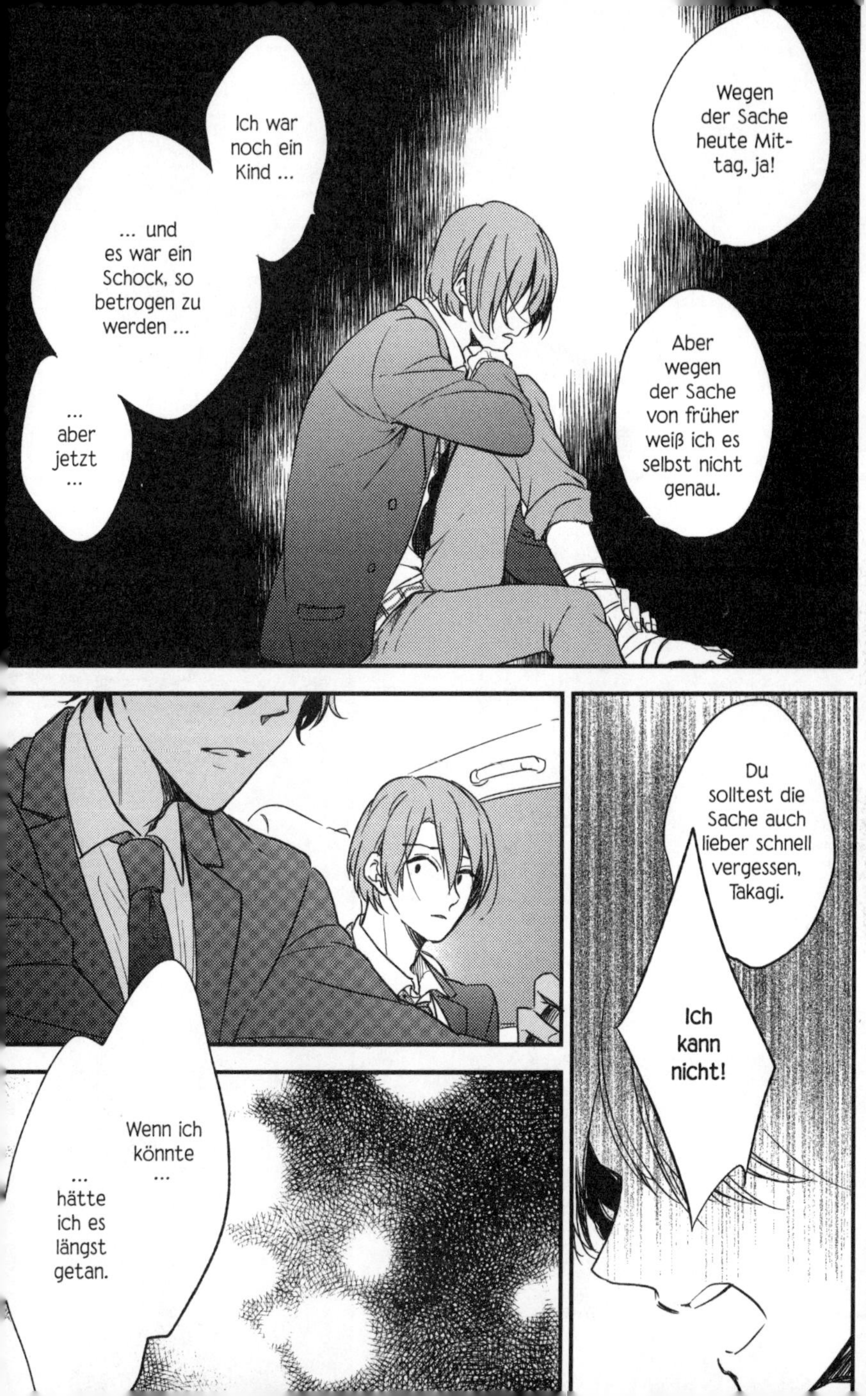
Wegen der Sache heute Mittag, ja!
Aber wegen der Sache von früher weiß ich es selbst nicht genau.
Ich war noch ein Kind ...
... und es war ein Schock, so betrogen zu werden ...
... aber jetzt ...
Du solltest die Sache auch lieber schnell vergessen, Takagi.
Ich kann nicht!
Wenn ich könnte ...
... hätte ich es längst getan.

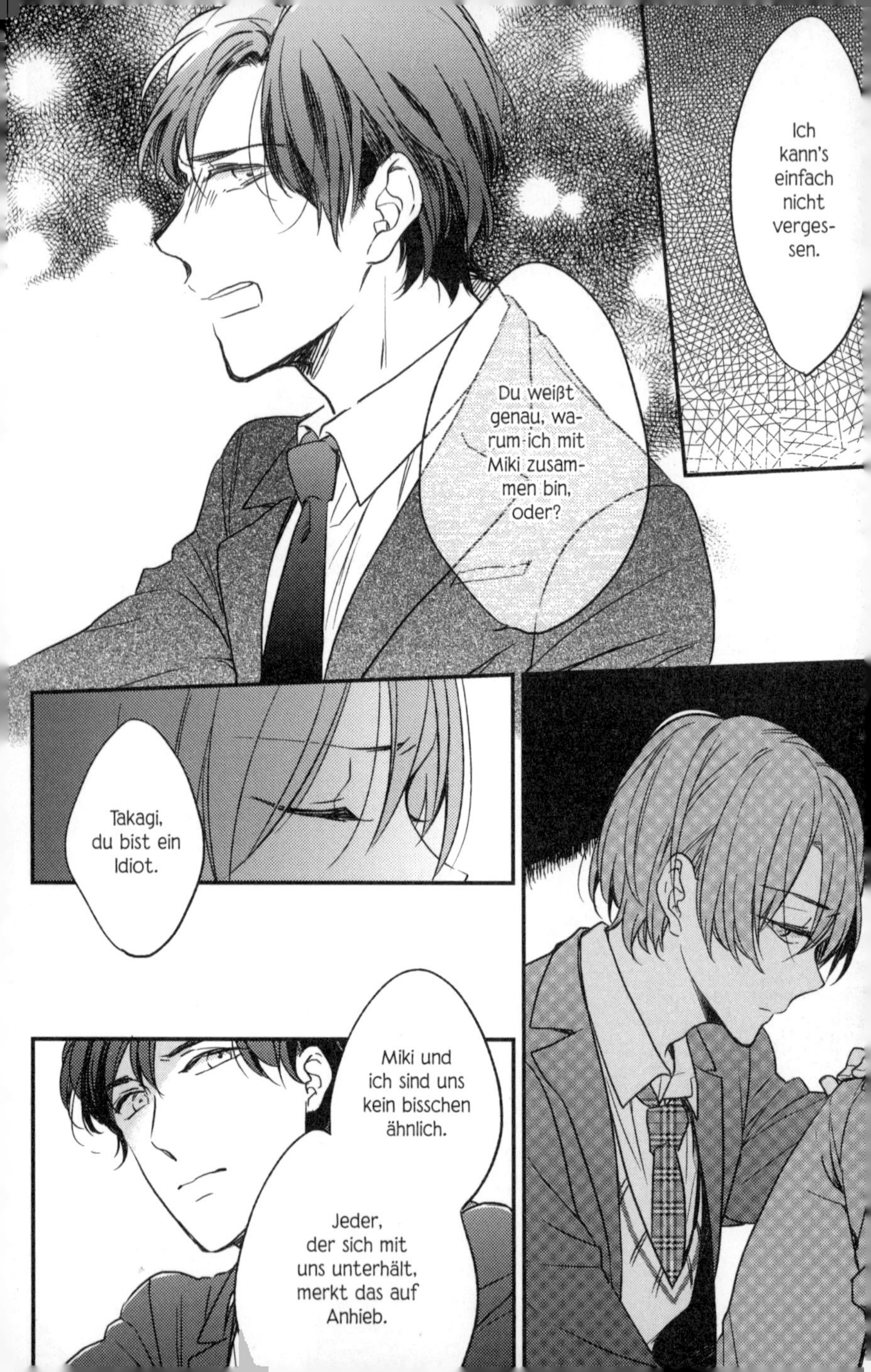
Ich kann's einfach nicht verges-sen.
Du weißt genau, wa-rum ich mit Miki zusam-men bin, oder?
Takagi, du bist ein Idiot.
Miki und ich sind uns kein bisschen ähnlich.
Jeder, der sich mit uns unterhält, merkt das auf Anhieb.

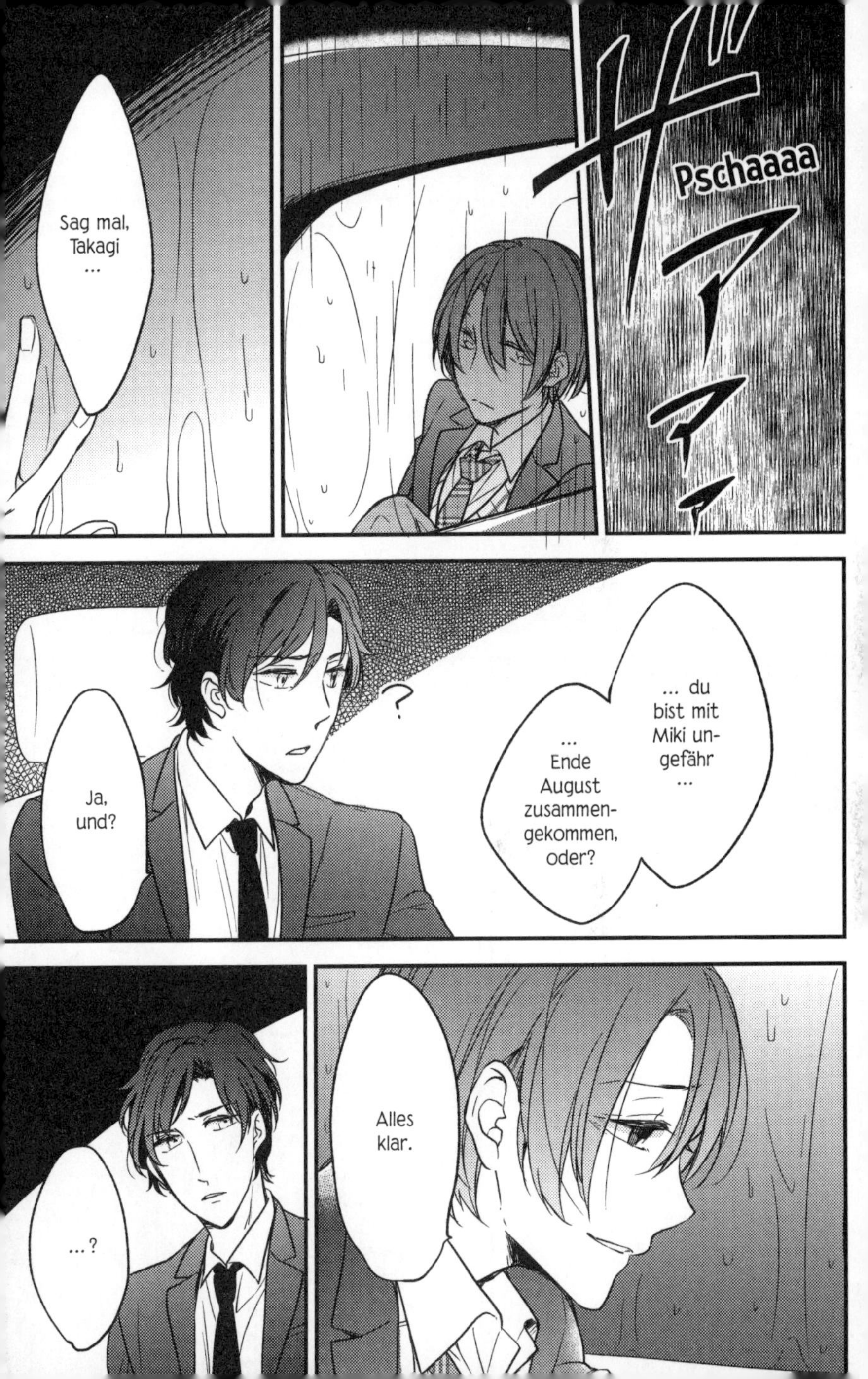
Pschaaaa
Sag mal, Takagi ...
... du bist mit Miki ungefähr ...
... Ende August zusammengekommen, oder?
?
Ja, und?
Alles klar.
...?

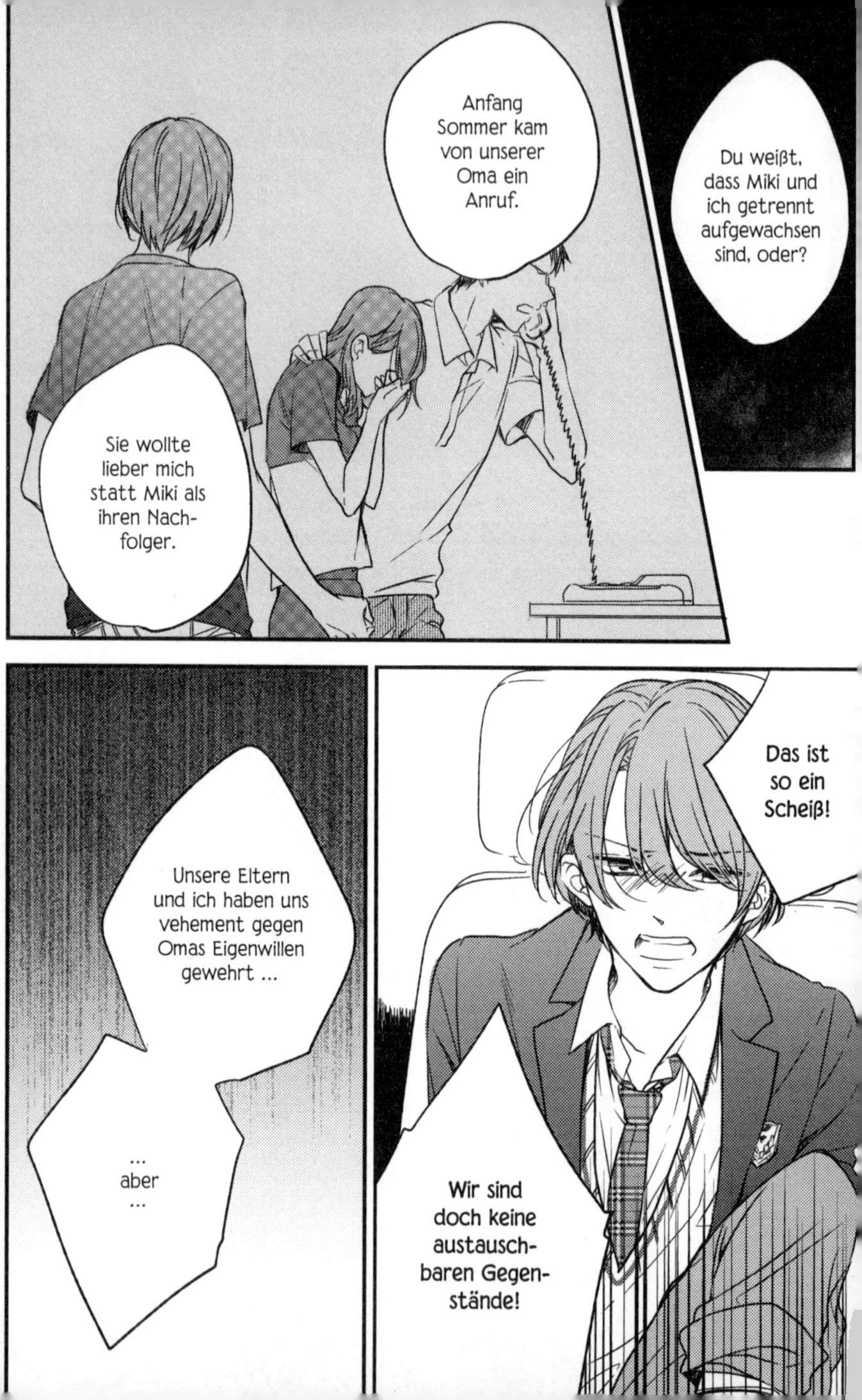
Du weißt, dass Miki und ich getrennt aufgewachsen sind, oder?
Anfang Sommer kam von unserer Oma ein Anruf.
Sie wollte lieber mich statt Miki als ihren Nachfolger.
Das ist so ein Scheiß!
Wir sind doch keine austauschbaren Gegenstände!
Unsere Eltern und ich haben uns vehement gegen Omas Eigenwillen gewehrt ...
... aber ...

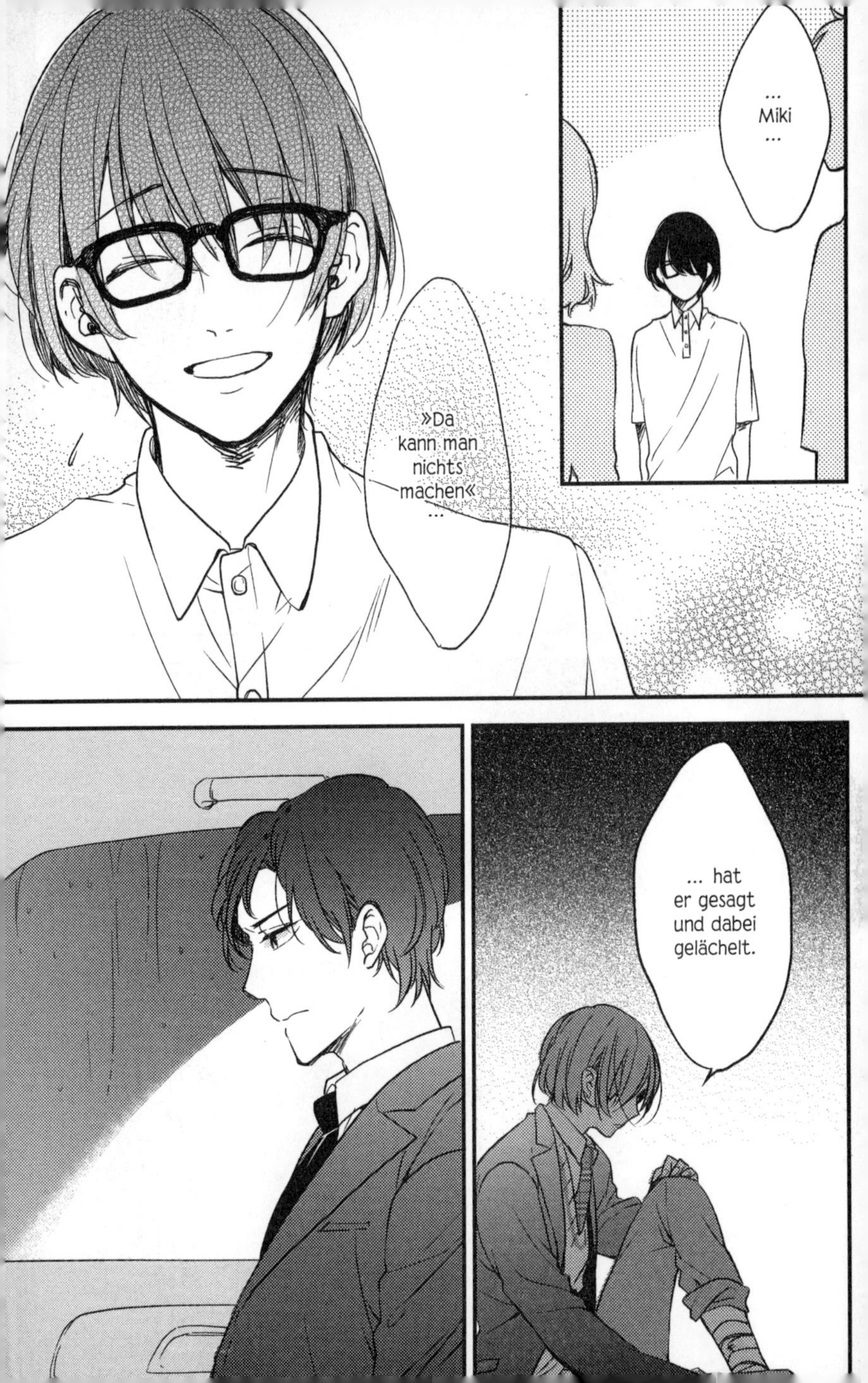
... Miki ...
»Da kann man nichts machen« ...
... hat er gesagt und dabei gelächelt.

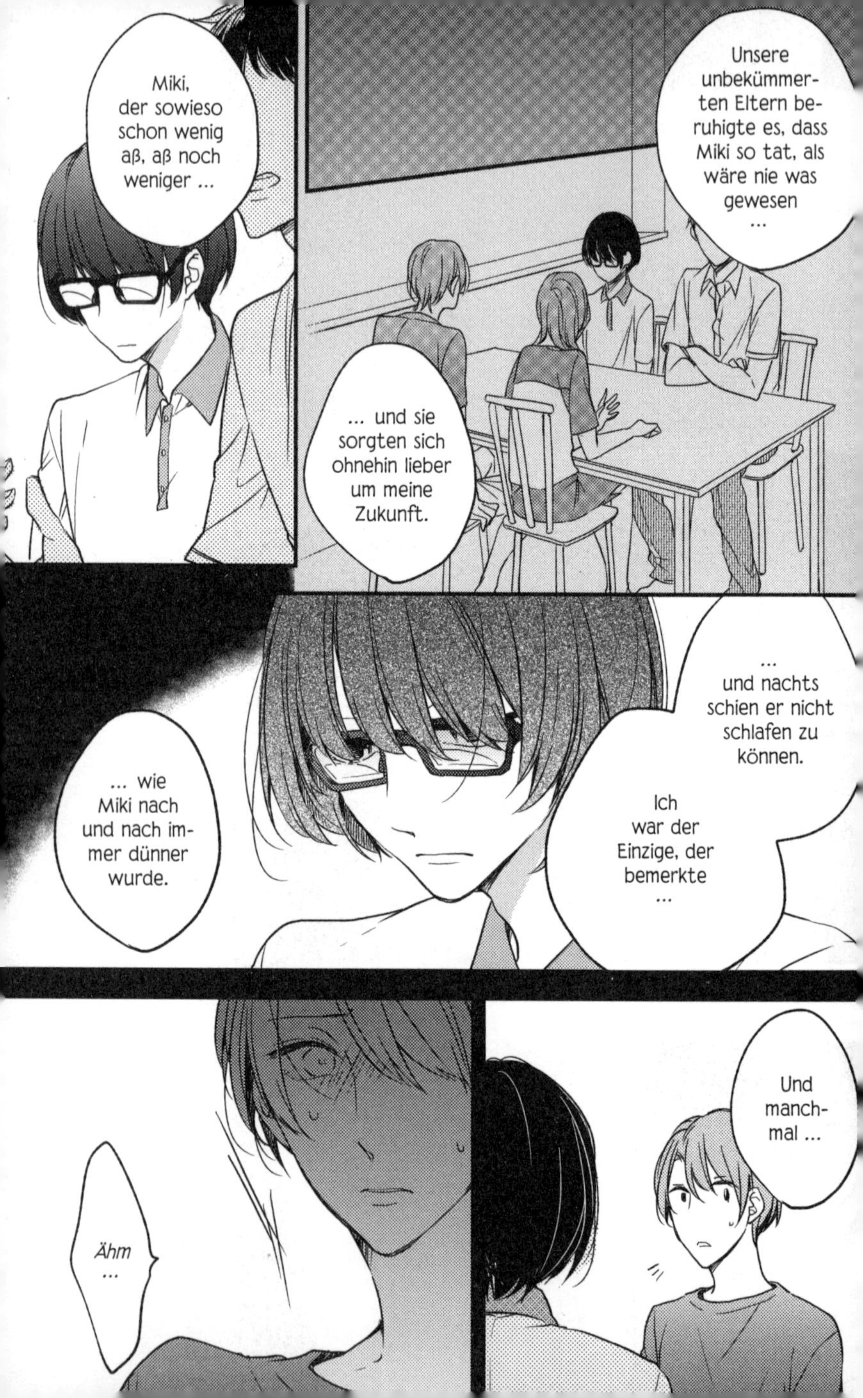

Unsere unbekümmerten Eltern beruhigte es, dass Miki so tat, als wäre nie was gewesen ...
... und sie sorgten sich ohnehin lieber um meine Zukunft.
Miki, der sowieso schon wenig aß, aß noch weniger ...
... und nachts schien er nicht schlafen zu können.
Ich war der Einzige, der bemerkte ...
... wie Miki nach und nach immer dünner wurde.
Und manchmal ...
Ähm ...

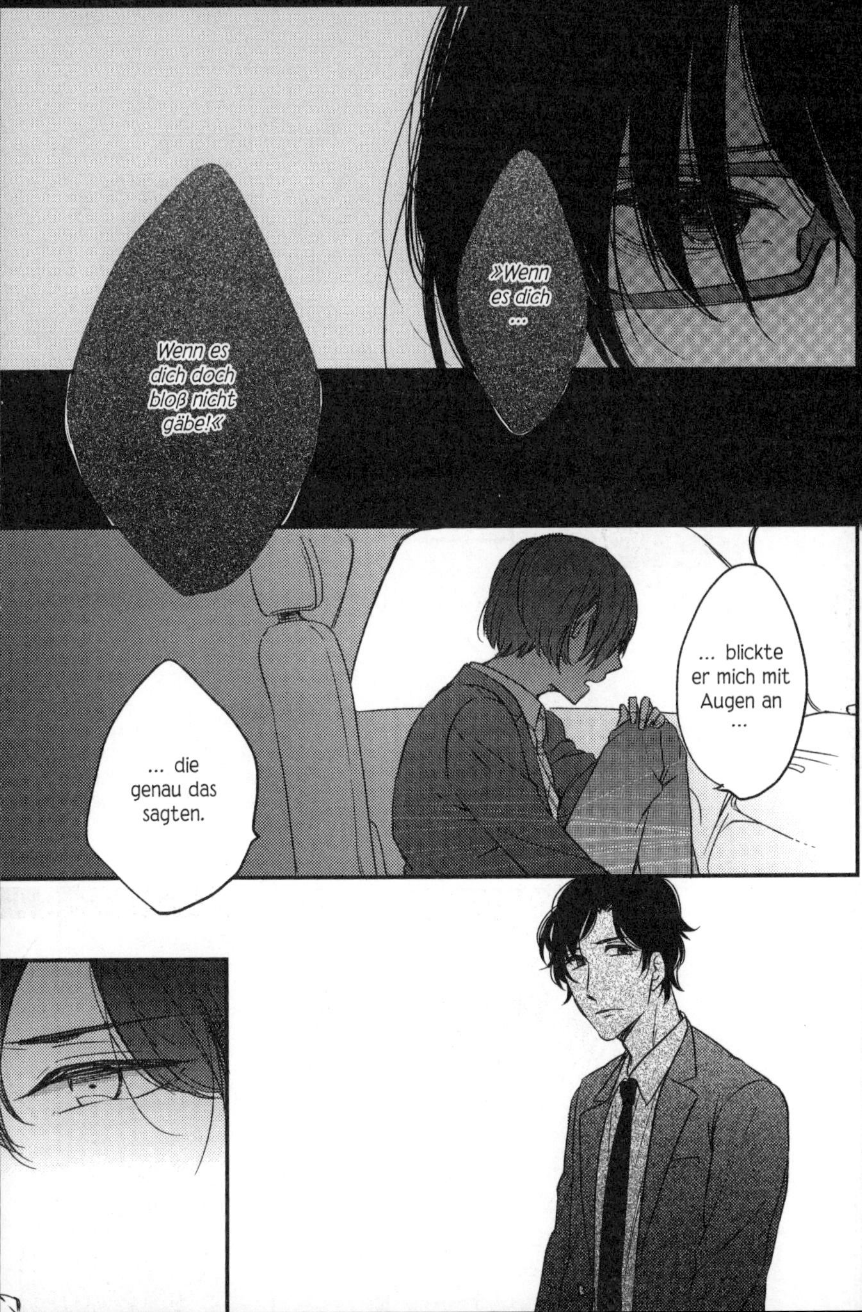
»Wenn es dich …
Wenn es dich doch bloß nicht gäbe!«
… blickte er mich mit Augen an …
… die genau das sagten.

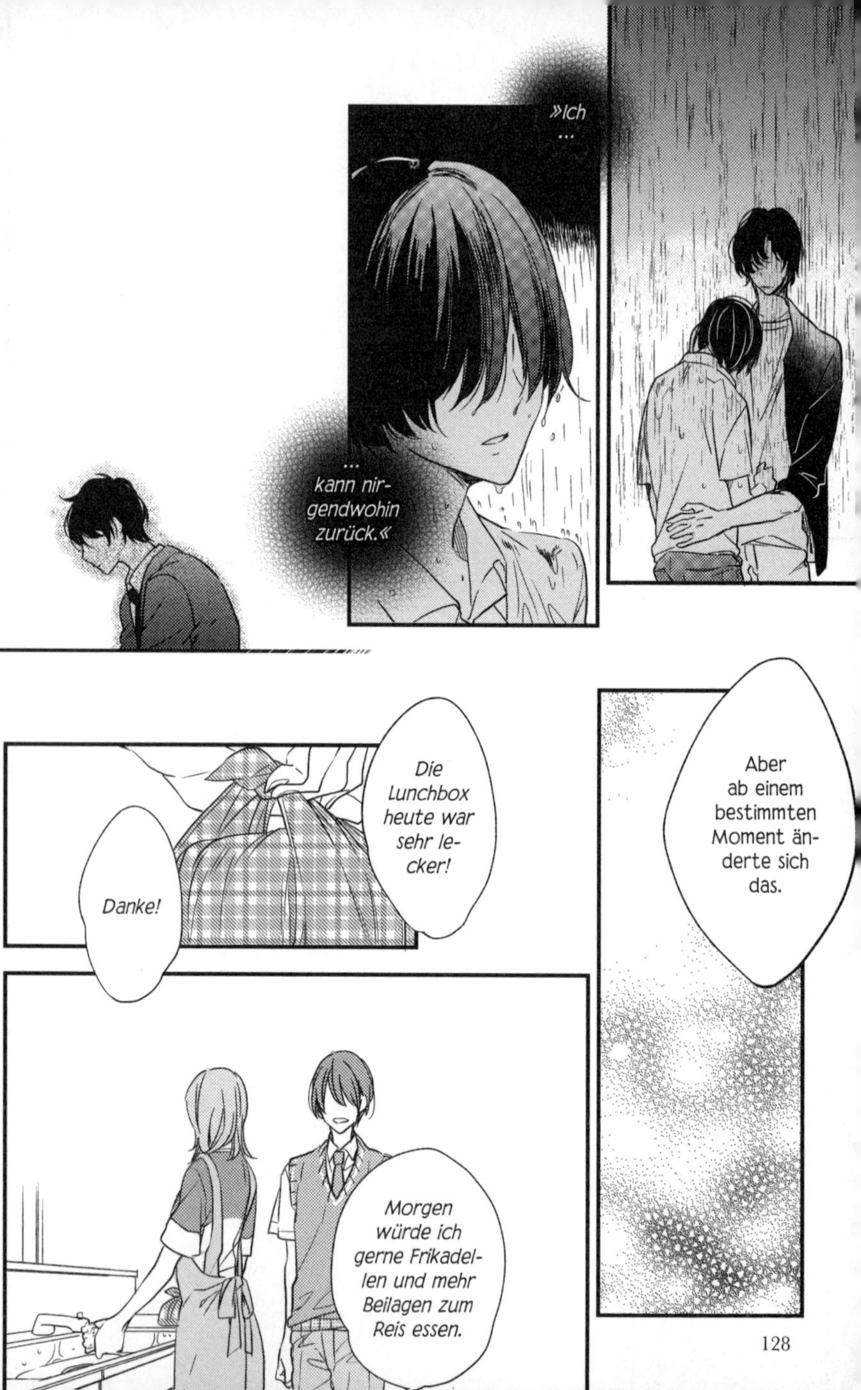
»Ich ...
... kann nirgendwohin zurück.«
Aber ab einem bestimmten Moment änderte sich das.
Die Lunchbox heute war sehr lecker!
Danke!
Morgen würde ich gerne Frikadellen und mehr Beilagen zum Reis essen.

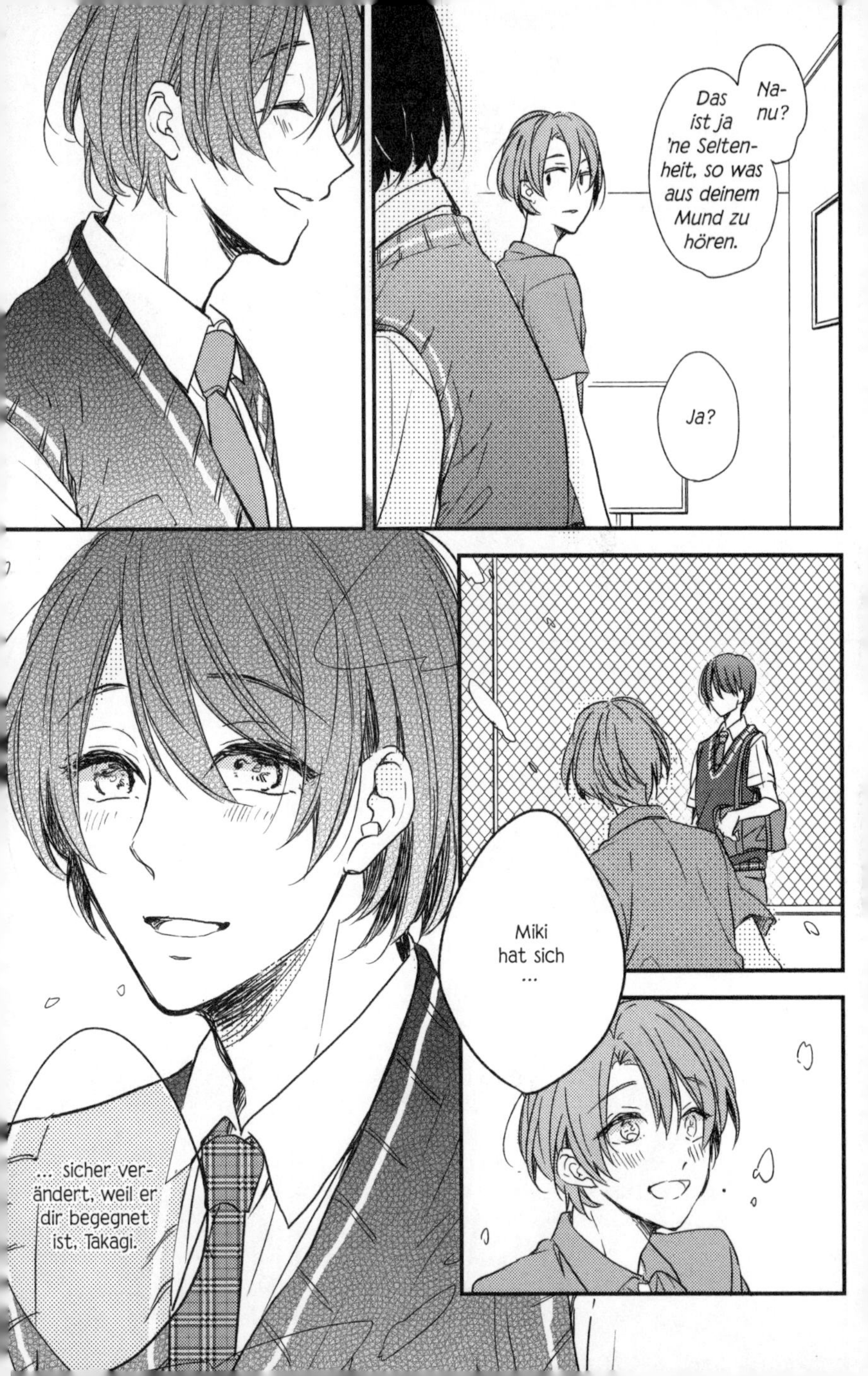

Nanu? Das ist ja 'ne Seltenheit, so was aus deinem Mund zu hören.
Ja?
Miki hat sich ...
... sicher verändert, weil er dir begegnet ist, Takagi.

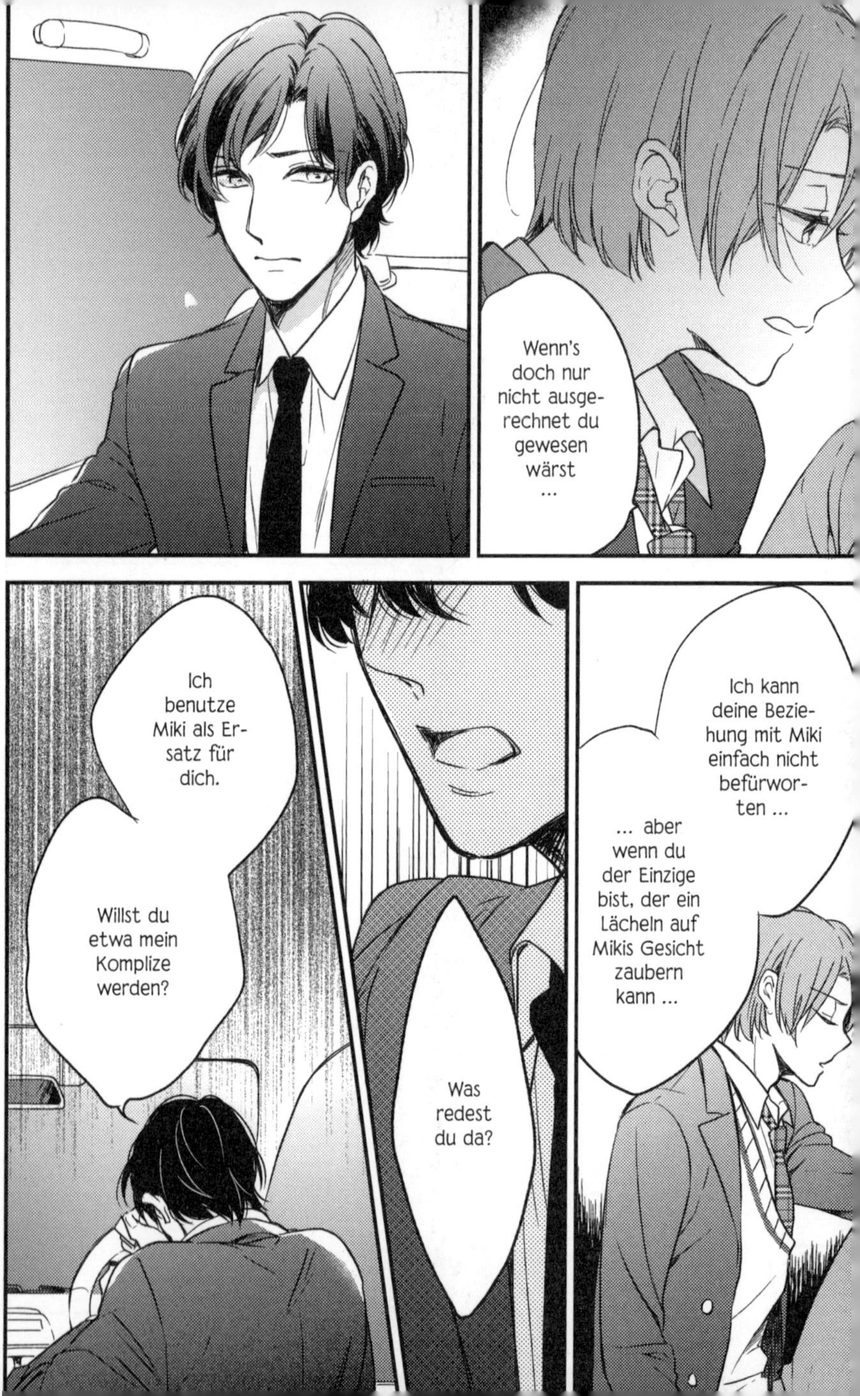
Wenn's doch nur nicht ausgerechnet du gewesen wärst ...
Ich kann deine Beziehung mit Miki einfach nicht befürworten ...
... aber wenn du der Einzige bist, der ein Lächeln auf Mikis Gesicht zaubern kann ...
Was redest du da?
Ich benutze Miki als Ersatz für dich.
Willst du etwa mein Komplize werden?

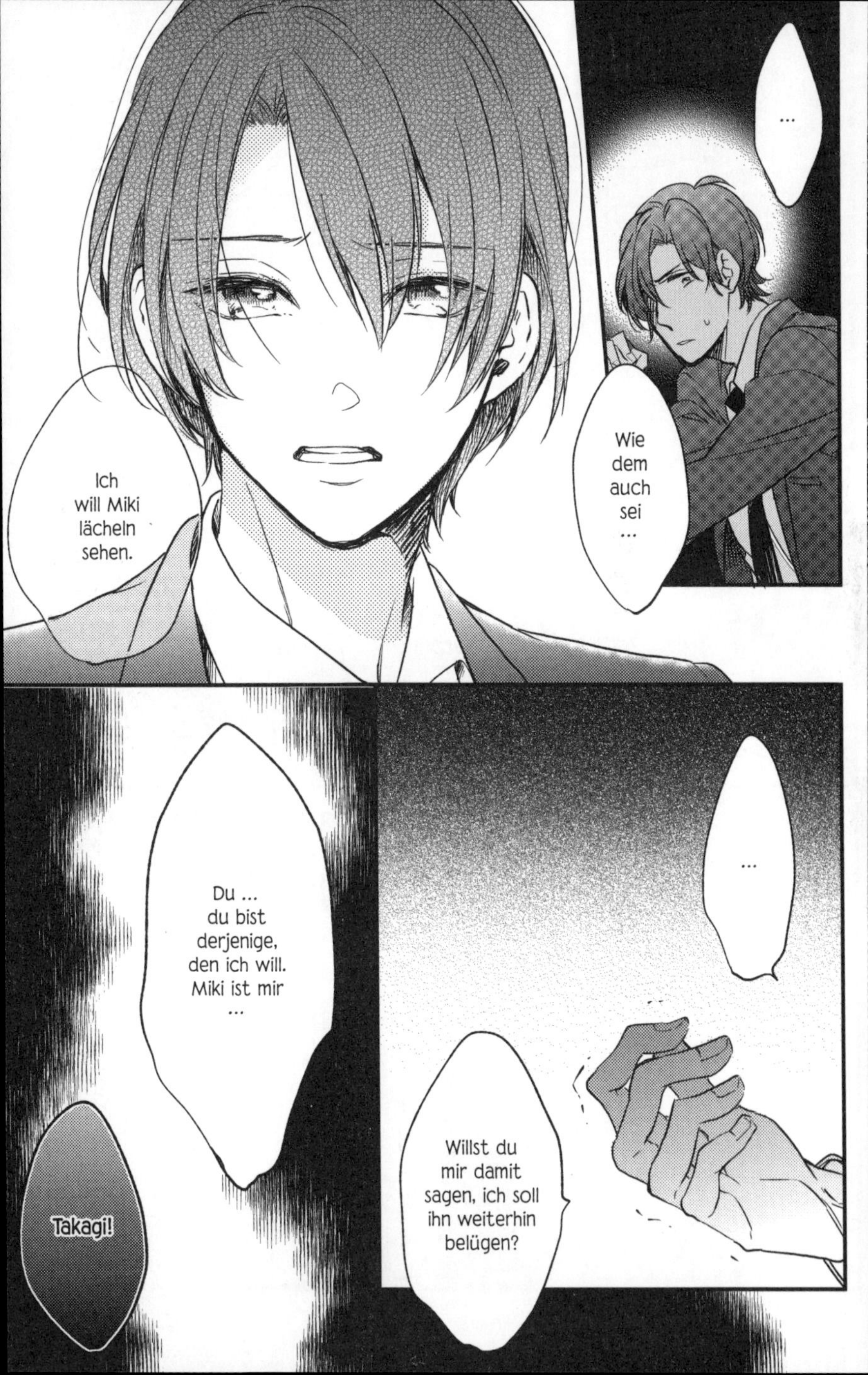
...
Wie dem auch sei ...
Ich will Miki lächeln sehen.
...
Willst du mir damit sagen, ich soll ihn weiterhin belügen?
Du ... du bist derjenige, den ich will. Miki ist mir ...
Takagi!

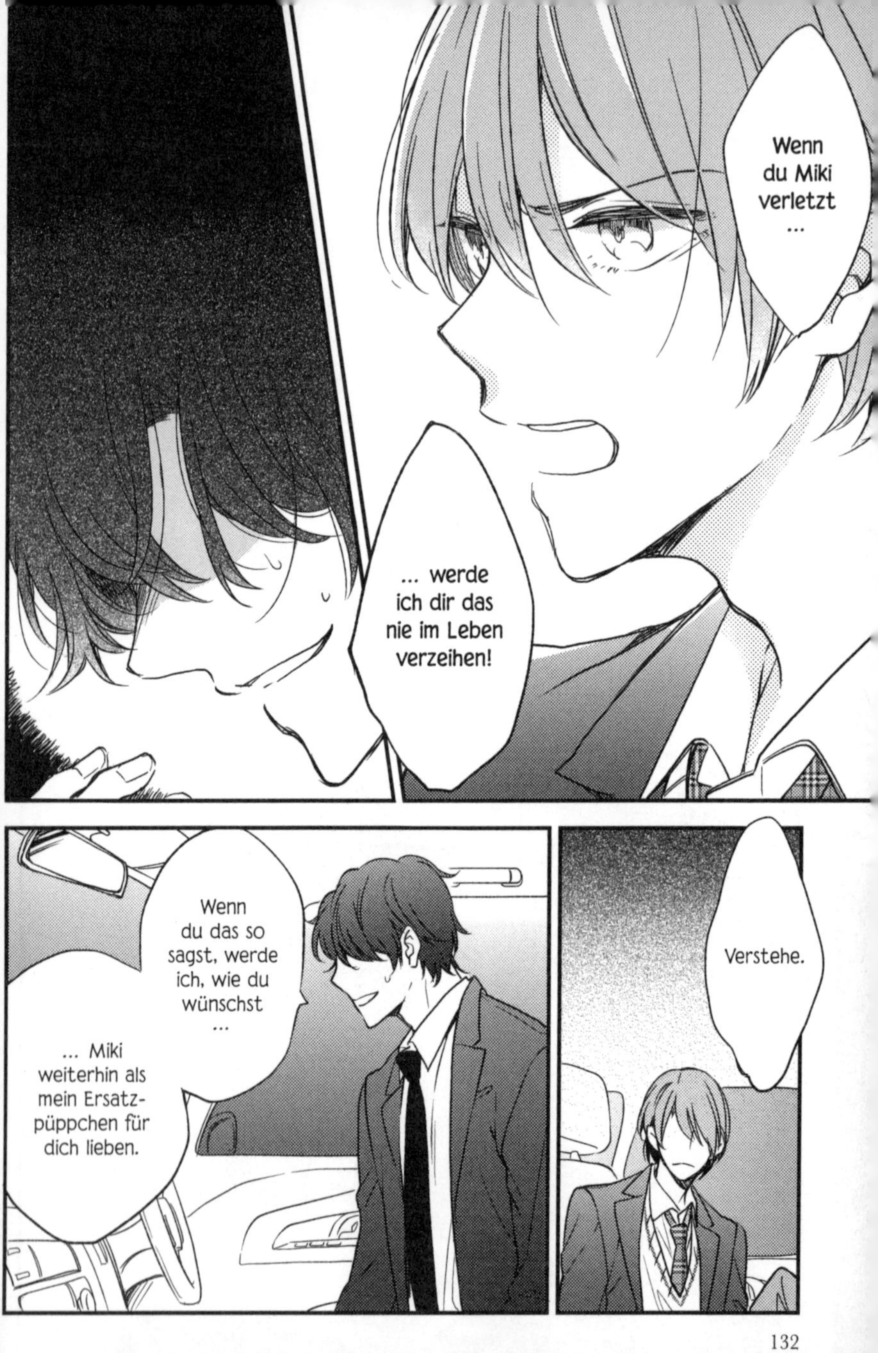
Wenn du Miki verletzt ...
... werde ich dir das nie im Leben verzeihen!
Verstehe.
Wenn du das so sagst, werde ich, wie du wünschst ...
... Miki weiterhin als mein Ersatz-püppchen für dich lieben.

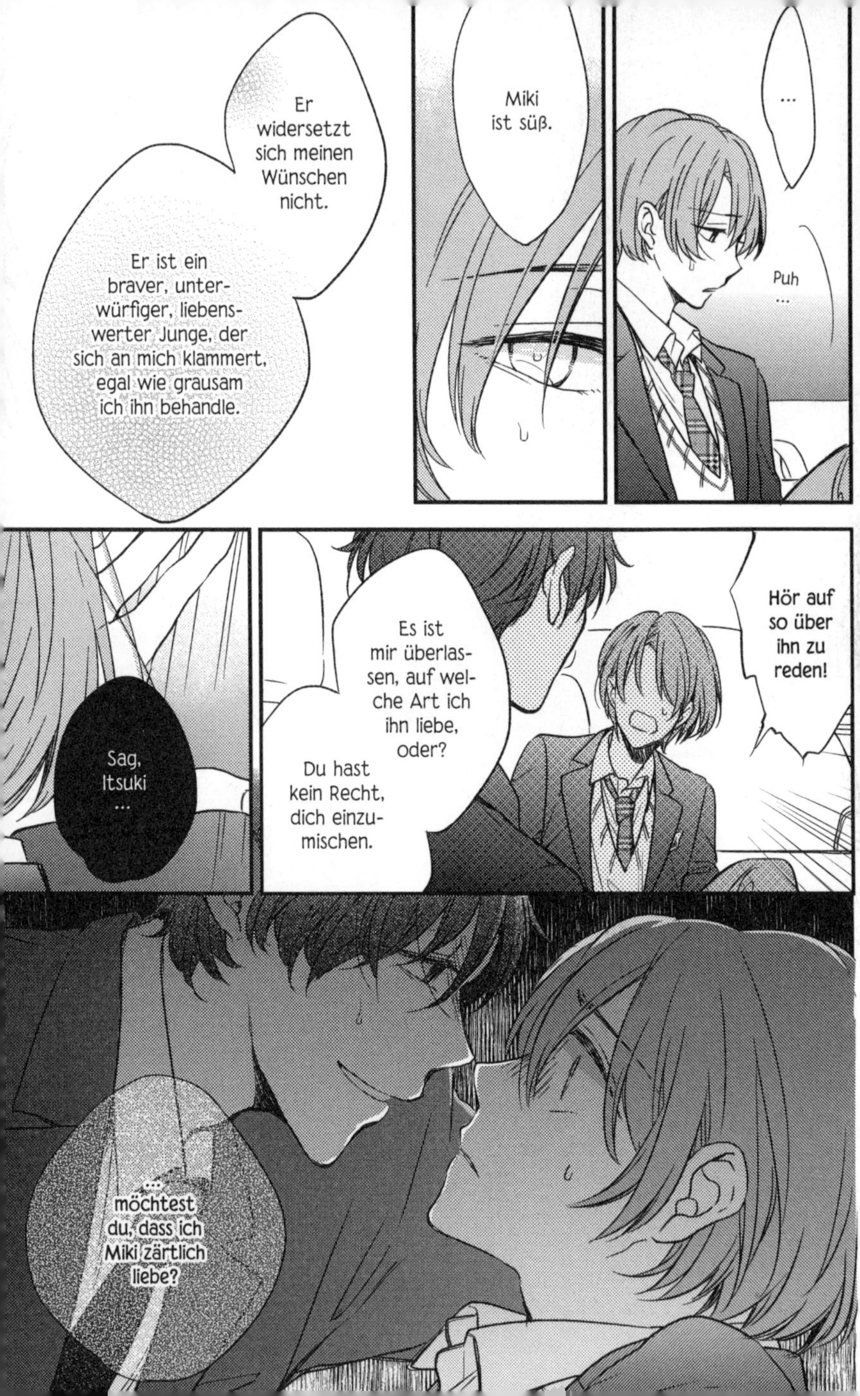
...
Puh ...
Miki ist süß.
Er widersetzt sich meinen Wünschen nicht.
Er ist ein braver, unterwürfiger, liebenswerter Junge, der sich an mich klammert, egal wie grausam ich ihn behandle.
Hör auf so über ihn zu reden!
Es ist mir überlassen, auf welche Art ich ihn liebe, oder?
Du hast kein Recht, dich einzumischen.
Sag, Itsuki ...
... möchtest du, dass ich Miki zärtlich liebe?

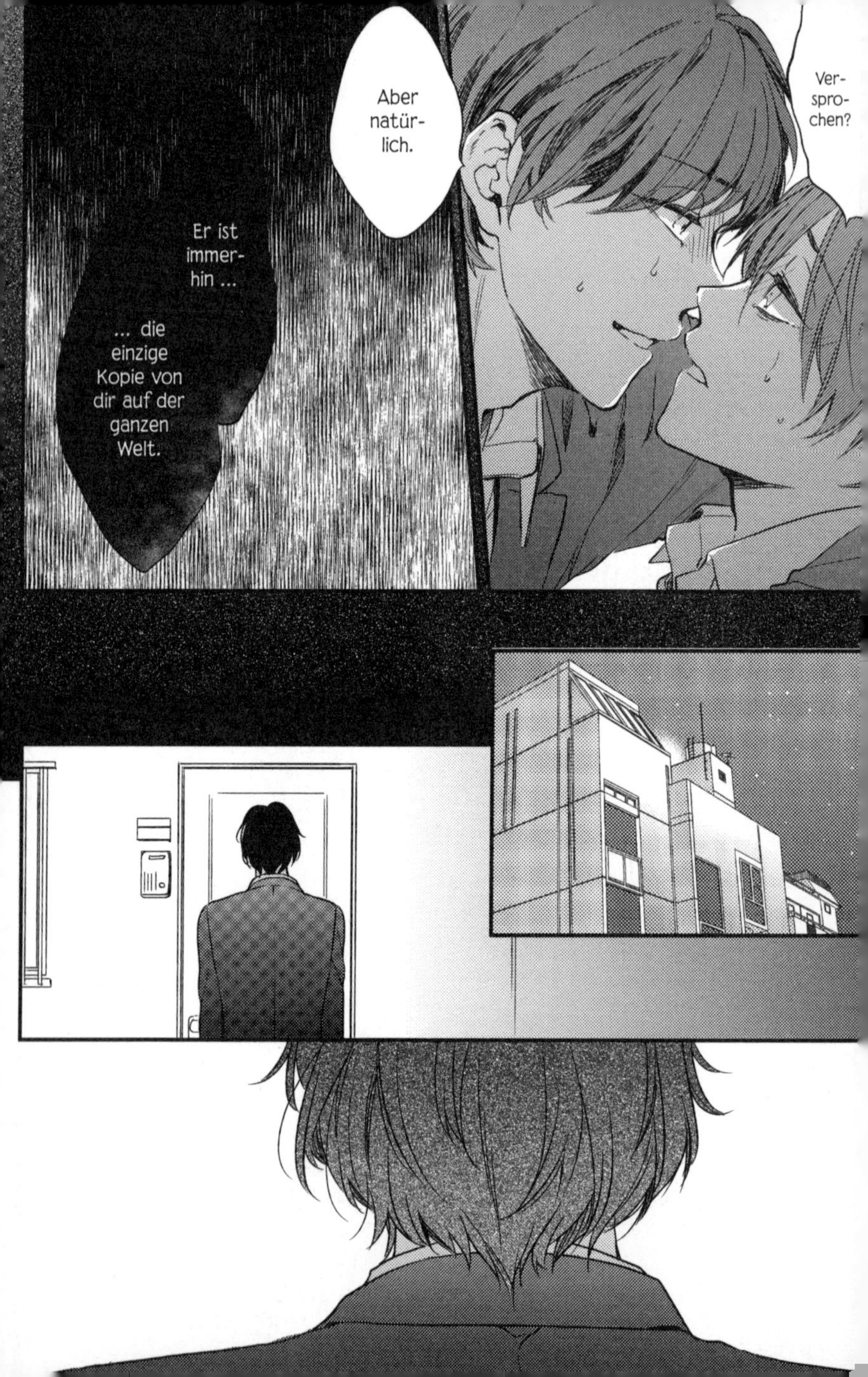
Ver-
spro-
chen?
Aber
natür-
lich.
Er ist
immer-
hin ...
... die
einzige
Kopie von
dir auf der
ganzen
Welt.

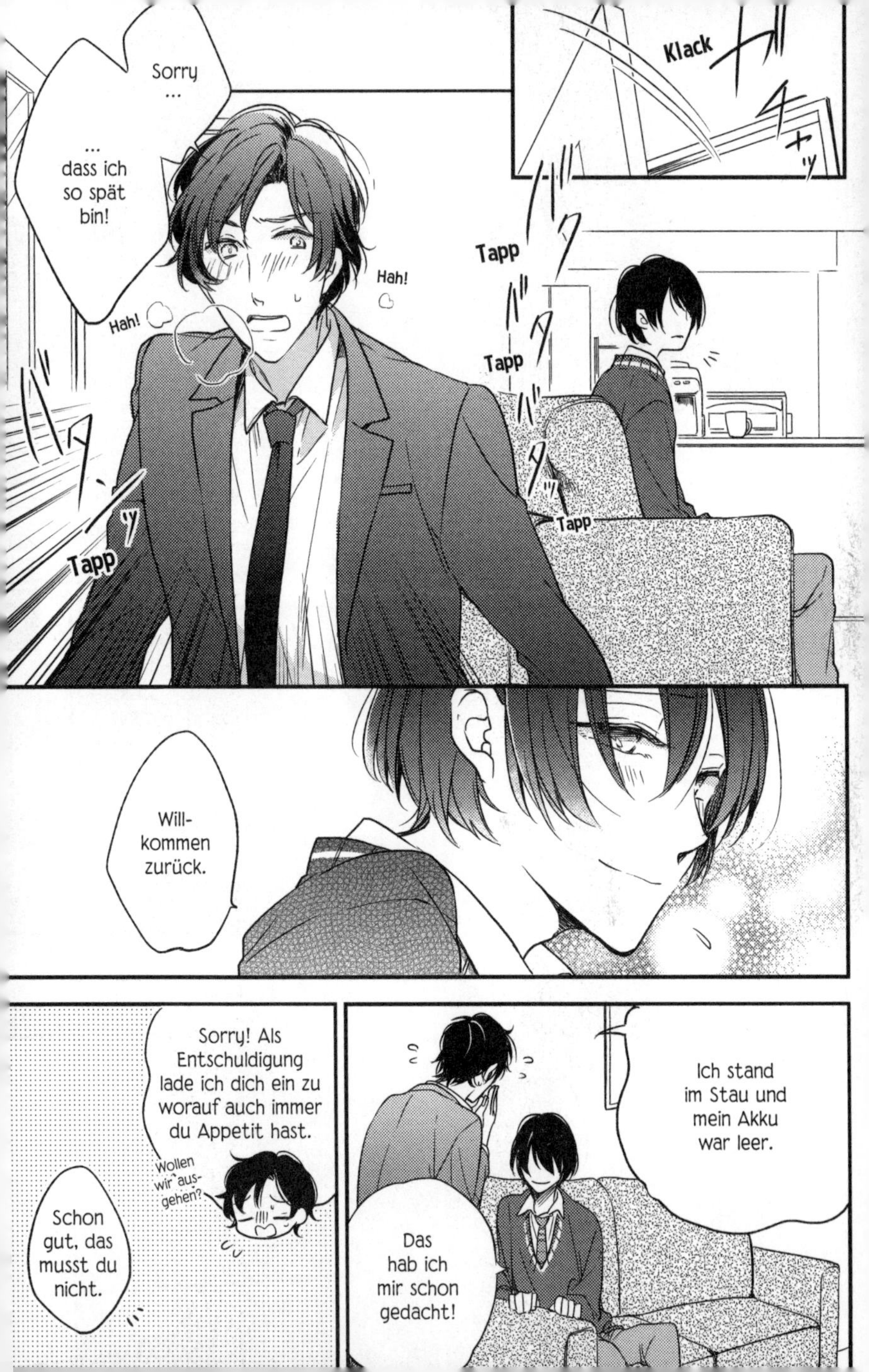

Klack
Tapp
Tapp
Tapp
Tapp
Hah!
Hah!
Sorry ...
... dass ich so spät bin!
Will-kommen zurück.
Ich stand im Stau und mein Akku war leer.
Das hab ich mir schon gedacht!
Sorry! Als Entschuldigung lade ich dich ein zu worauf auch immer du Appetit hast.
Wollen wir aus-gehen?
Schon gut, das musst du nicht.

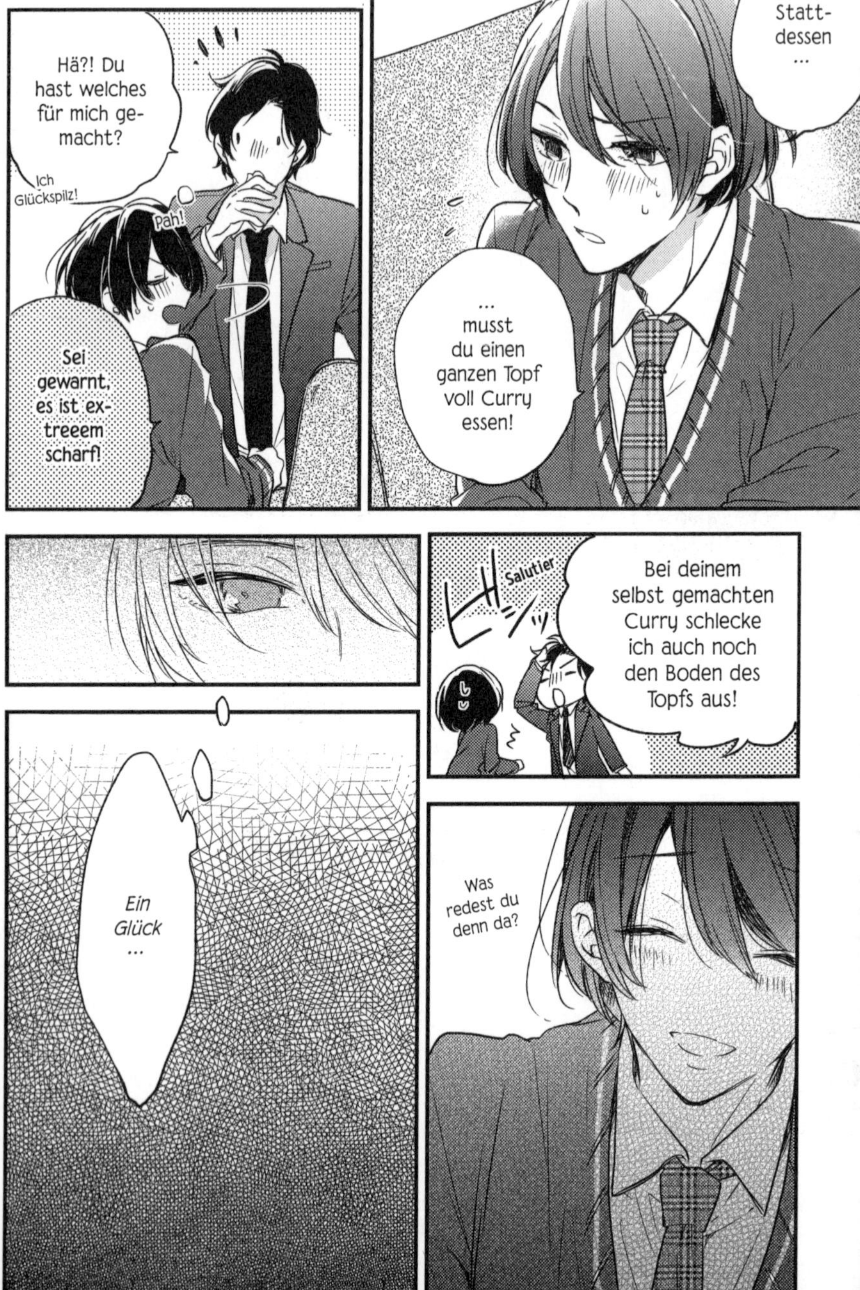
Statt-dessen ...
... musst du einen ganzen Topf voll Curry essen!
Hä?! Du hast welches für mich gemacht?
Ich Glückspilz!
Pah!
Sei gewarnt, es ist extreeem scharf!
Salutier
Bei deinem selbst gemachten Curry schlecke ich auch noch den Boden des Topfs aus!
Was redest du denn da?
Ein Glück ...

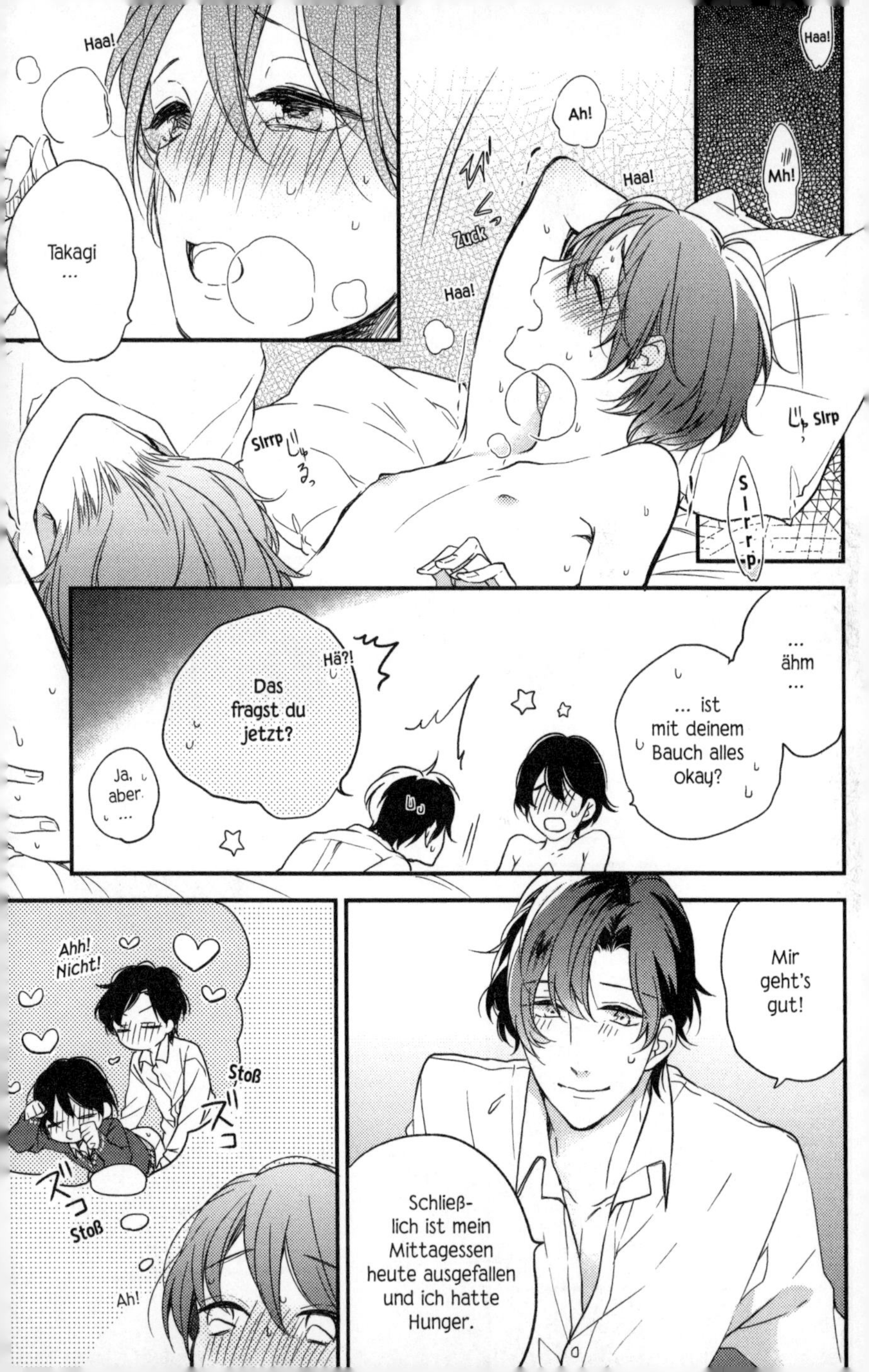
Haa!
Mh!
Ah!
Haa!
Zuck
Haa!
Haa!
Takagi ...
Slrrp
Slrrp
Slrrp
... ähm ...
... ist mit deinem Bauch alles okay?
Hä?!
Das fragst du jetzt?
Ja, aber ...
Mir geht's gut!
Schließlich ist mein Mittagessen heute ausgefallen und ich hatte Hunger.
Ahh! Nicht!
Stoß
Stoß
Ah!

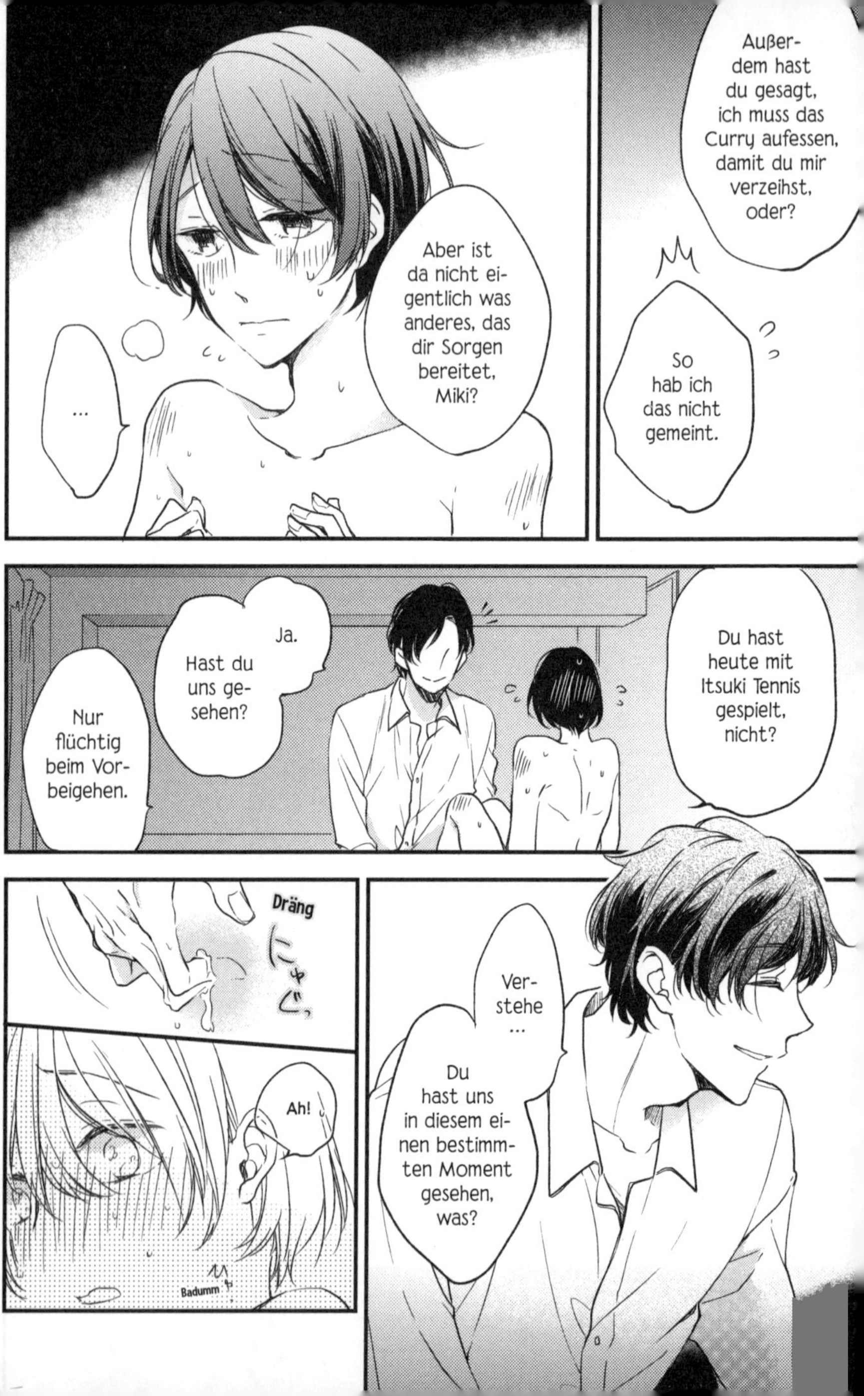

Außer-dem hast du gesagt, ich muss das Curry aufessen, damit du mir verzeihst, oder?
So hab ich das nicht gemeint.
Aber ist da nicht eigentlich was anderes, das dir Sorgen bereitet, Miki?
...
Du hast heute mit Itsuki Tennis gespielt, nicht?
Ja.
Hast du uns gesehen?
Nur flüchtig beim Vorbeigehen.
Verstehe ...
Du hast uns in diesem einen bestimmten Moment gesehen, was?
Dräng
Ah!
Badumm

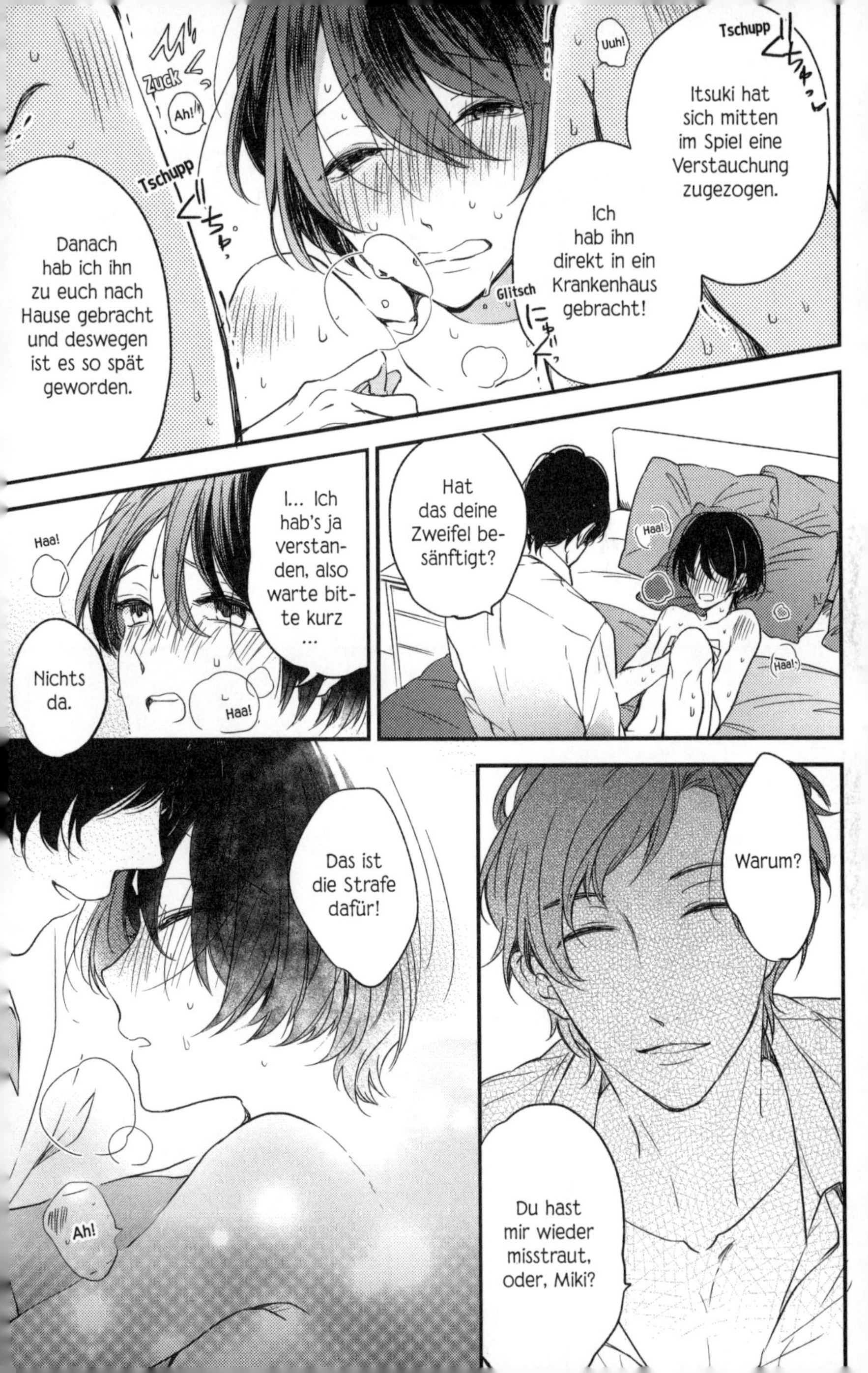
Tschupp
Uuh!
Itsuki hat sich mitten im Spiel eine Verstauchung zugezogen.
Ich hab ihn direkt in ein Krankenhaus gebracht!
Glitsch
Zuck
Ah!
Tschupp
Danach hab ich ihn zu euch nach Hause gebracht und deswegen ist es so spät geworden.
Hat das deine Zweifel besänftigt?
Haa!
Haa!
I... Ich hab's ja verstanden, also warte bitte kurz ...
Haa!
Haa!
Nichts da.
Warum?
Du hast mir wieder misstraut, oder, Miki?
Das ist die Strafe dafür!
Ah!

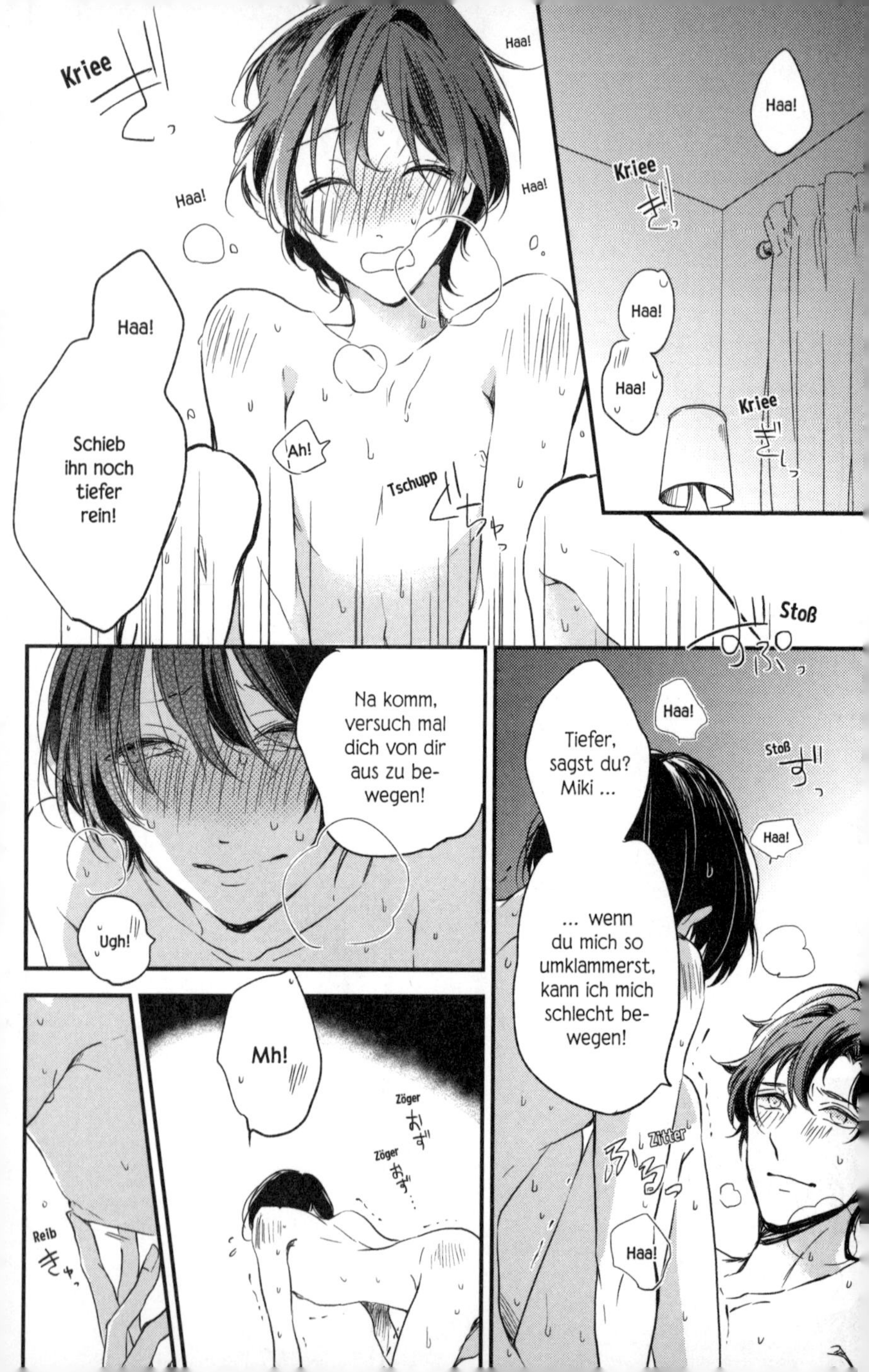
Haa!
Kriee
Haa!
Haa!
Kriee
Haa!
Kriee
Haa!
Haa!
Schieb ihn noch tiefer rein!
Ah!
Tschupp
Stoß
Haa!
Tiefer, sagst du? Miki ...
Stoß
Haa!
... wenn du mich so umklammerst, kann ich mich schlecht bewegen!
Zitter
Haa!
Na komm, versuch mal dich von dir aus zu bewegen!
Ugh!
Mh!
Zöger
Zöger
Reib

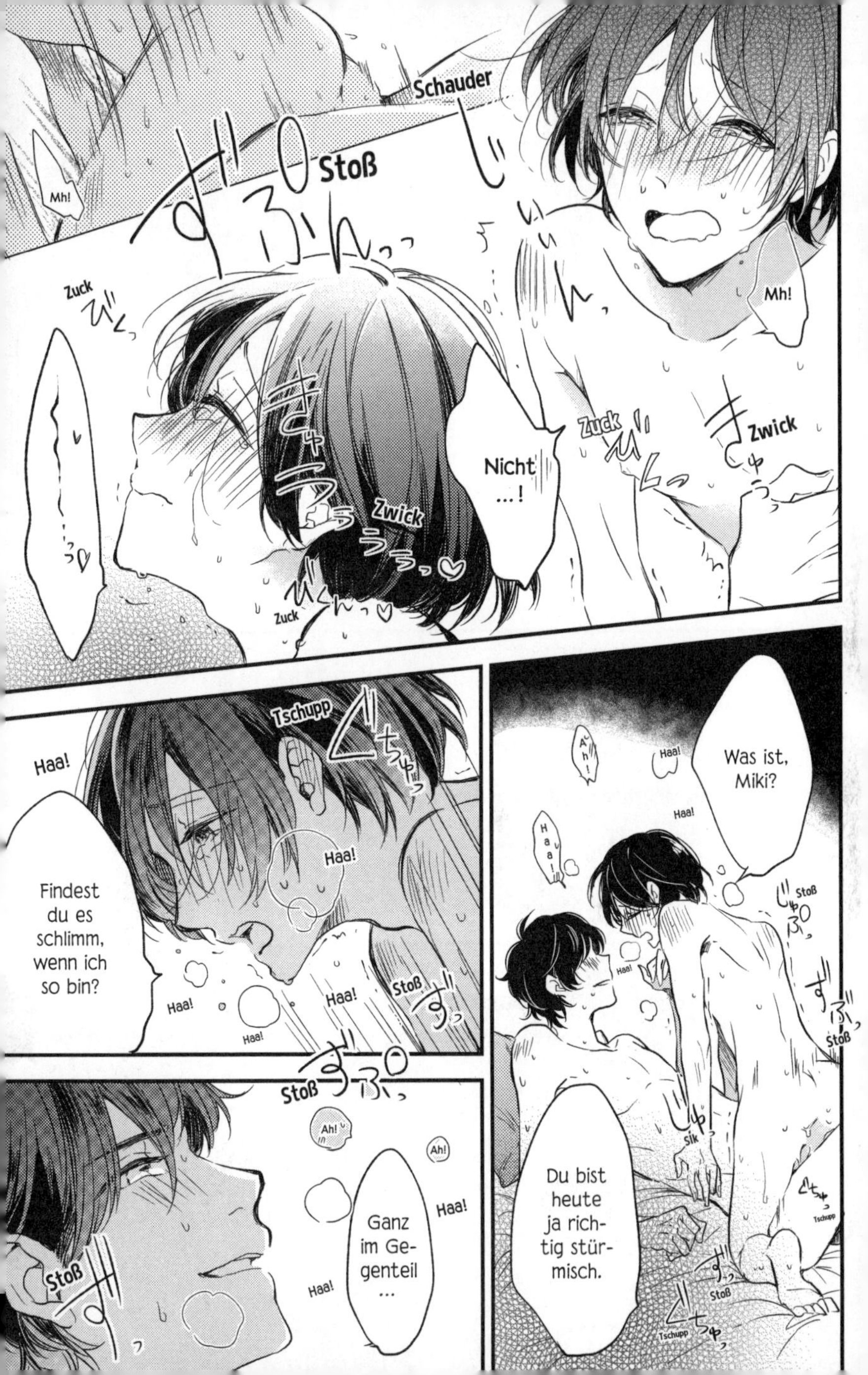
Schauder
Stoß
Mh!
Mh!
Zuck
Zwick
Nicht ...!
Zwick
Zuck
Zuck
Was ist, Miki?
Ah!
Haa!
Haa!
Haa!
Haa!
Stoß
Stoß
Tschupp
Haa!
Haa!
Findest du es schlimm, wenn ich so bin?
Stoß
Haa!
Haa!
Haa!
Du bist heute ja richtig stürmisch.
Sik
Tschupp
Stoß
Tschupp
Stoß
Ah!
Ah!
Haa!
Ganz im Gegenteil ...
Haa!
Stoß

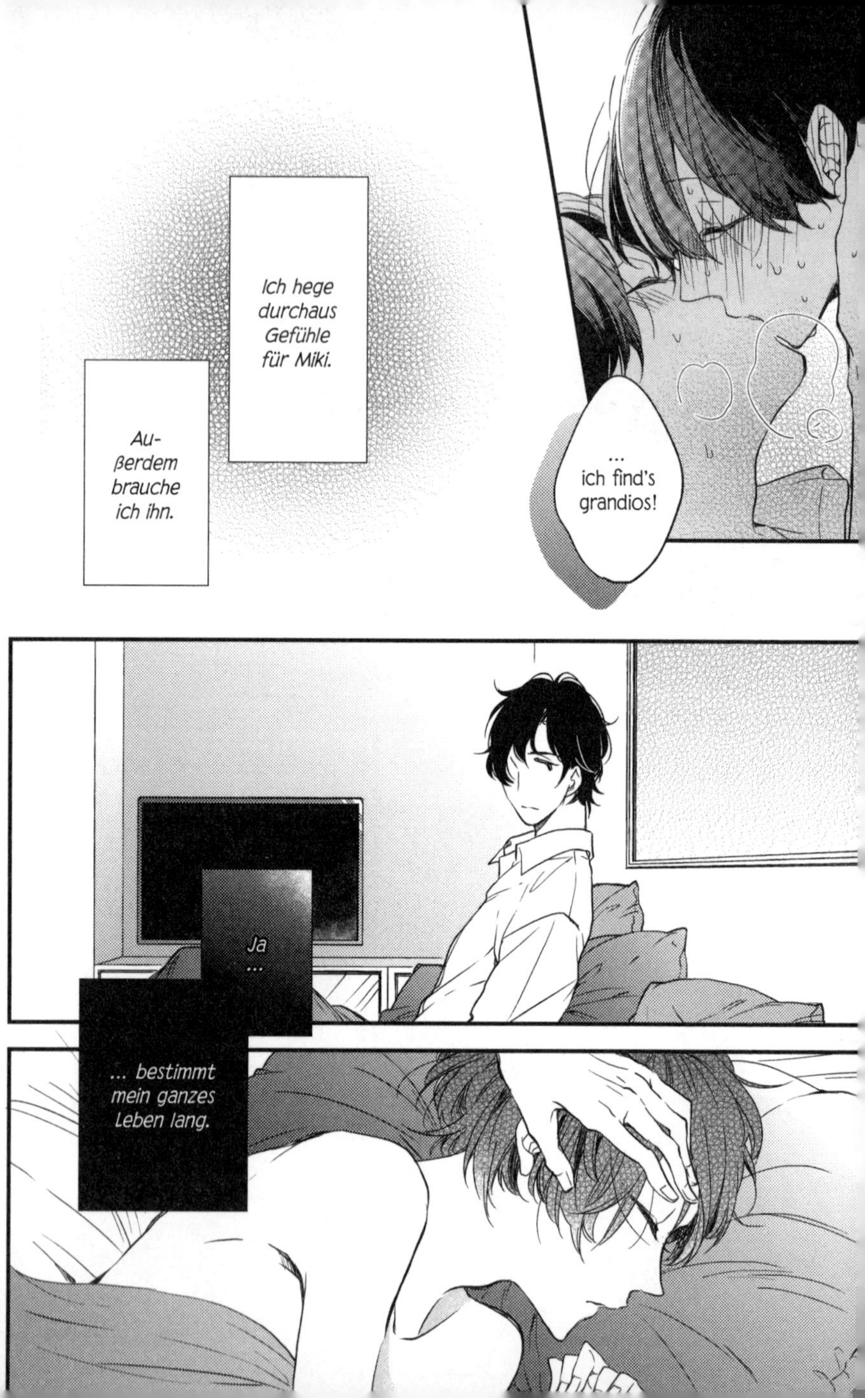
... ich find's grandios!
Ich hege durchaus Gefühle für Miki.
Au-ßerdem brauche ich ihn.
Ja ...
... bestimmt mein ganzes Leben lang.

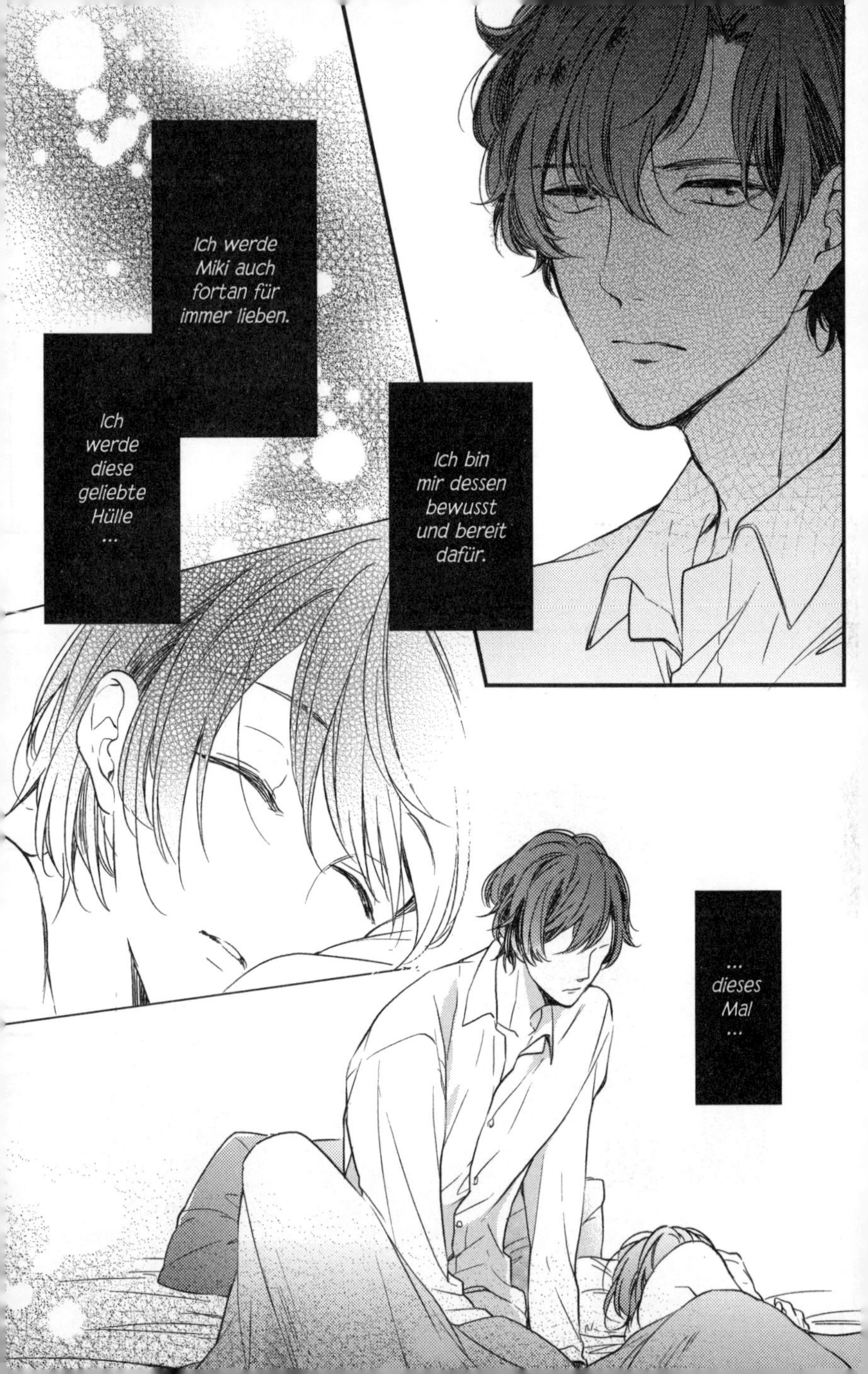
Ich bin mir dessen bewusst und bereit dafür.
Ich werde Miki auch fortan für immer lieben.
Ich werde diese geliebte Hülle ...
... dieses Mal ...

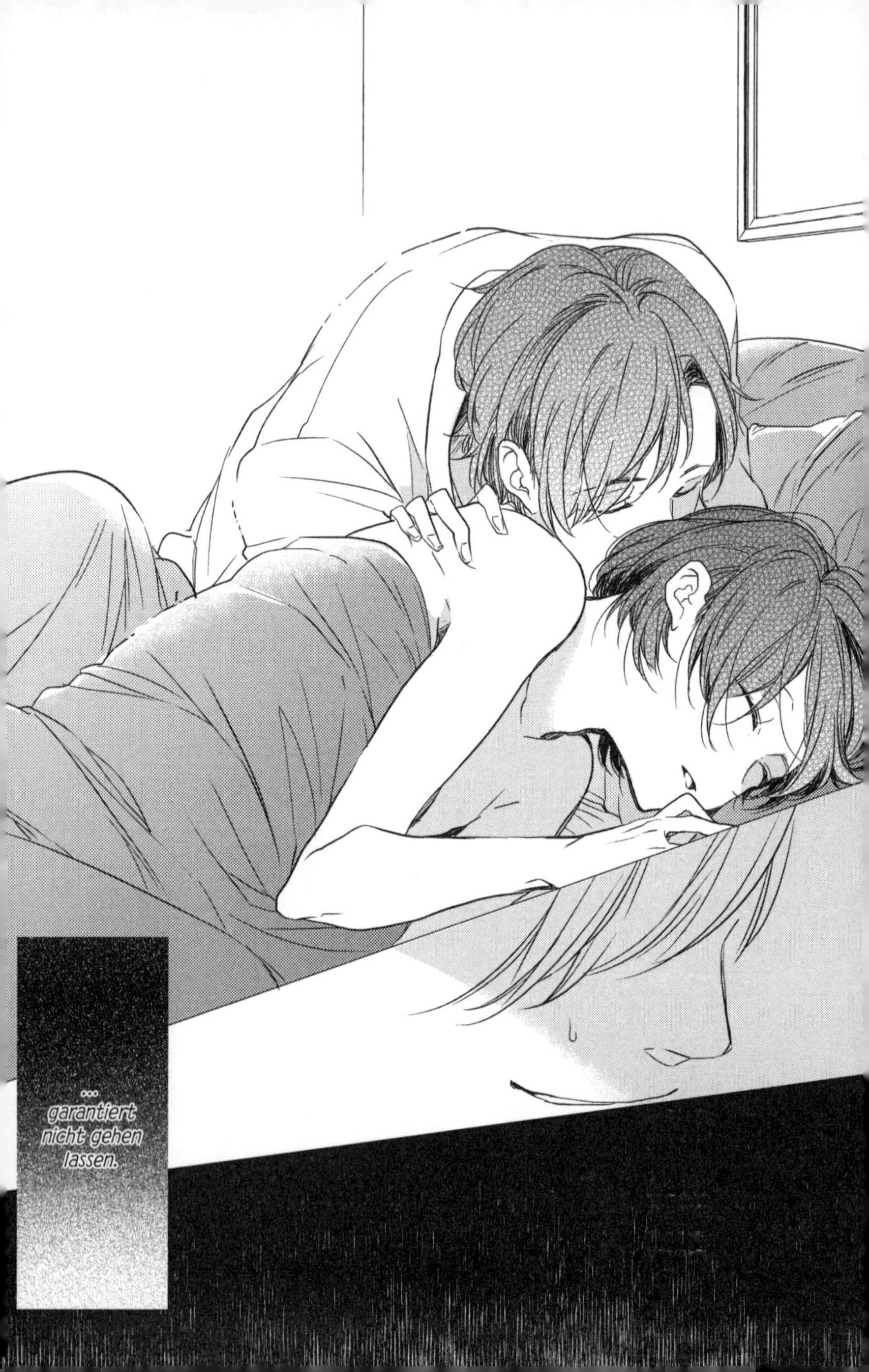
...
garantiert
nicht gehen
lassen.

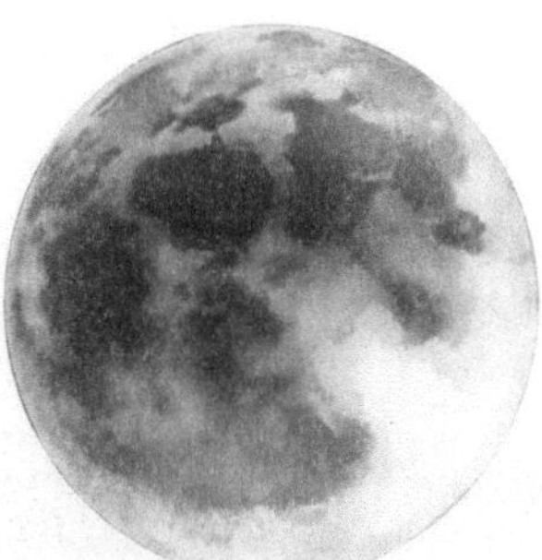

Der stille Mond

Keisuke Shimazaki

Er ist der Sohn einer angesehenen Familie, der ein riesiges Bekleidungsunternehmen gehört, das Exklusivverträge mit Topmarken aus Mailand hat. Sowohl sein Elternhaus wie auch das Firmenhauptquartier befinden sich in der Fukuoka-Präfektur.

Er wurde in die Oberstufe der K aufgenommen und wohnt derzeit bei nahen Verwandten. An der K-Schule ist er genauso wie Miki ein regelmäßiger Gast bei Nachprüfungen. In den Schulregeln steht, dass man eine elegante Frisur haben und einem Jungen entsprechend gekleidet sein soll und dass Uniformpflicht besteht. Da er diese aber nach seinen Wünschen interpretiert, hat er seidiges, fast goldenes langes Haar und mehrere Piercings in beiden Ohren, trägt dafür aber seine Uniform und hält sich somit aus seiner Sicht brav an die Schulregeln.

In seinen Adern fließt zu einem Viertel französisches Blut. Er hatte einen großen Bruder, der aber früh verstorben ist. Im Gegensatz zu Miki ist er schrecklich kontaktfreudig und somit ist sein Freundeskreis, sowohl bei Männern als auch Frauen, unheimlich groß. Er hat immer mehrere Freundinnen gleichzeitig, aber er ist stolz darauf, dass anders als bei Takagi seinetwegen noch nie ein Blutbad ausgebrochen ist. Seine Vorliebe sind ältere Frauen, die einen eigenen Job haben.

Allerdings ist er schon seit geraumer Zeit mit der Tochter eines Geschäftspartners seines Vaters verlobt. Sie ist vier Jahre älter und zurzeit Studentin an der Todai-Universität. Er hat beschlossen, das Firmenmanagement in Zukunft ganz seiner Frau zu überlassen.

Die Schule weiß nichts davon, aber von Zeit zu Zeit modelt er, ausschließlich für die Marken des Familienunternehmens. Vor Miki müsste er es eigentlich nicht verheimlichen, aber da er denkt, dass Miki sich eh nicht dafür interessiert, findet er es dämlich, darüber zu reden.

Da er der Sohn einer angesehenen Familie aus der Bekleidungsindustrie ist, ist er sehr wählerisch, was er anzieht. Was Mikis Alltagsklamotten angeht, so war seine ziemlich geschockte Reaktion: »Hääá?! So was gibt's?!« Aber dann freute er sich innerlich doch auf die nächste Modesünde.

Er liebt es, mit Miki zu spielen, aber er ist der Einzige, der das darf. Er hasst Itsuki Kagaya. »Vor Miki gibt Itsuki sich immer ganz unschuldig und hält sich wohl für perfekt, aber ich hab ihn absolut durchschaut! Dieser niederträchtige Arsch hat einen Bruderkomplex! Es pisst mich so an, dass er mit Miki verwandt ist. Und nur damit das klar ist: Ich bin nicht eifersüchtig! Und ich hasse ihn auch nicht, weil wir uns ähnlich sind! Takagi ist mir hingegen egal. In kürzester Zeit werden sie sich eh trennen und entfremden!«

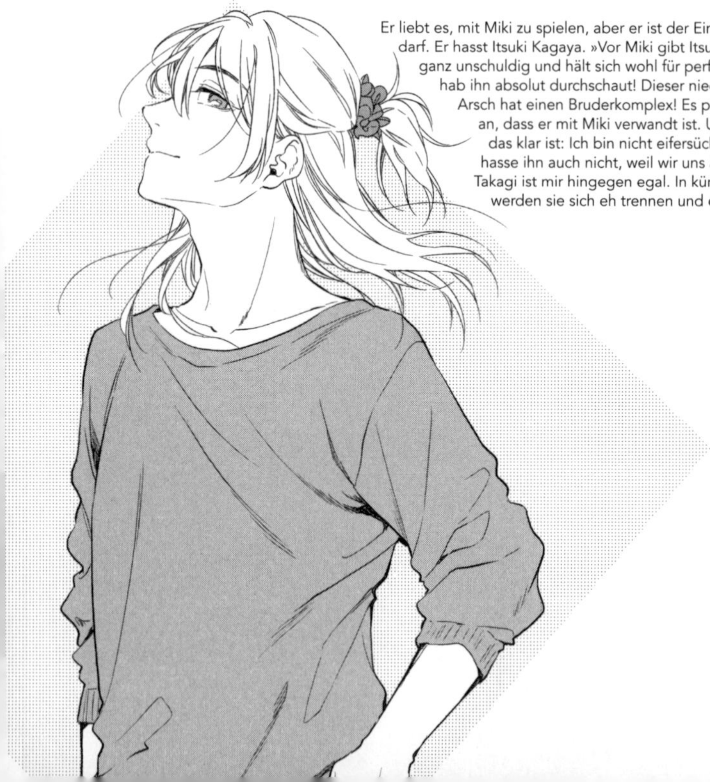

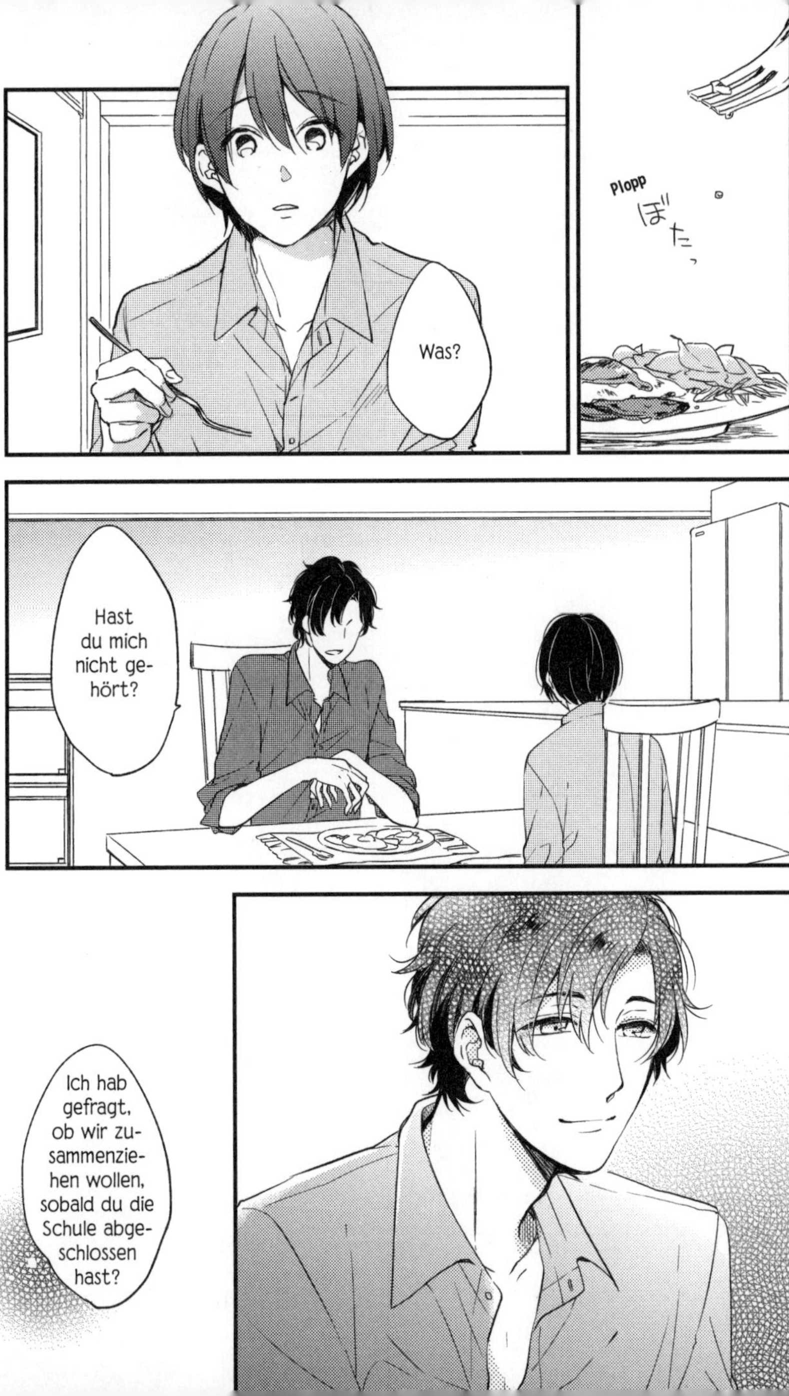
Plopp
ぼたっ
Was?
Hast du mich nicht gehört?
Ich hab gefragt, ob wir zusammenziehen wollen, sobald du die Schule abgeschlossen hast?

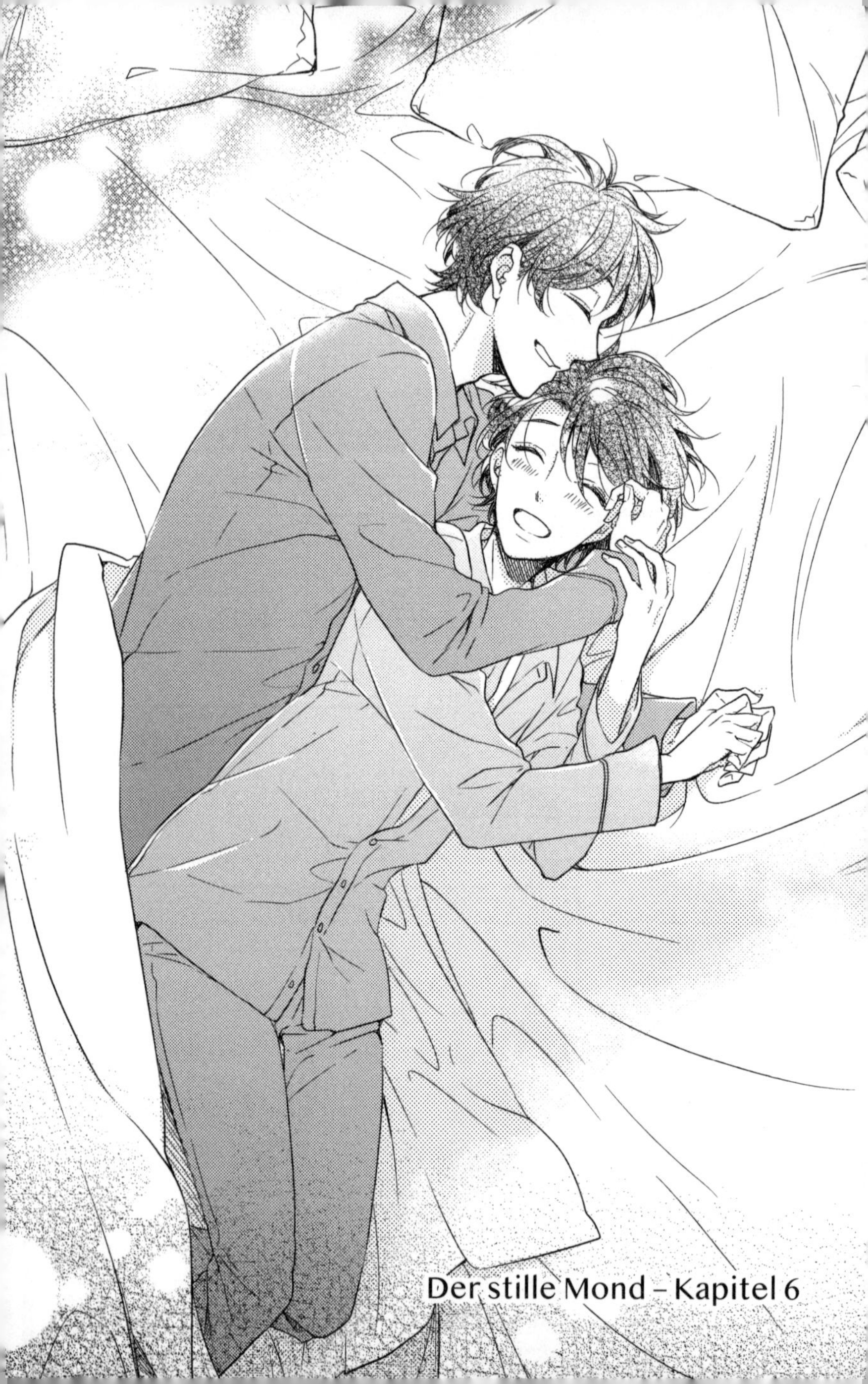

Der stille Mond – Kapitel 6

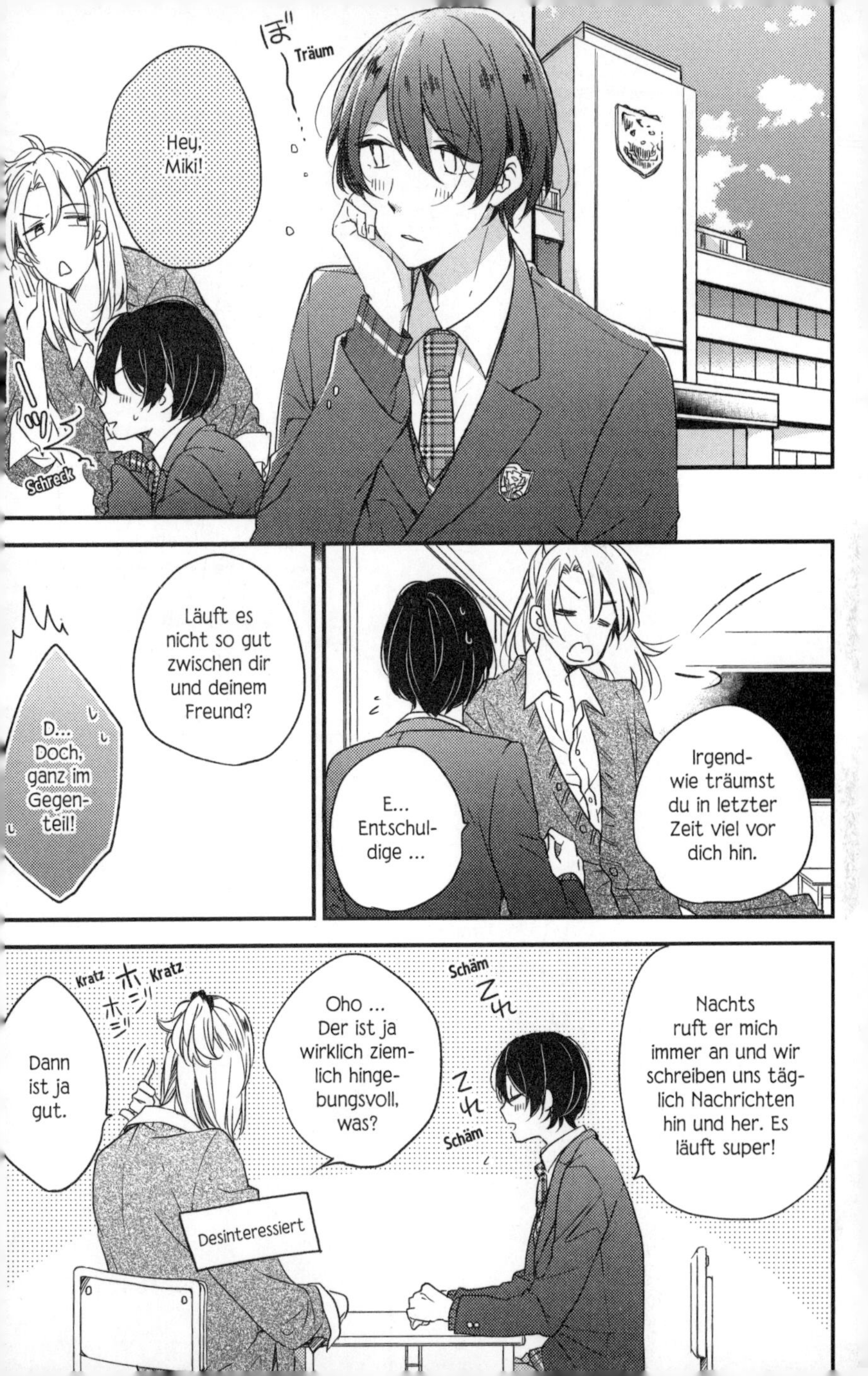

Träum
Hey, Miki!
Schreck
Irgendwie träumst du in letzter Zeit viel vor dich hin.
E... Entschuldige ...
Läuft es nicht so gut zwischen dir und deinem Freund?
D... Doch, ganz im Gegenteil!
Nachts ruft er mich immer an und wir schreiben uns täglich Nachrichten hin und her. Es läuft super!
Schäm
Schäm
Oho ... Der ist ja wirklich ziemlich hingebungsvoll, was?
Kratz
Kratz
Dann ist ja gut.
Desinteressiert

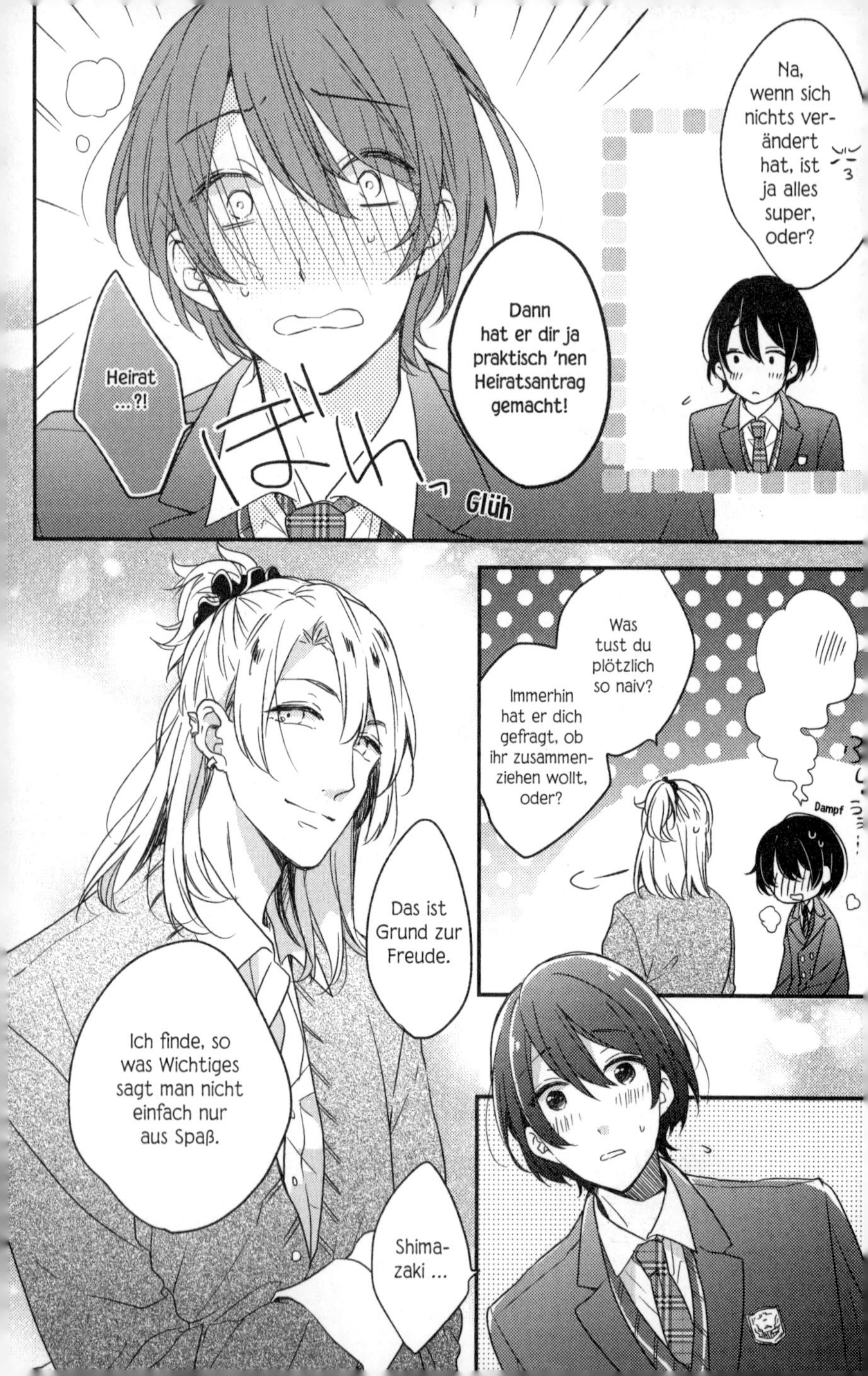
Na, wenn sich nichts verändert hat, ist ja alles super, oder?
Dann hat er dir ja praktisch 'nen Heiratsantrag gemacht!
Heirat ...?!
Glüh
Was tust du plötzlich so naiv?
Immerhin hat er dich gefragt, ob ihr zusammenziehen wollt, oder?
Dampf
Das ist Grund zur Freude.
Ich finde, so was Wichtiges sagt man nicht einfach nur aus Spaß.
Shimazaki ...

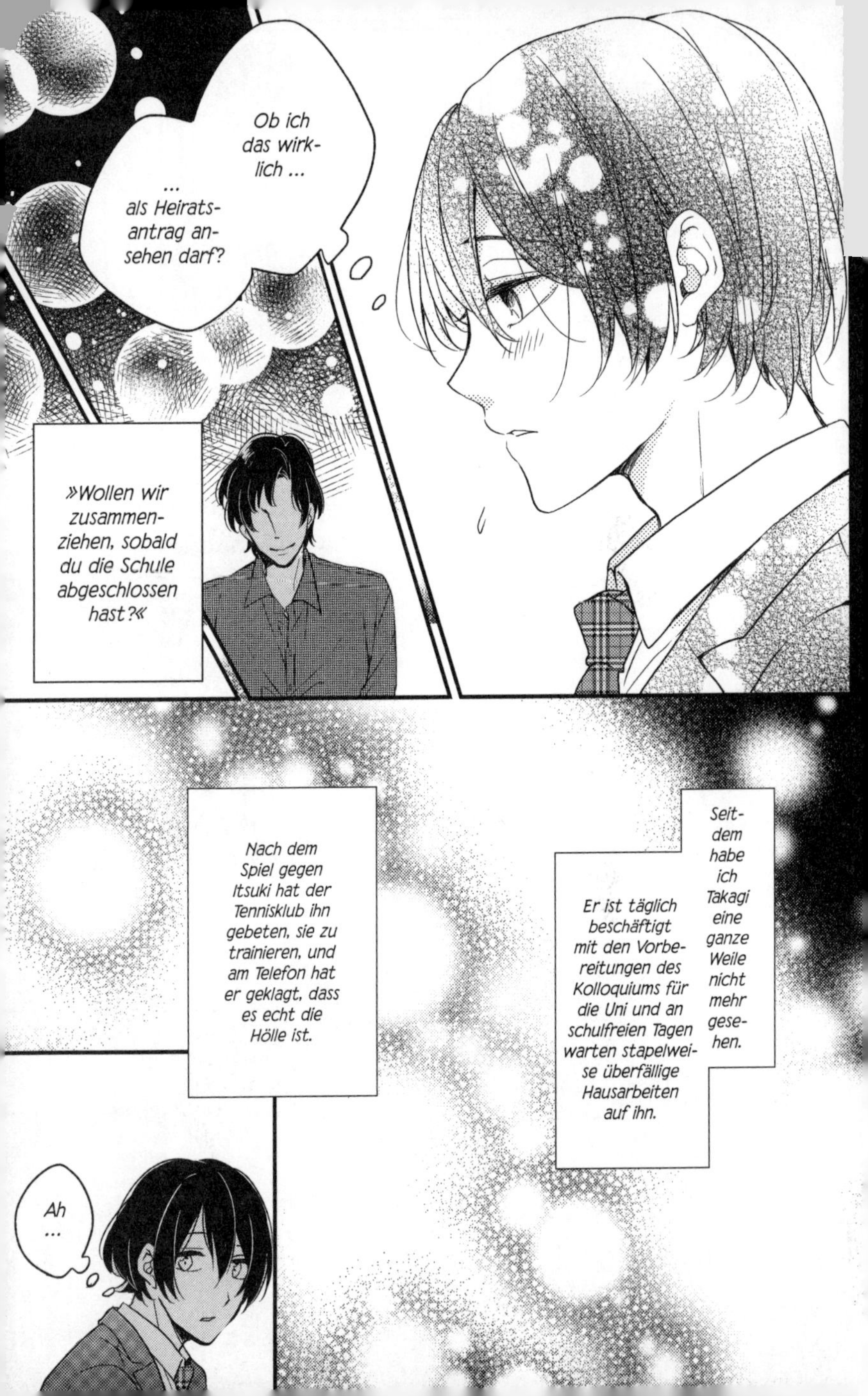
Ob ich das wirklich ... ... als Heiratsantrag ansehen darf?
»Wollen wir zusammenziehen, sobald du die Schule abgeschlossen hast?«
Seitdem habe ich Takagi eine ganze Weile nicht mehr gesehen.
Er ist täglich beschäftigt mit den Vorbereitungen des Kolloquiums für die Uni und an schulfreien Tagen warten stapelweise überfällige Hausarbeiten auf ihn.
Nach dem Spiel gegen Itsuki hat der Tennisklub ihn gebeten, sie zu trainieren, und am Telefon hat er geklagt, dass es echt die Hölle ist.
Ah ...

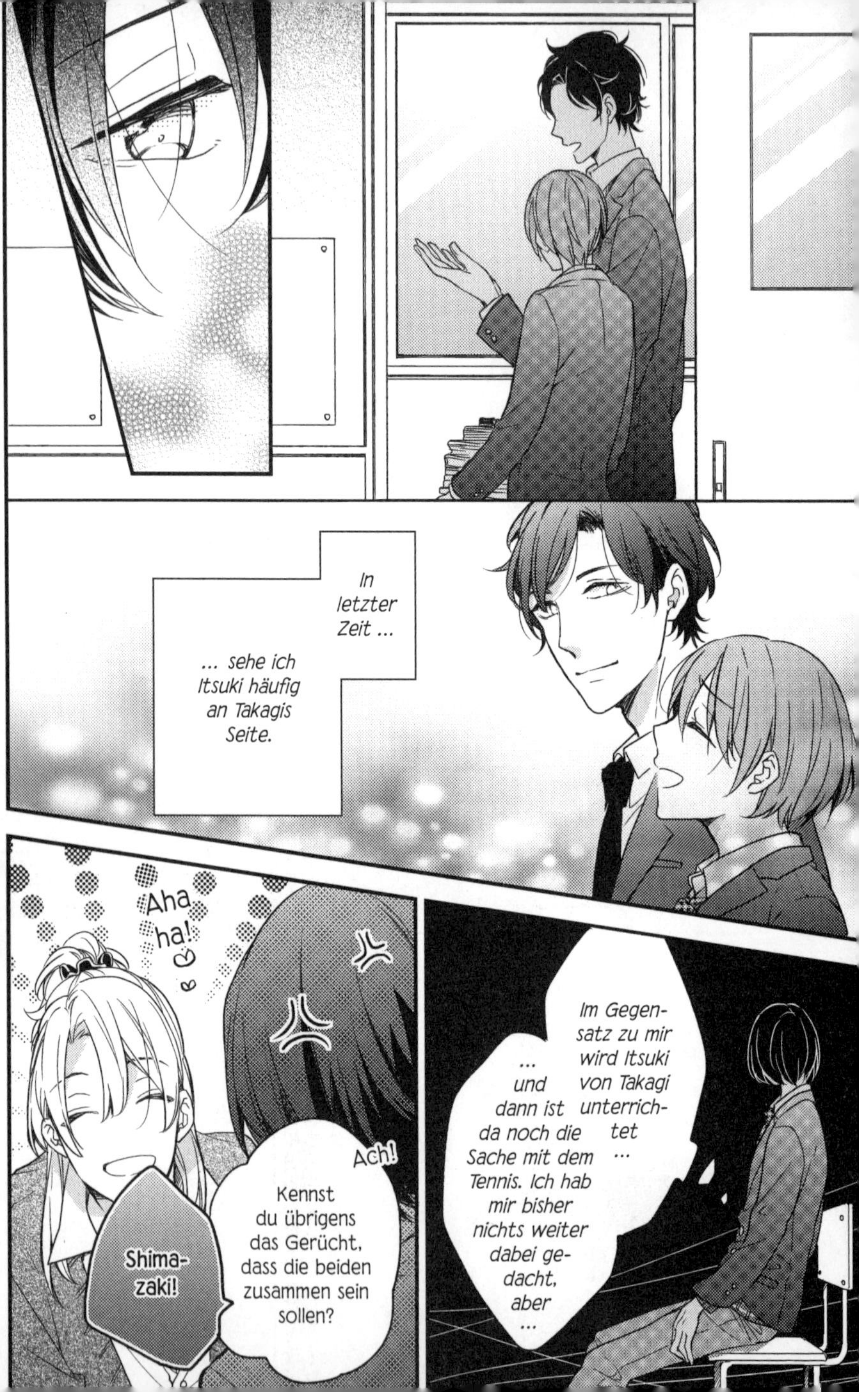
In letzter Zeit ...
... sehe ich Itsuki häufig an Takagis Seite.
Im Gegen-satz zu mir wird Itsuki von Takagi unterrich-tet ...
... und dann ist da noch die Sache mit dem Tennis. Ich hab mir bisher nichts weiter dabei ge-dacht, aber ...
Ach!
Kennst du übrigens das Gerücht, dass die beiden zusammen sein sollen?
Shima-zaki!
Aha ha!

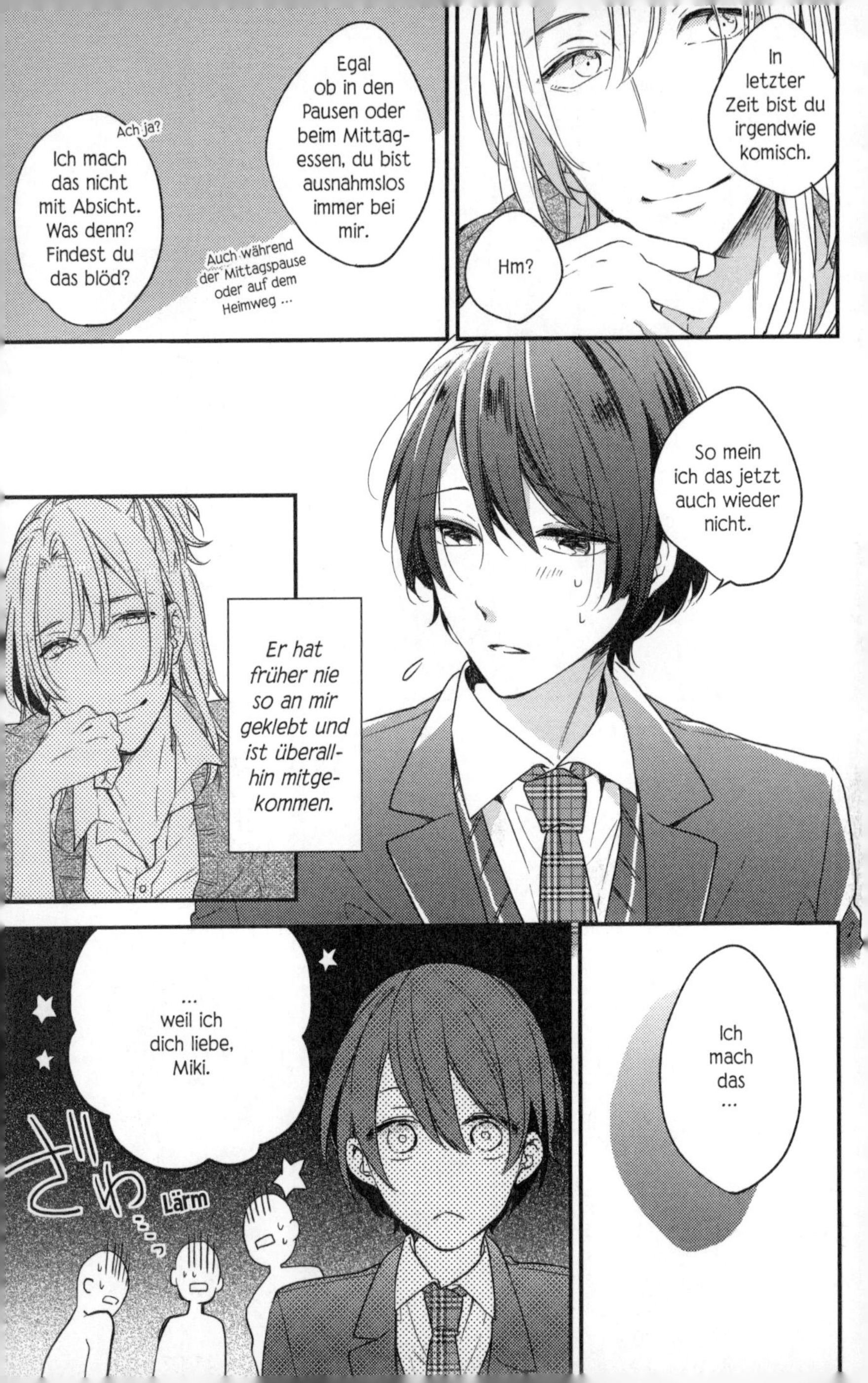
In letzter Zeit bist du irgendwie komisch.
Hm?
Egal ob in den Pausen oder beim Mittagessen, du bist ausnahmslos immer bei mir.
Auch während der Mittagspause oder auf dem Heimweg ...
Ach ja?
Ich mach das nicht mit Absicht. Was denn? Findest du das blöd?
So mein ich das jetzt auch wieder nicht.
Er hat früher nie so an mir geklebt und ist überallhin mitgekommen.
Ich mach das ...
... weil ich dich liebe, Miki.
Lärm

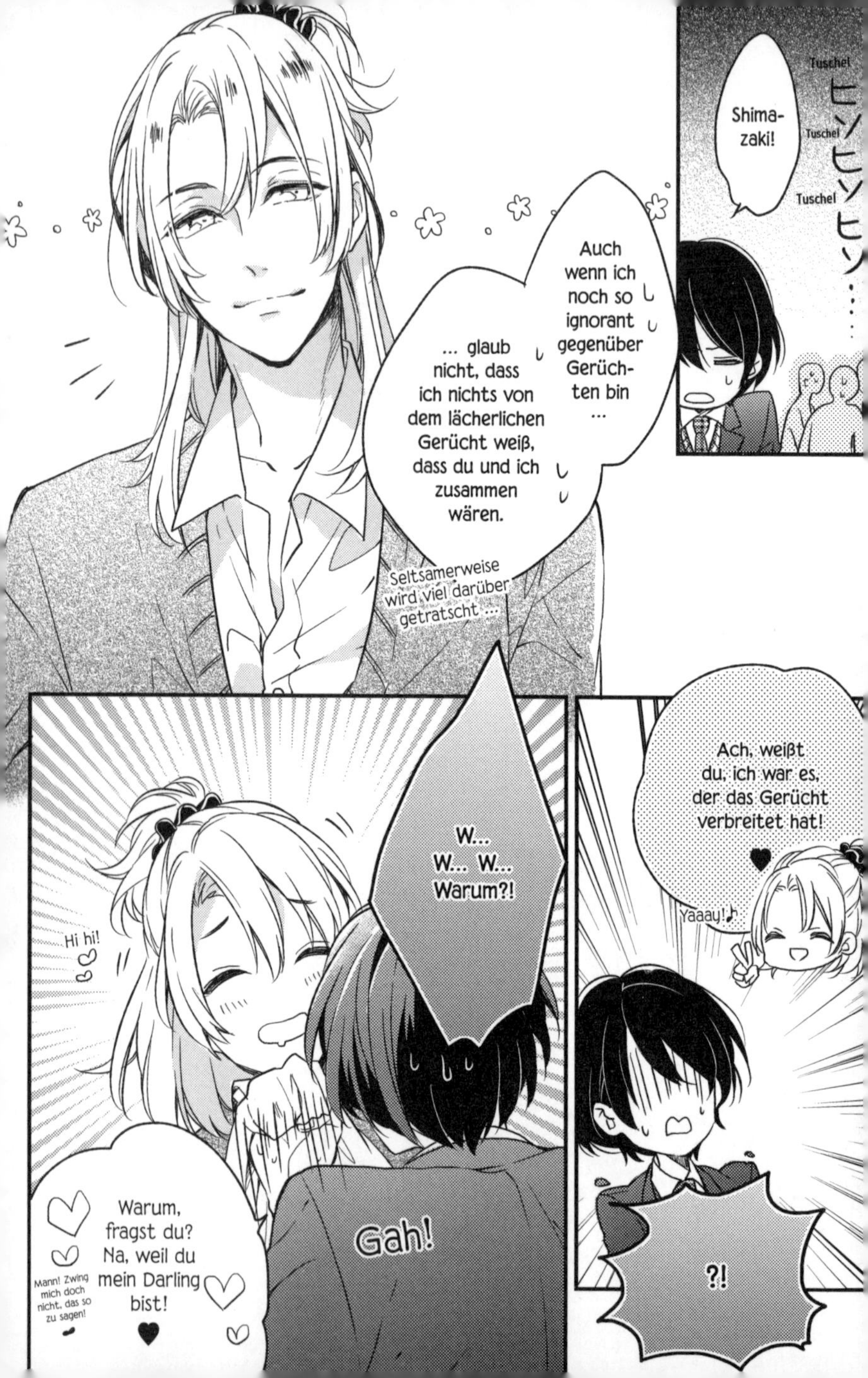
Shima-zaki!
Tuschel
Tuschel
Tuschel
ヒソヒソヒソ……
Auch wenn ich noch so ignorant gegenüber Gerüchten bin …
… glaub nicht, dass ich nichts von dem lächerlichen Gerücht weiß, dass du und ich zusammen wären.
Seltsamerweise wird viel darüber getratscht …
Ach, weißt du, ich war es, der das Gerücht verbreitet hat!
Yaaay!♪
?!
W… W… W… Warum?!
Hi hi!
Gah!
Warum, fragst du? Na, weil du mein Darling bist!
Mann! Zwing mich doch nicht, das so zu sagen!

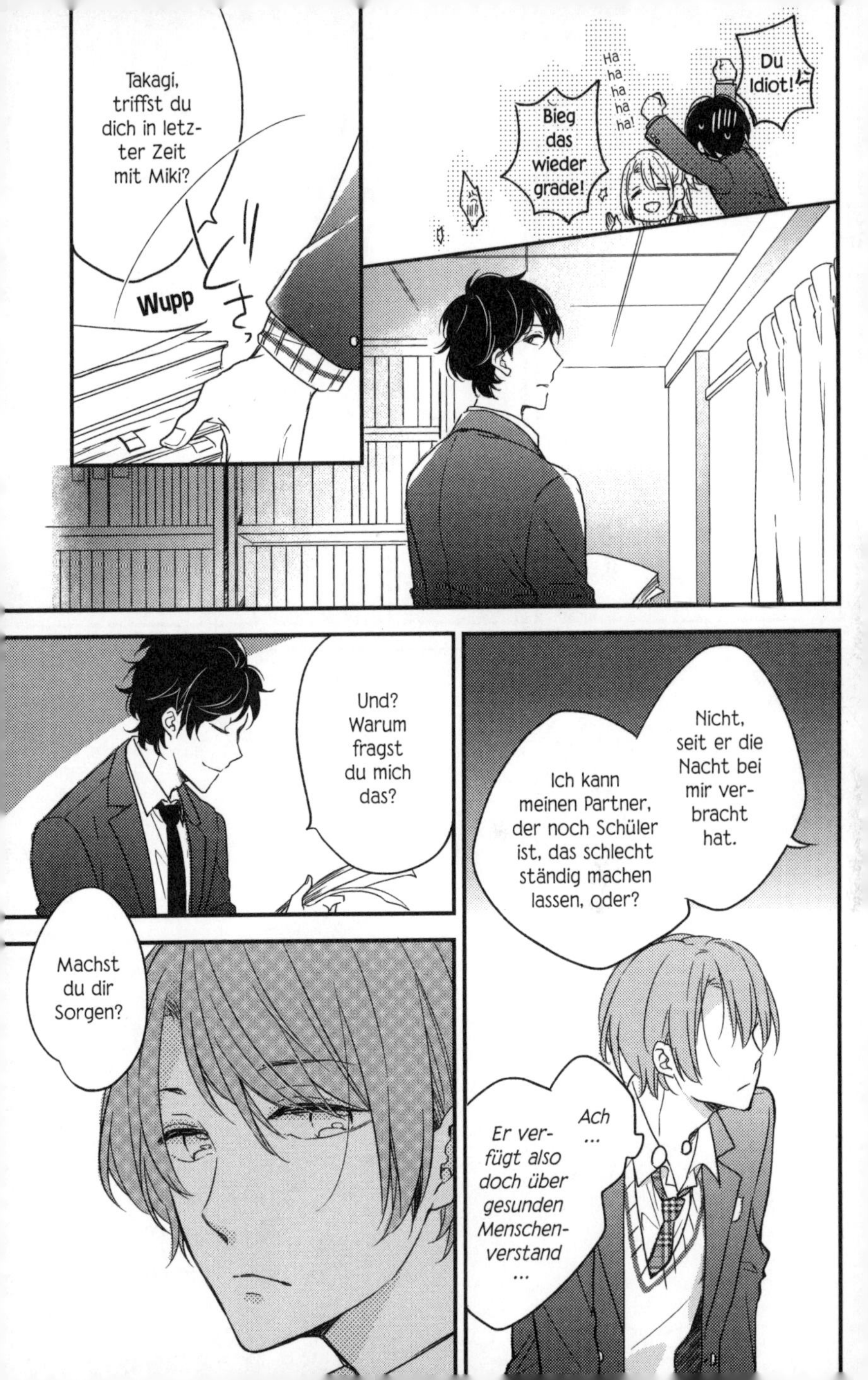
Du Idiot!
Ha ha ha ha ha!
Bieg das wieder grade!
Takagi, triffst du dich in letzter Zeit mit Miki?
Wupp
Nicht, seit er die Nacht bei mir verbracht hat.
Ich kann meinen Partner, der noch Schüler ist, das schlecht ständig machen lassen, oder?
Ach ...
Er verfügt also doch über gesunden Menschenverstand ...
Und? Warum fragst du mich das?
Machst du dir Sorgen?

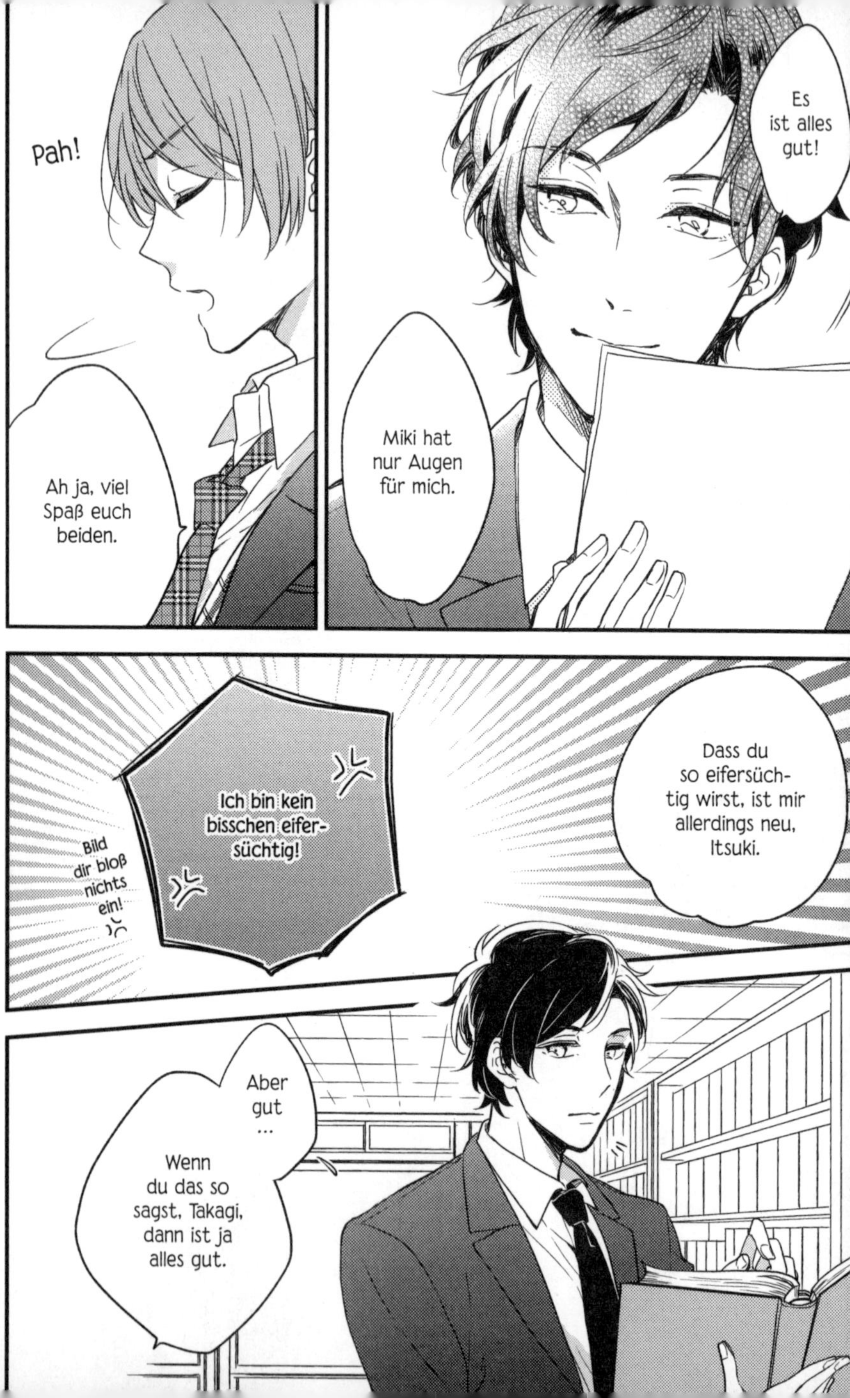
Es ist alles gut!
Miki hat nur Augen für mich.
Pah!
Ah ja, viel Spaß euch beiden.
Dass du so eifersüchtig wirst, ist mir allerdings neu, Itsuki.
Ich bin kein bisschen eifersüchtig!
Bild dir bloß nichts ein!
Aber gut …
Wenn du das so sagst, Takagi, dann ist ja alles gut.

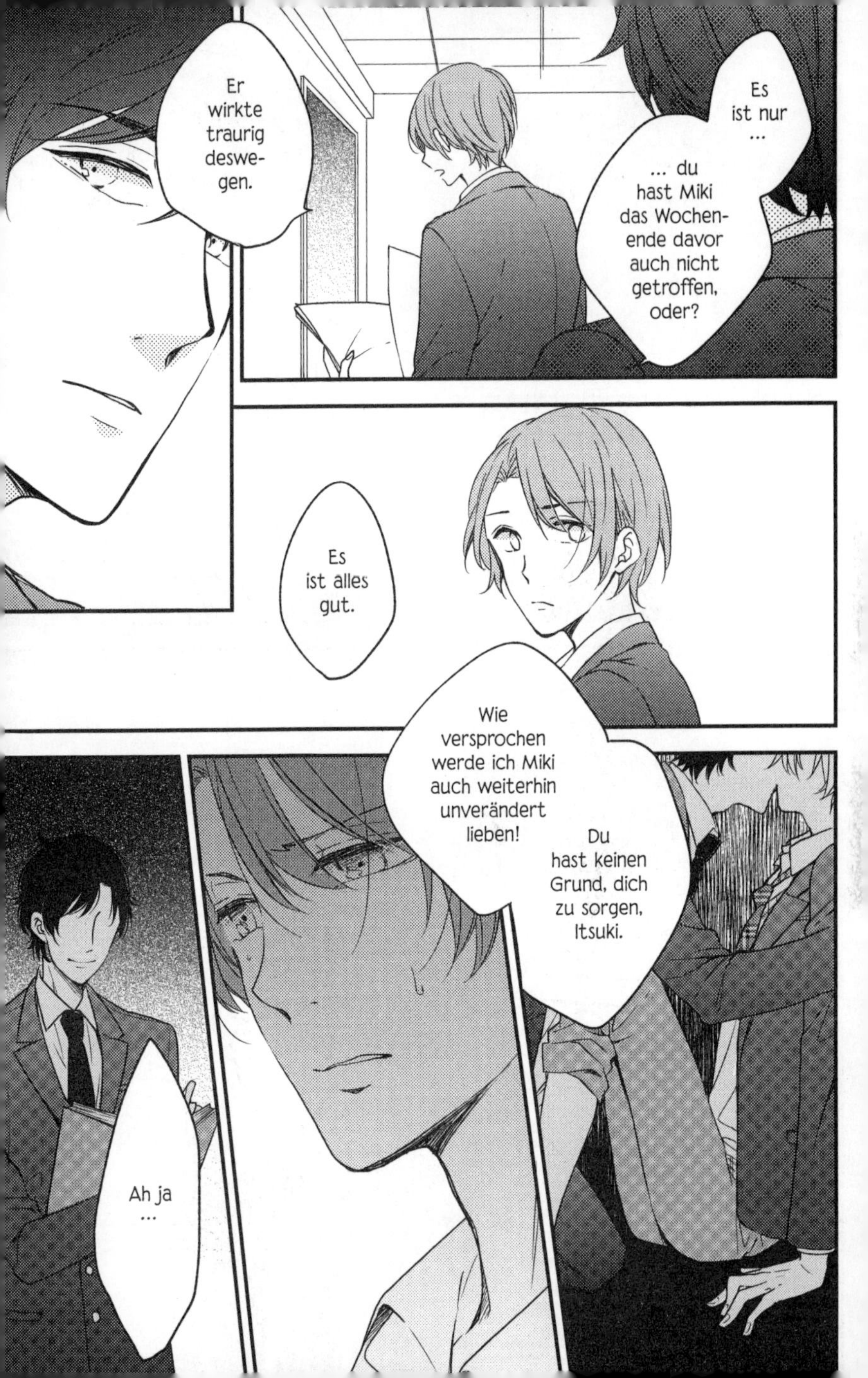
Es ist nur …
… du hast Miki das Wochenende davor auch nicht getroffen, oder?
Er wirkte traurig deswegen.
Es ist alles gut.
Wie versprochen werde ich Miki auch weiterhin unverändert lieben!
Du hast keinen Grund, dich zu sorgen, Itsuki.
Ah ja …

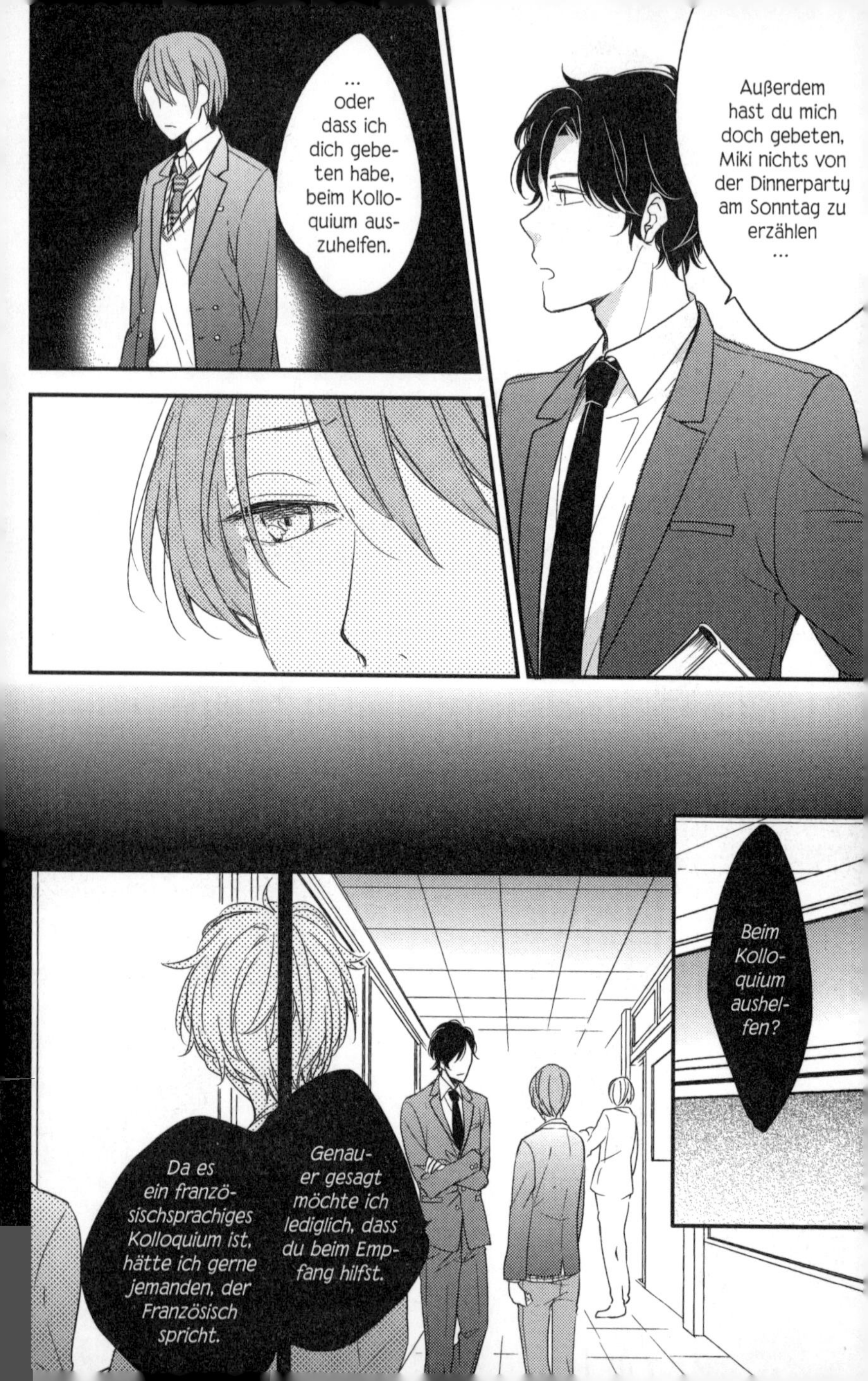
Außerdem hast du mich doch gebeten, Miki nichts von der Dinnerparty am Sonntag zu erzählen ...
... oder dass ich dich gebeten habe, beim Kolloquium auszuhelfen.
Beim Kolloquium aushelfen?
Genauer gesagt möchte ich lediglich, dass du beim Empfang hilfst.
Da es ein französischsprachiges Kolloquium ist, hätte ich gerne jemanden, der Französisch spricht.

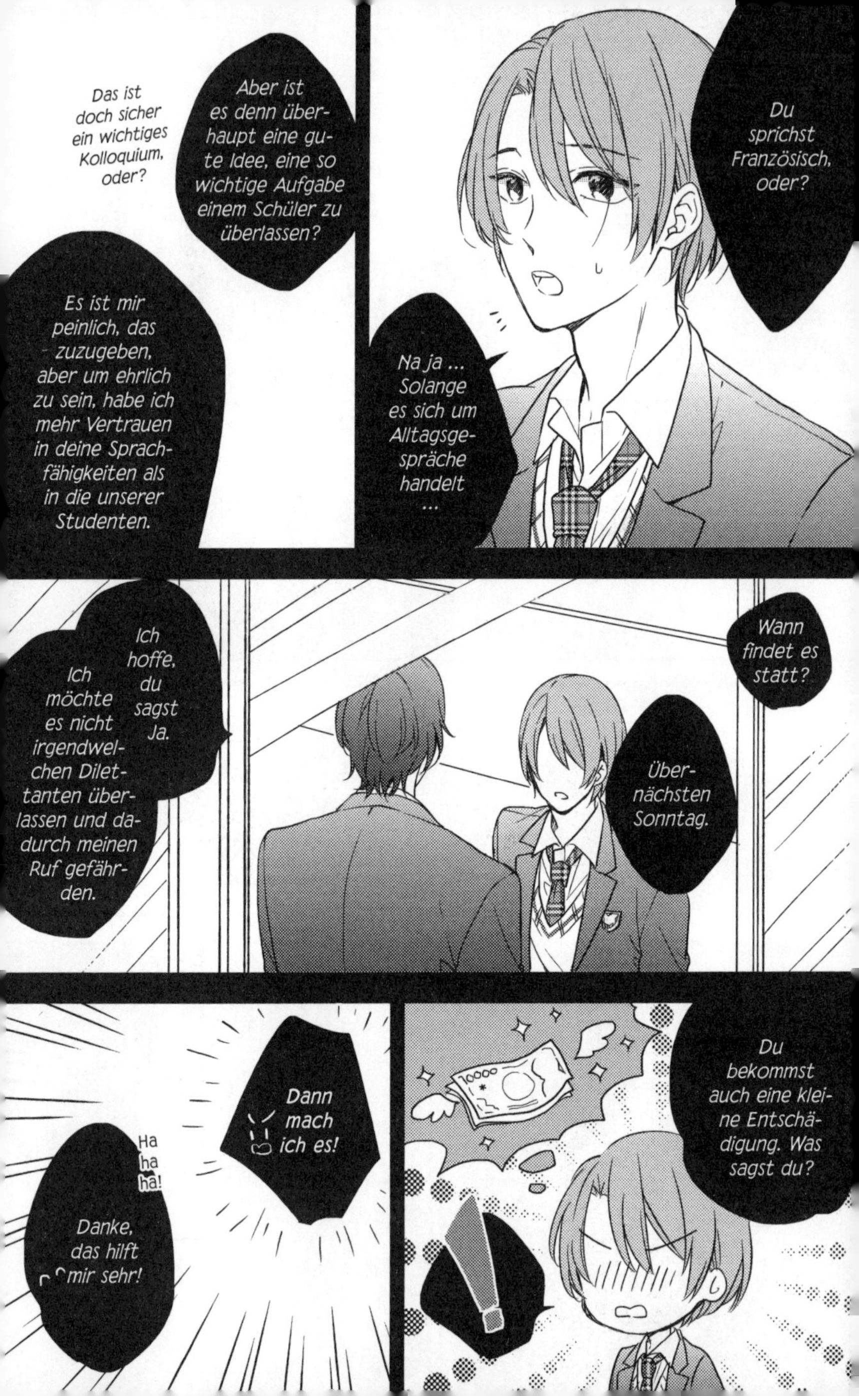
Du sprichst Französisch, oder?
Na ja ... Solange es sich um Alltagsgespräche handelt ...
Aber ist es denn überhaupt eine gute Idee, eine so wichtige Aufgabe einem Schüler zu überlassen?
Das ist doch sicher ein wichtiges Kolloquium, oder?
Es ist mir peinlich, das zuzugeben, aber um ehrlich zu sein, habe ich mehr Vertrauen in deine Sprachfähigkeiten als in die unserer Studenten.
Wann findet es statt?
Übernächsten Sonntag.
Ich möchte es nicht irgendwelchen Dilettanten überlassen und dadurch meinen Ruf gefährden.
Ich hoffe, du sagst Ja.
Du bekommst auch eine kleine Entschädigung. Was sagst du?
10000
Dann mach ich es!
Ha ha ha!
Danke, das hilft mir sehr!

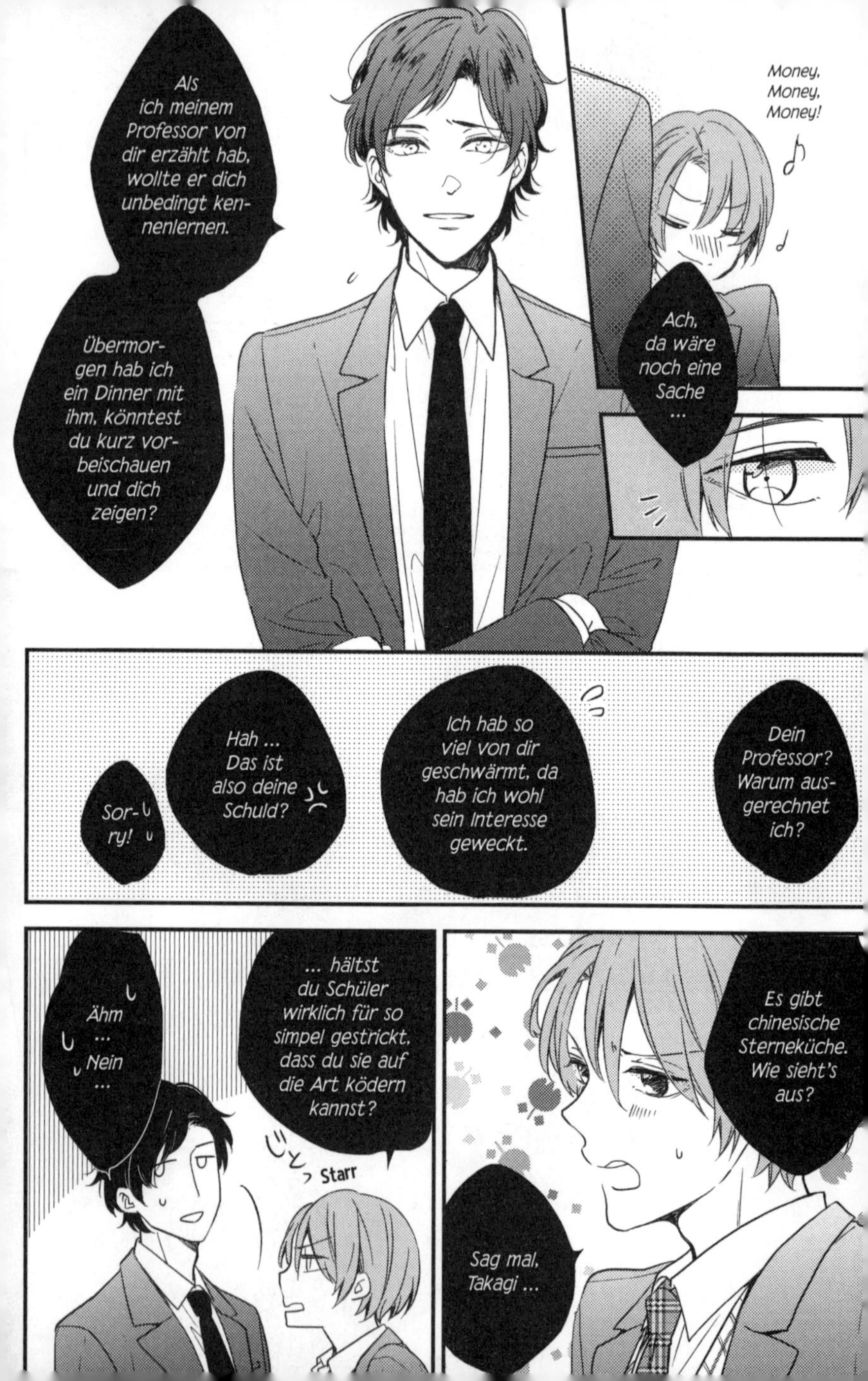
Money, Money, Money!
Ach, da wäre noch eine Sache ...
Als ich meinem Professor von dir erzählt hab, wollte er dich unbedingt kennenlernen.
Übermorgen hab ich ein Dinner mit ihm, könntest du kurz vorbeischauen und dich zeigen?
Dein Professor? Warum ausgerechnet ich?
Ich hab so viel von dir geschwärmt, da hab ich wohl sein Interesse geweckt.
Hah ... Das ist also deine Schuld?
Sorry!
Es gibt chinesische Sterneküche. Wie sieht's aus?
Sag mal, Takagi ...
... hältst du Schüler wirklich für so simpel gestrickt, dass du sie auf die Art ködern kannst?
Ähm ... Nein ...
Starr

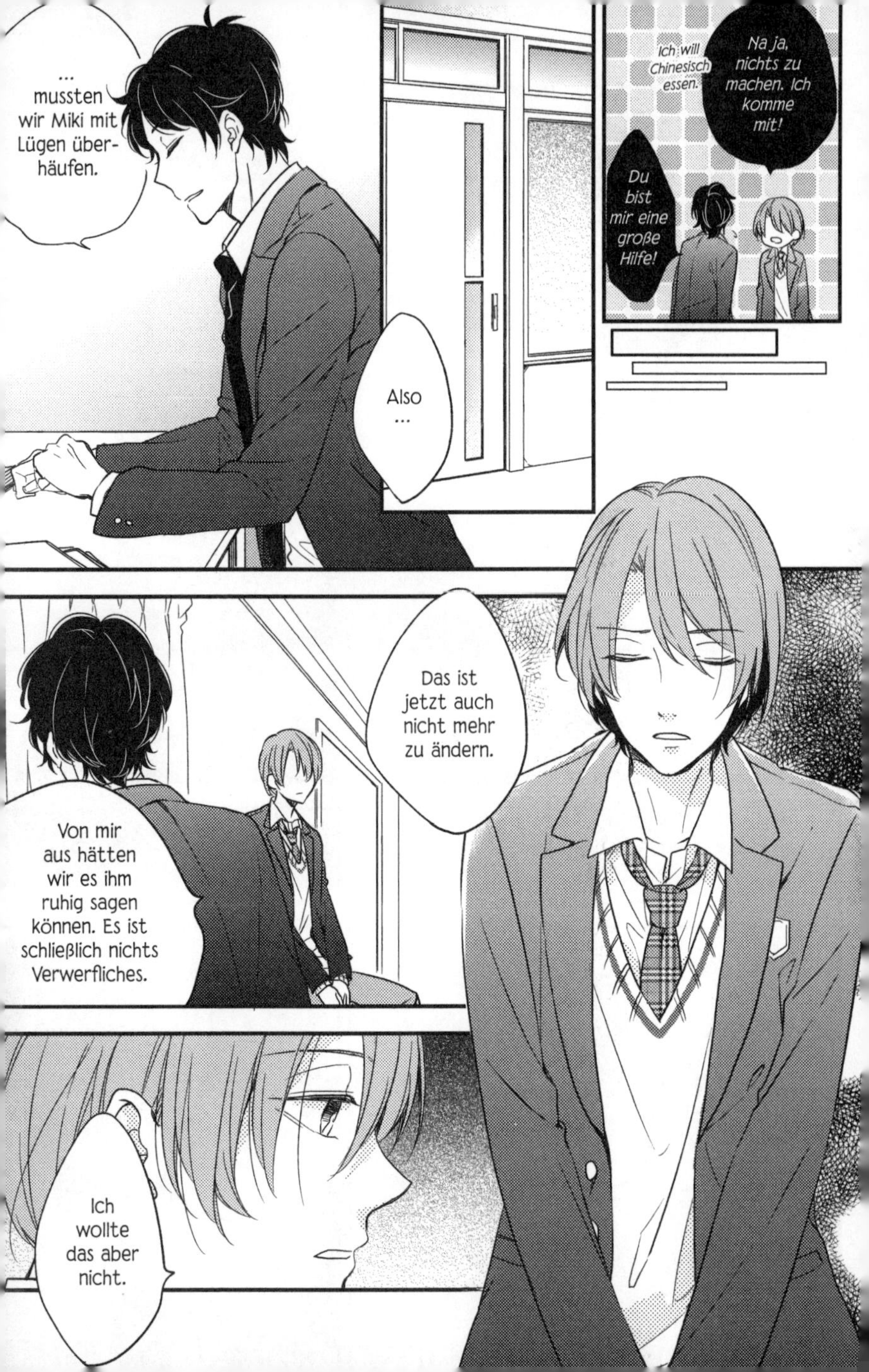
Na ja, nichts zu machen. Ich komme mit!
Ich will Chinesisch essen.
Du bist mir eine große Hilfe!
Also ...
... mussten wir Miki mit Lügen überhäufen.
Das ist jetzt auch nicht mehr zu ändern.
Von mir aus hätten wir es ihm ruhig sagen können. Es ist schließlich nichts Verwerfliches.
Ich wollte das aber nicht.

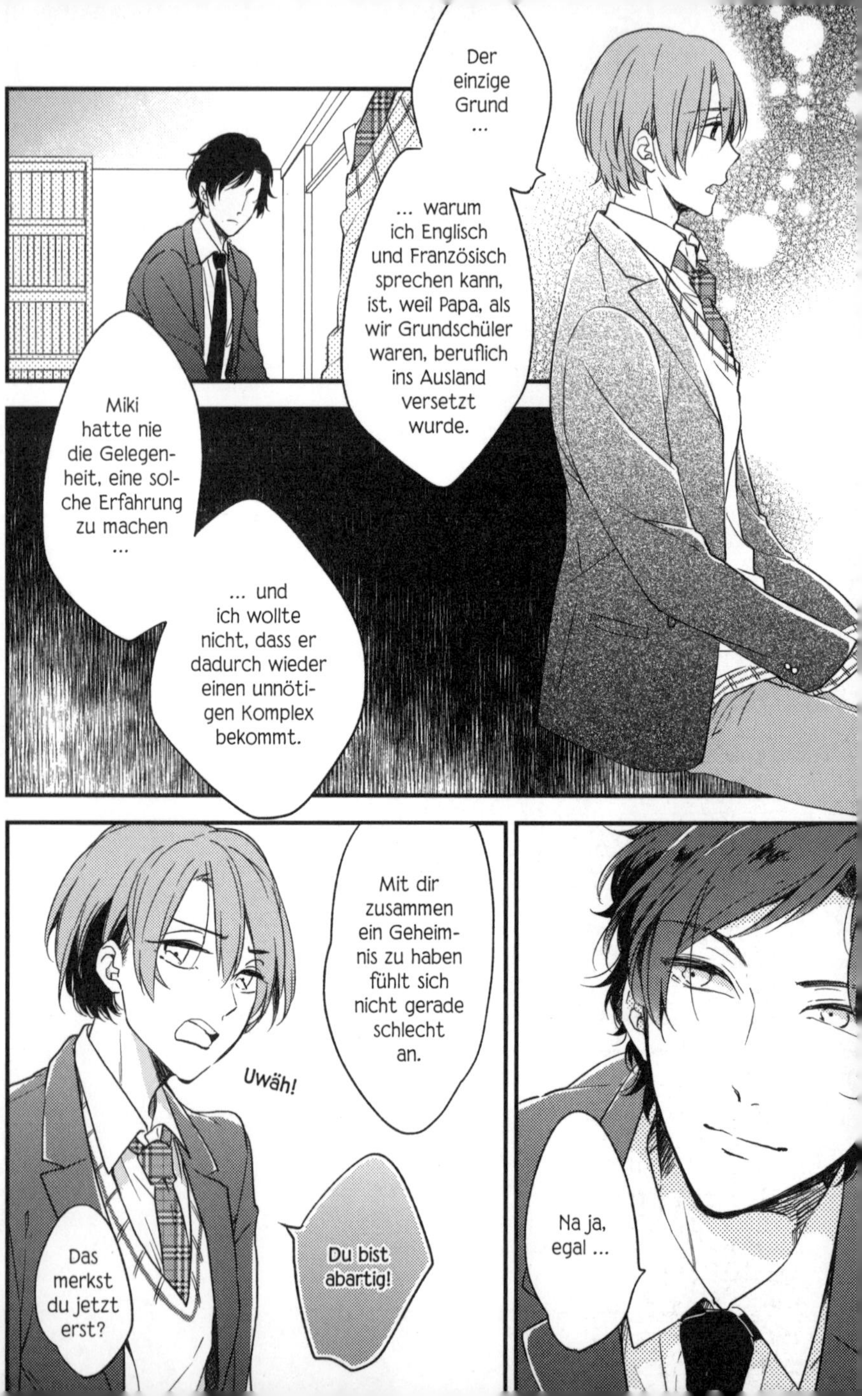

Der einzige Grund ...
... warum ich Englisch und Französisch sprechen kann, ist, weil Papa, als wir Grundschüler waren, beruflich ins Ausland versetzt wurde.
Miki hatte nie die Gelegenheit, eine solche Erfahrung zu machen ...
... und ich wollte nicht, dass er dadurch wieder einen unnötigen Komplex bekommt.
Na ja, egal ...
Mit dir zusammen ein Geheimnis zu haben fühlt sich nicht gerade schlecht an.
Uwäh!
Du bist abartig!
Das merkst du jetzt erst?

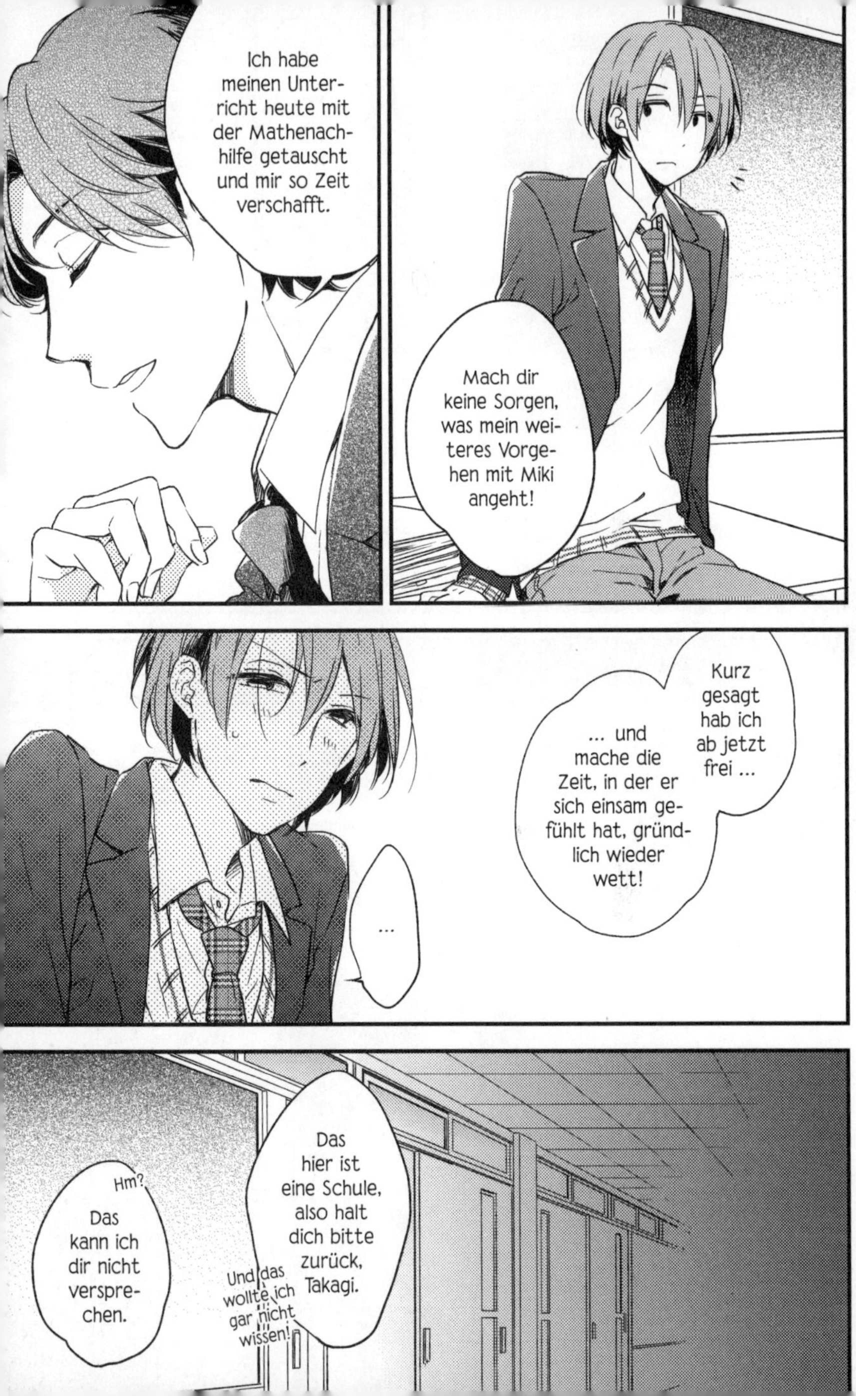
Ich habe meinen Unterricht heute mit der Mathenachhilfe getauscht und mir so Zeit verschafft.
Mach dir keine Sorgen, was mein weiteres Vorgehen mit Miki angeht!
Kurz gesagt hab ich ab jetzt frei ...
... und mache die Zeit, in der er sich einsam gefühlt hat, gründlich wieder wett!
...
Das hier ist eine Schule, also halt dich bitte zurück, Takagi.
Hm?
Das kann ich dir nicht versprechen.
Und das wollte ich gar nicht wissen!

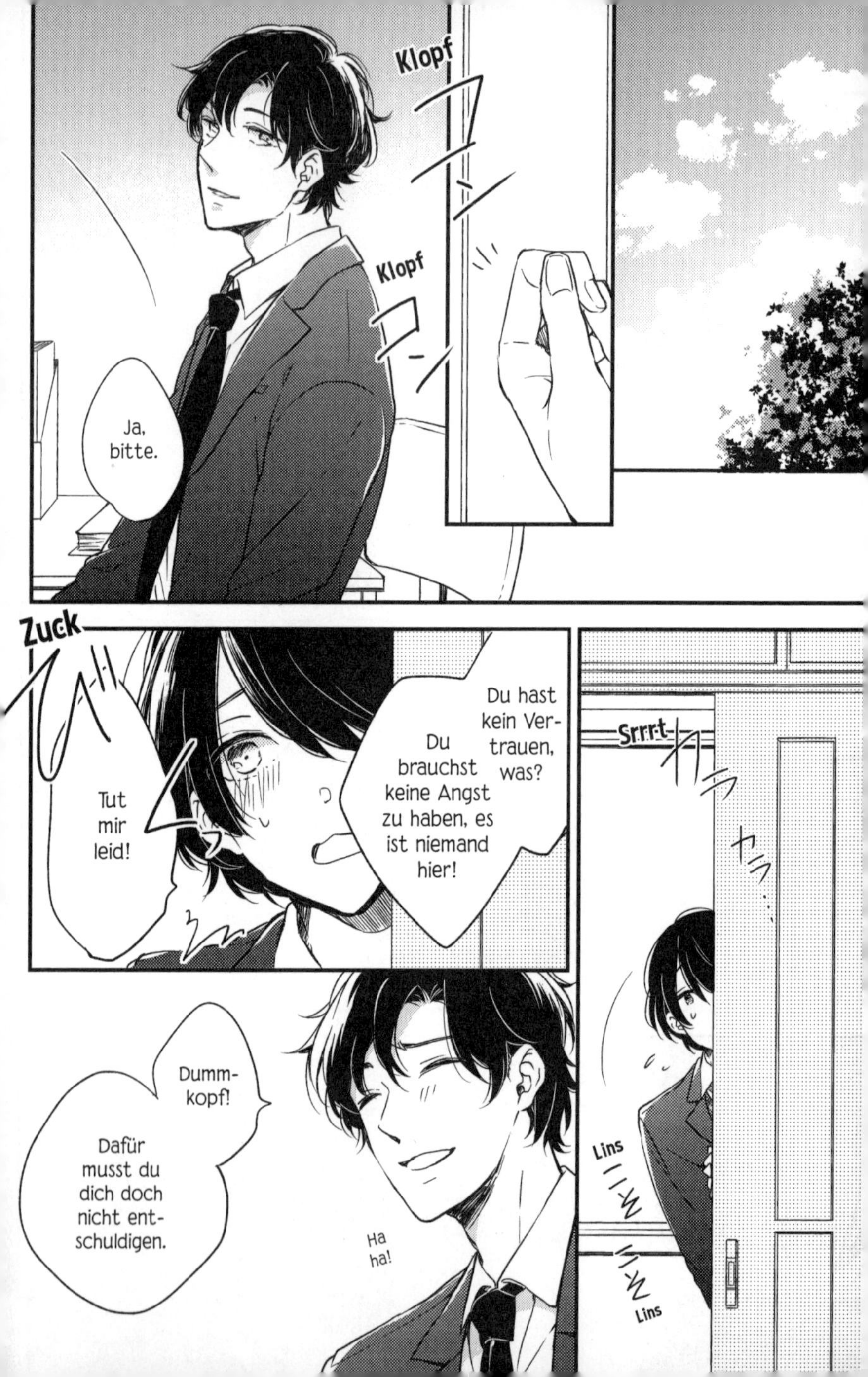
Klopf
Klopf
Ja, bitte.
Srrr-t
Du hast kein Vertrauen, was?
Du brauchst keine Angst zu haben, es ist niemand hier!
Zuck
Tut mir leid!
Lins
Lins
Dummkopf!
Dafür musst du dich doch nicht entschuldigen.
Ha ha!

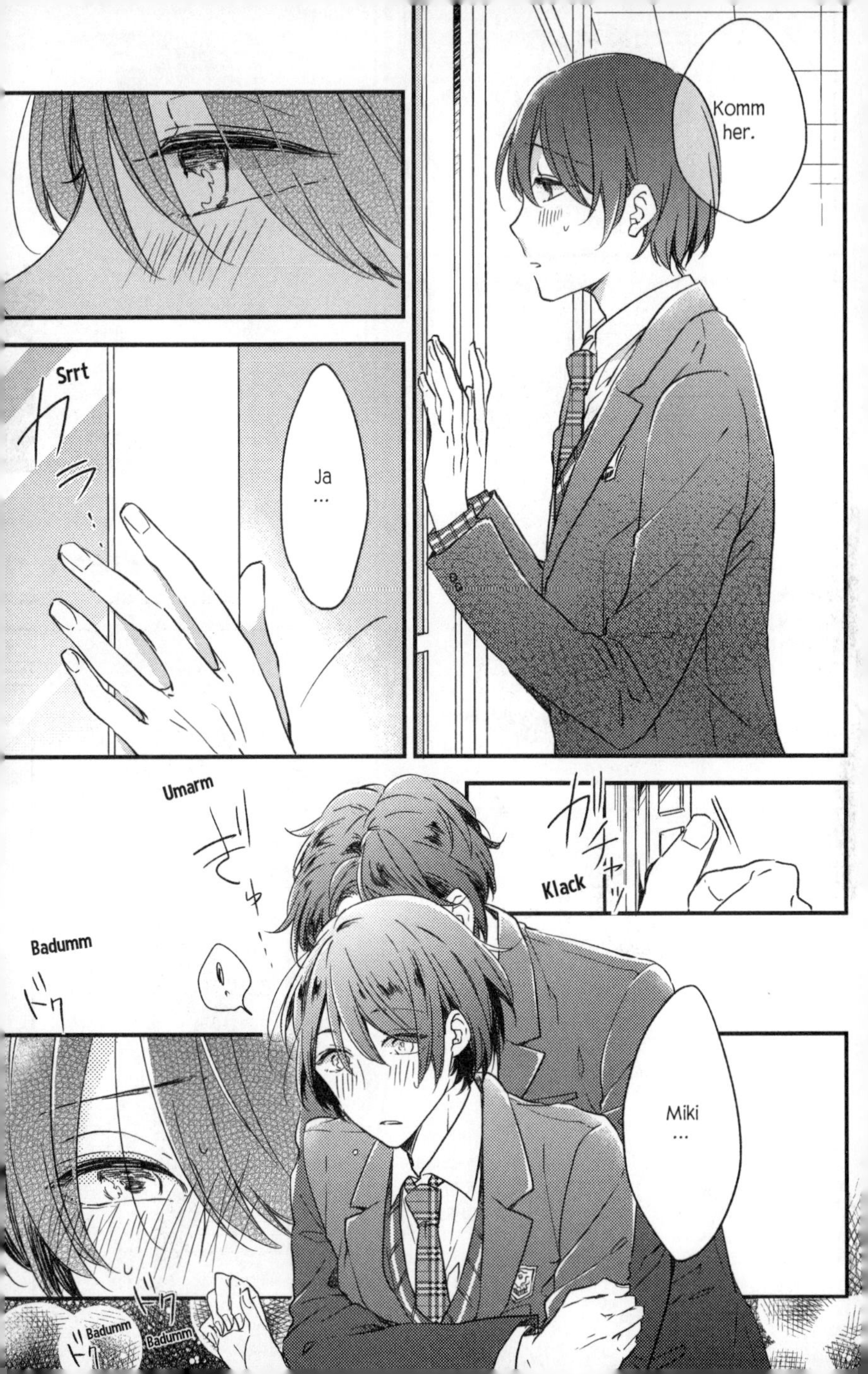

Komm her.
Srrt
Ja ...
Klack
Umarm
Miki ...
Badumm
Badumm
Badumm

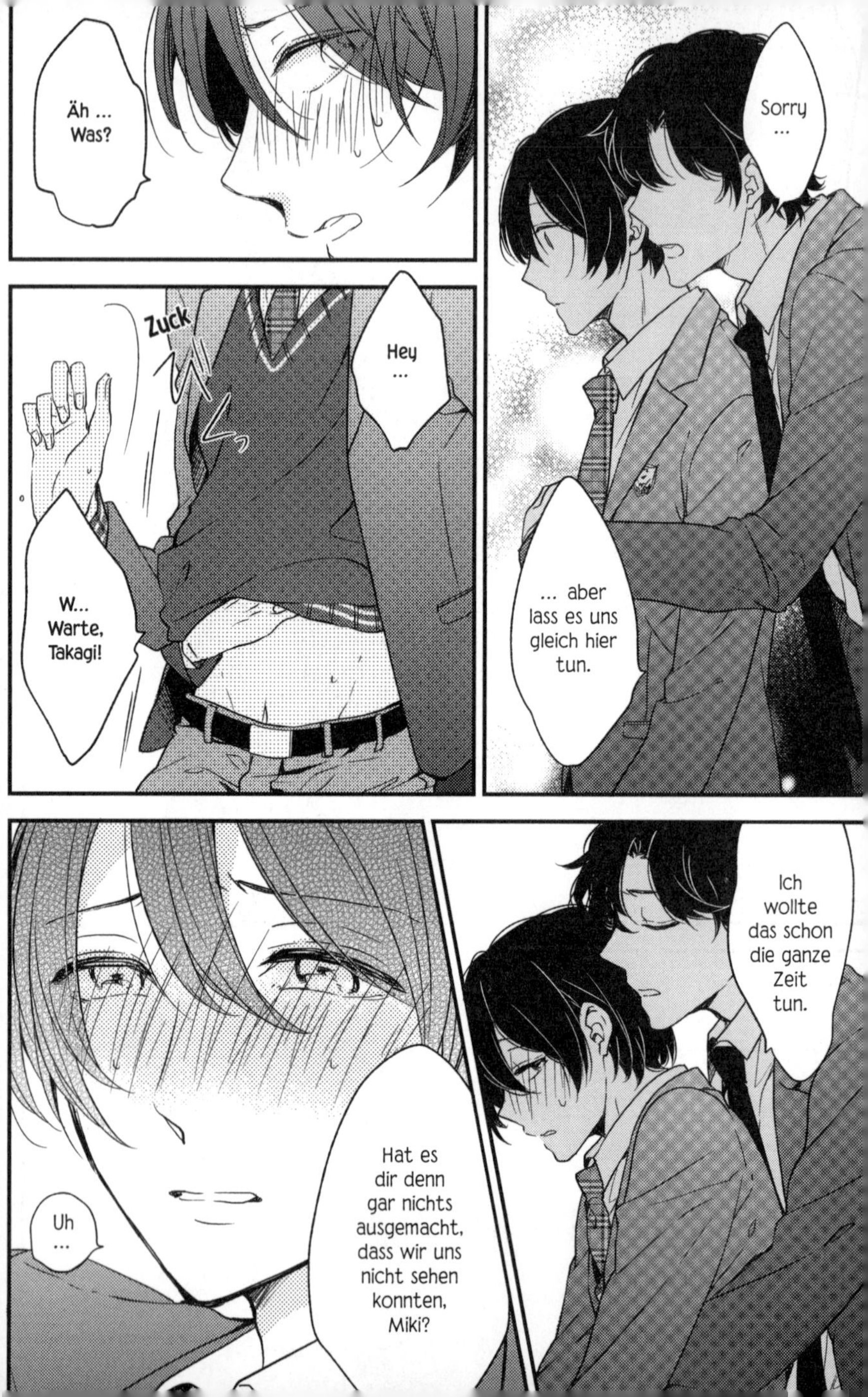
Sorry ...
Äh ... Was?
... aber lass es uns gleich hier tun.
Hey ...
Zuck
W... Warte, Takagi!
Ich wollte das schon die ganze Zeit tun.
Hat es dir denn gar nichts ausgemacht, dass wir uns nicht sehen konnten, Miki?
Uh ...

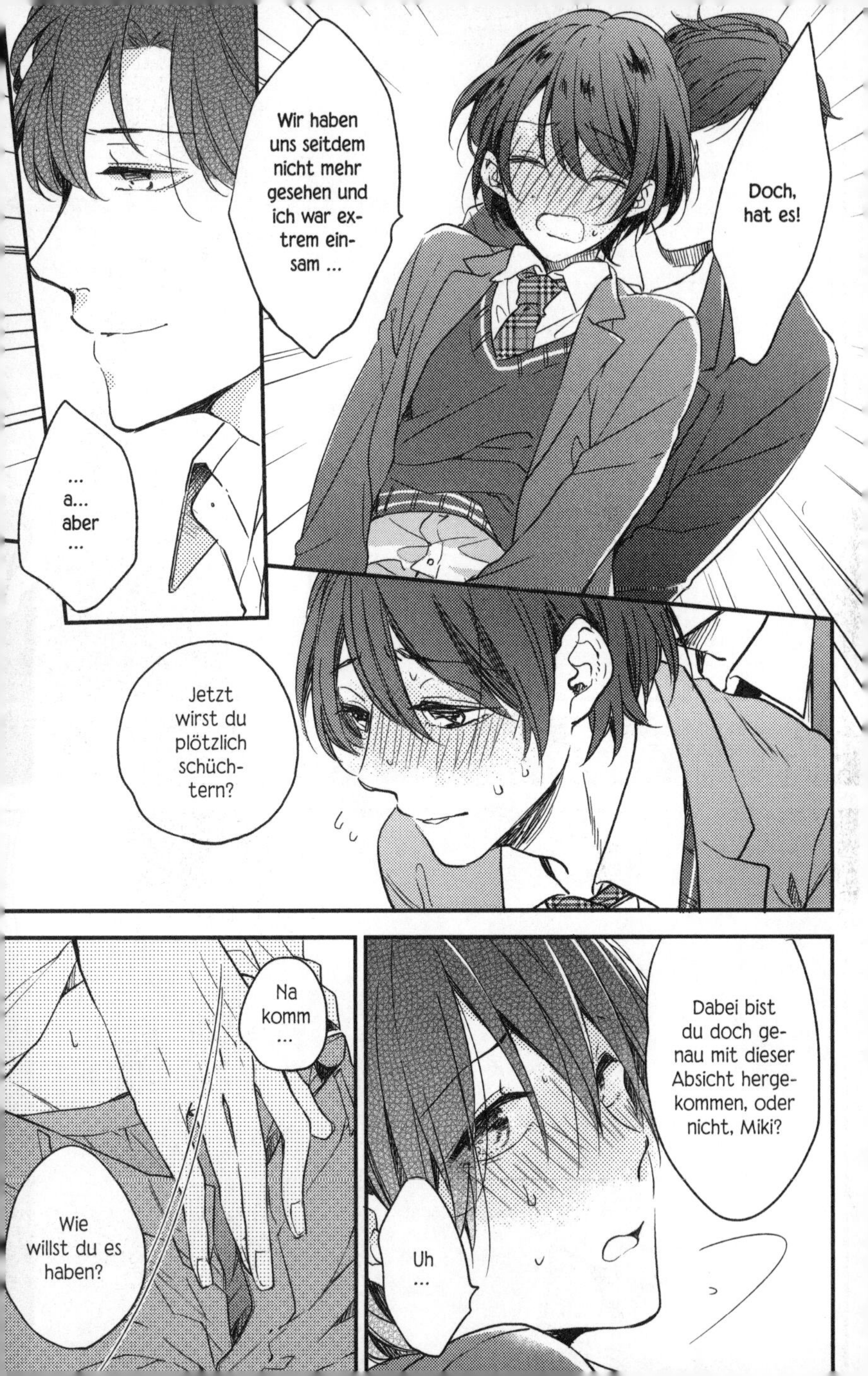
Doch, hat es!
Wir haben uns seitdem nicht mehr gesehen und ich war extrem einsam ...
... a... aber ...
Jetzt wirst du plötzlich schüchtern?
Dabei bist du doch genau mit dieser Absicht hergekommen, oder nicht, Miki?
Uh ...
Na komm ...
Wie willst du es haben?

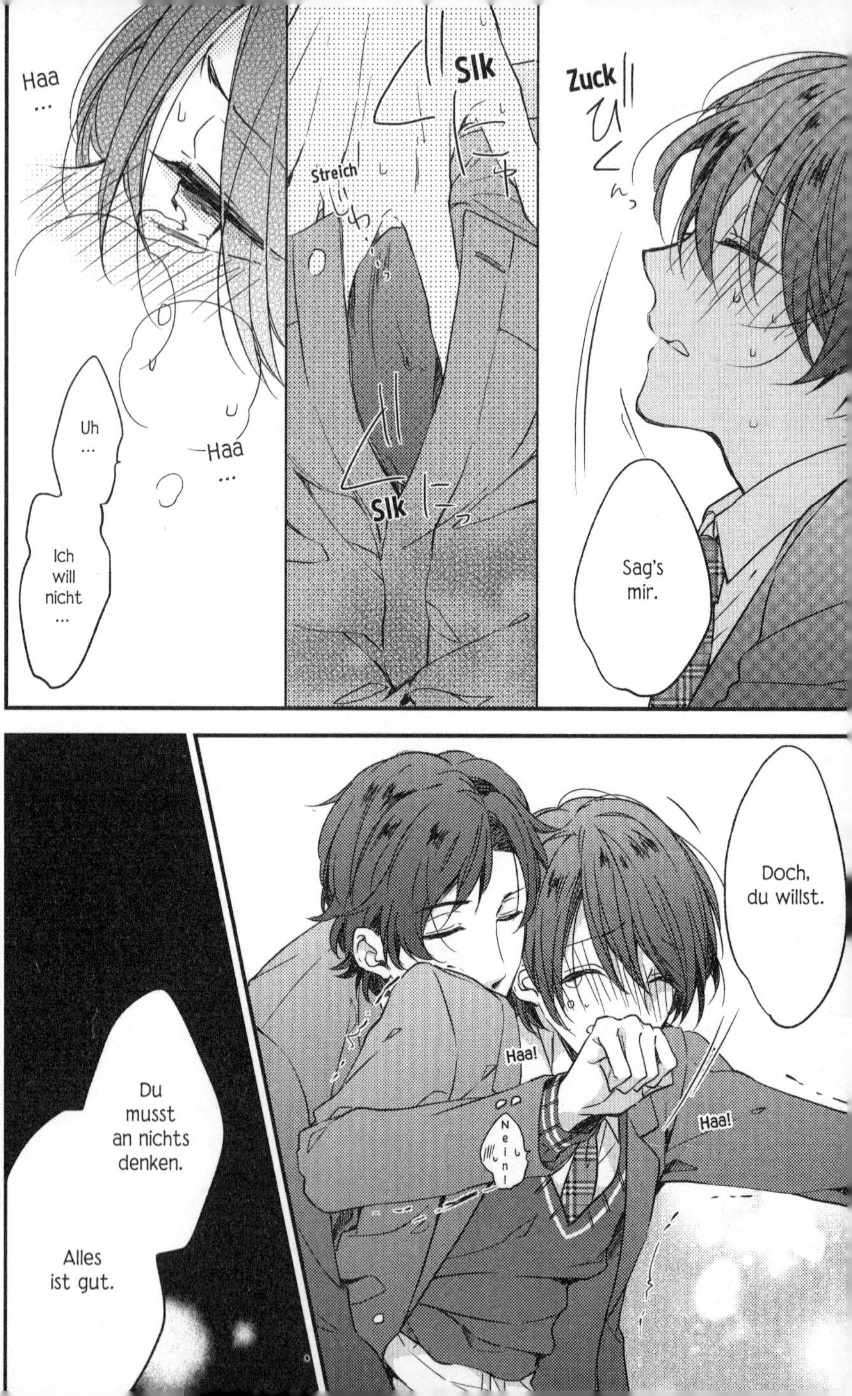
Zuck
Sag's mir.
Slk
Streich
Slk
Haa ...
Uh ...
Haa ...
Ich will nicht ...
Doch, du willst.
Haa!
Haa!
Nein!
Du musst an nichts denken.
Alles ist gut.

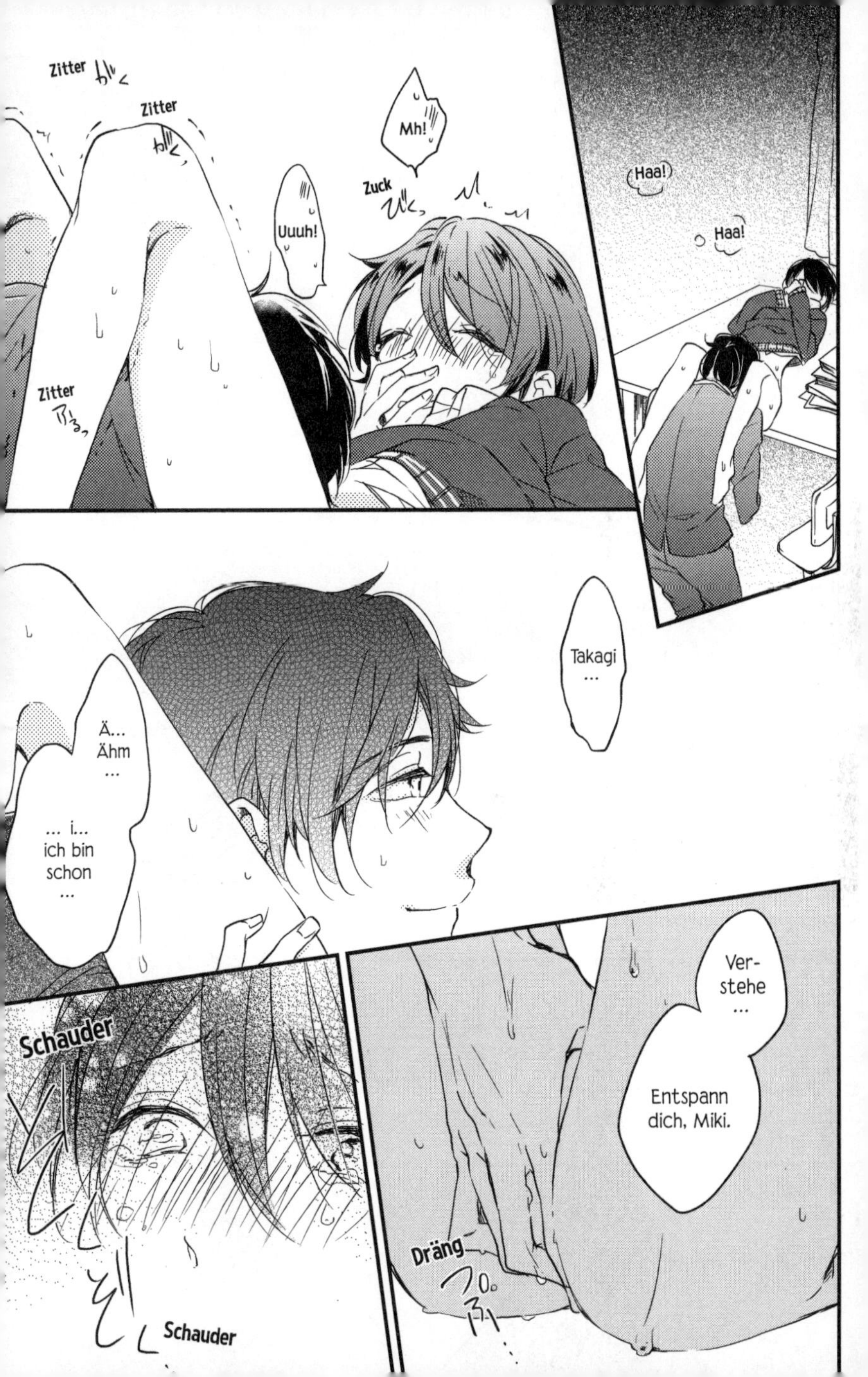
Haa!
Haa!
Mh!
Zuck
Uuuh!
Zitter
Zitter
Zitter
Takagi
...
Ä...
Ähm
...
... i...
ich bin
schon
...
Ver-
stehe
...
Entspann
dich, Miki.
Dräng
Schauder
Schauder

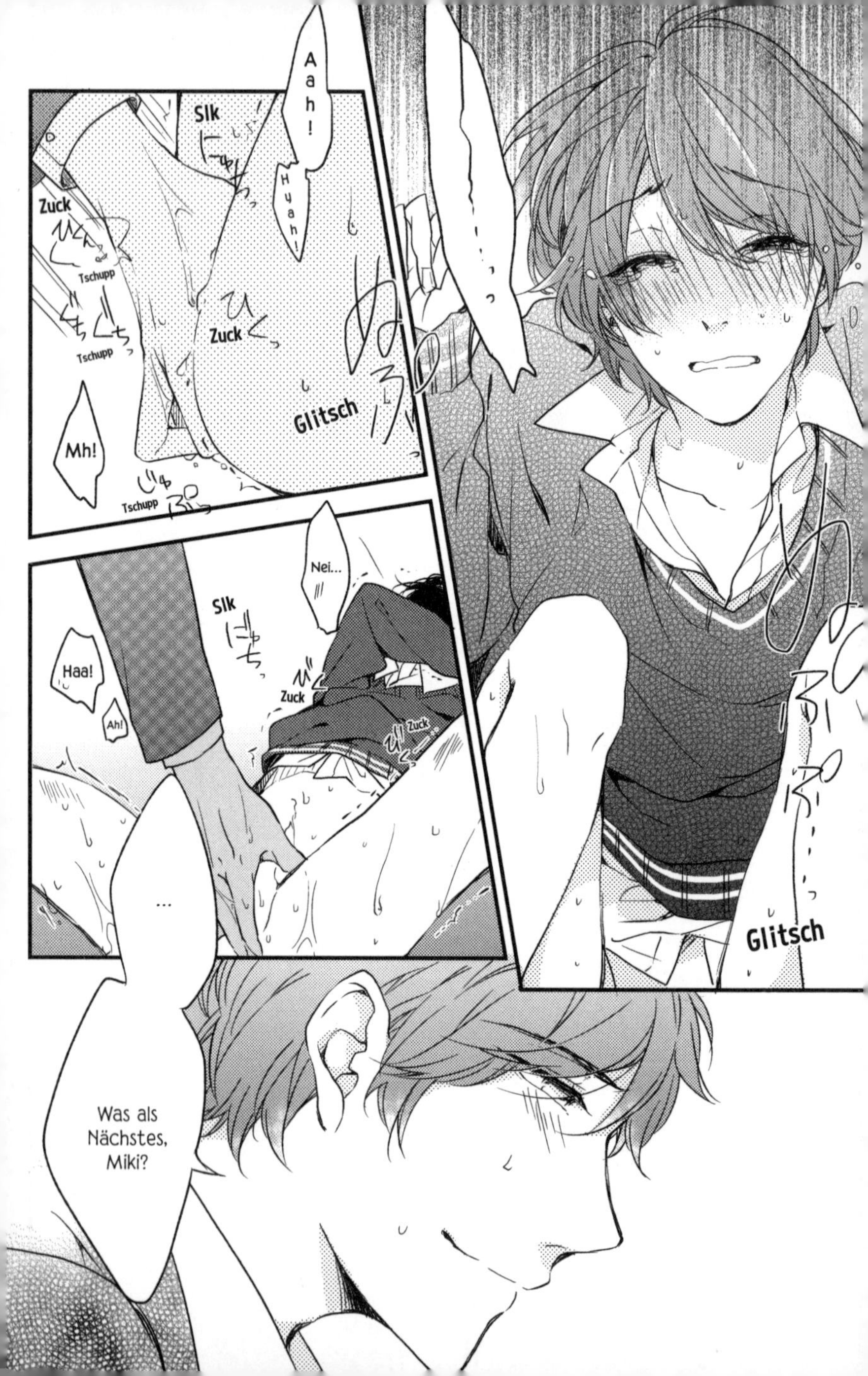

Glitsch
Aah!
Hyah!
Slk
Zuck
Tschupp
Zuck
Tschupp
Glitsch
Mh!
Tschupp
Nei...
Slk
Zuck
Zuck
Haa!
Ah!
...
Was als Nächstes, Miki?

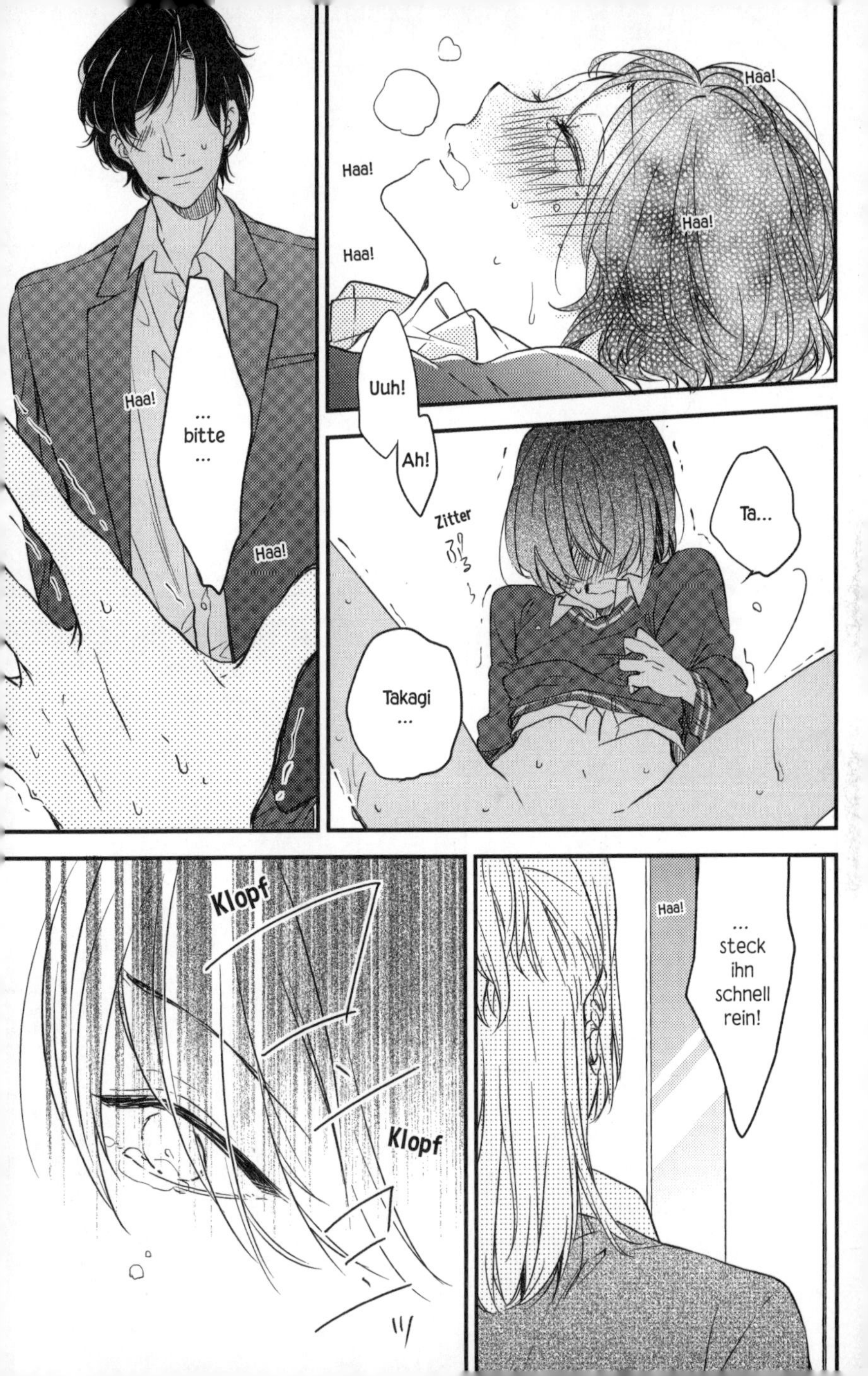

Haa!
Haa!
Haa!
Haa!
Uuh!
Ah!
Ta...
Zitter
Takagi ...
Haa!
... bitte ...
Haa!
Haa!
... steck ihn schnell rein!
Klopf
Klopf

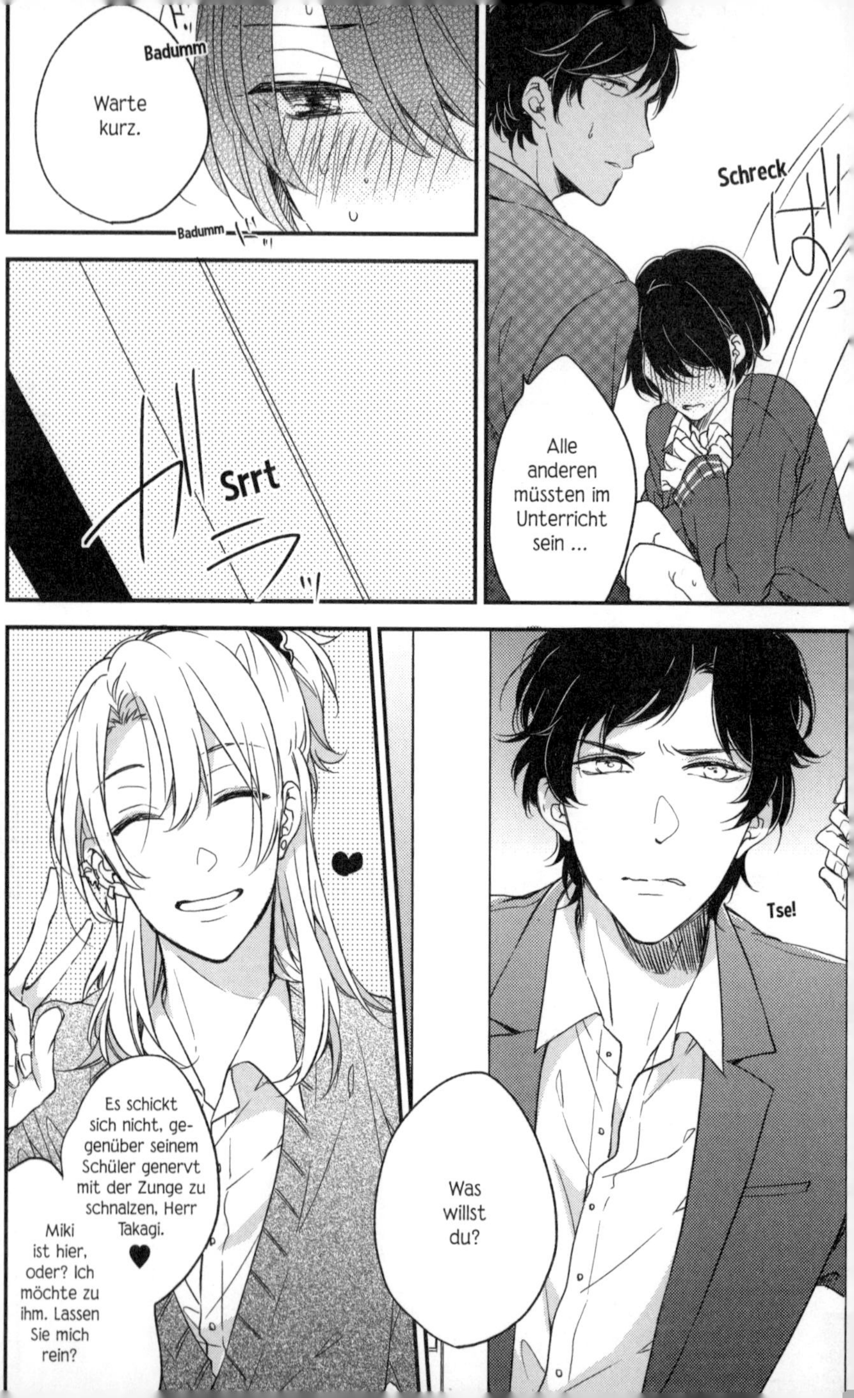
Schreck
Alle anderen müssten im Unterricht sein ...
Badumm
Warte kurz.
Badumm
Srrt
Tse!
Was willst du?
Es schickt sich nicht, gegenüber seinem Schüler genervt mit der Zunge zu schnalzen, Herr Takagi.
Miki ist hier, oder? Ich möchte zu ihm. Lassen Sie mich rein?

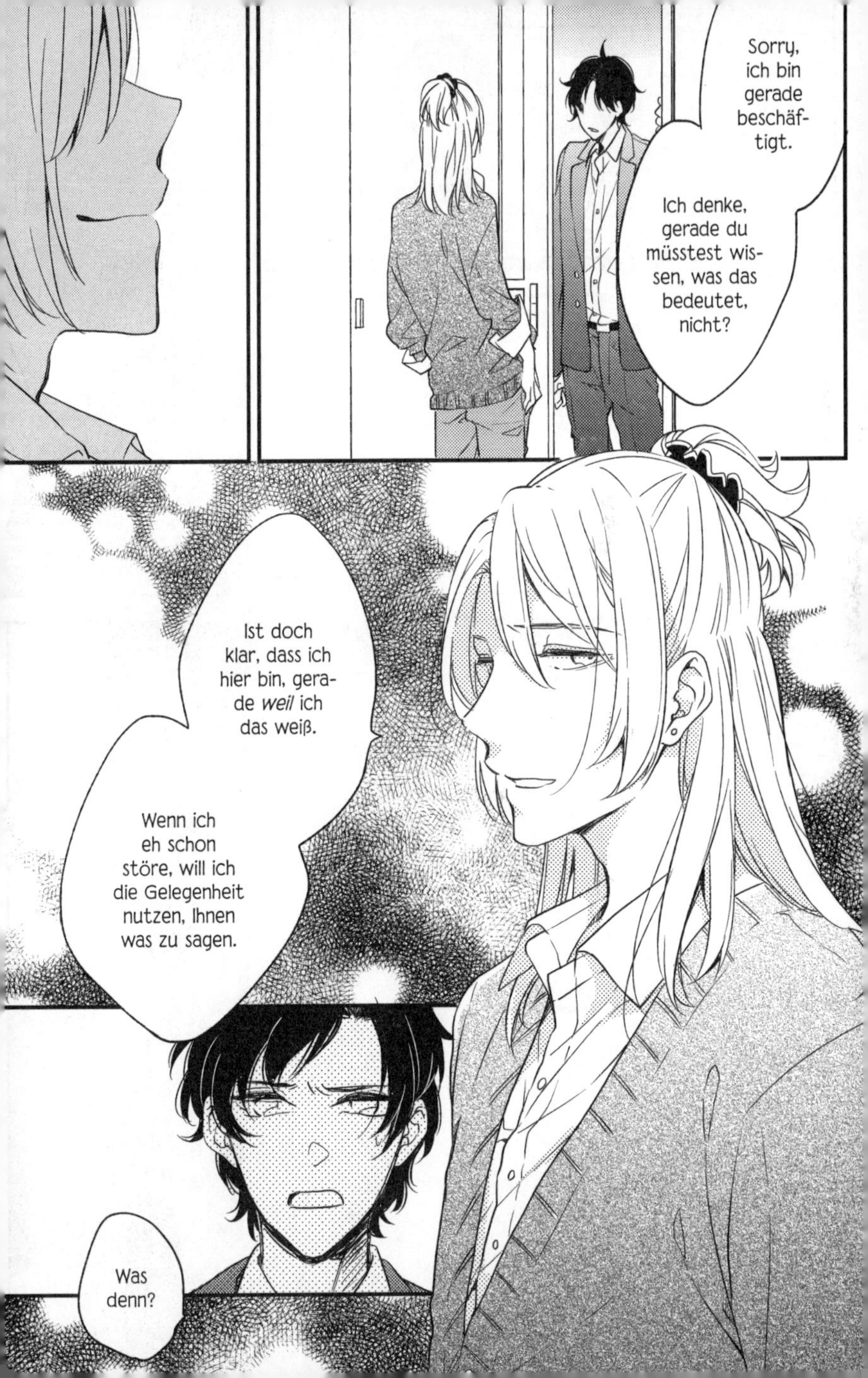
Sorry, ich bin gerade beschäftigt.
Ich denke, gerade du müsstest wissen, was das bedeutet, nicht?
Ist doch klar, dass ich hier bin, gerade *weil* ich das weiß.
Wenn ich eh schon störe, will ich die Gelegenheit nutzen, Ihnen was zu sagen.
Was denn?

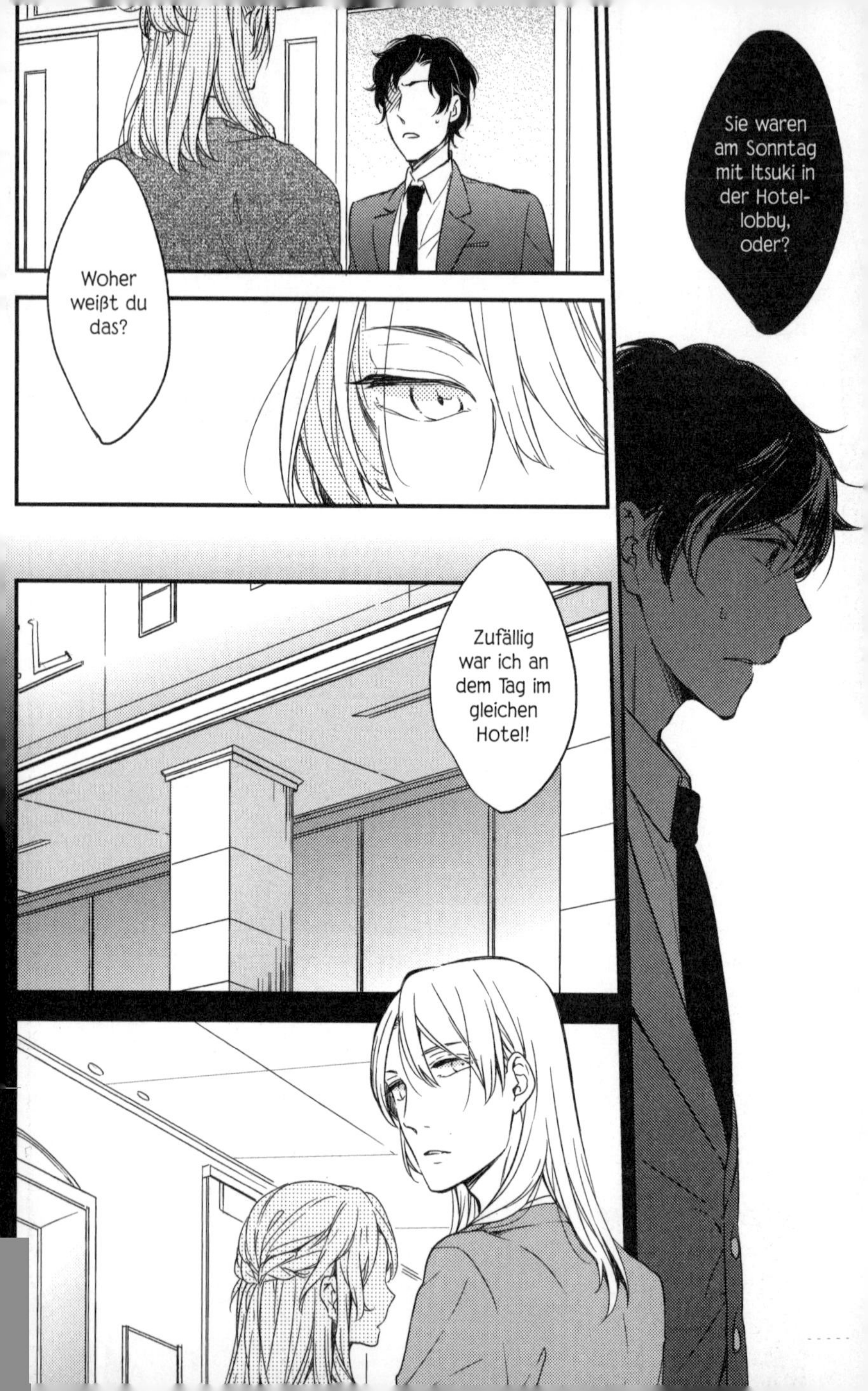
Sie waren am Sonntag mit Itsuki in der Hotel-lobby, oder?
Woher weißt du das?
Zufällig war ich an dem Tag im gleichen Hotel!

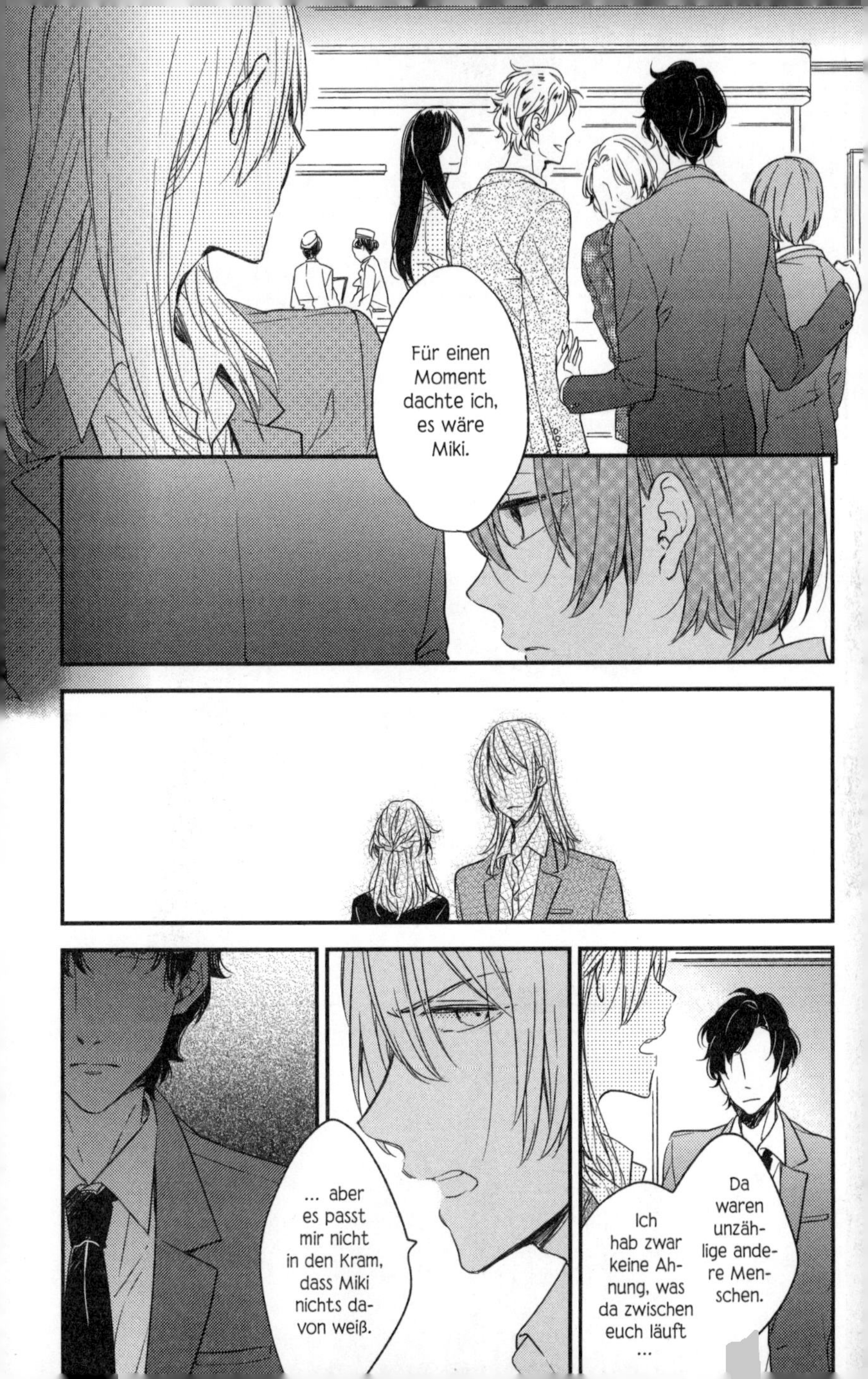
Für einen Moment dachte ich, es wäre Miki.
Da waren unzählige andere Menschen.
Ich hab zwar keine Ahnung, was da zwischen euch läuft ...
... aber es passt mir nicht in den Kram, dass Miki nichts davon weiß.

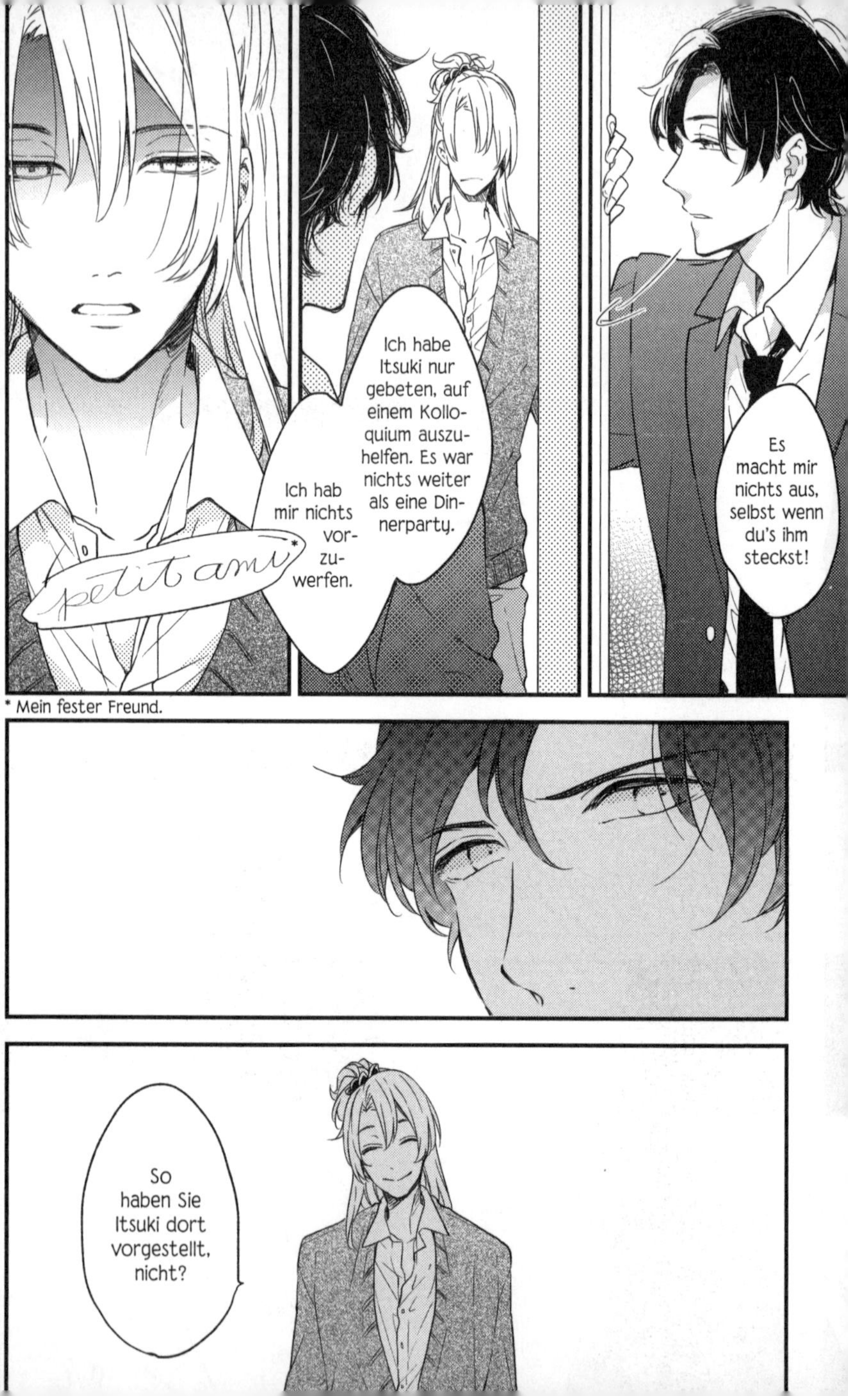

* Mein fester Freund.

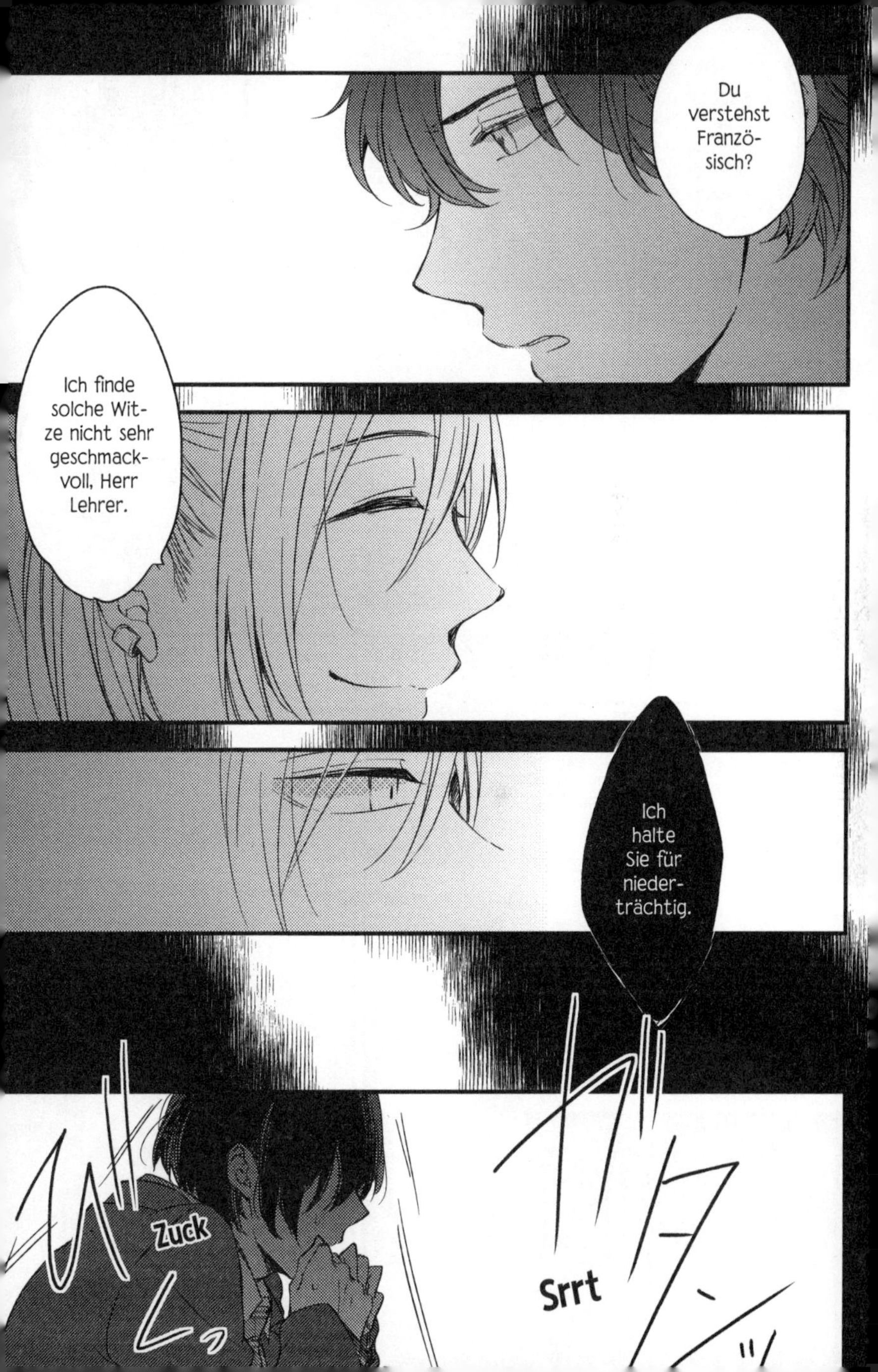
Du versteht Französisch?
Ich finde solche Witze nicht sehr geschmackvoll, Herr Lehrer.
Ich halte Sie für niederträchtig.
Srrt
Zuck

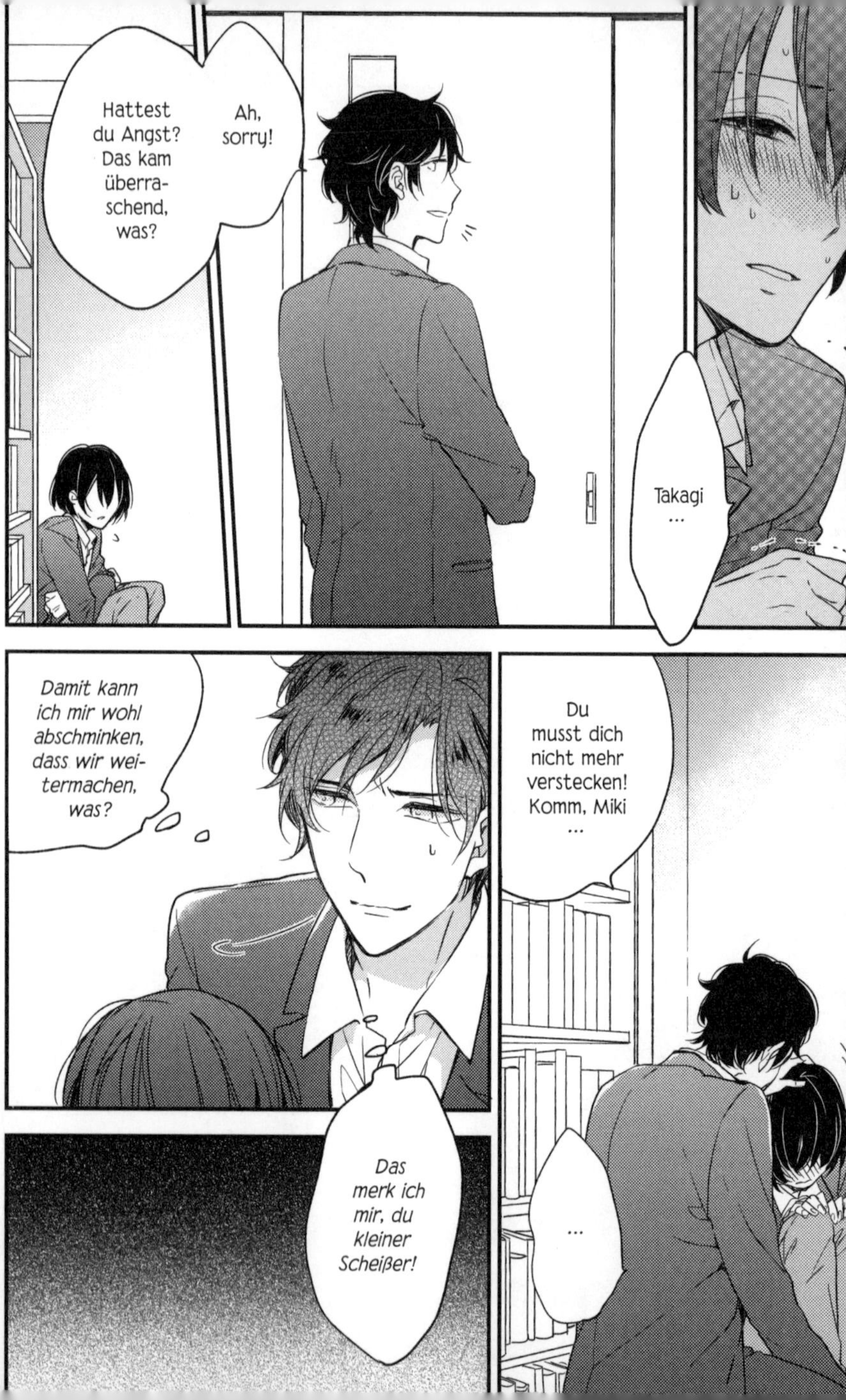
Takagi ...
Ah, sorry!
Hattest du Angst? Das kam überraschend, was?
Du musst dich nicht mehr verstecken! Komm, Miki ...
Damit kann ich mir wohl abschminken, dass wir weitermachen, was?
...
Das merk ich mir, du kleiner Scheißer!

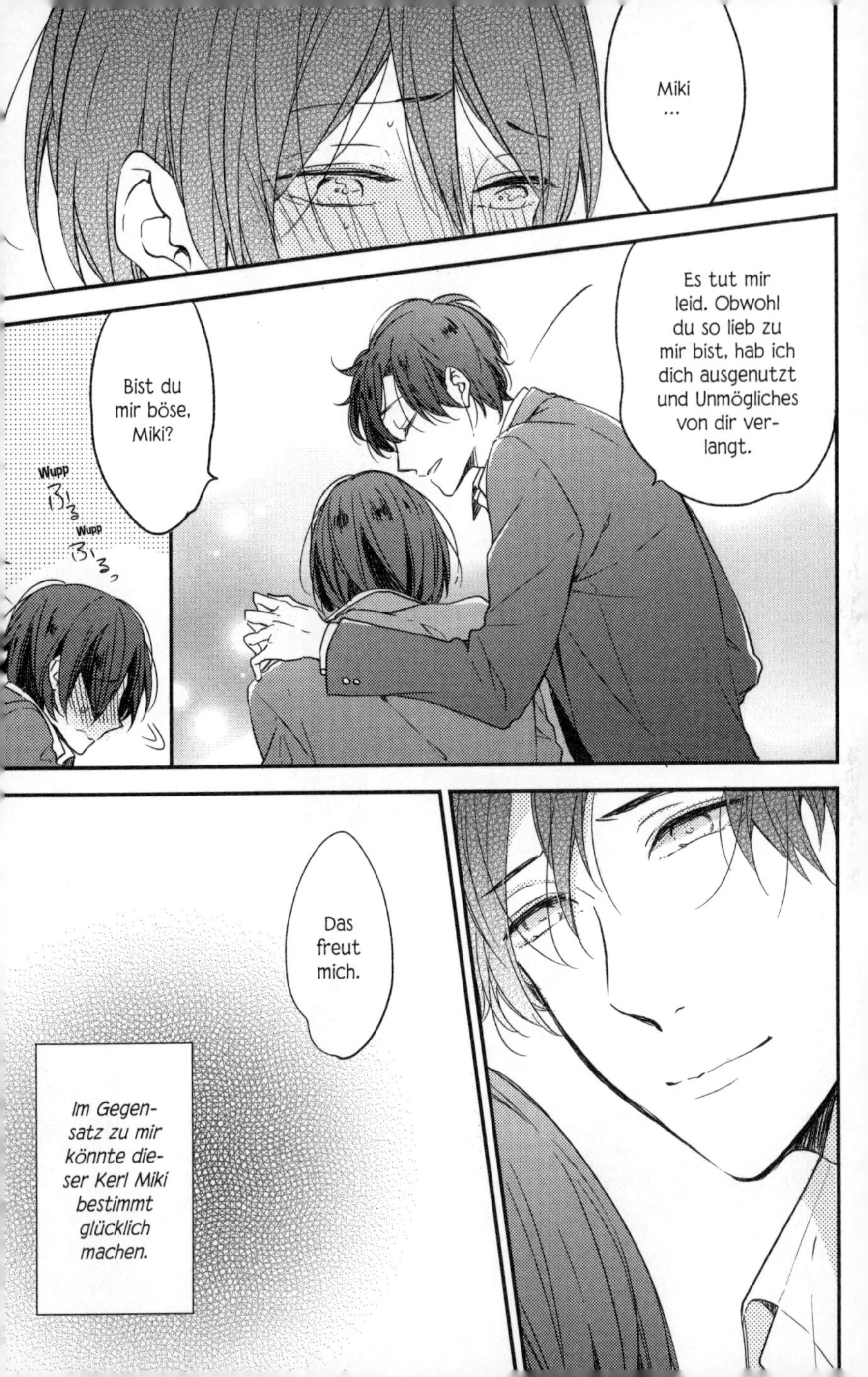

Miki …
Es tut mir leid. Obwohl du so lieb zu mir bist, hab ich dich ausgenutzt und Unmögliches von dir verlangt.
Bist du mir böse, Miki?
Wupp
Wupp
Das freut mich.
Im Gegensatz zu mir könnte dieser Kerl Miki bestimmt glücklich machen.

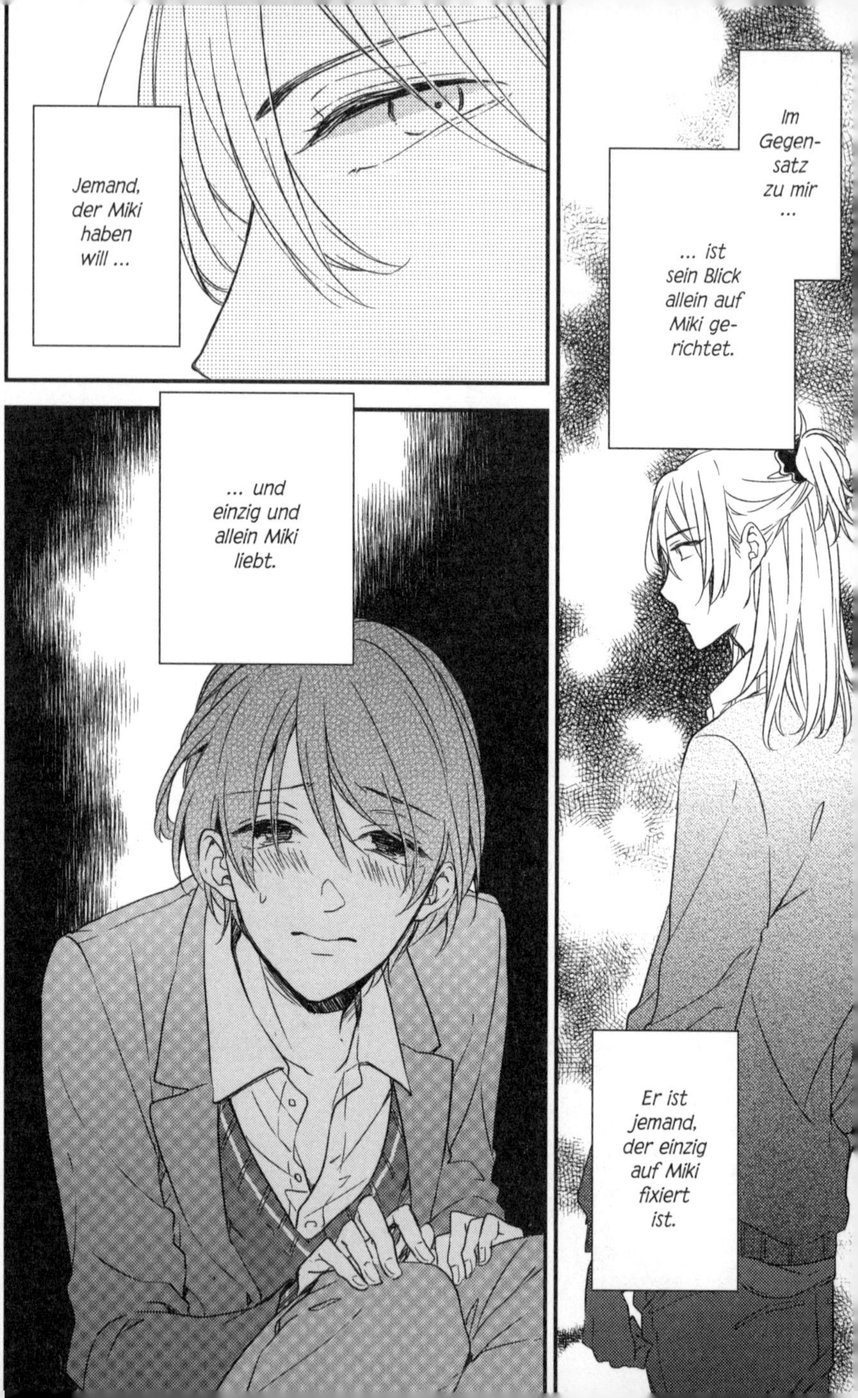
Im Gegen-satz zu mir ...
... ist sein Blick allein auf Miki ge-richtet.
Jemand, der Miki haben will ...
Er ist jemand, der einzig auf Miki fixiert ist.
... und einzig und allein Miki liebt.

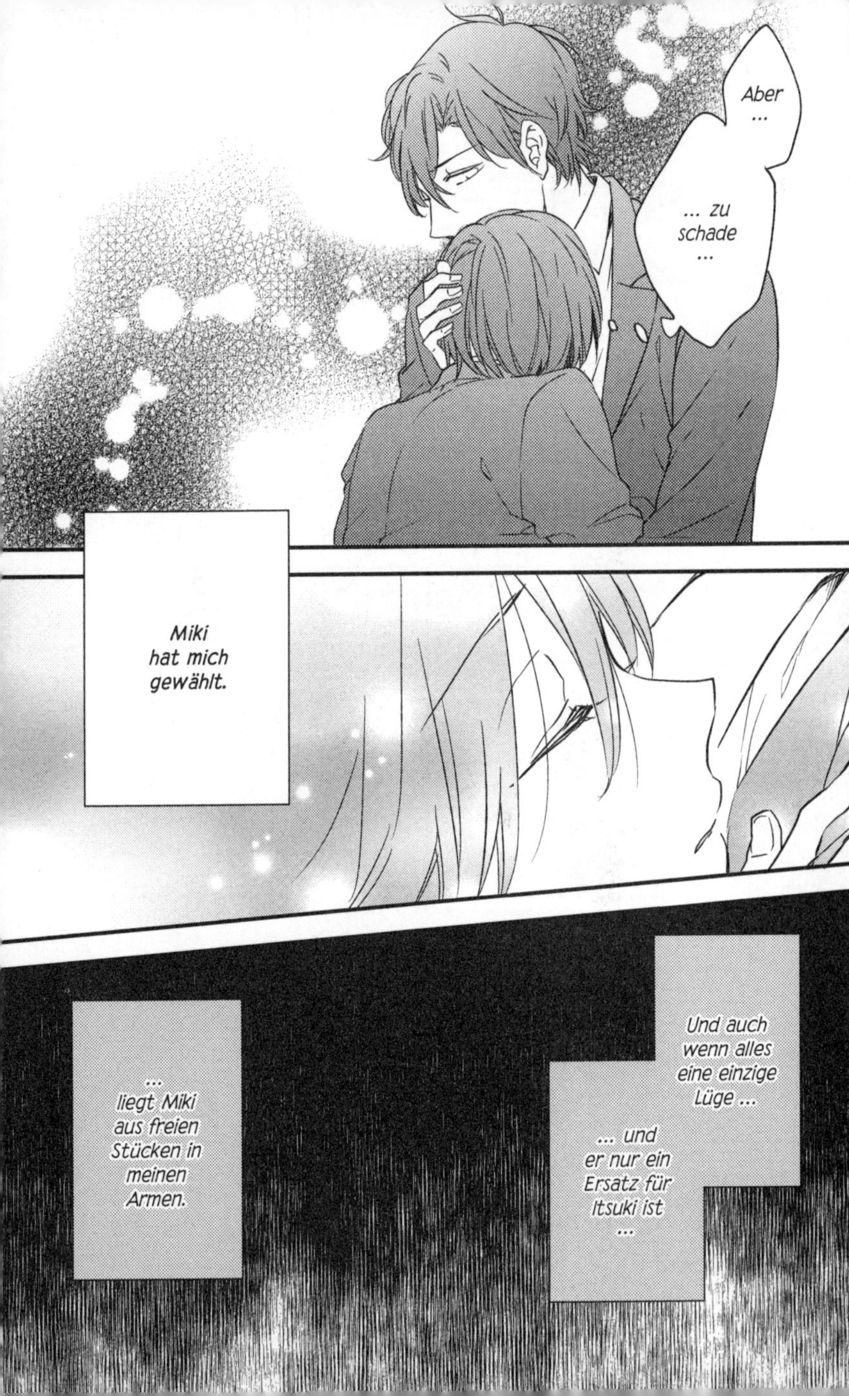
Aber ...
... zu schade ...
Miki hat mich gewählt.
Und auch wenn alles eine einzige Lüge ...
... und er nur ein Ersatz für Itsuki ist ...
... liegt Miki aus freien Stücken in meinen Armen.

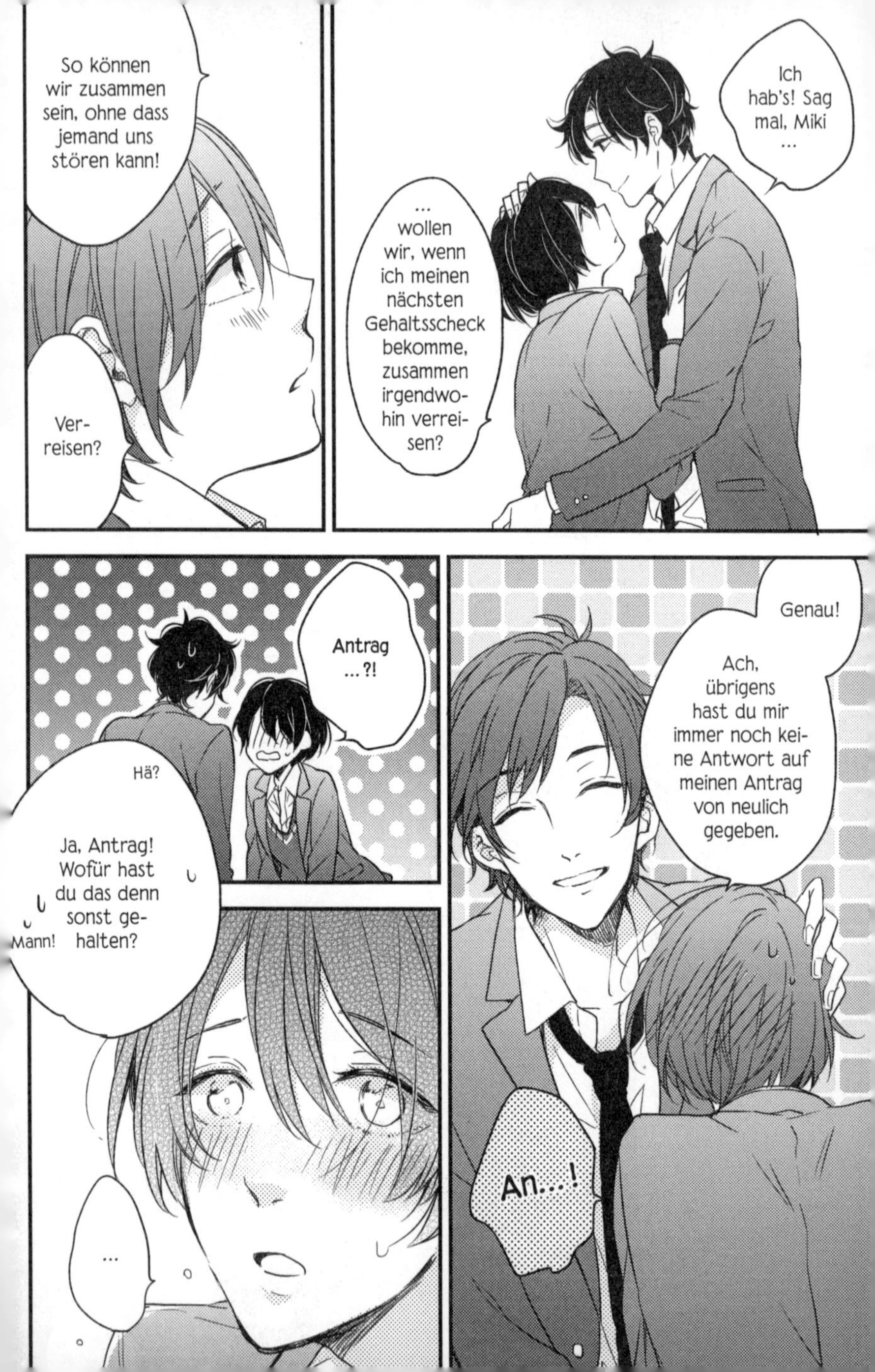
Ich hab's! Sag mal, Miki ...
... wollen wir, wenn ich meinen nächsten Gehaltsscheck bekomme, zusammen irgendwohin verreisen?
Verreisen?
So können wir zusammen sein, ohne dass jemand uns stören kann!
Genau!
Ach, übrigens hast du mir immer noch keine Antwort auf meinen Antrag von neulich gegeben.
An...!
Antrag ...?!
Hä?
Ja, Antrag! Wofür hast du das denn sonst gehalten?
Mann!
...

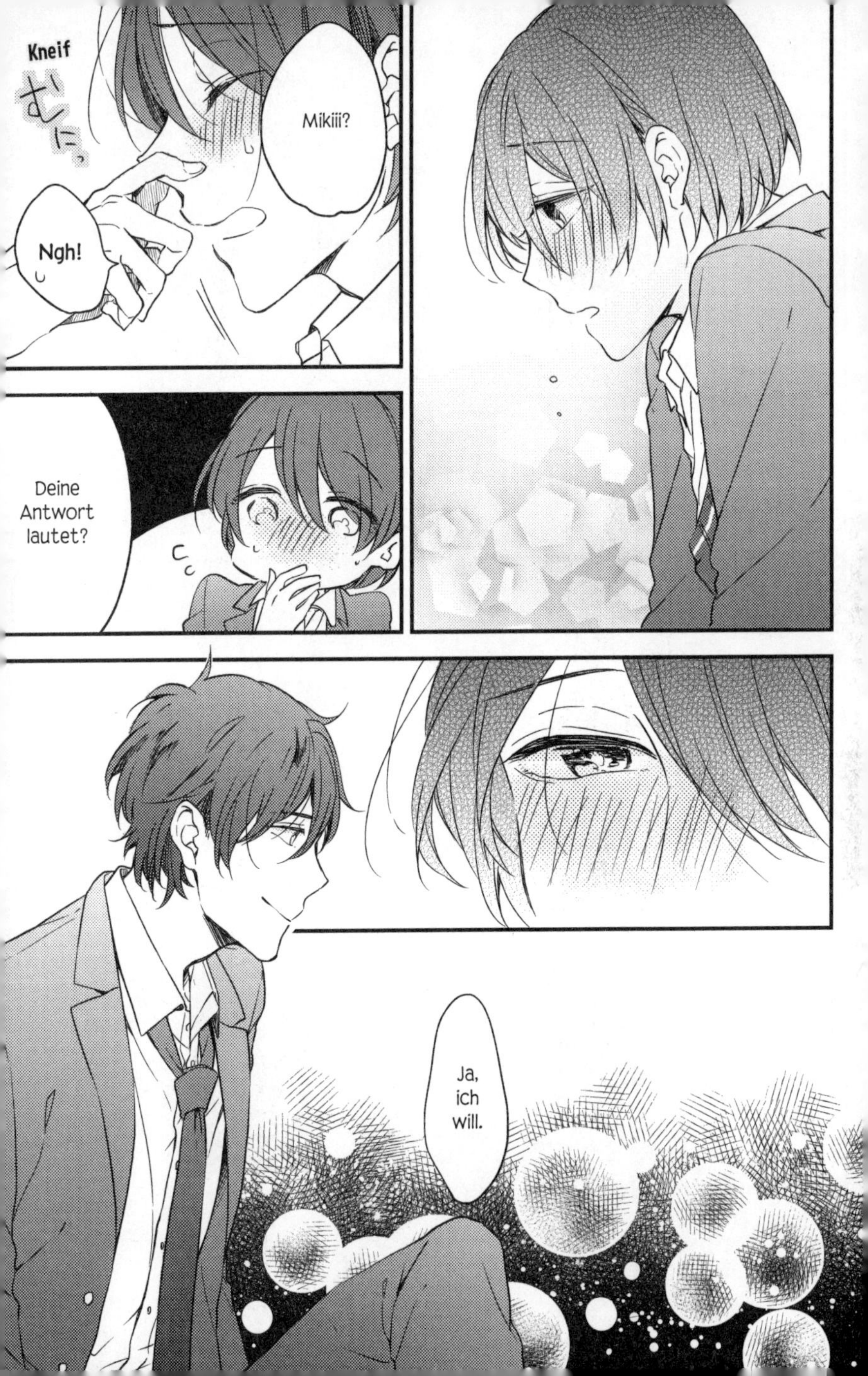
Mikiii?
Kneif
むに
Ngh!
Deine Antwort lautet?
Ja, ich will.

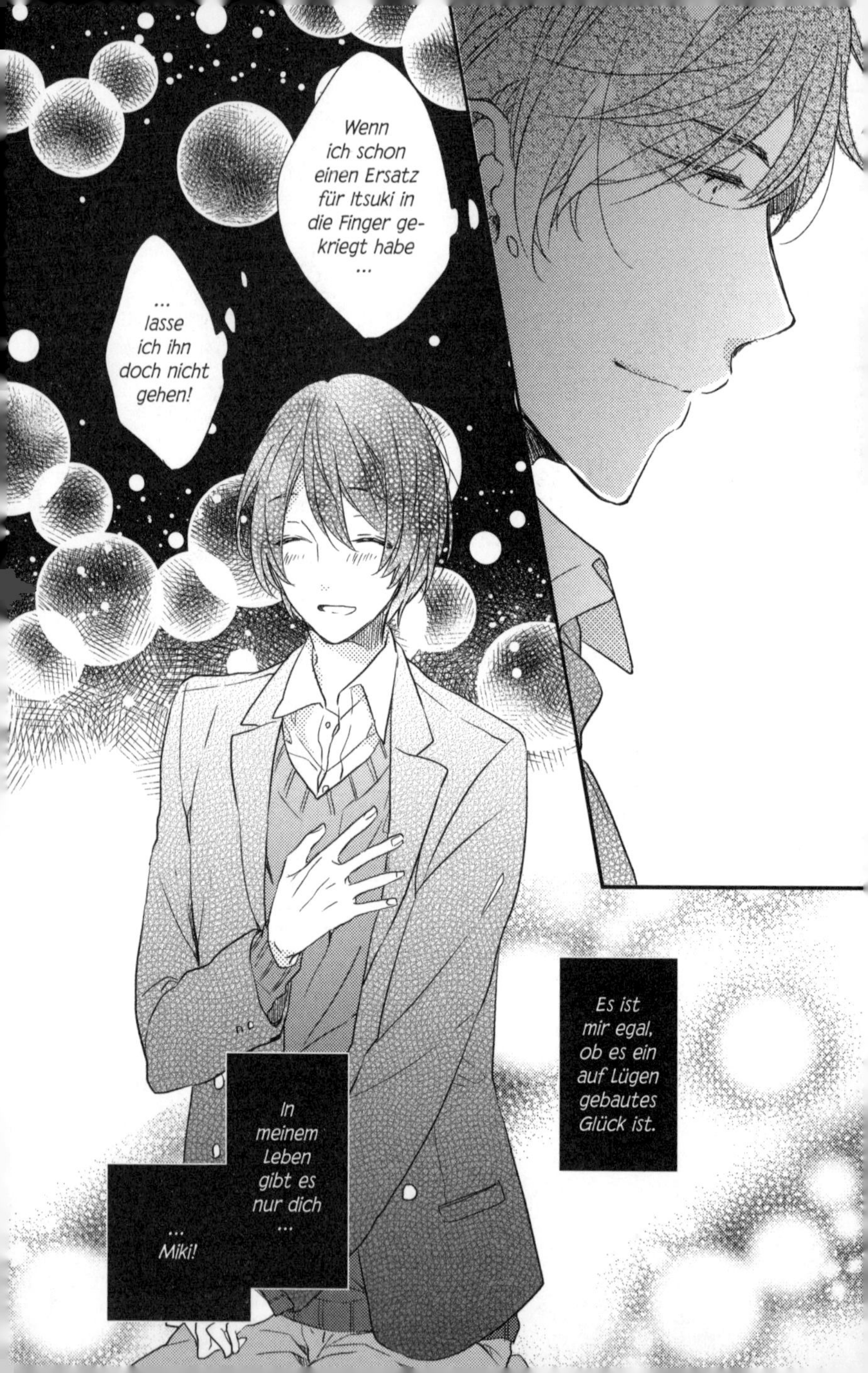
Wenn ich schon einen Ersatz für Itsuki in die Finger gekriegt habe ...
... lasse ich ihn doch nicht gehen!
Es ist mir egal, ob es ein auf Lügen gebautes Glück ist.
In meinem Leben gibt es nur dich ...
... Miki!

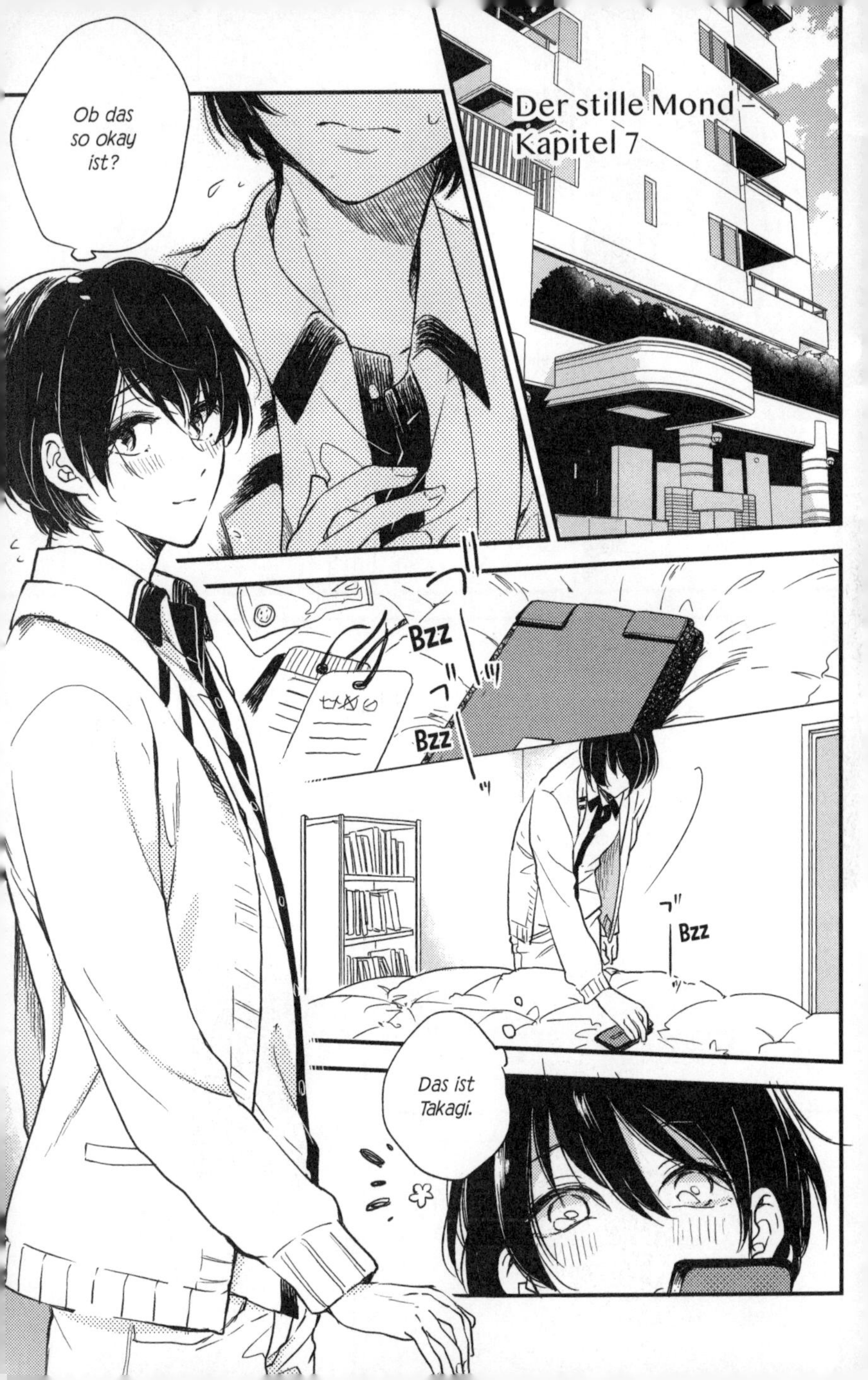
Der stille Mond – Kapitel 7
Ob das so okay ist?
Bzz
Bzz
Bzz
Das ist Takagi.

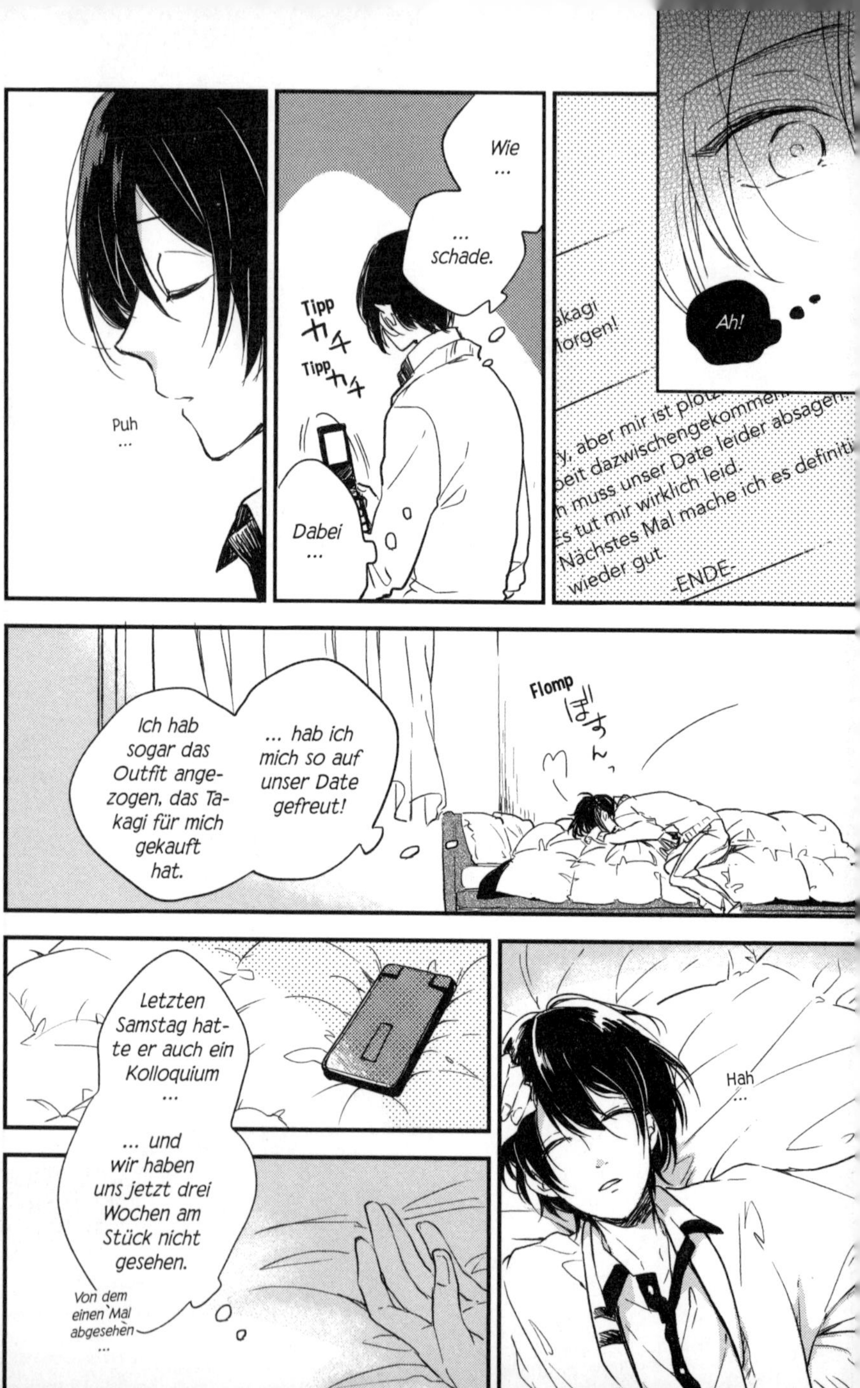
Ah!
akagi
lorgen!
y, aber mir ist plötz
beit dazwischengekommen
h muss unser Date leider absagen.
Es tut mir wirklich leid.
Nächstes Mal mache ich es definiti
wieder gut.
-ENDE-
Wie …
… schade.
Tipp カチ
Tipp カチ
Dabei …
Puh …
Flomp ぼすん
… hab ich mich so auf unser Date gefreut!
Ich hab sogar das Outfit angezogen, das Takagi für mich gekauft hat.
Hah …
Letzten Samstag hatte er auch ein Kolloquium …
… und wir haben uns jetzt drei Wochen am Stück nicht gesehen.
Von dem einen Mal abgesehen …

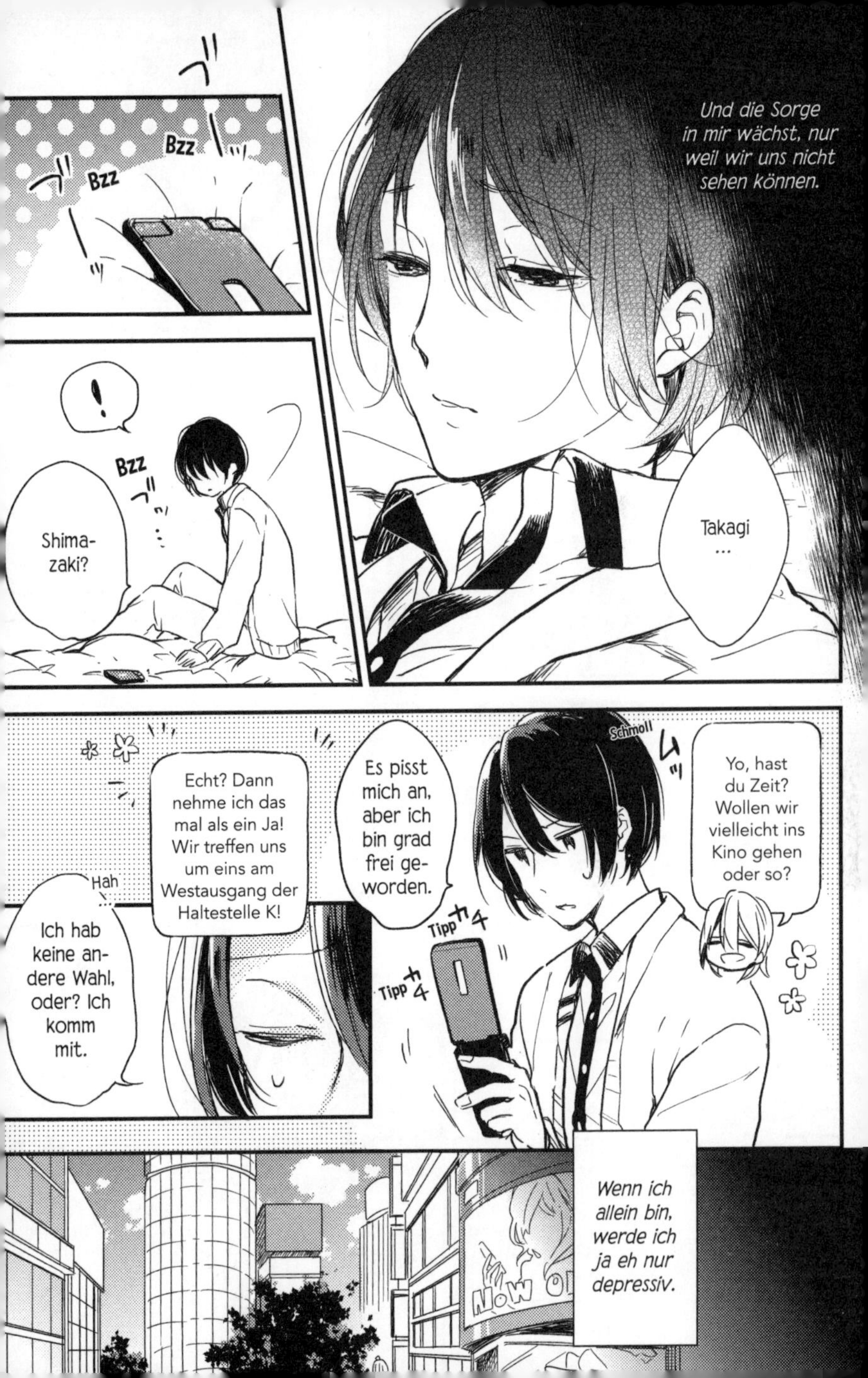
Und die Sorge in mir wächst, nur weil wir uns nicht sehen können.
Bzz
Bzz
Takagi …
!
Bzz
Shimazaki?
Yo, hast du Zeit? Wollen wir vielleicht ins Kino gehen oder so?
Schmoll
Es pisst mich an, aber ich bin grad frei geworden.
Tipp
Tipp
Echt? Dann nehme ich das mal als ein Ja! Wir treffen uns um eins am Westausgang der Haltestelle K!
Hah …
Ich hab keine andere Wahl, oder? Ich komm mit.
Wenn ich allein bin, werde ich ja eh nur depressiv.
NOW ON

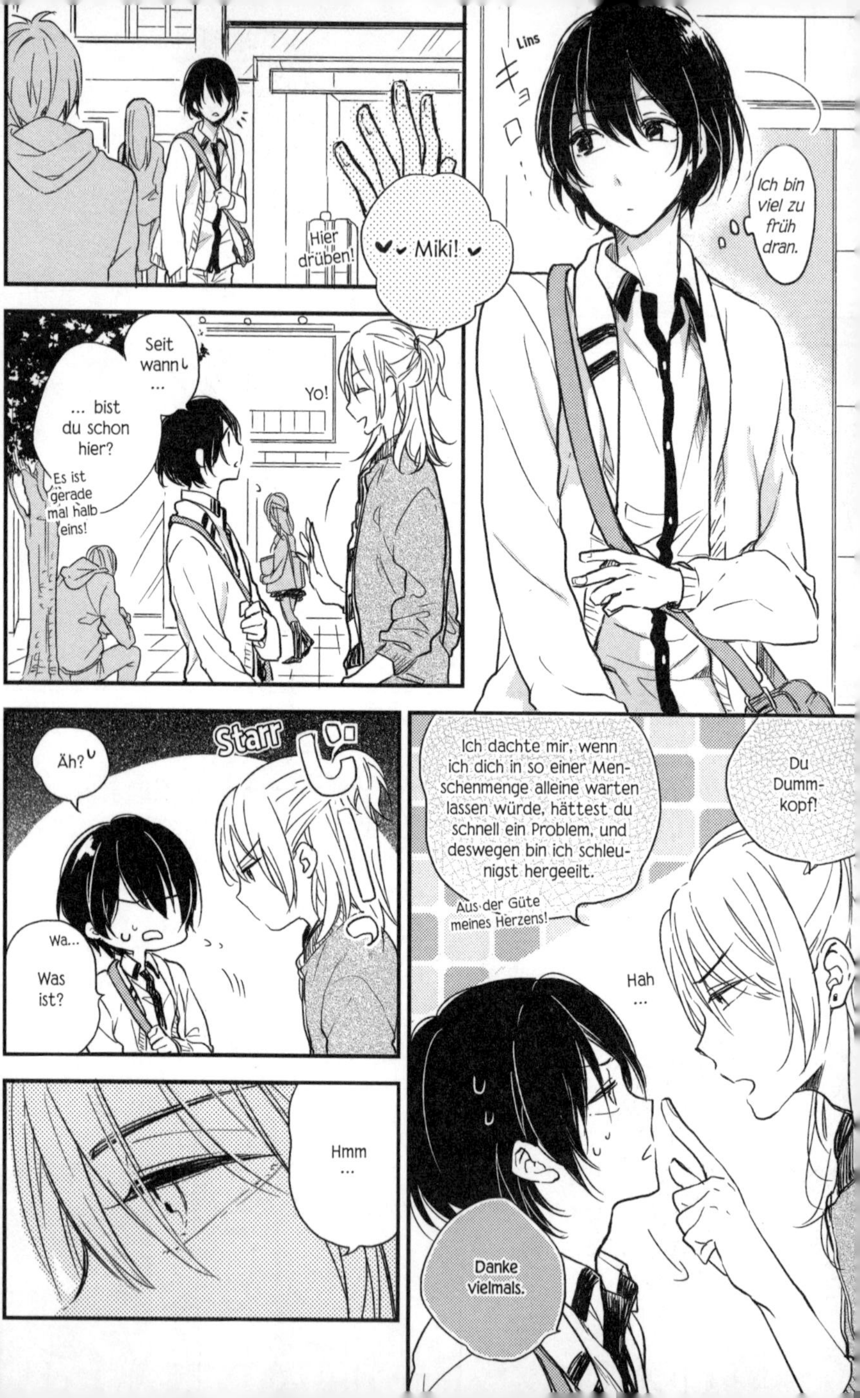

Lins
Ich bin viel zu früh dran.
Hier drüben!
Miki!
Yo!
Seit wann ...
... bist du schon hier?
Es ist gerade mal halb eins!
Ich dachte mir, wenn ich dich in so einer Menschenmenge alleine warten lassen würde, hättest du schnell ein Problem, und deswegen bin ich schleunigst hergeeilt.
Aus der Güte meines Herzens!
Du Dummkopf!
Starr
Äh?
Wa...
Was ist?
Hah ...
Hmm ...
Danke vielmals.

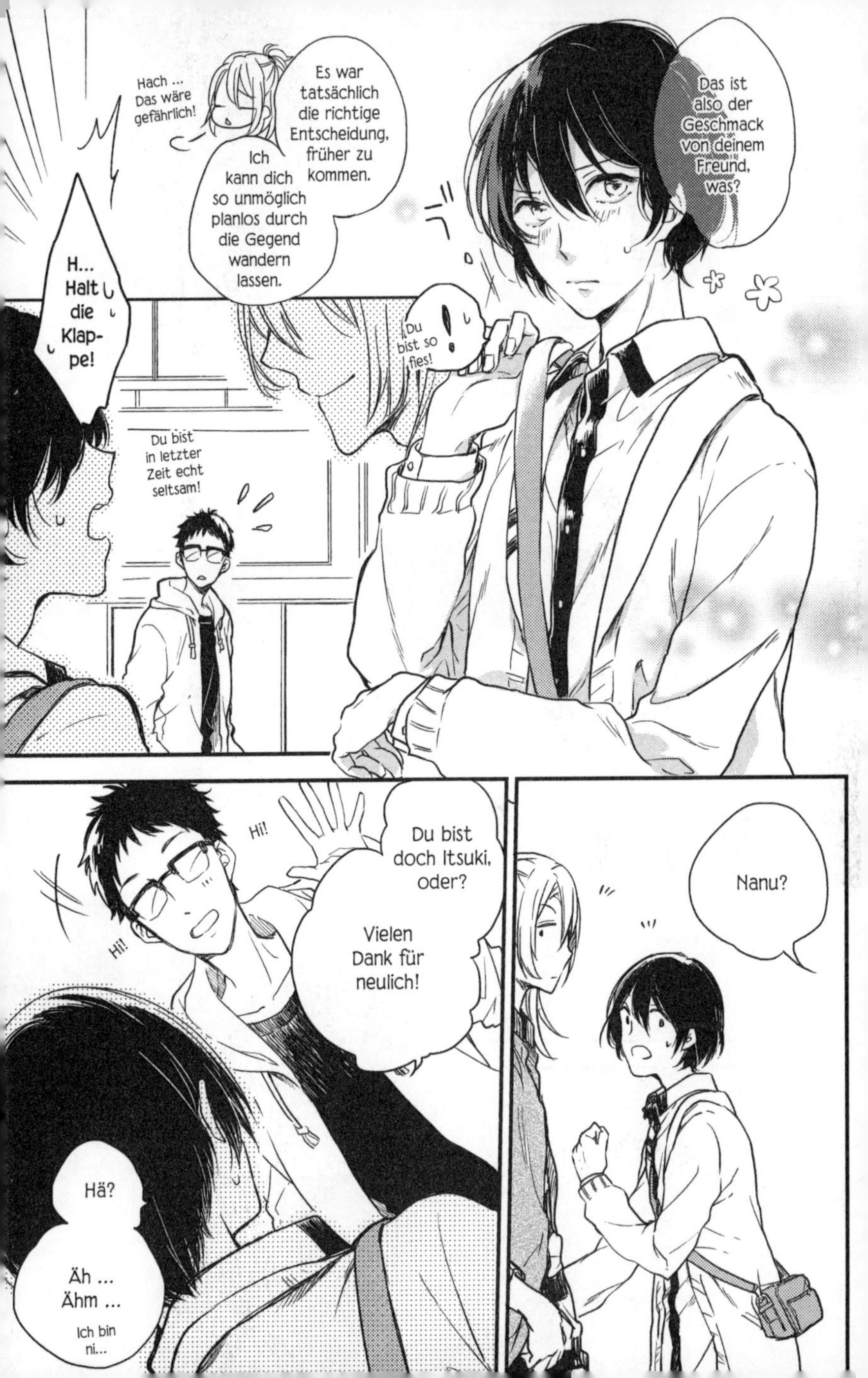

Das ist also der Geschmack von deinem Freund, was?
Es war tatsächlich die richtige Entscheidung, früher zu kommen.
Ich kann dich so unmöglich planlos durch die Gegend wandern lassen.
Hach ... Das wäre gefährlich!
H... Halt die Klap-pe!
Du bist so fies!
Du bist in letzter Zeit echt seltsam!
Nanu?
Du bist doch Itsuki, oder?
Hi!
Hi!
Vielen Dank für neulich!
Hä?
Äh ... Ähm ...
Ich bin ni...

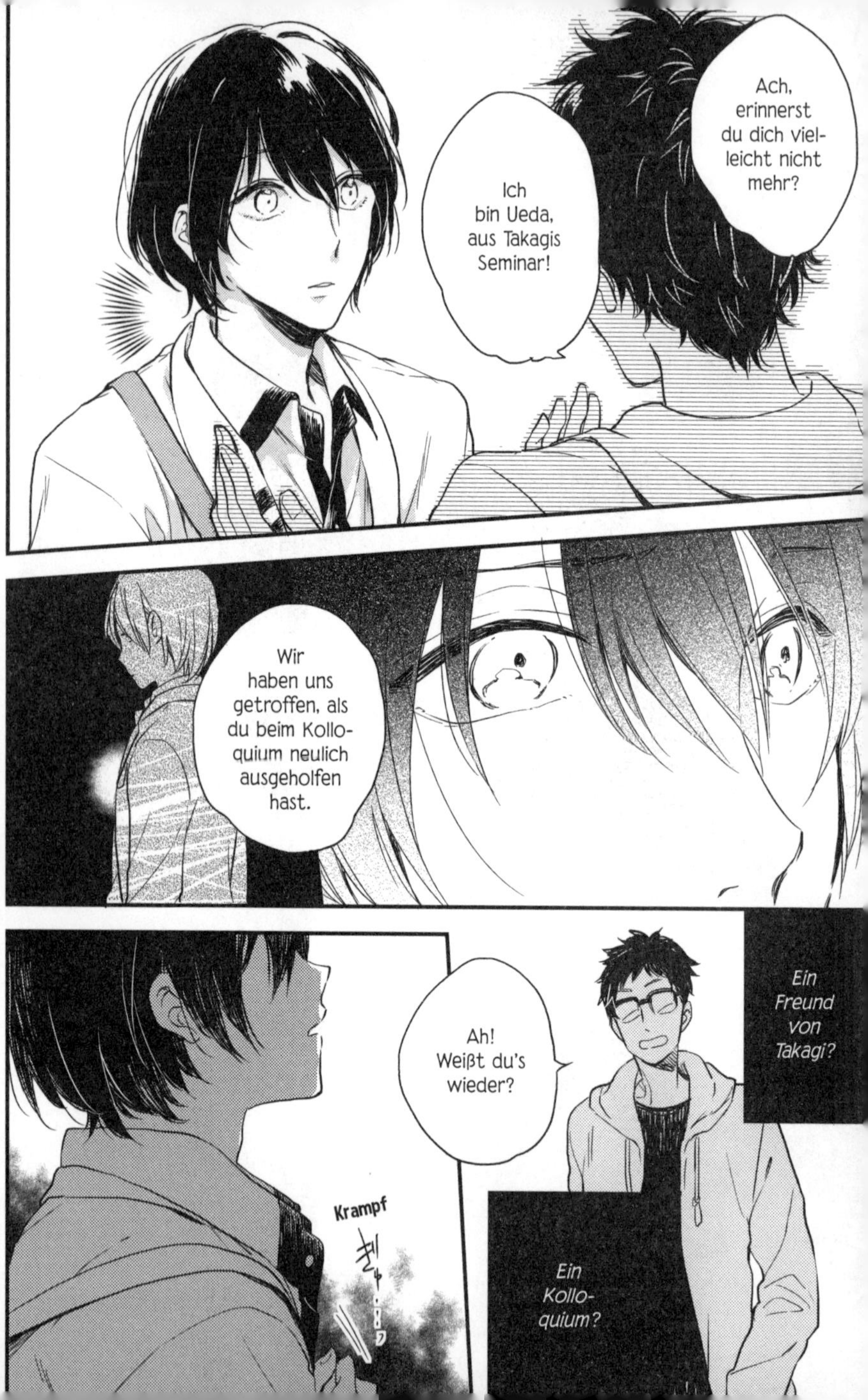
Ach, erinnerst du dich vielleicht nicht mehr?
Ich bin Ueda, aus Takagis Seminar!
Wir haben uns getroffen, als du beim Kolloquium neulich ausgeholfen hast.
Ein Freund von Takagi?
Ah! Weißt du's wieder?
Ein Kolloquium?
Krampf

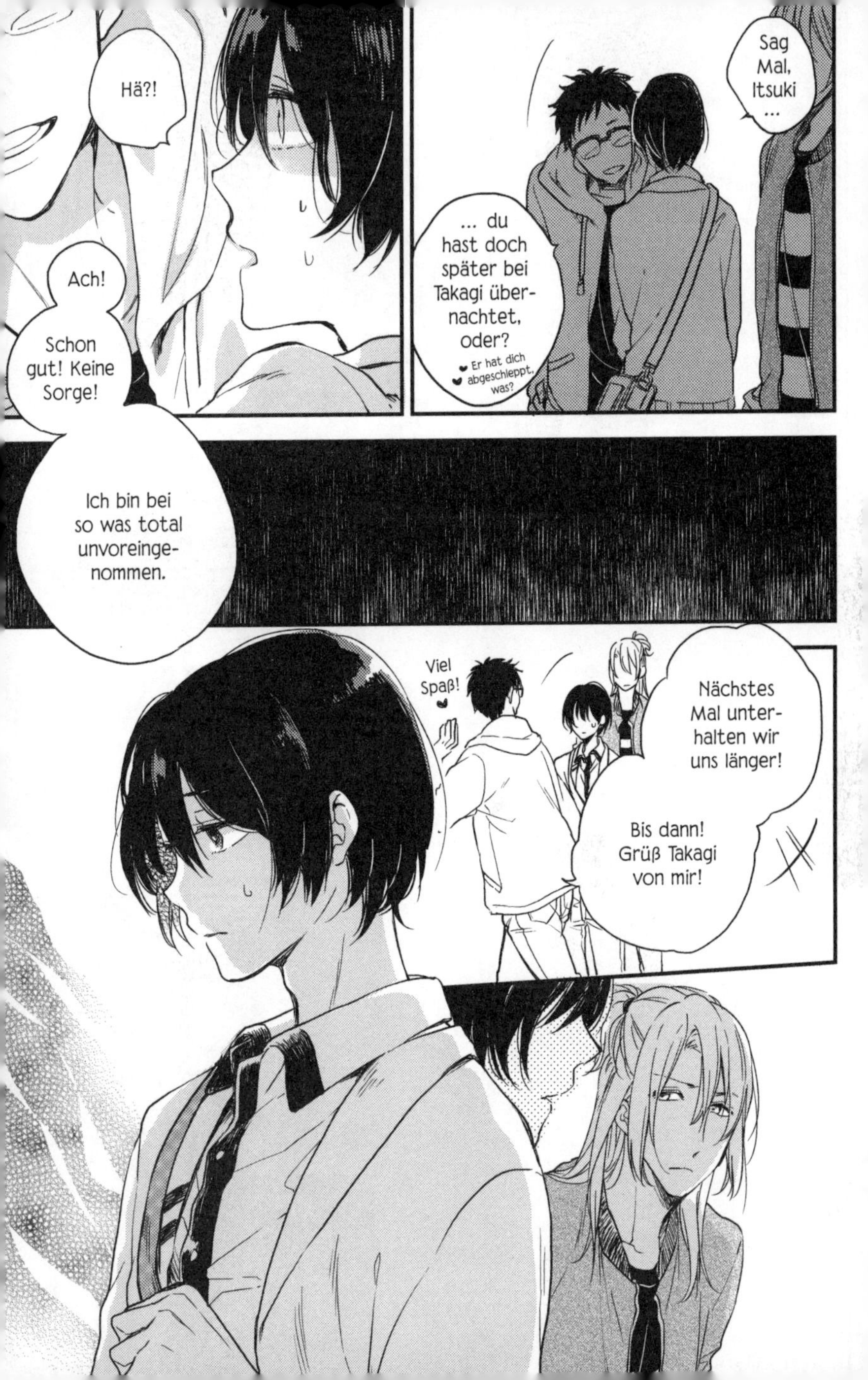
Sag Mal, Itsuki ...
... du hast doch später bei Takagi über-nachtet, oder?
Er hat dich abgeschleppt, was?
Hä?!
Ach!
Schon gut! Keine Sorge!
Ich bin bei so was total unvoreinge-nommen.
Nächstes Mal unter-halten wir uns länger!
Bis dann! Grüß Takagi von mir!
Viel Spaß!

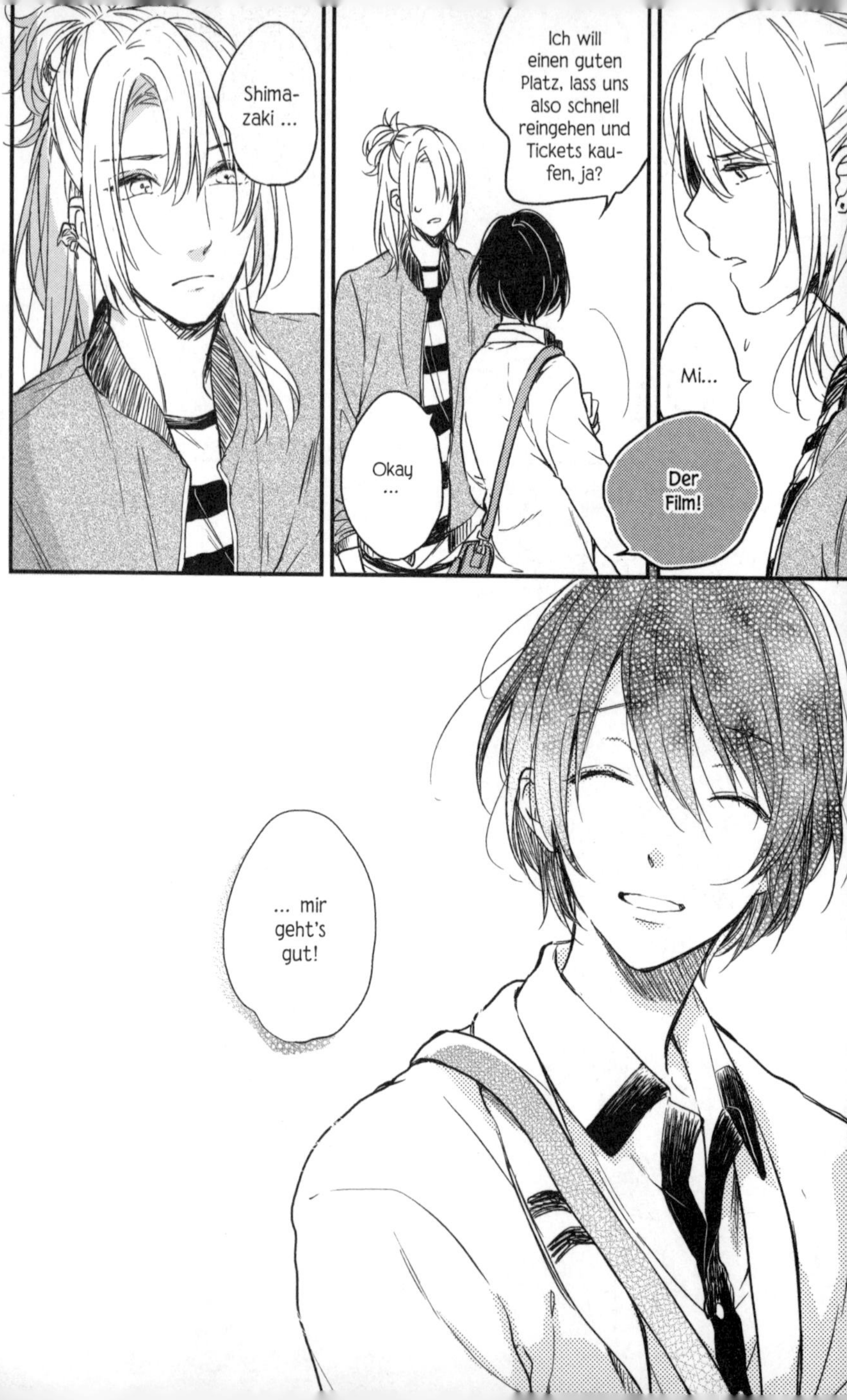
Mi...
Der Film!
Ich will einen guten Platz, lass uns also schnell reingehen und Tickets kaufen, ja?
Okay ...
Shimazaki ...
... mir geht's gut!

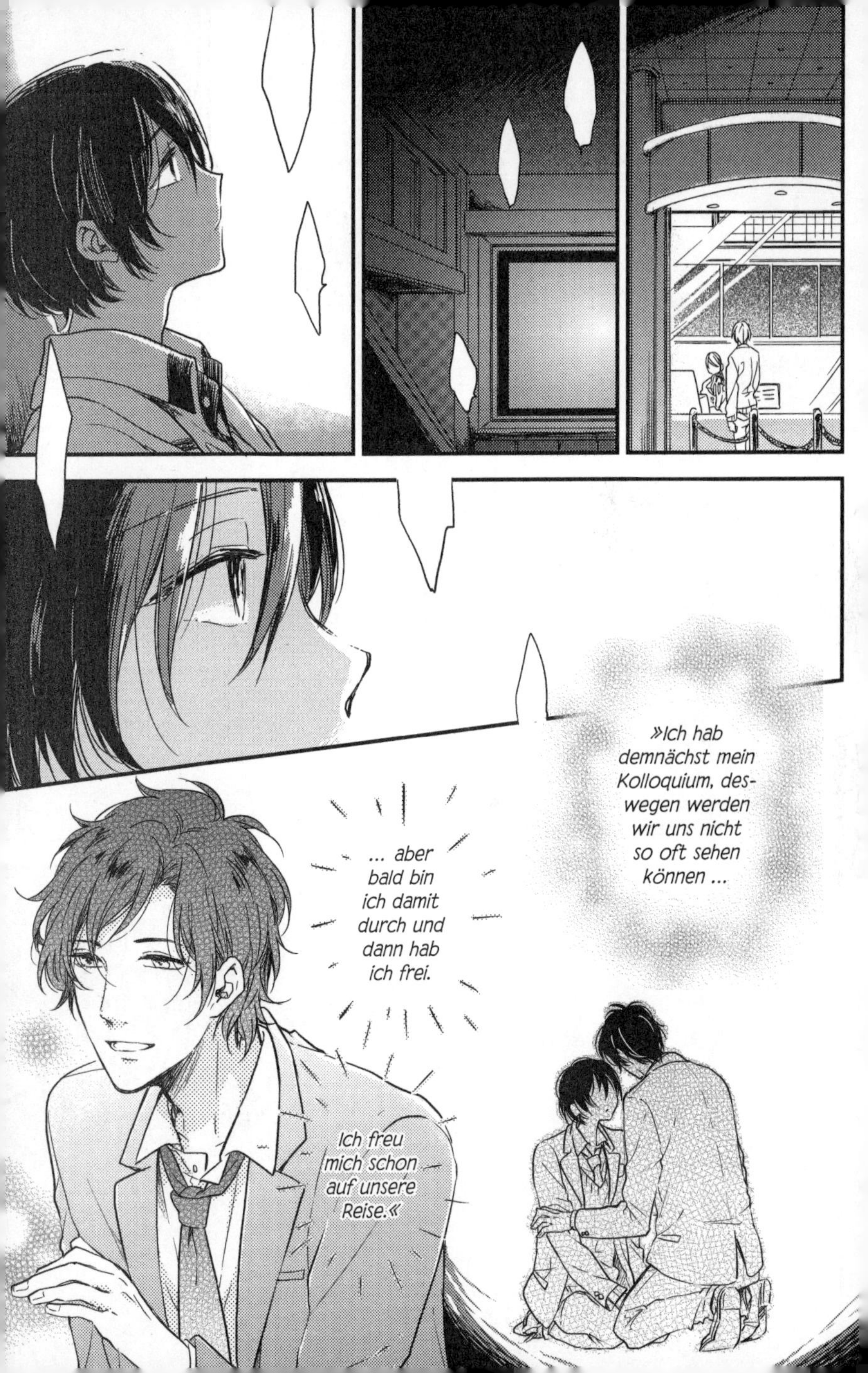
»Ich hab demnächst mein Kolloquium, deswegen werden wir uns nicht so oft sehen können ...
... aber bald bin ich damit durch und dann hab ich frei.
Ich freu mich schon auf unsere Reise.«

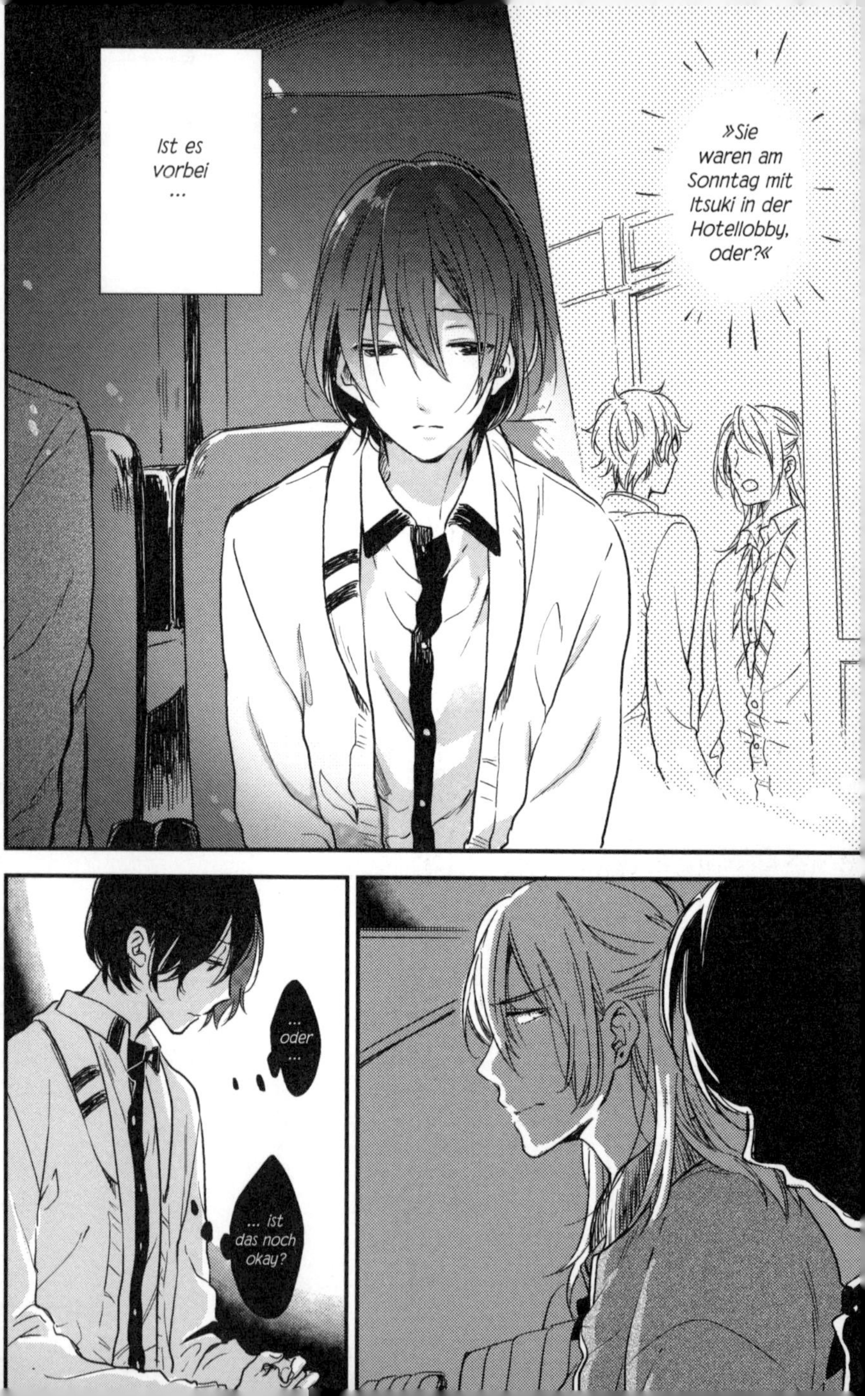
»Sie waren am Sonntag mit Itsuki in der Hotellobby, oder?«
Ist es vorbei ...
... oder ...
... ist das noch okay?

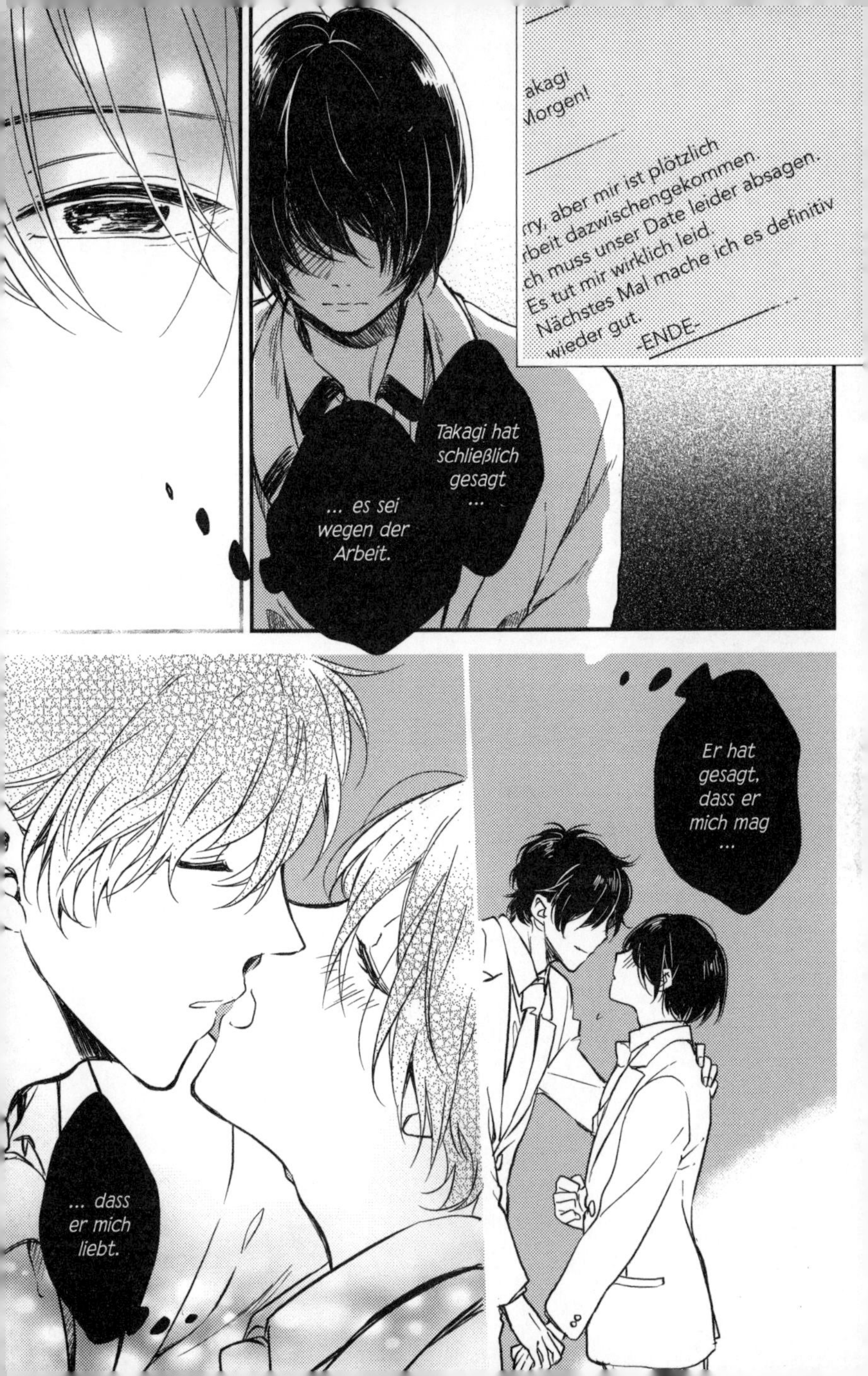

akagi
Morgen!
rry, aber mir ist plötzlich
rbeit dazwischengekommen.
ch muss unser Date leider absagen.
Es tut mir wirklich leid.
Nächstes Mal mache ich es definitiv
wieder gut.
-ENDE-
Takagi hat schließlich gesagt …
… es sei wegen der Arbeit.
Er hat gesagt, dass er mich mag …
… dass er mich liebt.

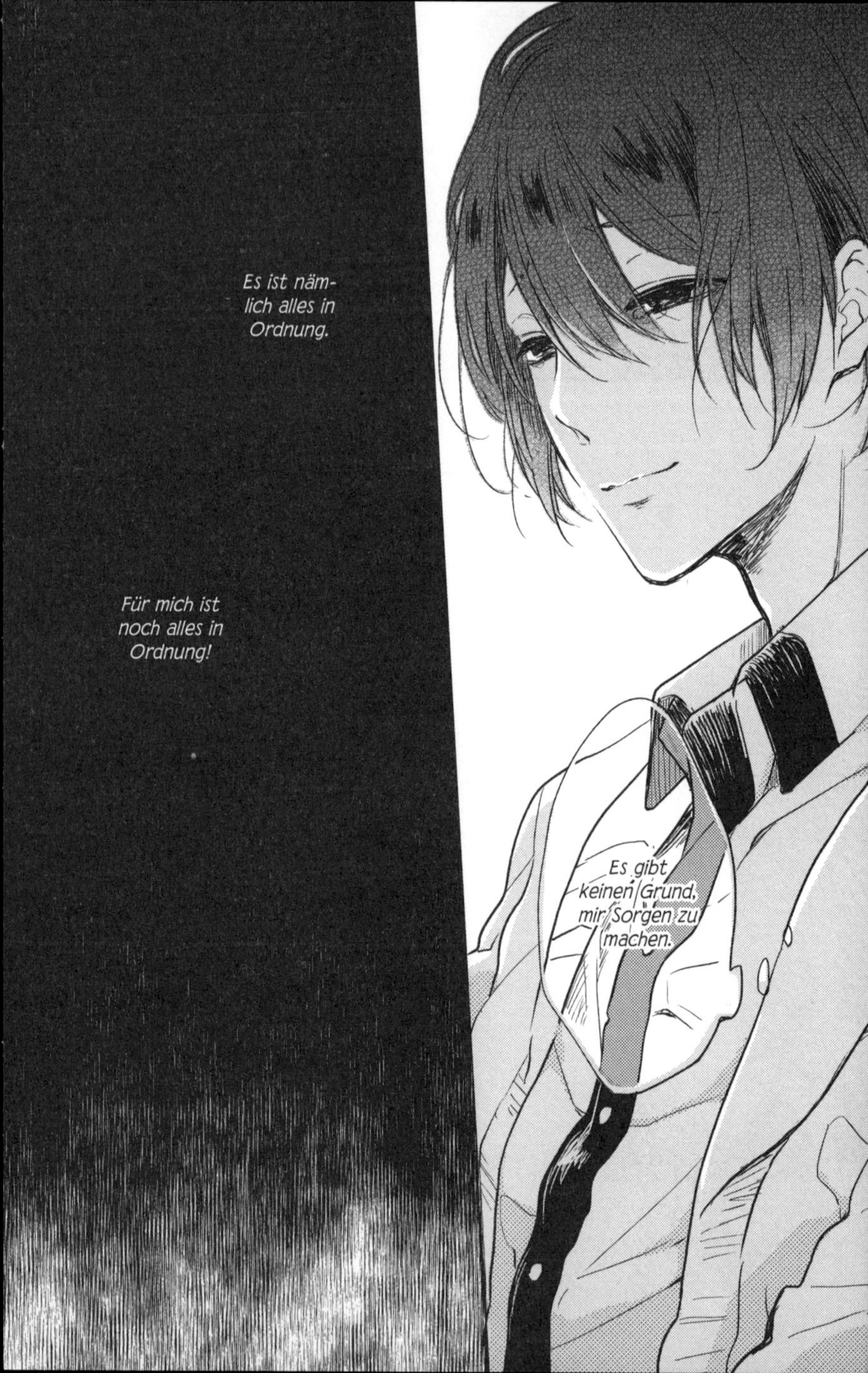
Es gibt keinen Grund, mir Sorgen zu machen.
Es ist nämlich alles in Ordnung.
Für mich ist noch alles in Ordnung!

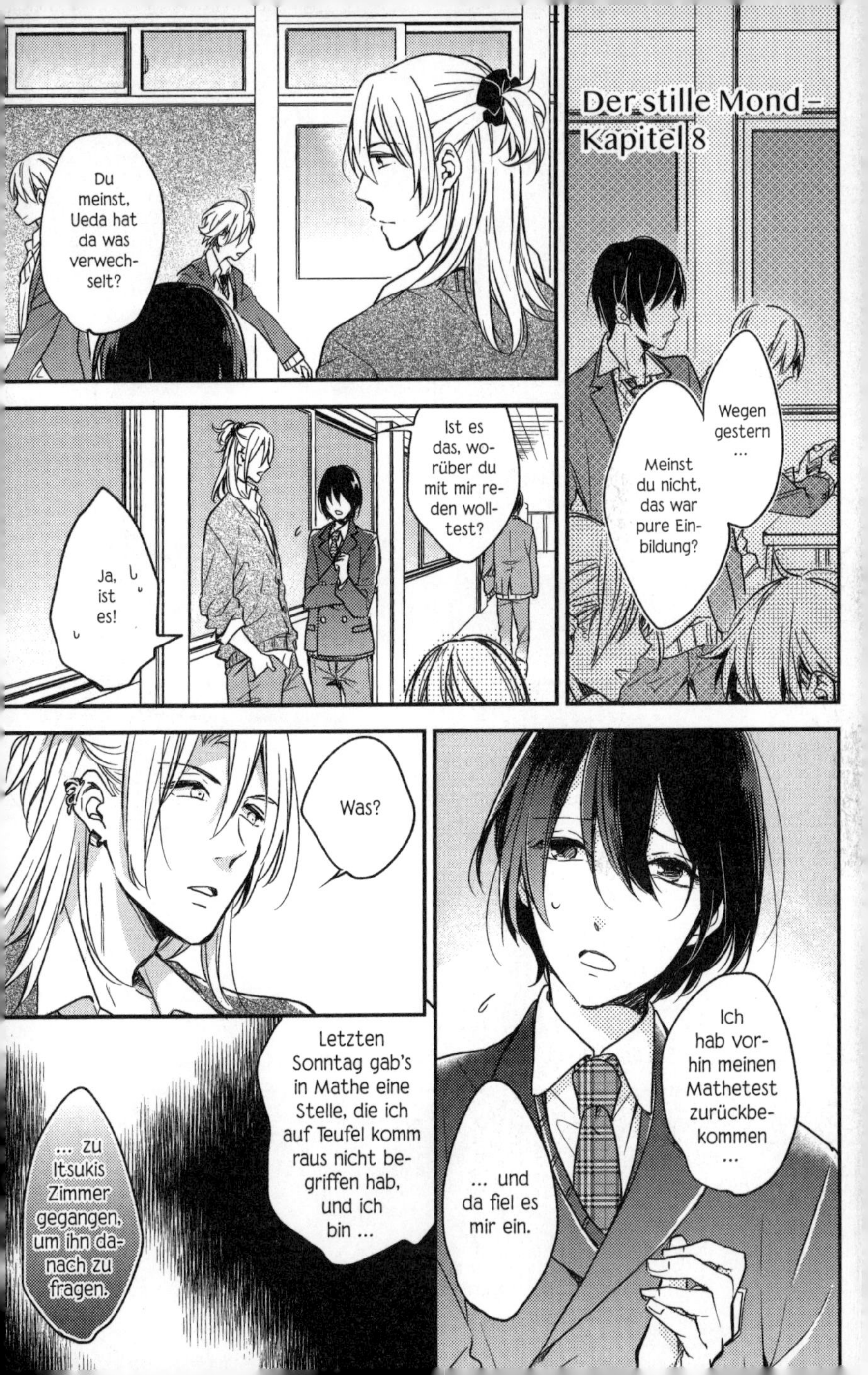
Der stille Mond – Kapitel 8
Wegen gestern …
Meinst du nicht, das war pure Einbildung?
Du meinst, Ueda hat da was verwechselt?
Ist es das, worüber du mit mir reden wolltest?
Ja, ist es!
Ich hab vorhin meinen Mathetest zurückbekommen …
… und da fiel es mir ein.
Was?
Letzten Sonntag gab's in Mathe eine Stelle, die ich auf Teufel komm raus nicht begriffen hab, und ich bin …
… zu Itsukis Zimmer gegangen, um ihn danach zu fragen.

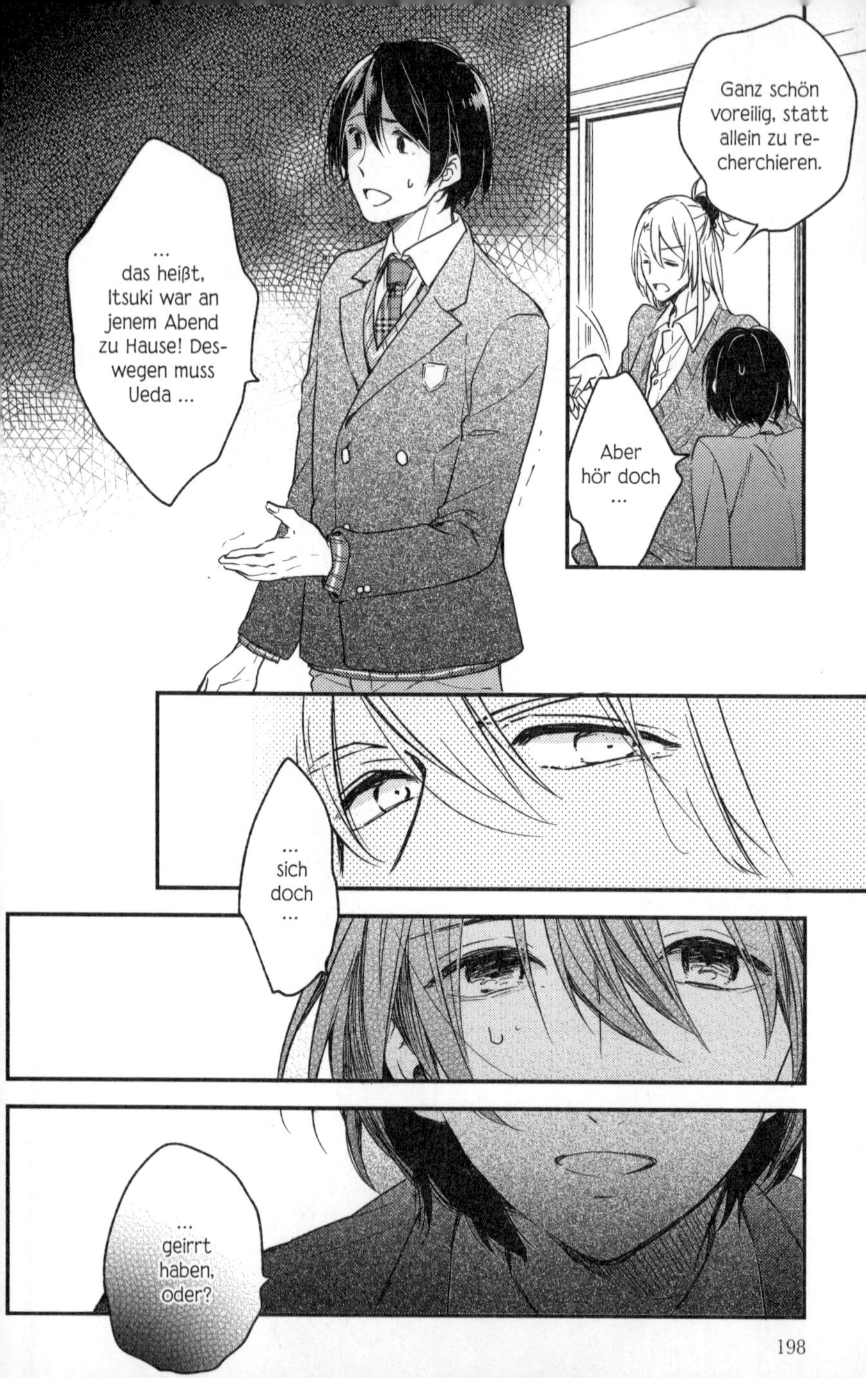
Ganz schön voreilig, statt allein zu recherchieren.
Aber hör doch ...
... das heißt, Itsuki war an jenem Abend zu Hause! Deswegen muss Ueda ...
... sich doch ...
... geirrt haben, oder?

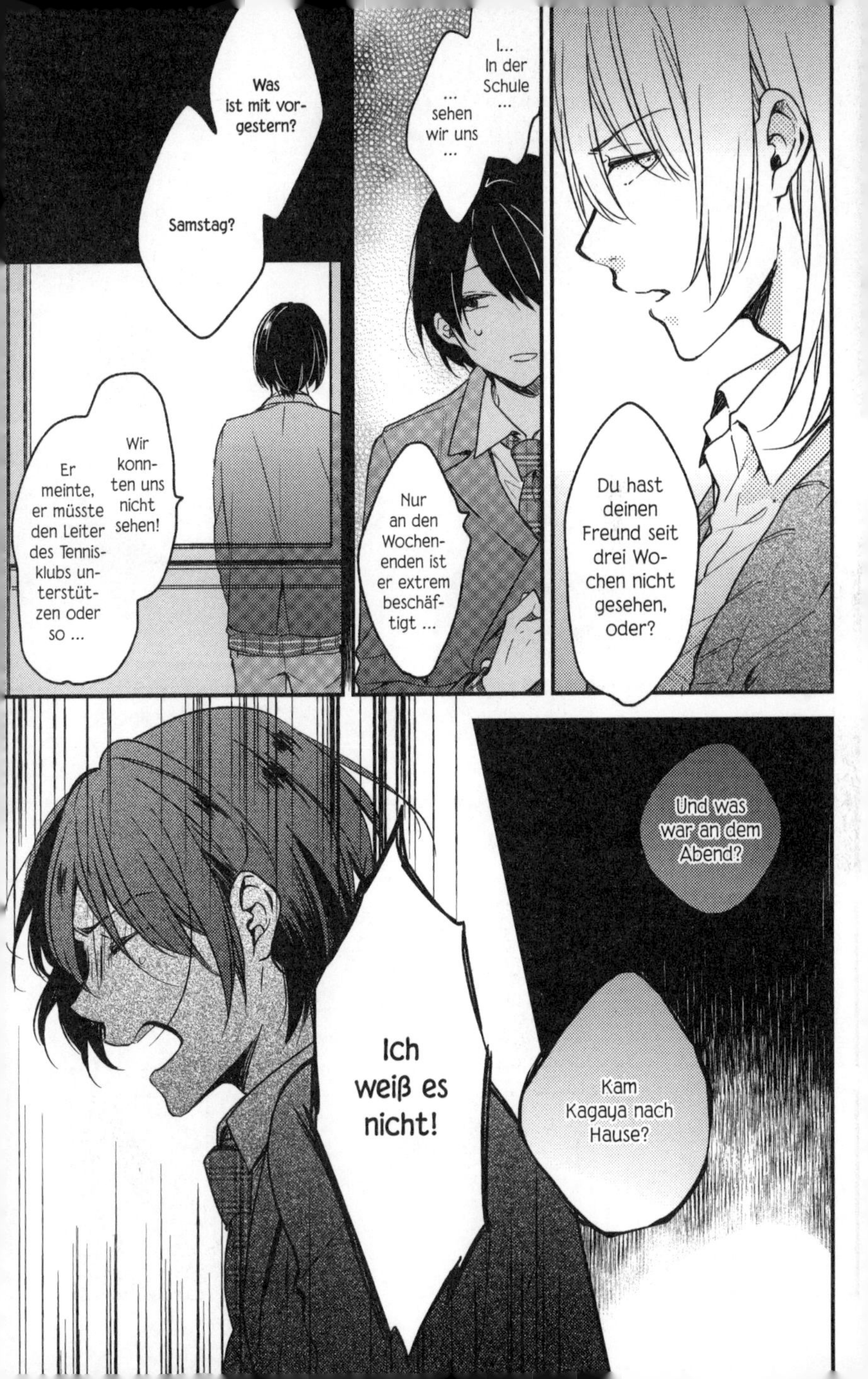
Du hast deinen Freund seit drei Wochen nicht gesehen, oder?
I... In der Schule ...
... sehen wir uns ...
Nur an den Wochenenden ist er extrem beschäftigt ...
Was ist mit vorgestern?
Samstag?
Wir konnten uns nicht sehen!
Er meinte, er müsste den Leiter des Tennisklubs unterstützen oder so ...
Und was war an dem Abend?
Kam Kagaya nach Hause?
Ich weiß es nicht!

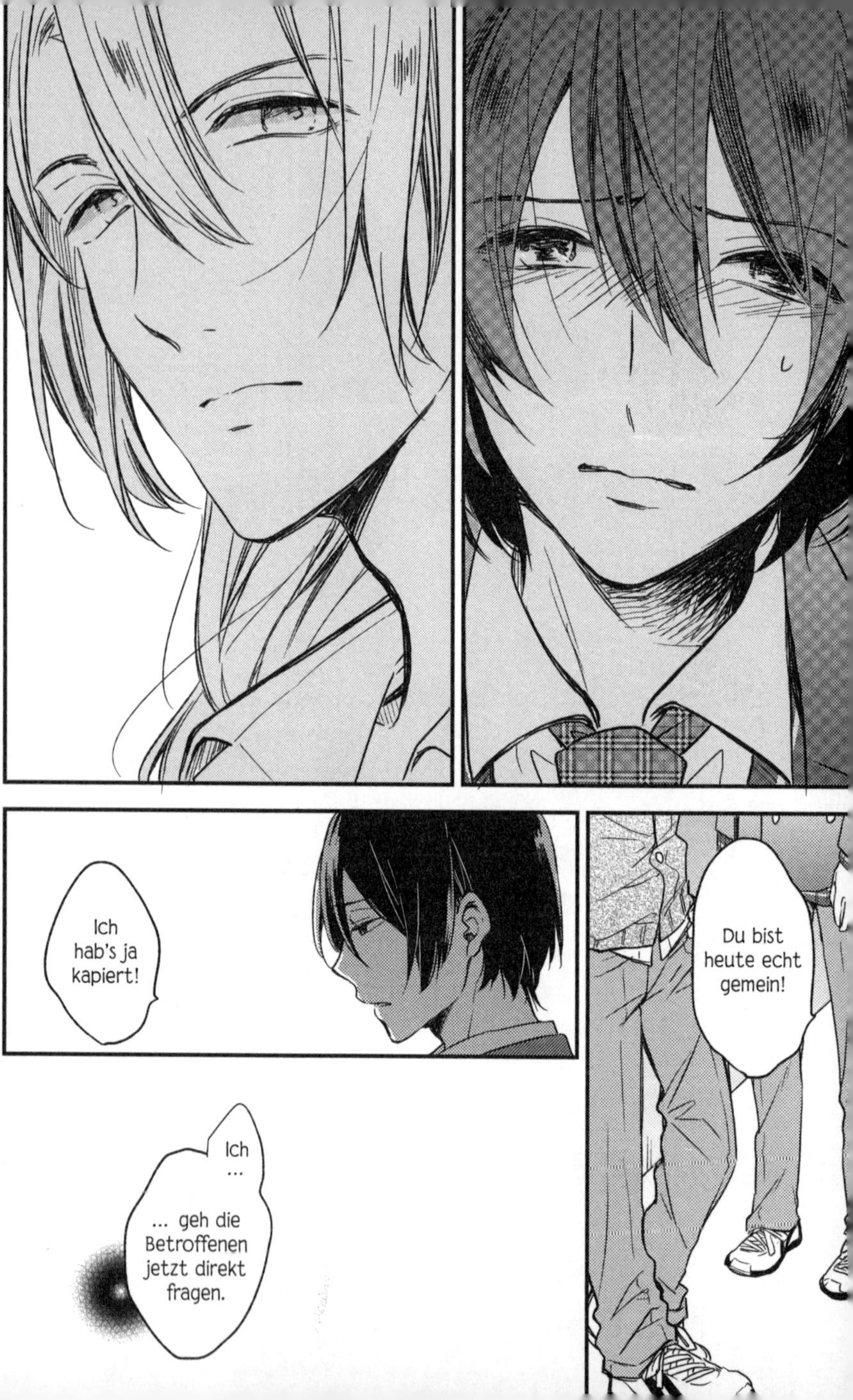
Du bist heute echt gemein!
Ich hab's ja kapiert!
Ich ...
... geh die Betroffenen jetzt direkt fragen.

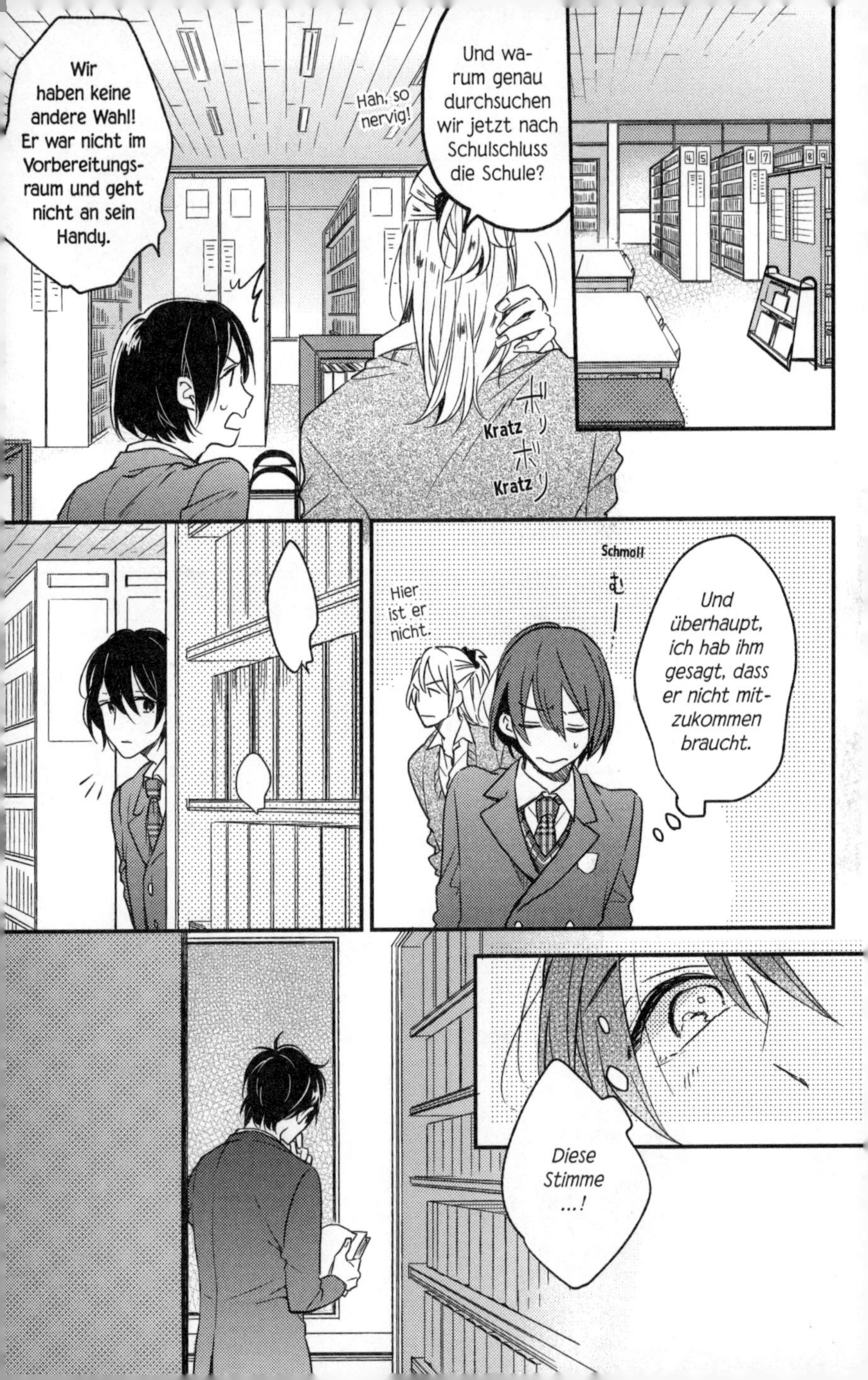
Und warum genau durchsuchen wir jetzt nach Schulschluss die Schule?
Hah, so nervig!
Wir haben keine andere Wahl! Er war nicht im Vorbereitungsraum und geht nicht an sein Handy.
Kratz
Kratz
Schmoll
Hier ist er nicht.
Und überhaupt, ich hab ihm gesagt, dass er nicht mitzukommen braucht.
Diese Stimme ...!

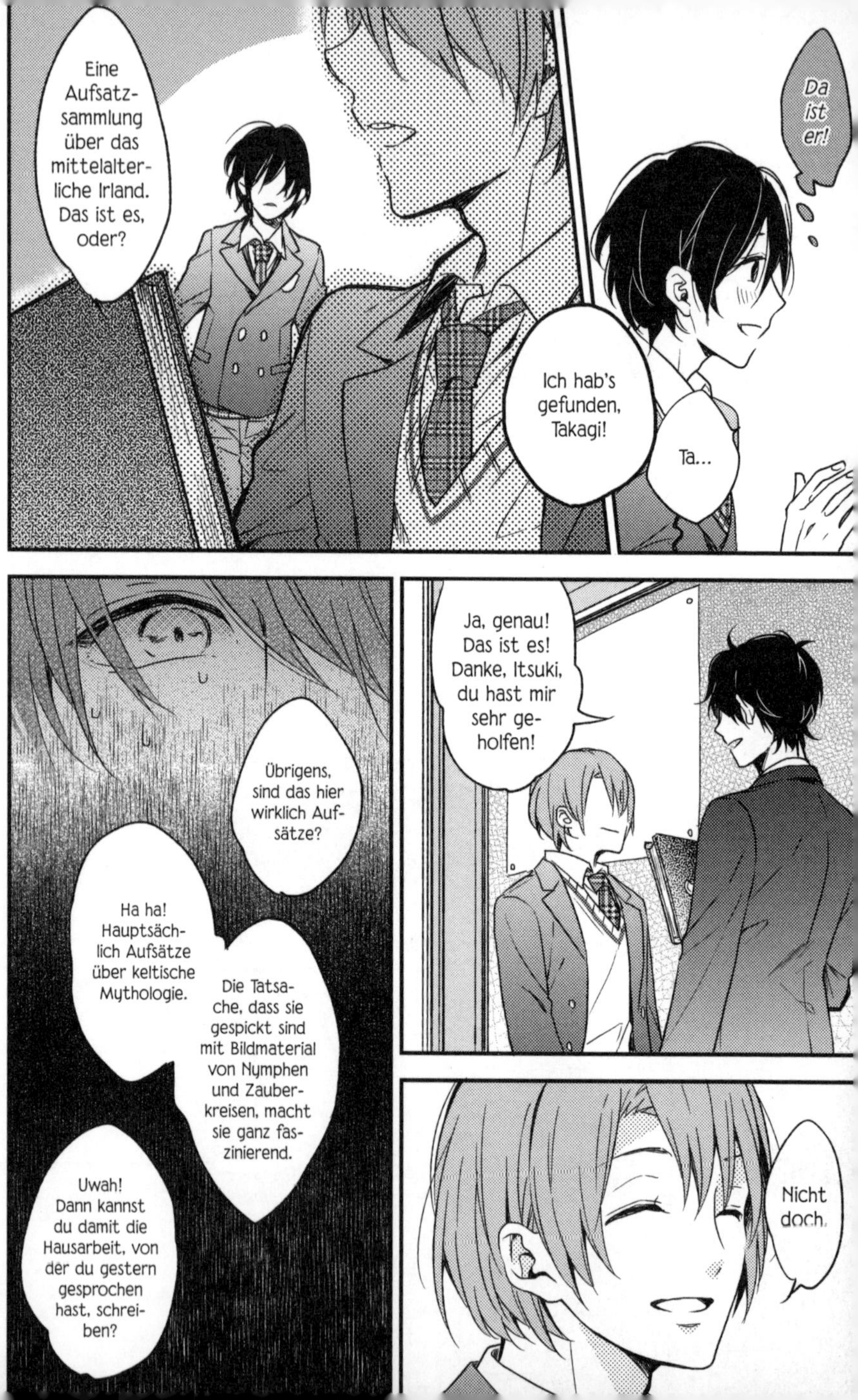
Da ist er!
Ta…
Ich hab's gefunden, Takagi!
Eine Aufsatz-sammlung über das mittelalter-liche Irland. Das ist es, oder?
Ja, genau! Das ist es! Danke, Itsuki, du hast mir sehr ge-holfen!
Nicht doch.
Übrigens, sind das hier wirklich Auf-sätze?
Ha ha! Hauptsäch-lich Aufsätze über keltische Mythologie.
Die Tatsa-che, dass sie gespickt sind mit Bildmaterial von Nymphen und Zauber-kreisen, macht sie ganz fas-zinierend.
Uwah! Dann kannst du damit die Hausarbeit, von der du gestern gesprochen hast, schrei-ben?

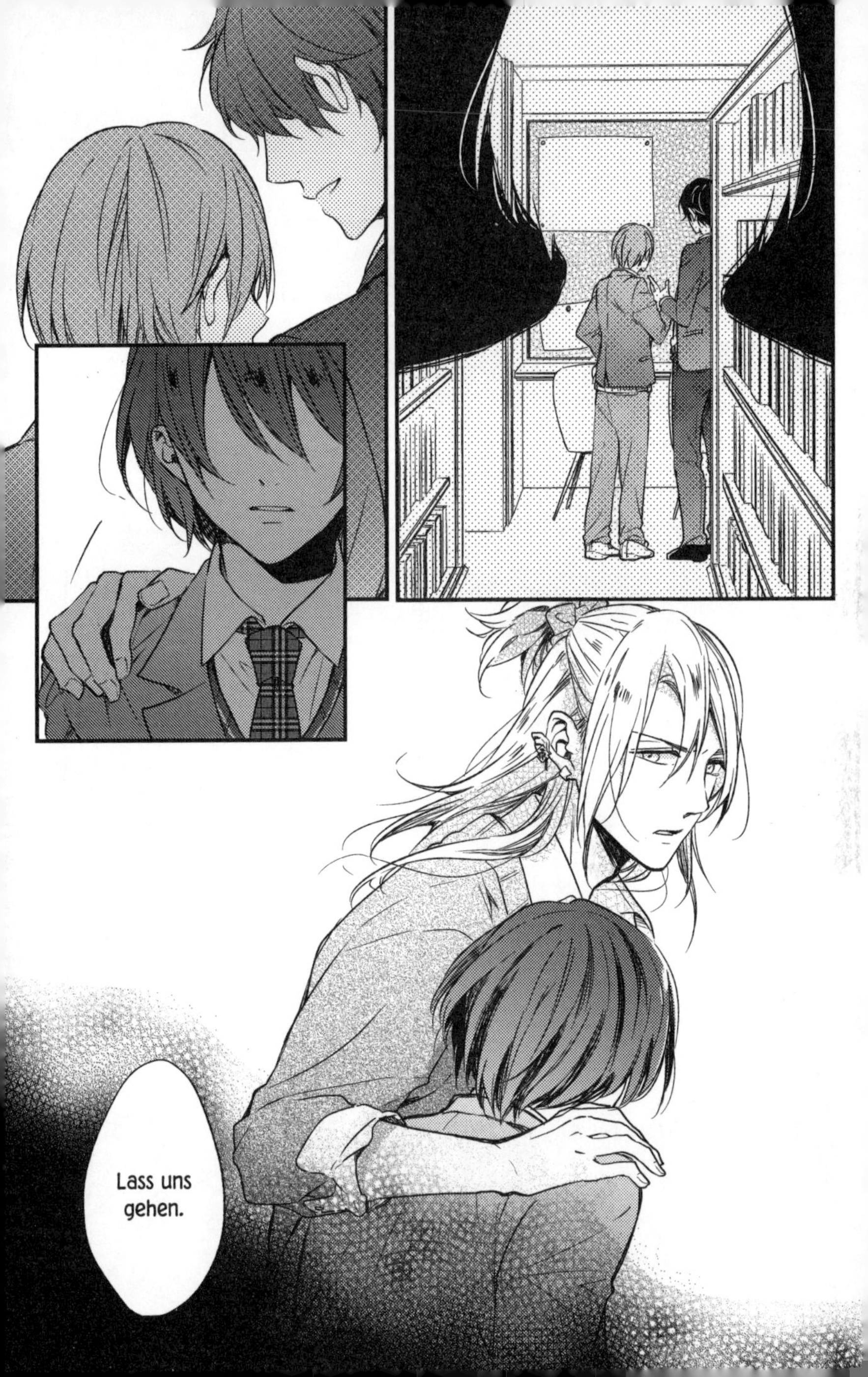

Lass uns gehen.

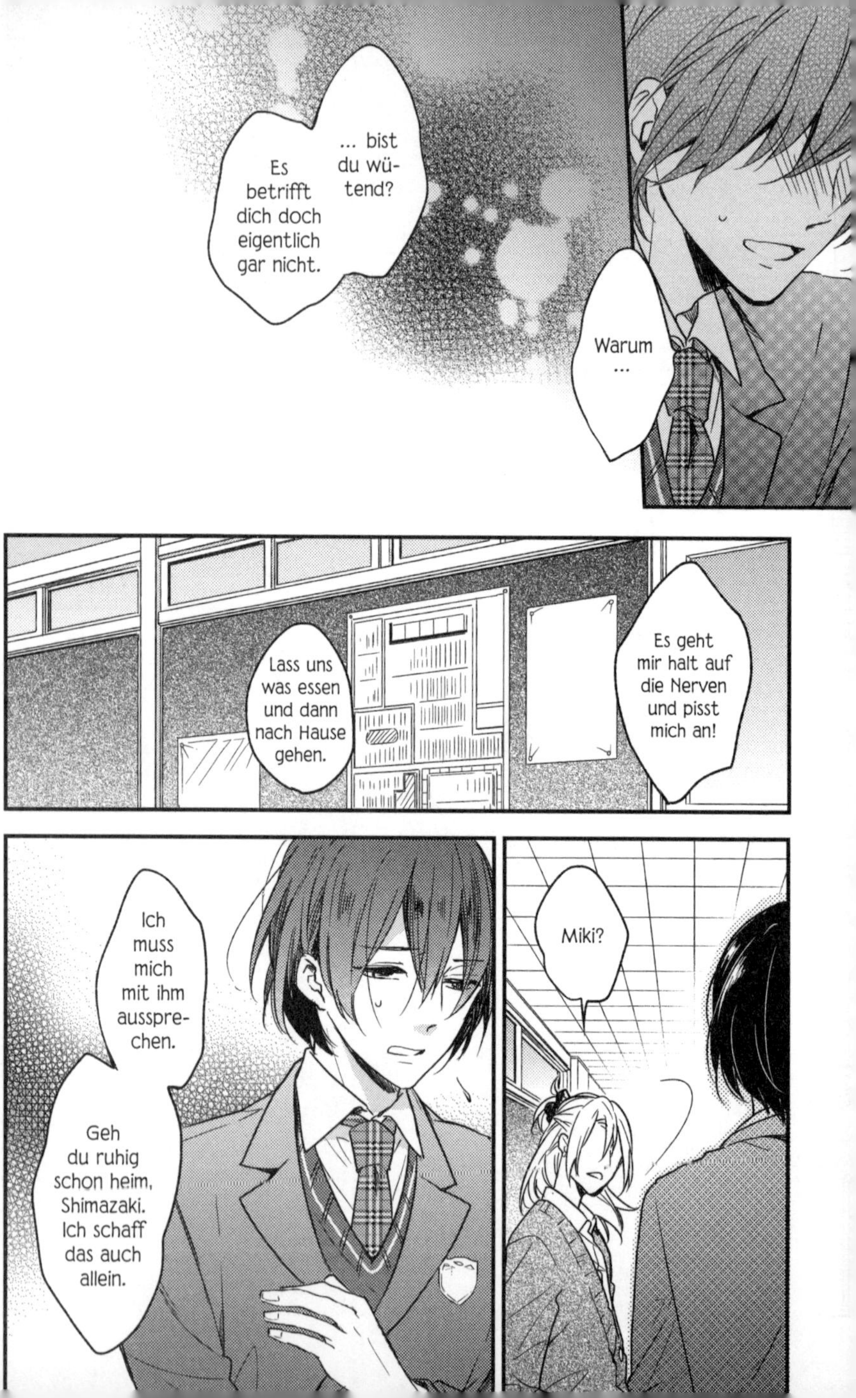
Warum ...
... bist du wütend?
Es betrifft dich doch eigentlich gar nicht.
Es geht mir halt auf die Nerven und pisst mich an!
Lass uns was essen und dann nach Hause gehen.
Miki?
Ich muss mich mit ihm aussprechen.
Geh du ruhig schon heim, Shimazaki. Ich schaff das auch allein.

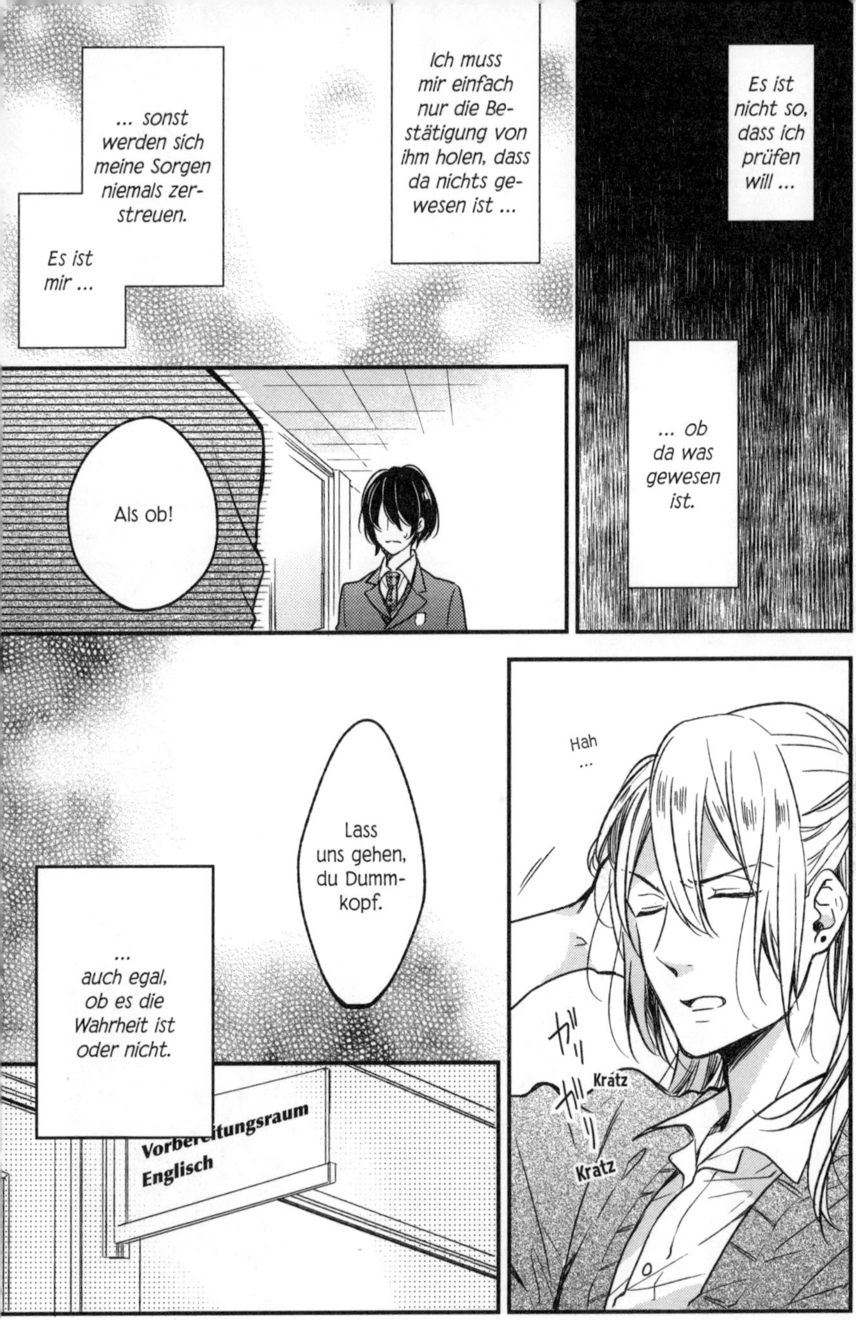
Es ist nicht so, dass ich prüfen will ...
... ob da was gewesen ist.
Ich muss mir einfach nur die Bestätigung von ihm holen, dass da nichts gewesen ist ...
... sonst werden sich meine Sorgen niemals zerstreuen.
Es ist mir ...
Als ob!
Hah ...
Kratz
Kratz
Lass uns gehen, du Dummkopf.
... auch egal, ob es die Wahrheit ist oder nicht.
Vorbereitungsraum Englisch

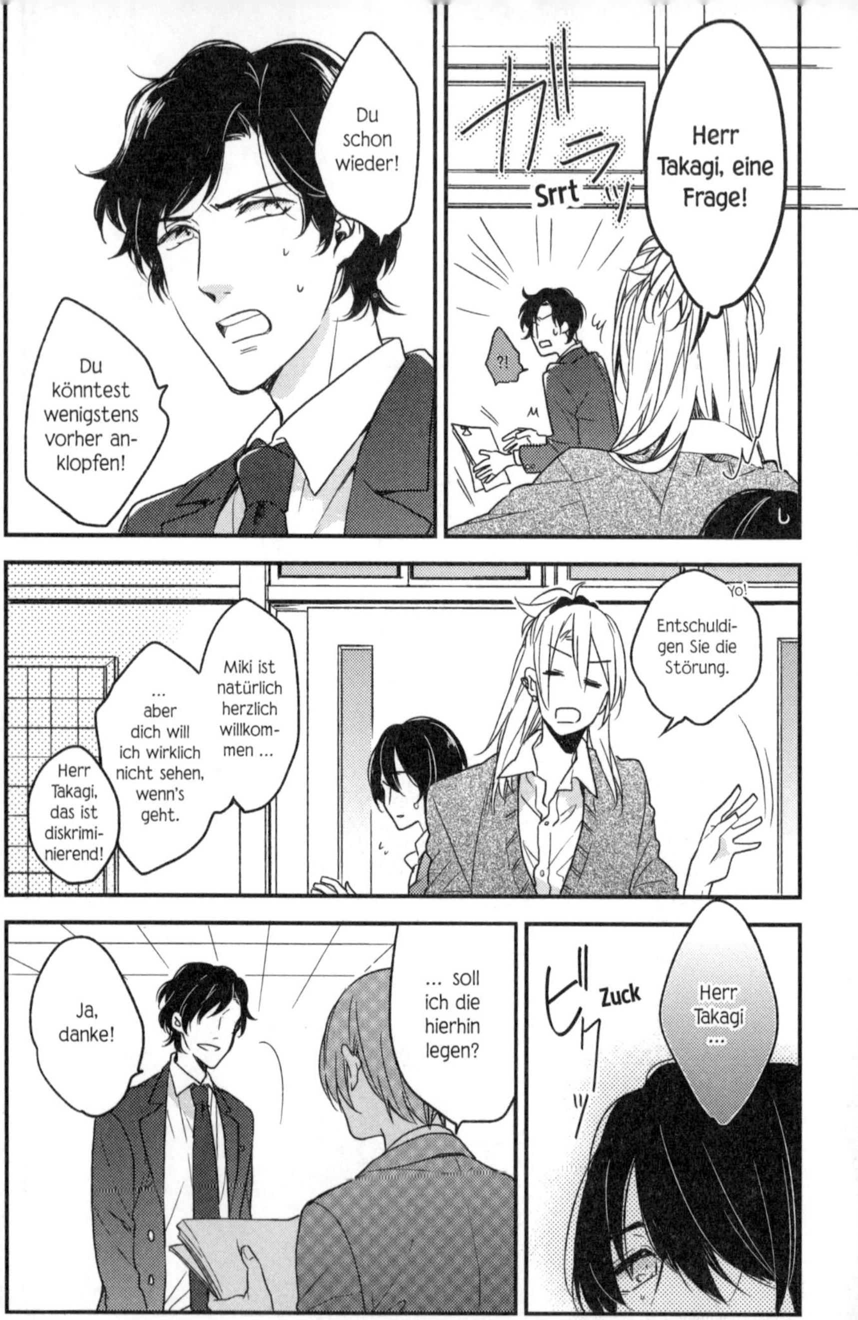
Srrt
Herr Takagi, eine Frage!
?!
Du schon wieder!
Du könntest wenigstens vorher anklopfen!
Yo!
Entschuldigen Sie die Störung.
Miki ist natürlich herzlich willkommen ...
... aber dich will ich wirklich nicht sehen, wenn's geht.
Herr Takagi, das ist diskriminierend!
Zuck
Herr Takagi ...
... soll ich die hierhin legen?
Ja, danke!

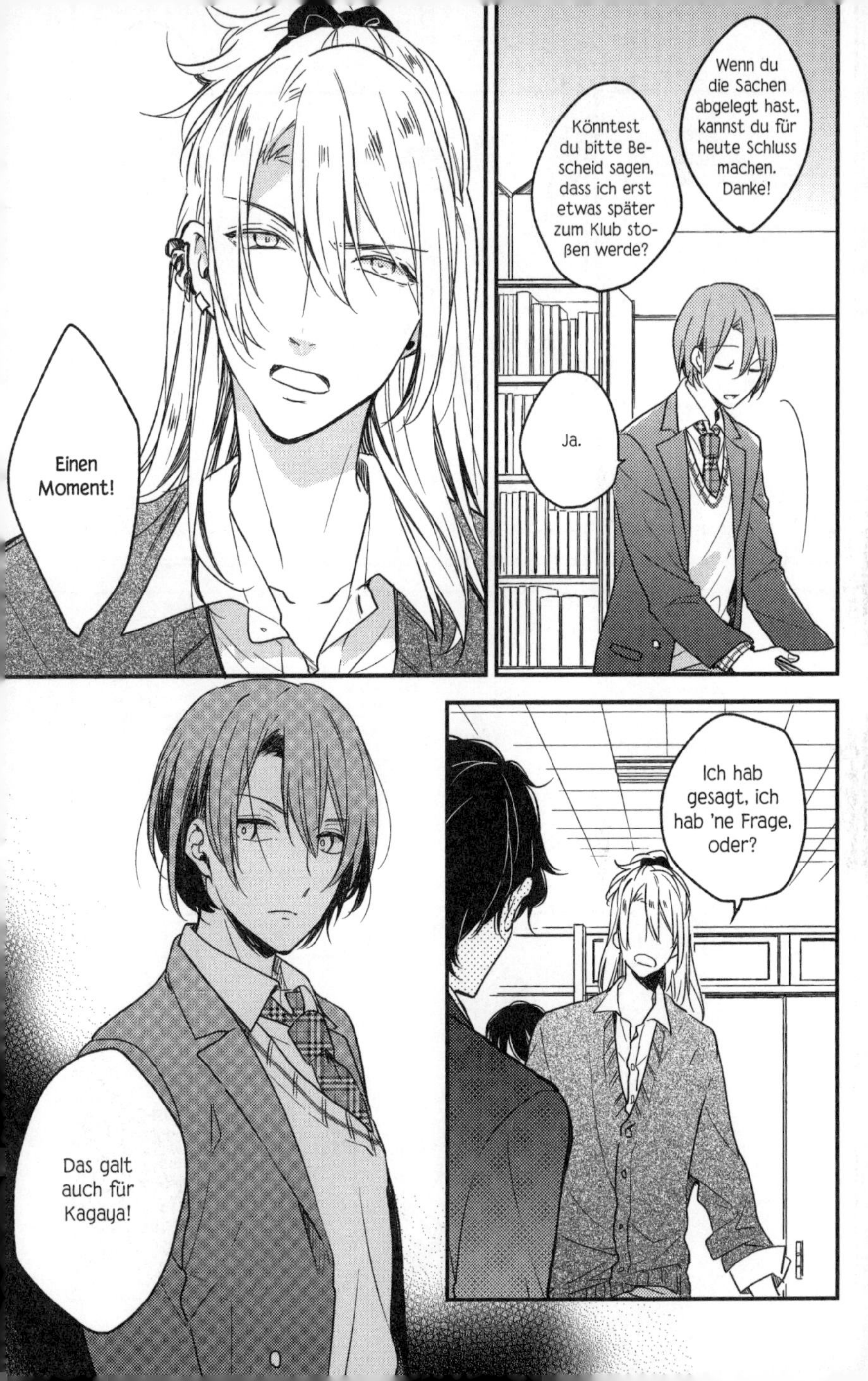
Wenn du die Sachen abgelegt hast, kannst du für heute Schluss machen. Danke!
Könntest du bitte Bescheid sagen, dass ich erst etwas später zum Klub stoßen werde?
Ja.
Einen Moment!
Ich hab gesagt, ich hab 'ne Frage, oder?
Das galt auch für Kagaya!

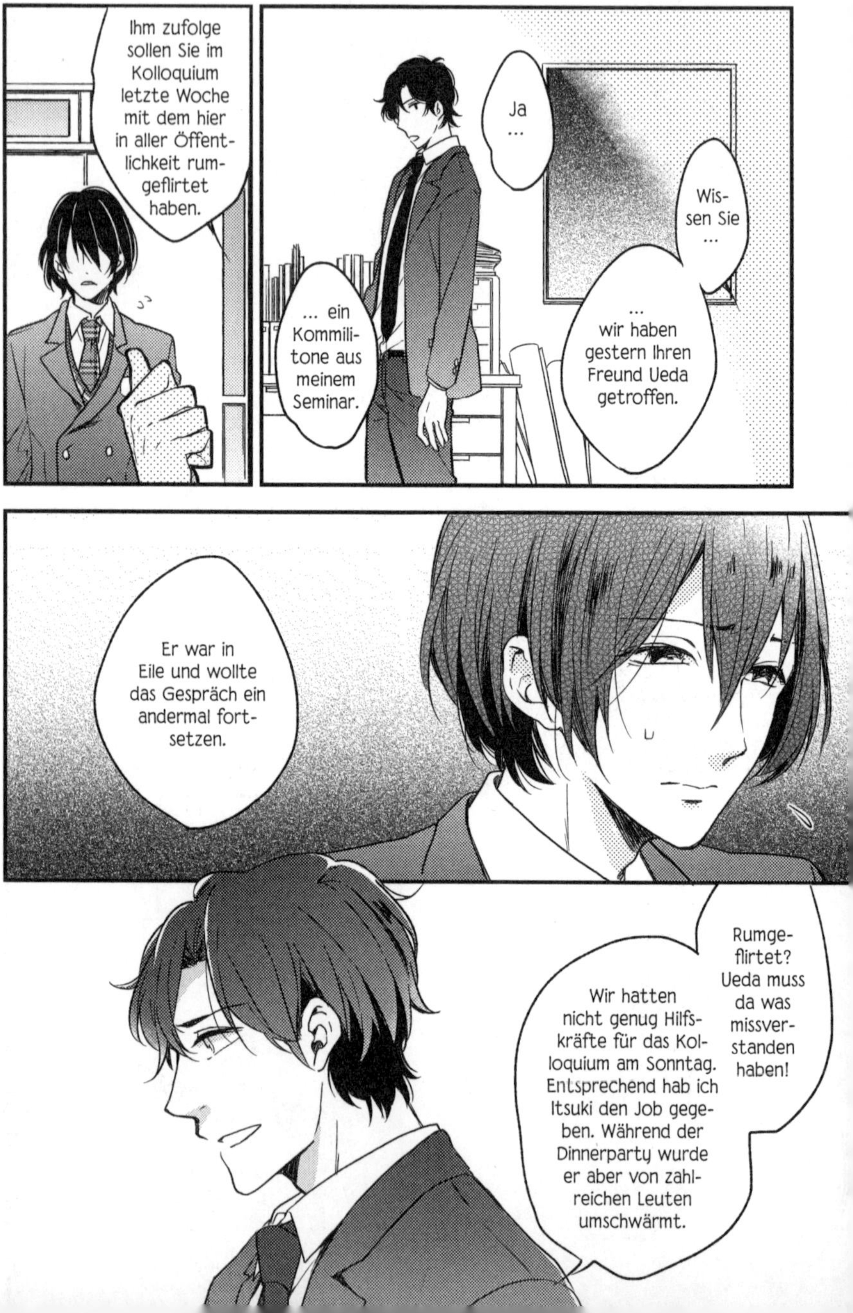

Wissen Sie …
… wir haben gestern Ihren Freund Ueda getroffen.
Ja …
… ein Kommilitone aus meinem Seminar.
Ihm zufolge sollen Sie im Kolloquium letzte Woche mit dem hier in aller Öffentlichkeit rumgeflirtet haben.
Er war in Eile und wollte das Gespräch ein andermal fortsetzen.
Rumgeflirtet? Ueda muss da was missverstanden haben!
Wir hatten nicht genug Hilfskräfte für das Kolloquium am Sonntag. Entsprechend hab ich Itsuki den Job gegeben. Während der Dinnerparty wurde er aber von zahlreichen Leuten umschwärmt.

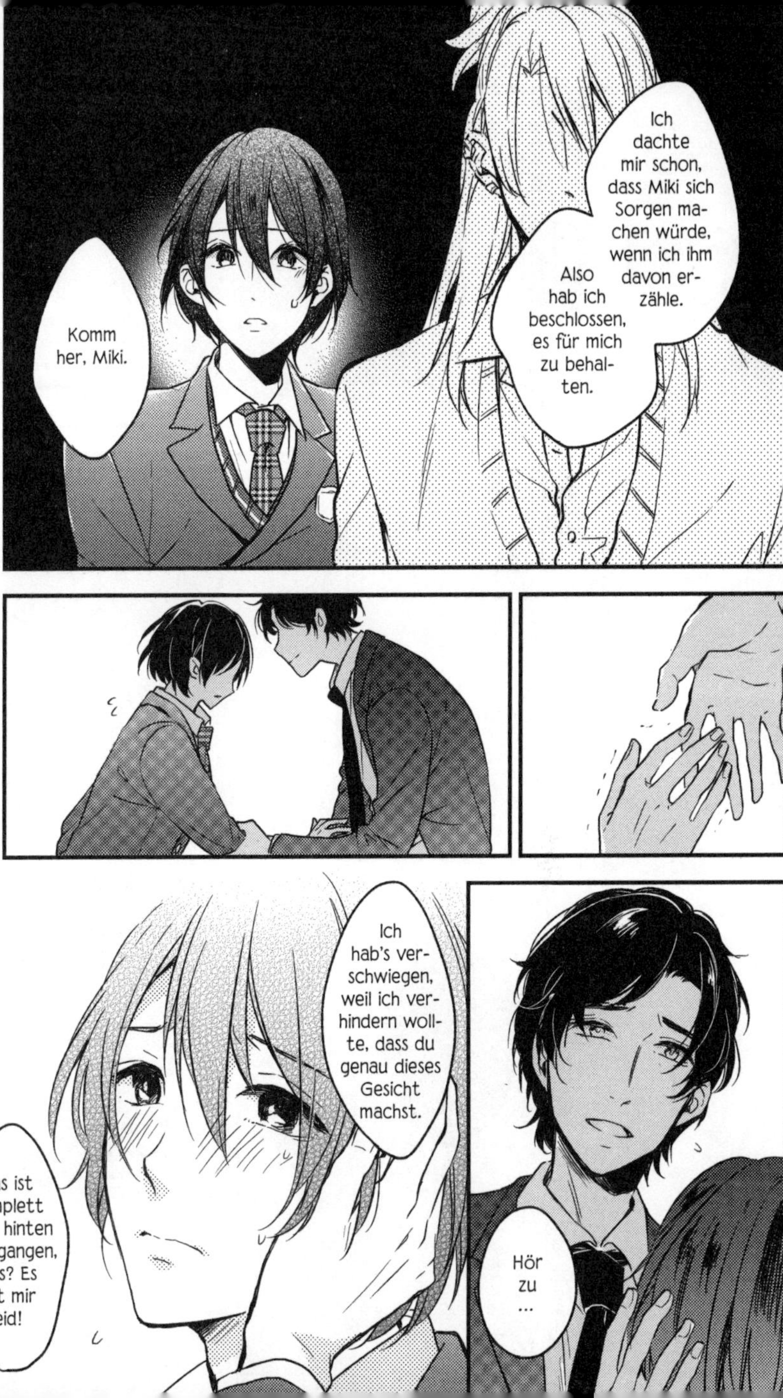
Ich dachte mir schon, dass Miki sich Sorgen machen würde, wenn ich ihm davon erzähle.
Also hab ich beschlossen, es für mich zu behalten.
Komm her, Miki.
Hör zu ...
Ich hab's verschwiegen, weil ich verhindern wollte, dass du genau dieses Gesicht machst.
Das ist komplett nach hinten losgegangen, was? Es tut mir leid!

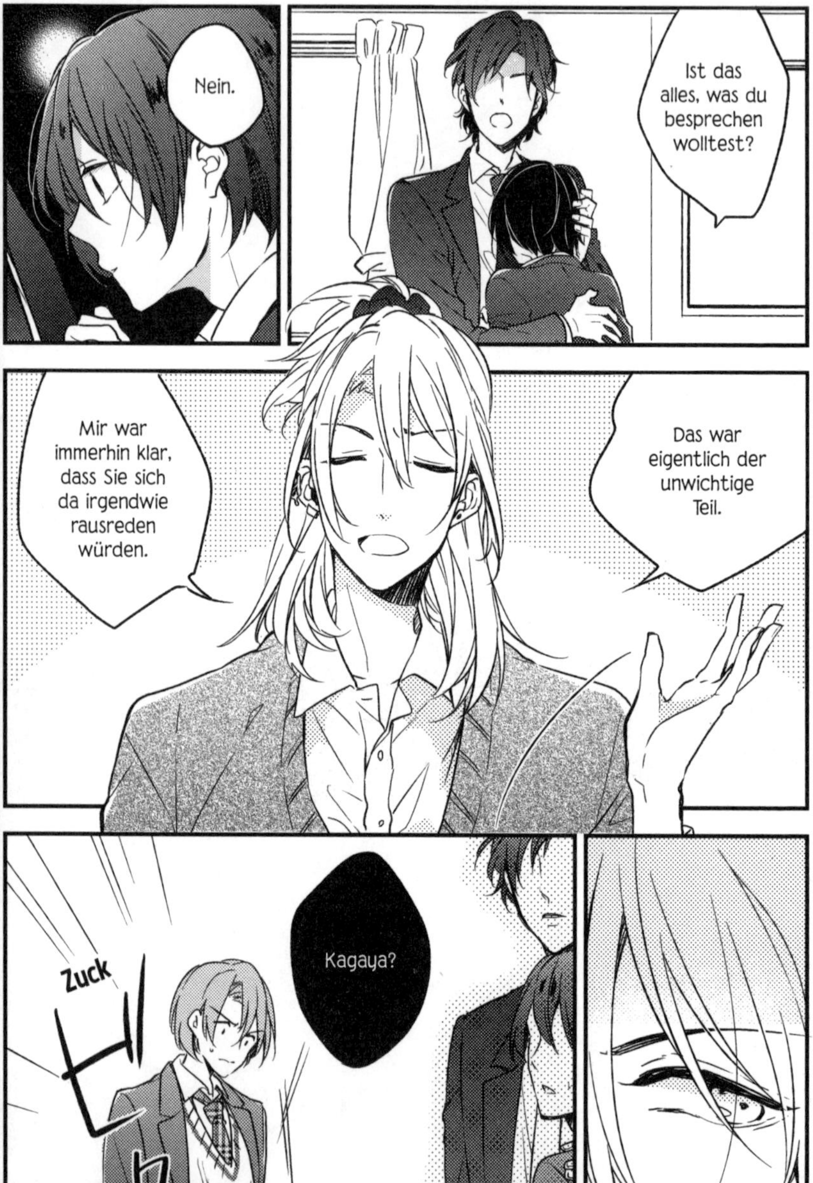
Ist das alles, was du besprechen wolltest?
Nein.
Das war eigentlich der unwichtige Teil.
Mir war immerhin klar, dass Sie sich da irgendwie rausreden würden.
Kagaya?
Zuck

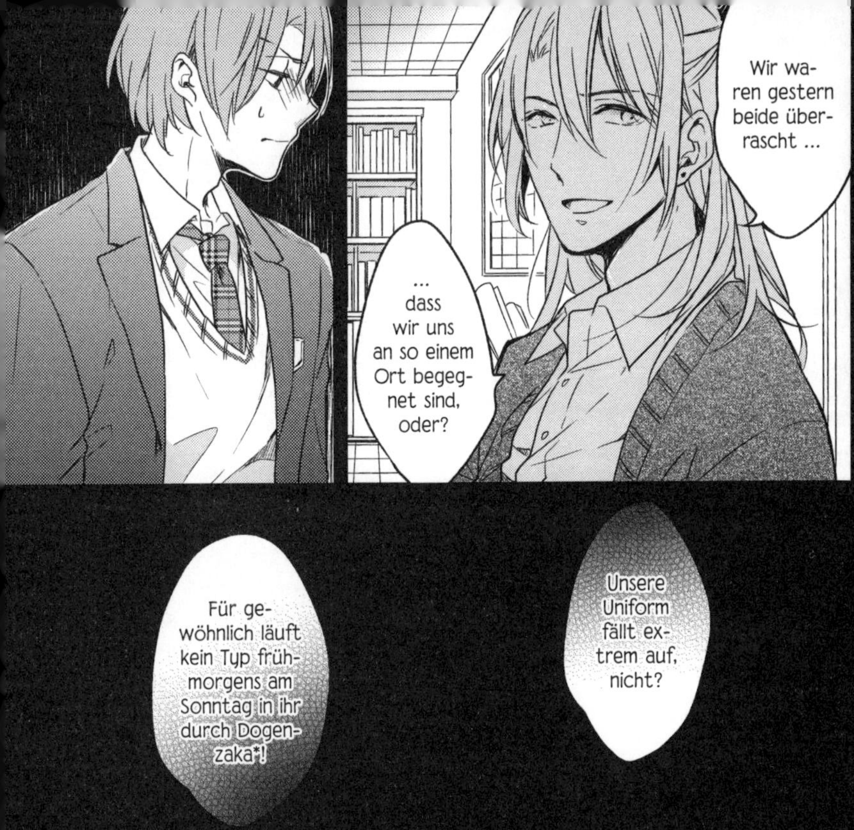

* Vergnügungsviertel in Tokio.

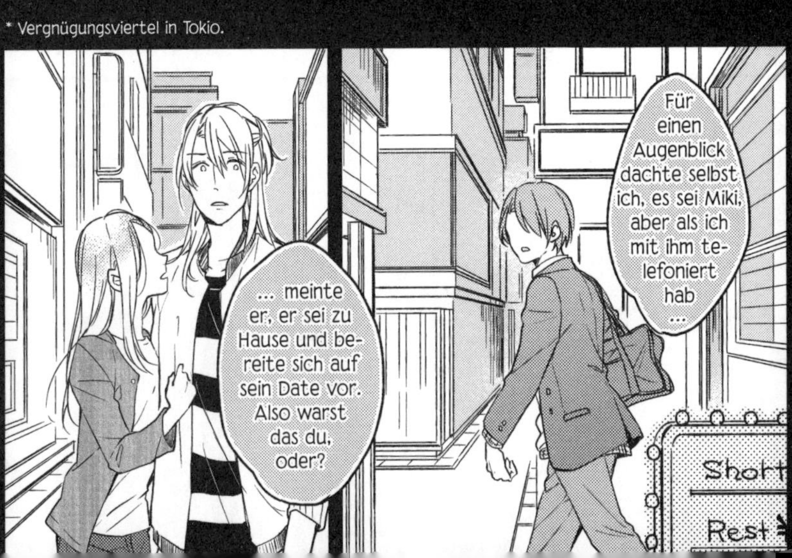

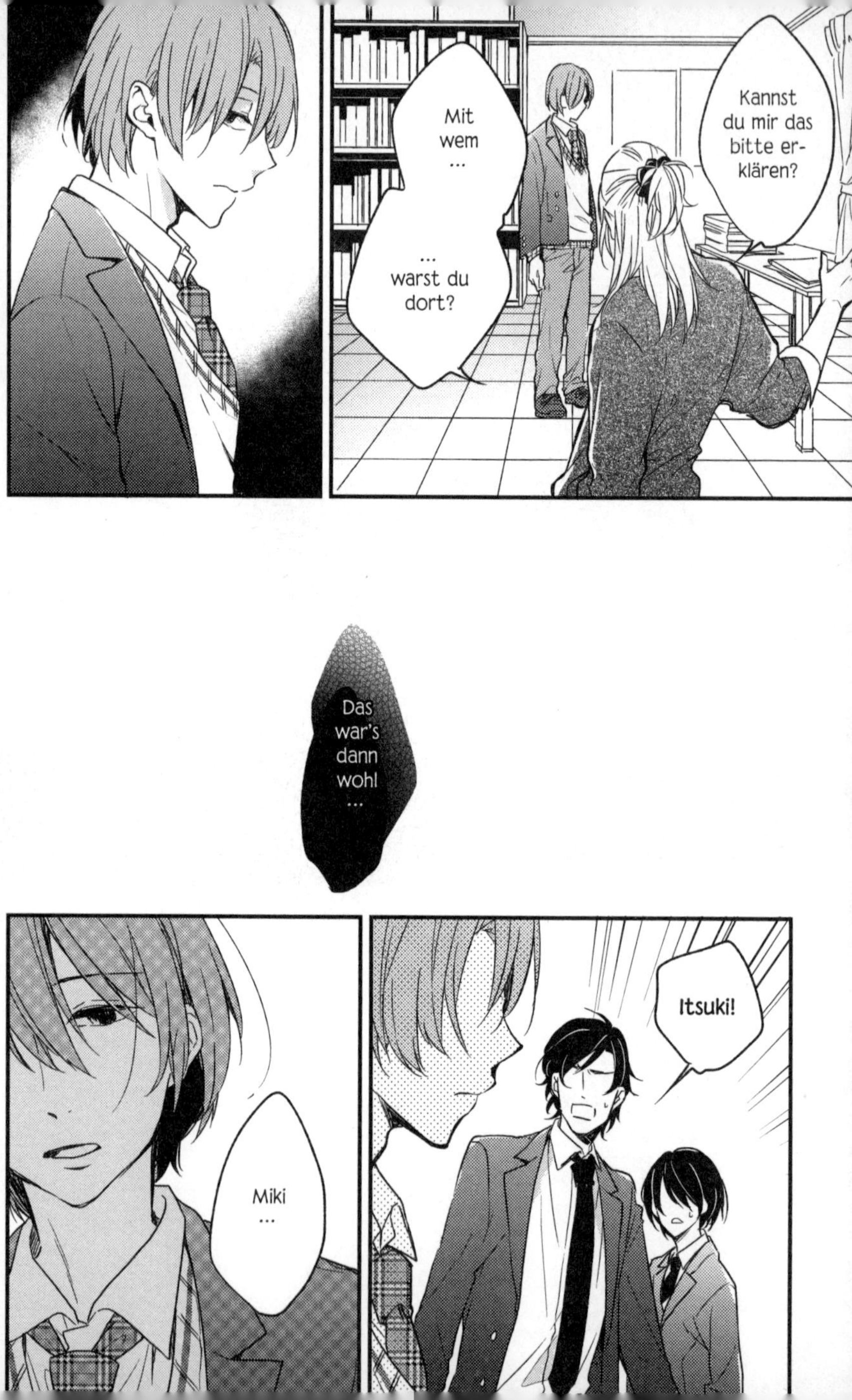
Kannst du mir das bitte erklären?
Mit wem ... ... warst du dort?
Das war's dann wohl ...
Itsuki!
Miki ...

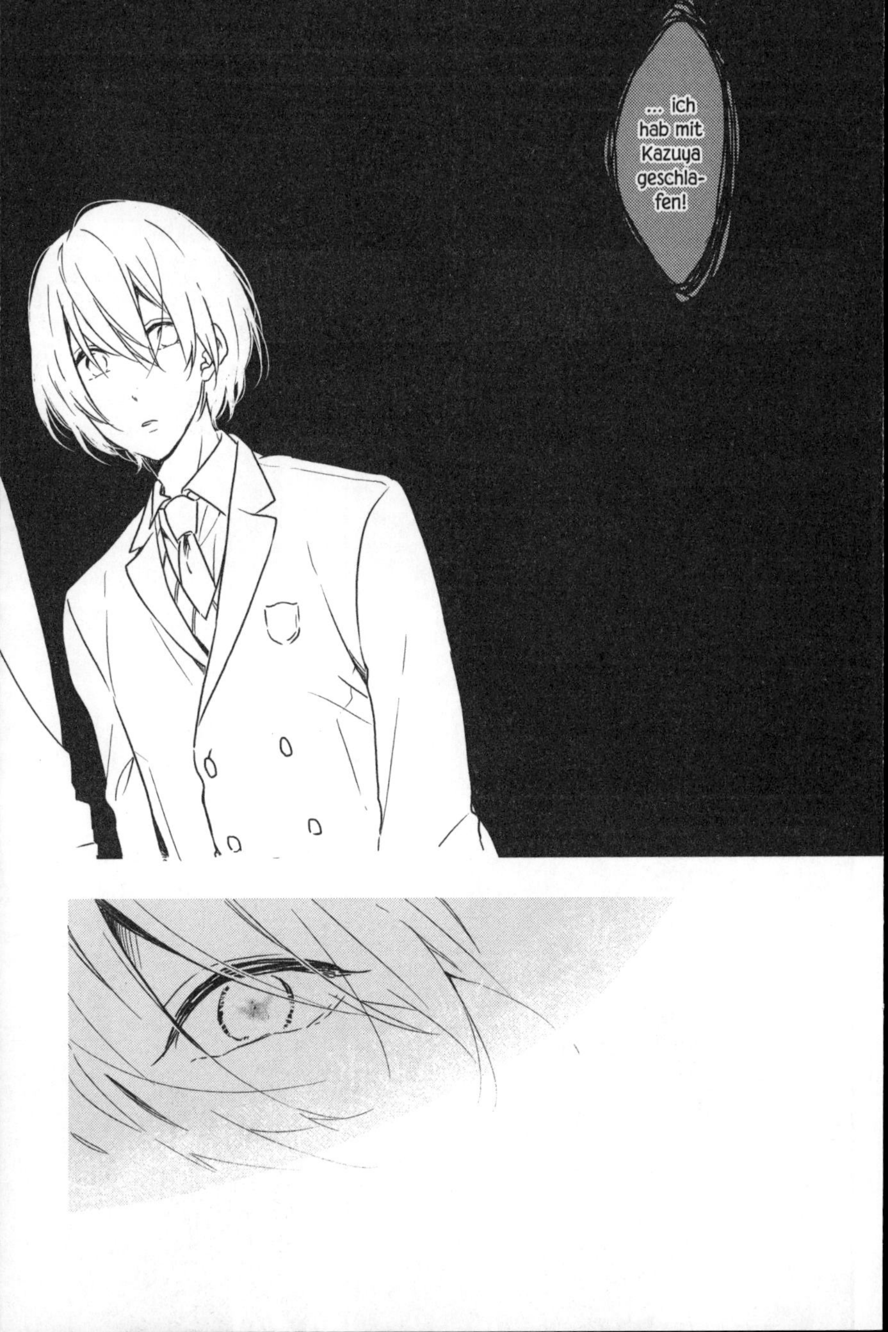
... ich hab mit Kazuya geschla-fen!

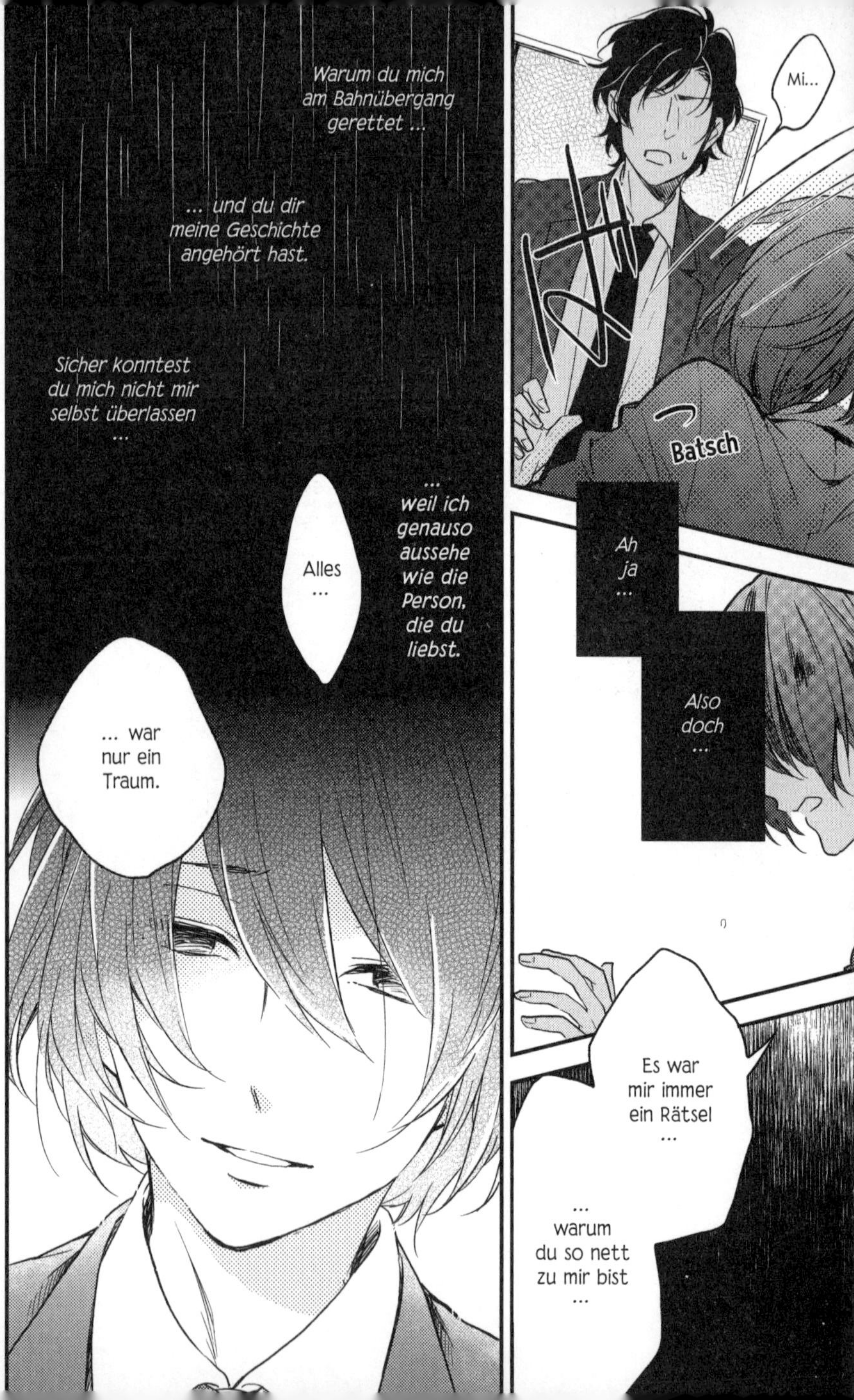

Mi...
Batsch
Ah ja ...
Also doch ...
Es war mir immer ein Rätsel ...
... warum du so nett zu mir bist ...
Warum du mich am Bahnübergang gerettet ...
... und du dir meine Geschichte angehört hast.
Sicher konntest du mich nicht mir selbst überlassen ...
... weil ich genauso aussehe wie die Person, die du liebst.
Alles ...
... war nur ein Traum.

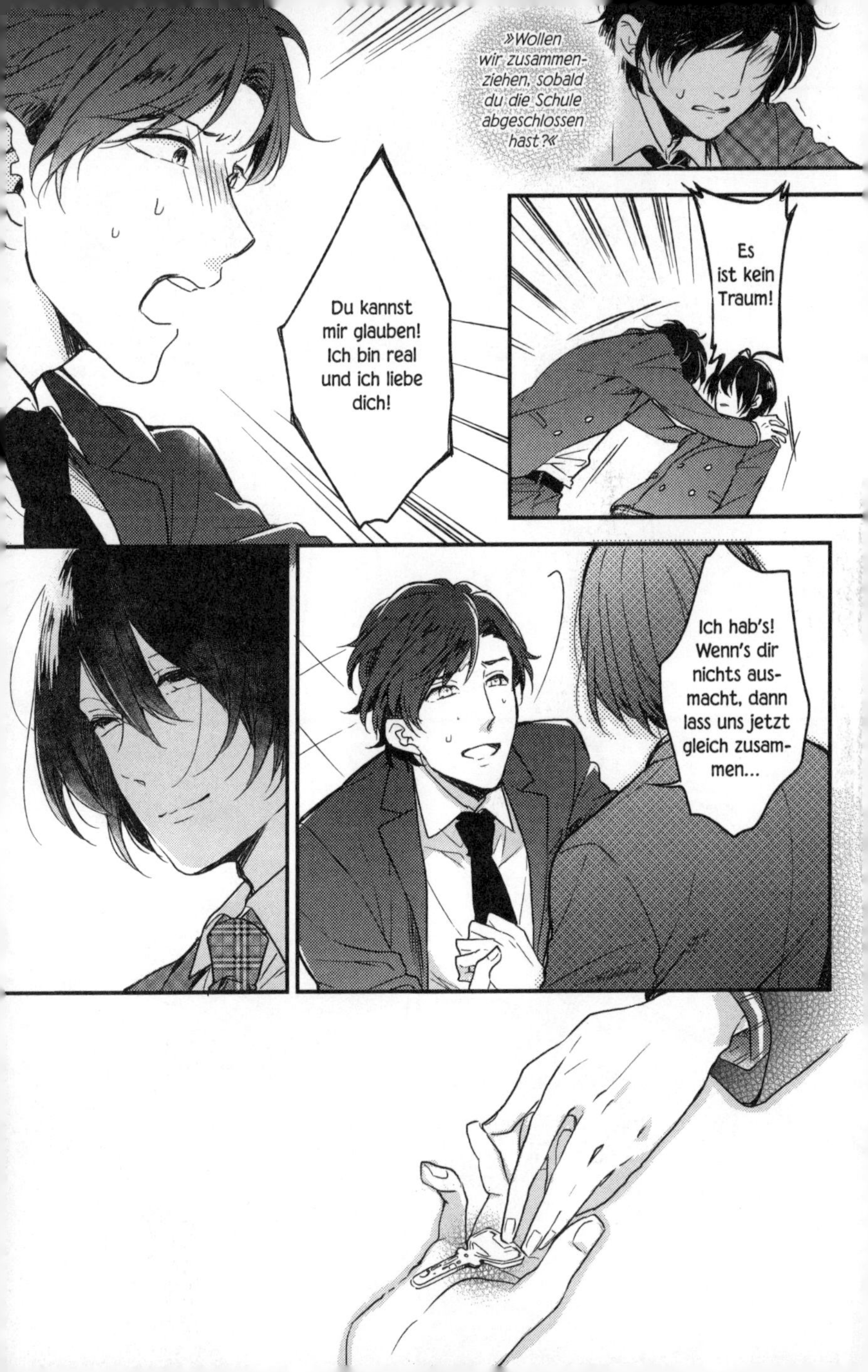
»Wollen wir zusammenziehen, sobald du die Schule abgeschlossen hast?«
Es ist kein Traum!
Du kannst mir glauben! Ich bin real und ich liebe dich!
Ich hab's! Wenn's dir nichts ausmacht, dann lass uns jetzt gleich zusammen...

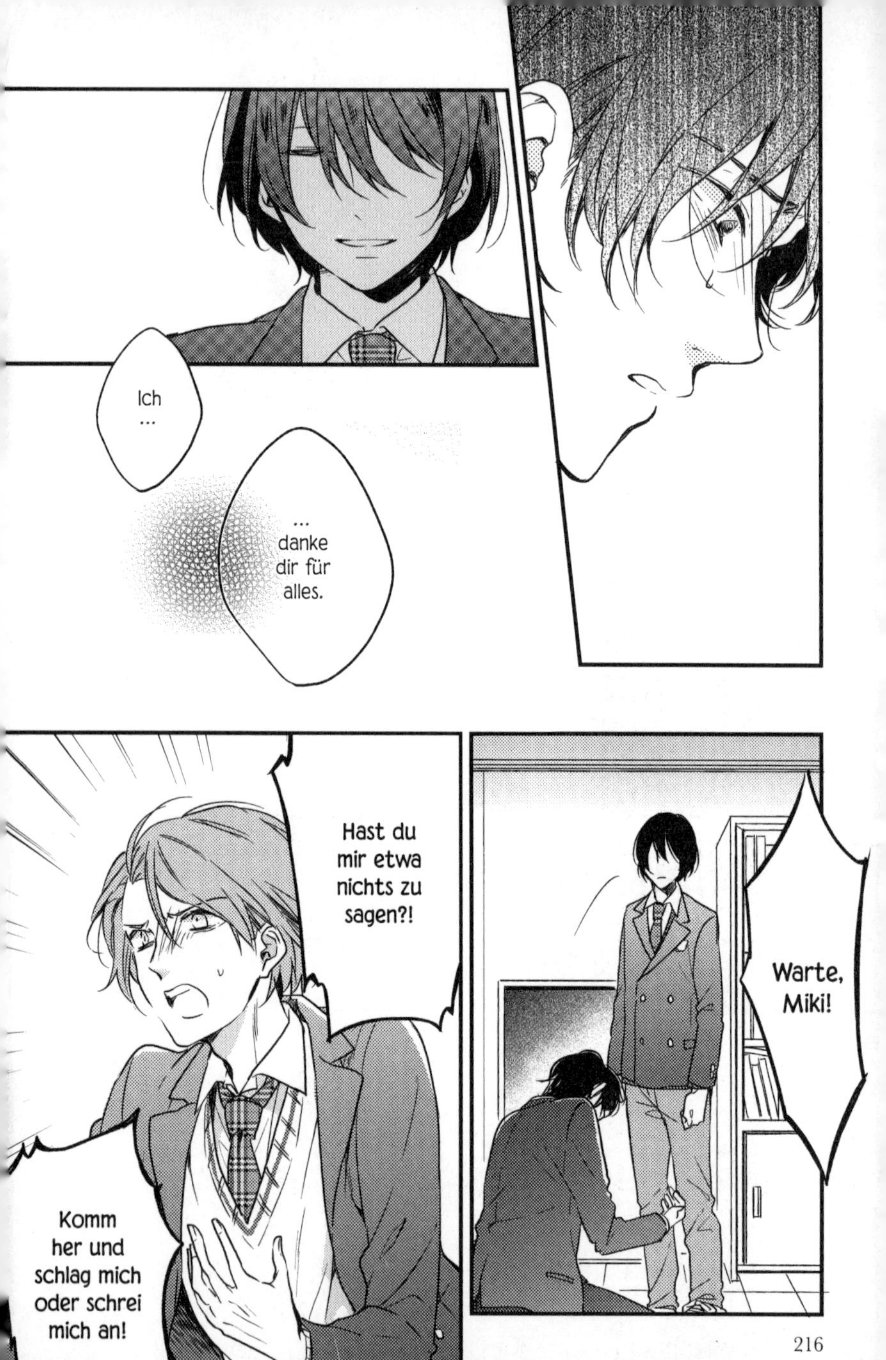
Ich ...
... danke dir für alles.
Warte, Miki!
Hast du mir etwa nichts zu sagen?!
Komm her und schlag mich oder schrei mich an!

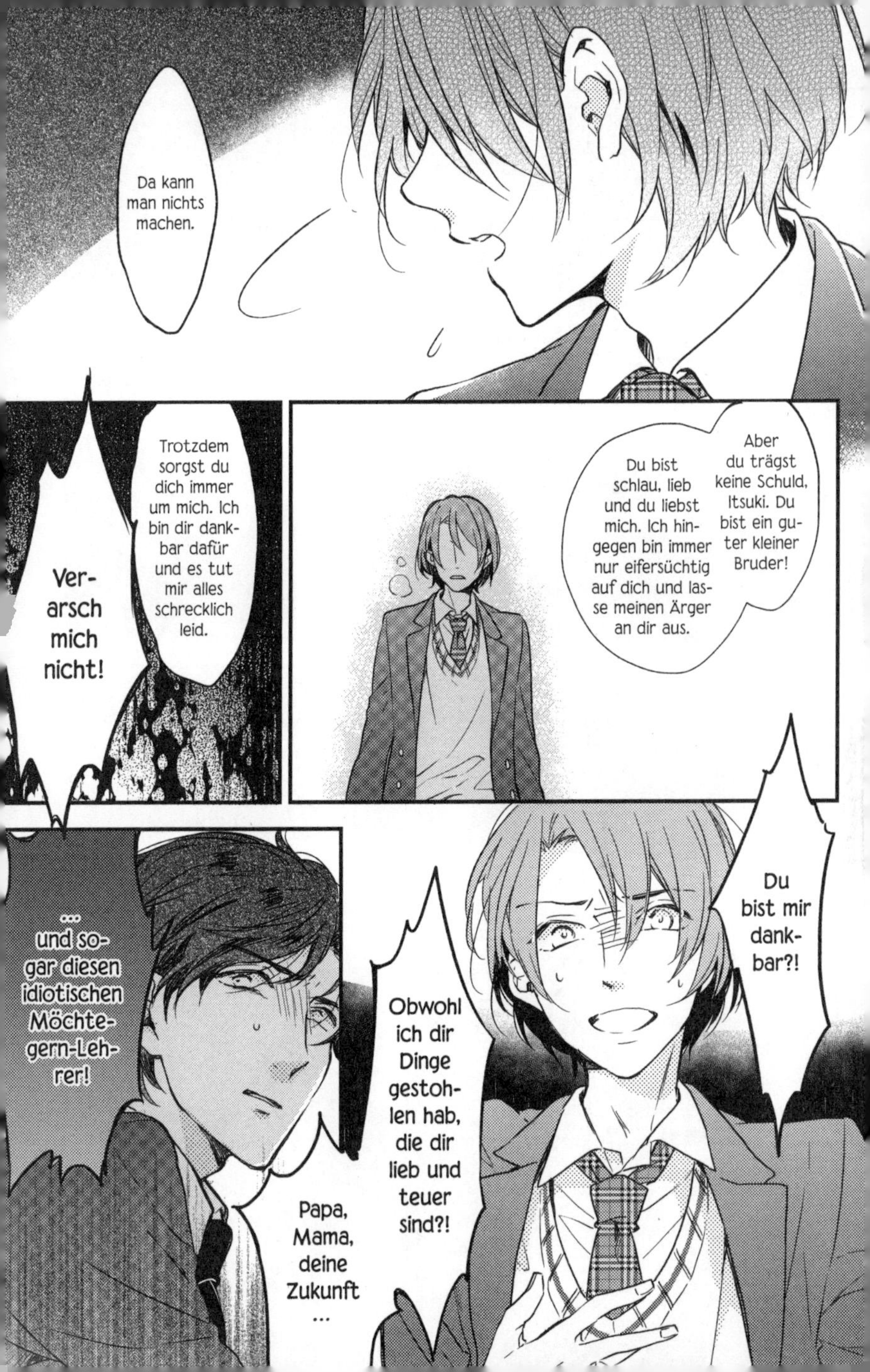
Da kann man nichts machen.
Aber du trägst keine Schuld, Itsuki. Du bist ein guter kleiner Bruder!
Du bist schlau, lieb und du liebst mich. Ich hingegen bin immer nur eifersüchtig auf dich und lasse meinen Ärger an dir aus.
Trotzdem sorgst du dich immer um mich. Ich bin dir dankbar dafür und es tut mir alles schrecklich leid.
Verarsch mich nicht!
Du bist mir dankbar?!
Obwohl ich dir Dinge gestohlen hab, die dir lieb und teuer sind?!
Papa, Mama, deine Zukunft ...
... und sogar diesen idiotischen Möchtegern-Lehrer!

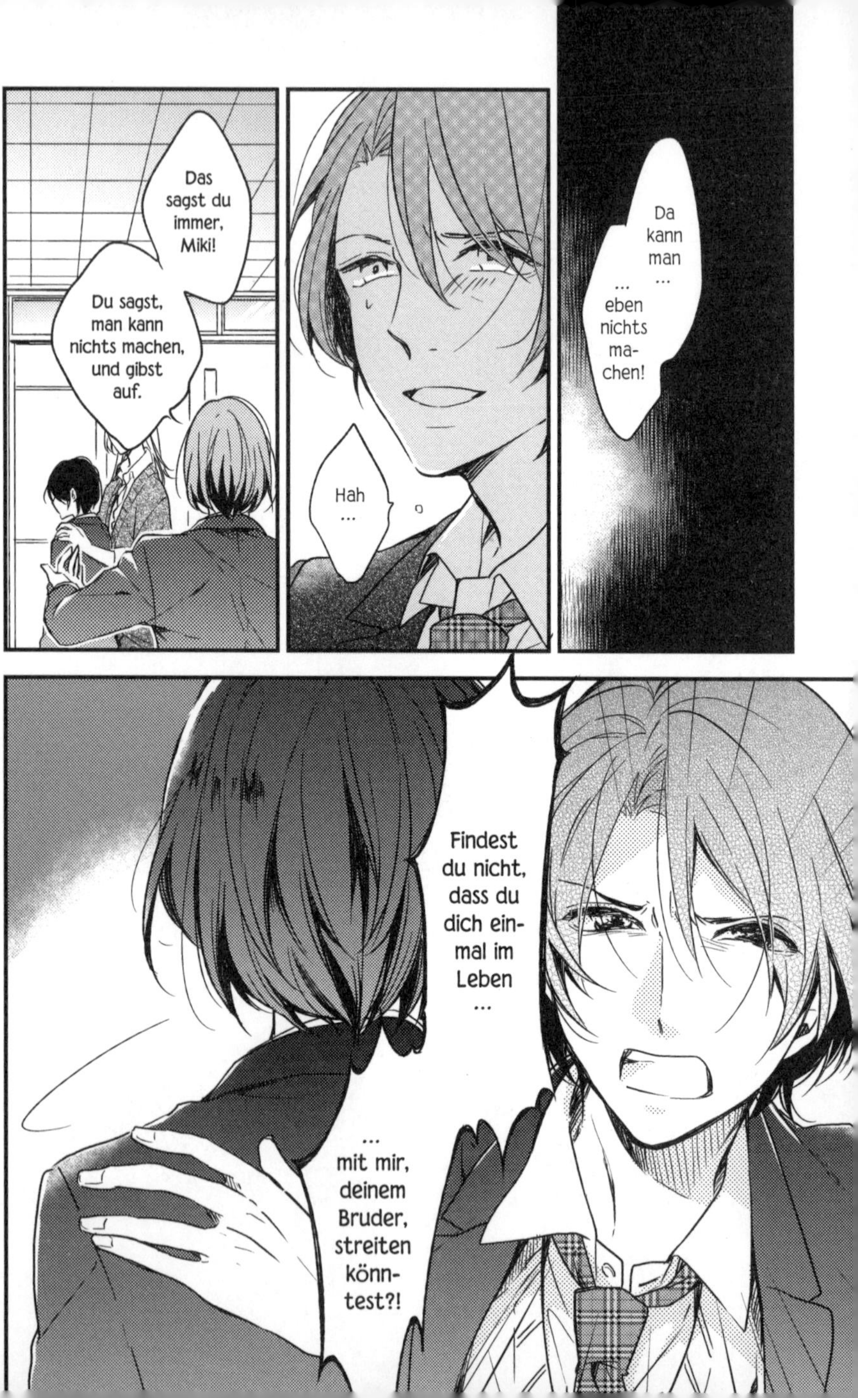

Da kann man ... ... eben nichts ma-chen!
Hah ...
Das sagst du immer, Miki!
Du sagst, man kann nichts machen, und gibst auf.
Findest du nicht, dass du dich ein-mal im Leben ...
... mit mir, deinem Bruder, streiten könn-test?!

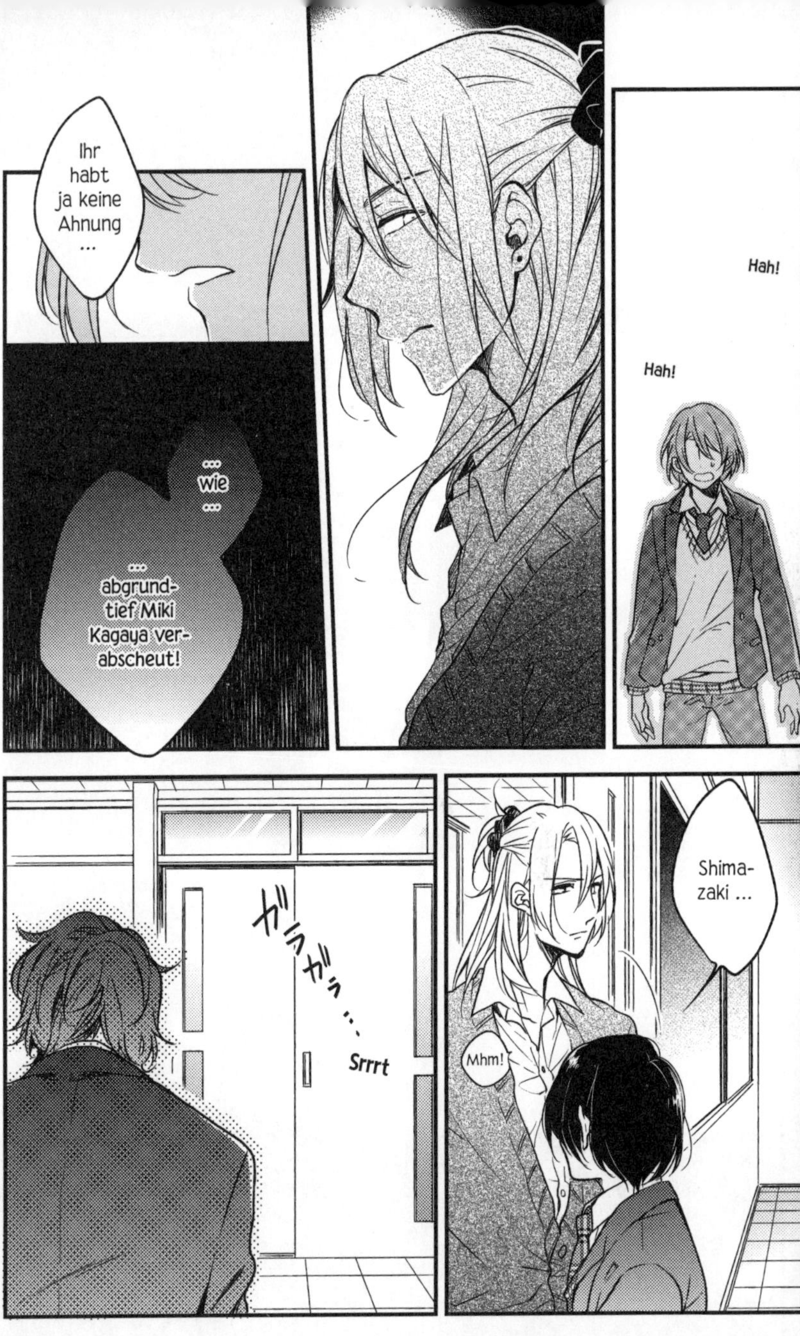
Hah!
Hah!
Ihr habt ja keine Ahnung …
… wie …
… abgrundtief Miki Kagaya verabscheut!
Shimazaki …
Mhm!
ガラガラ…
Srrrt

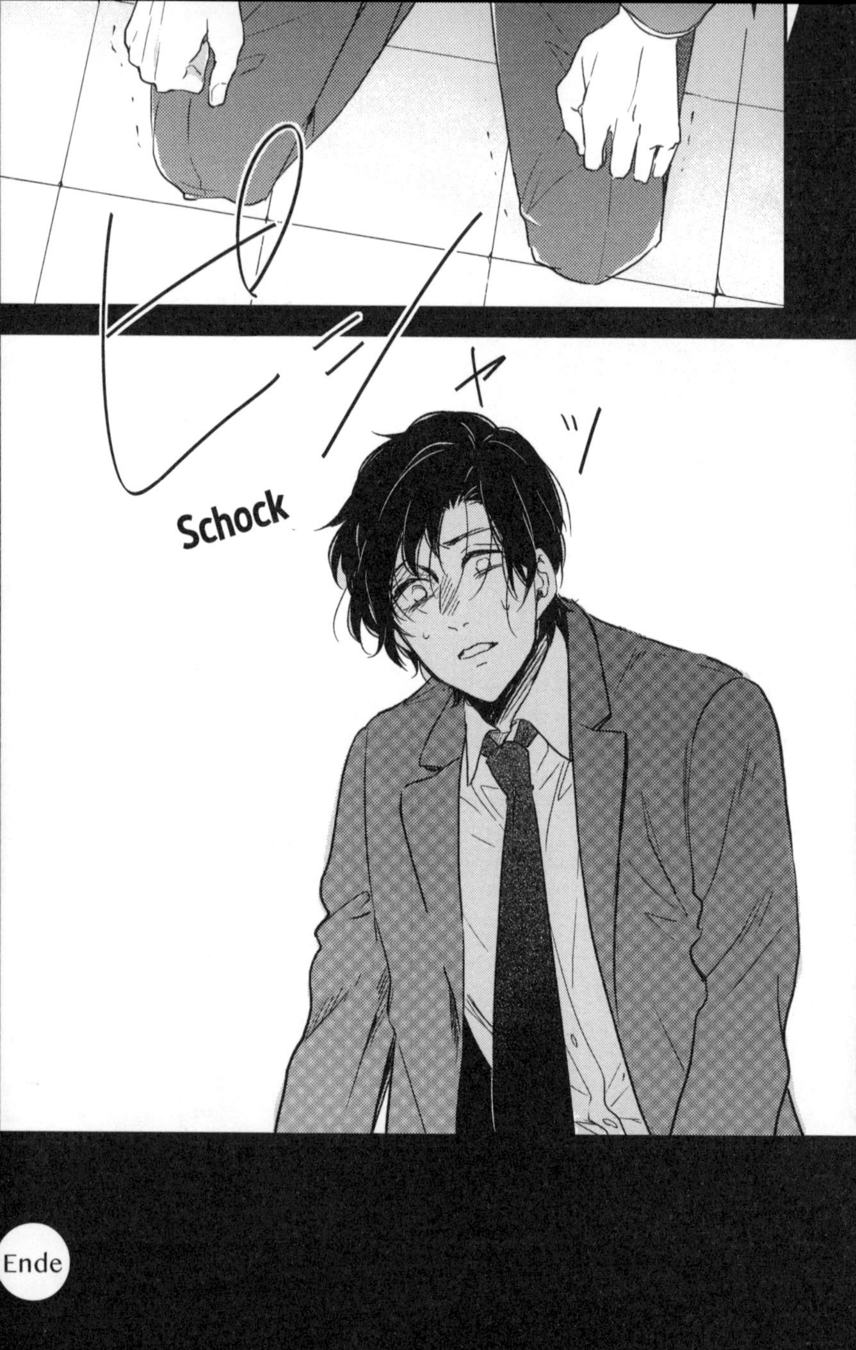
ピシャッ
Schock
Ende

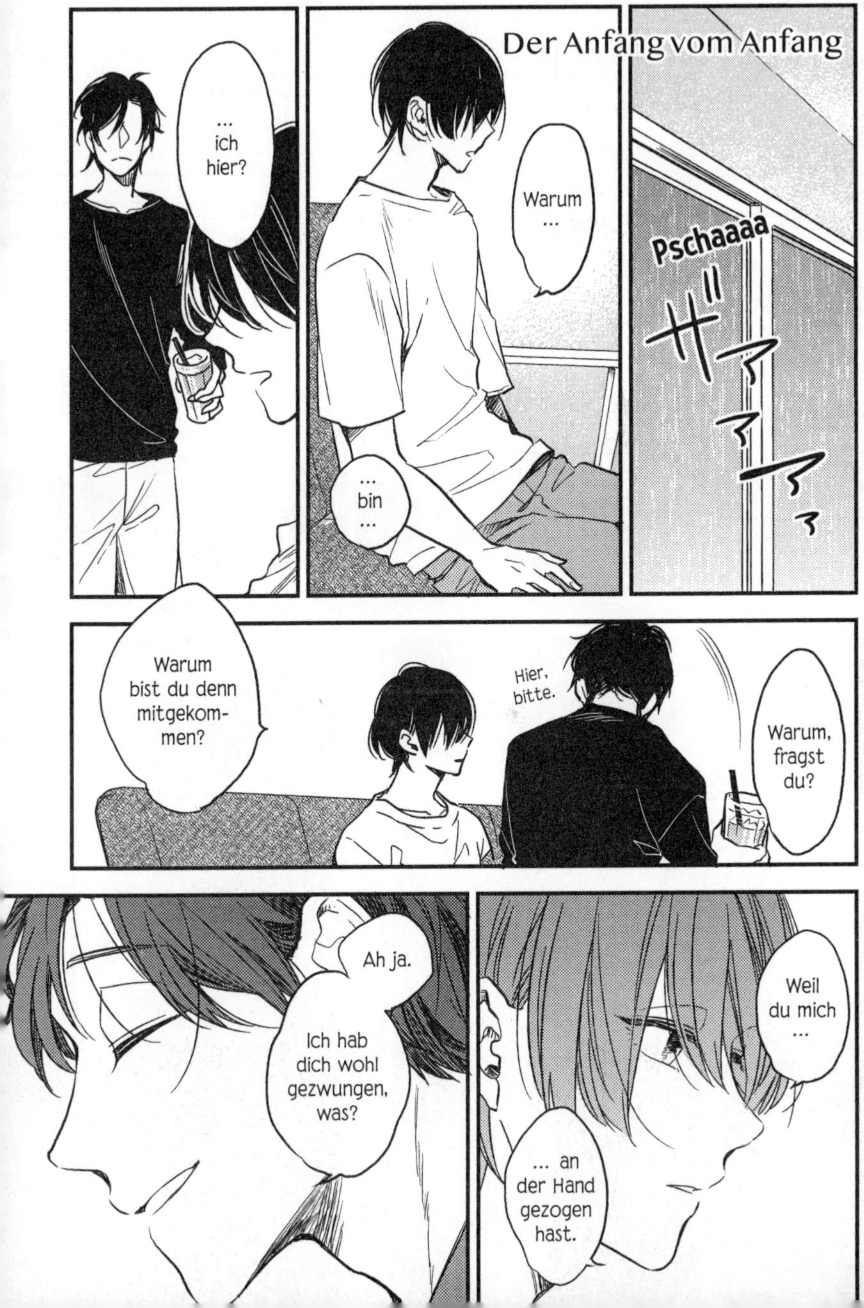
Der Anfang vom Anfang
Pschaaaa
ザァァァァ
Warum ...
... bin ...
... ich hier?
Warum, fragst du?
Hier, bitte.
Warum bist du denn mitgekommen?
Weil du mich ...
... an der Hand gezogen hast.
Ah ja.
Ich hab dich wohl gezwungen, was?

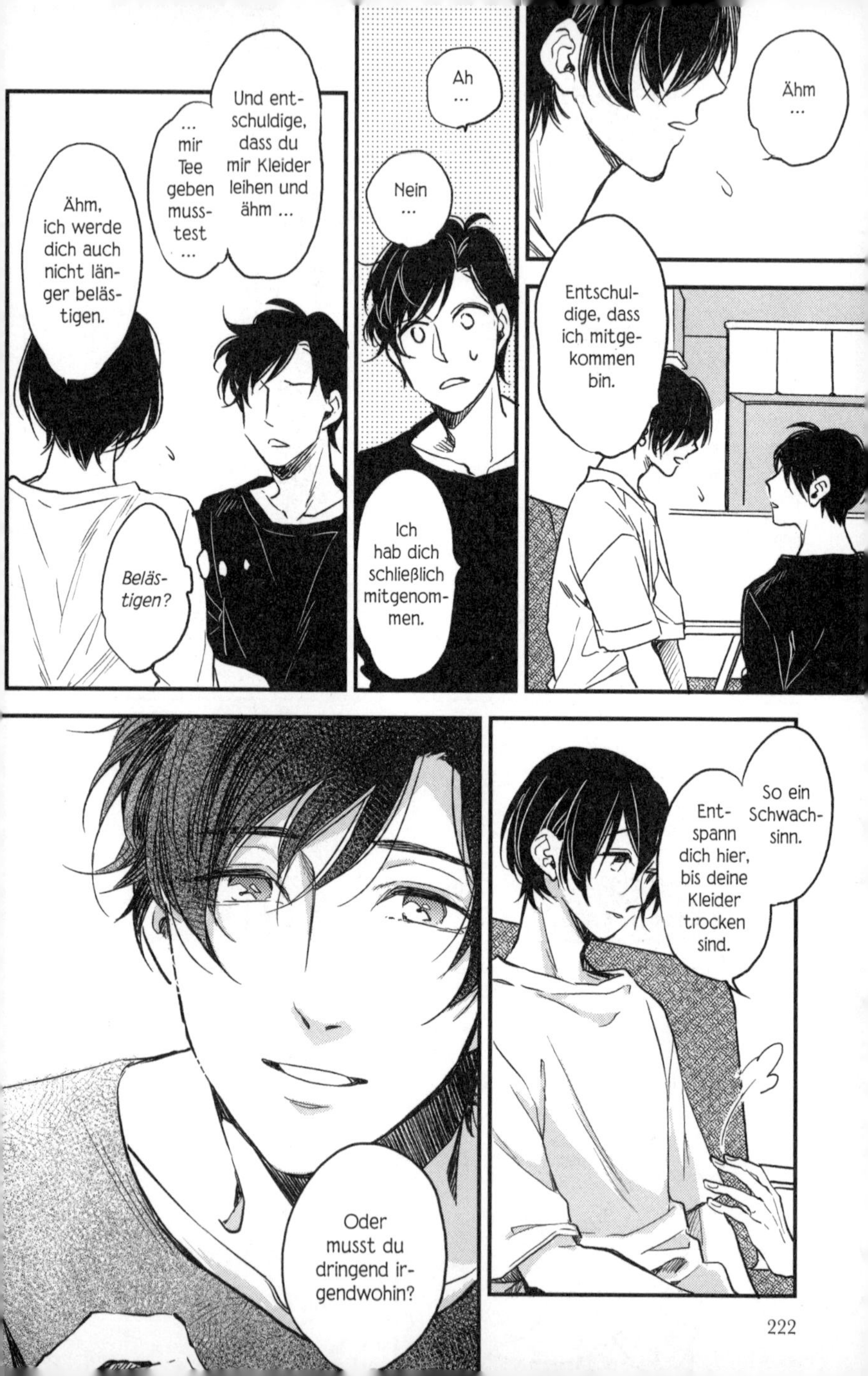
Ähm ...
Entschuldige, dass ich mitgekommen bin.
Ah ...
Nein ...
Ich hab dich schließlich mitgenommen.
Und entschuldige, dass du mir Kleider leihen und ähm ...
... mir Tee geben musstest ...
Ähm, ich werde dich auch nicht länger belästigen.
Belästigen?
So ein Schwachsinn.
Entspann dich hier, bis deine Kleider trocken sind.
Oder musst du dringend irgendwohin?

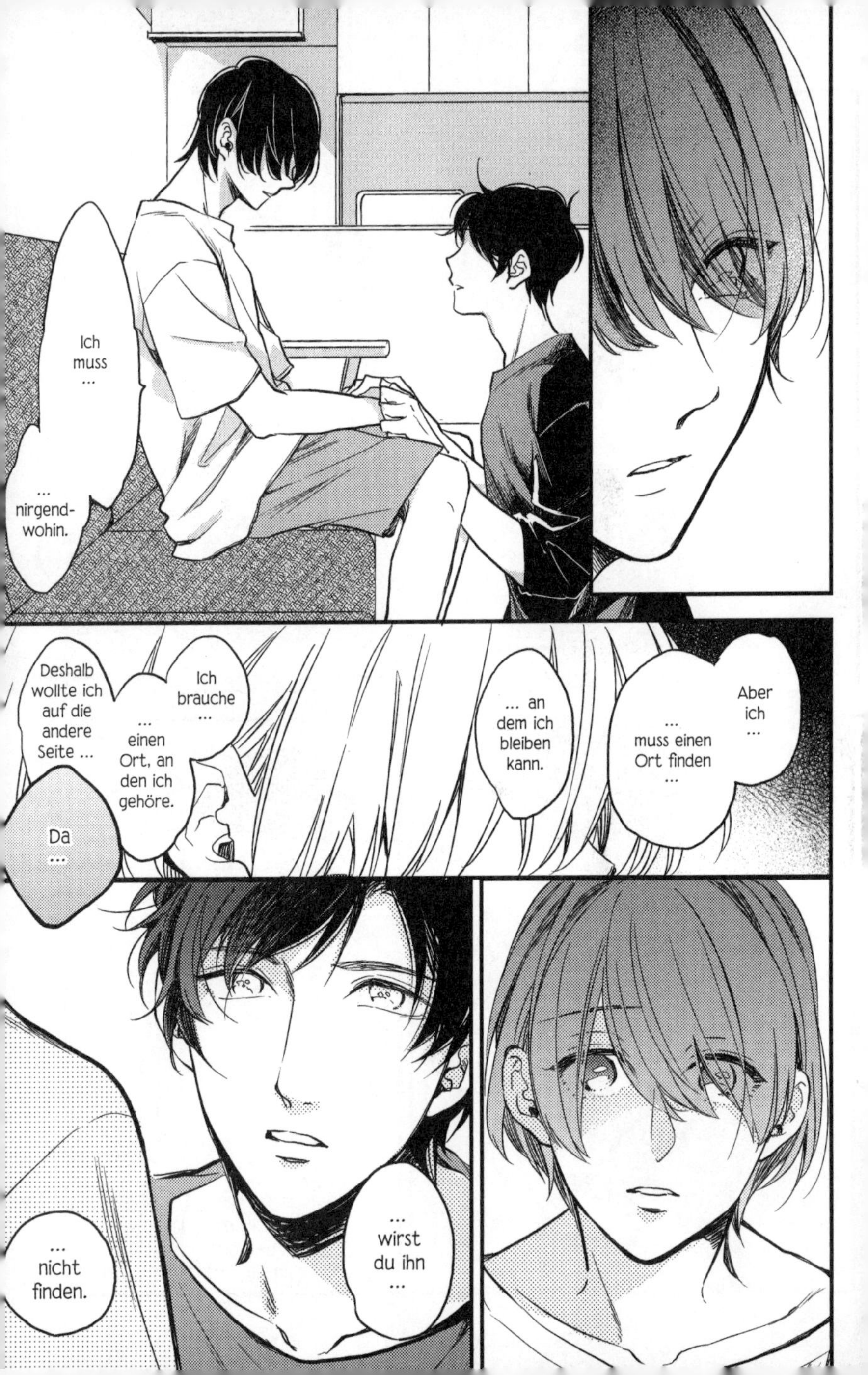
Ich muss ...
... nirgend-wohin.
Aber ich ...
... muss einen Ort finden ...
... an dem ich bleiben kann.
Ich brauche ...
... einen Ort, an den ich gehöre.
Deshalb wollte ich auf die andere Seite ...
Da ...
... wirst du ihn ...
... nicht finden.

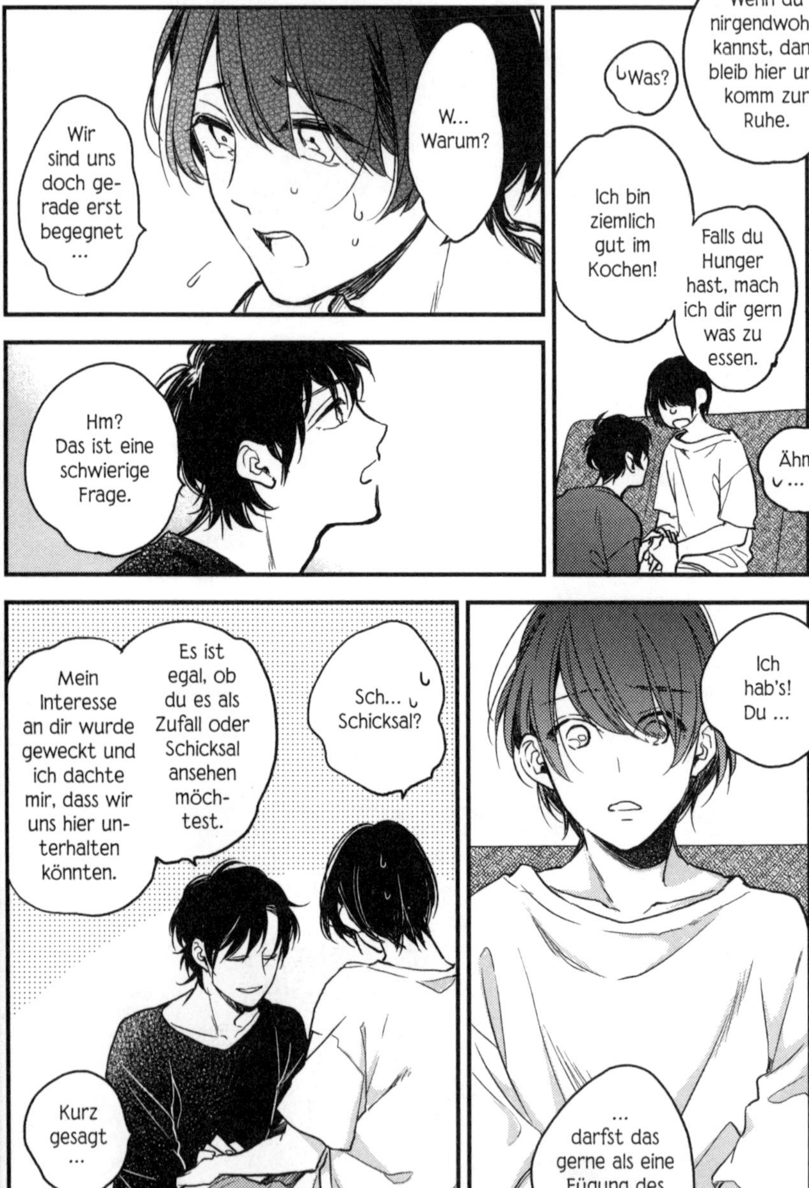
Wenn du nirgendwohin kannst, dann bleib hier und komm zur Ruhe.
Was?
Ich bin ziemlich gut im Kochen!
Falls du Hunger hast, mach ich dir gern was zu essen.
Ähm ...
W... Warum?
Wir sind uns doch gerade erst begegnet ...
Hm? Das ist eine schwierige Frage.
Mein Interesse an dir wurde geweckt und ich dachte mir, dass wir uns hier unterhalten könnten.
Es ist egal, ob du es als Zufall oder Schicksal ansehen möchtest.
Sch... Schicksal?
Kurz gesagt ...
Ich hab's! Du ...
... darfst das gerne als eine Fügung des Schicksals ansehen.

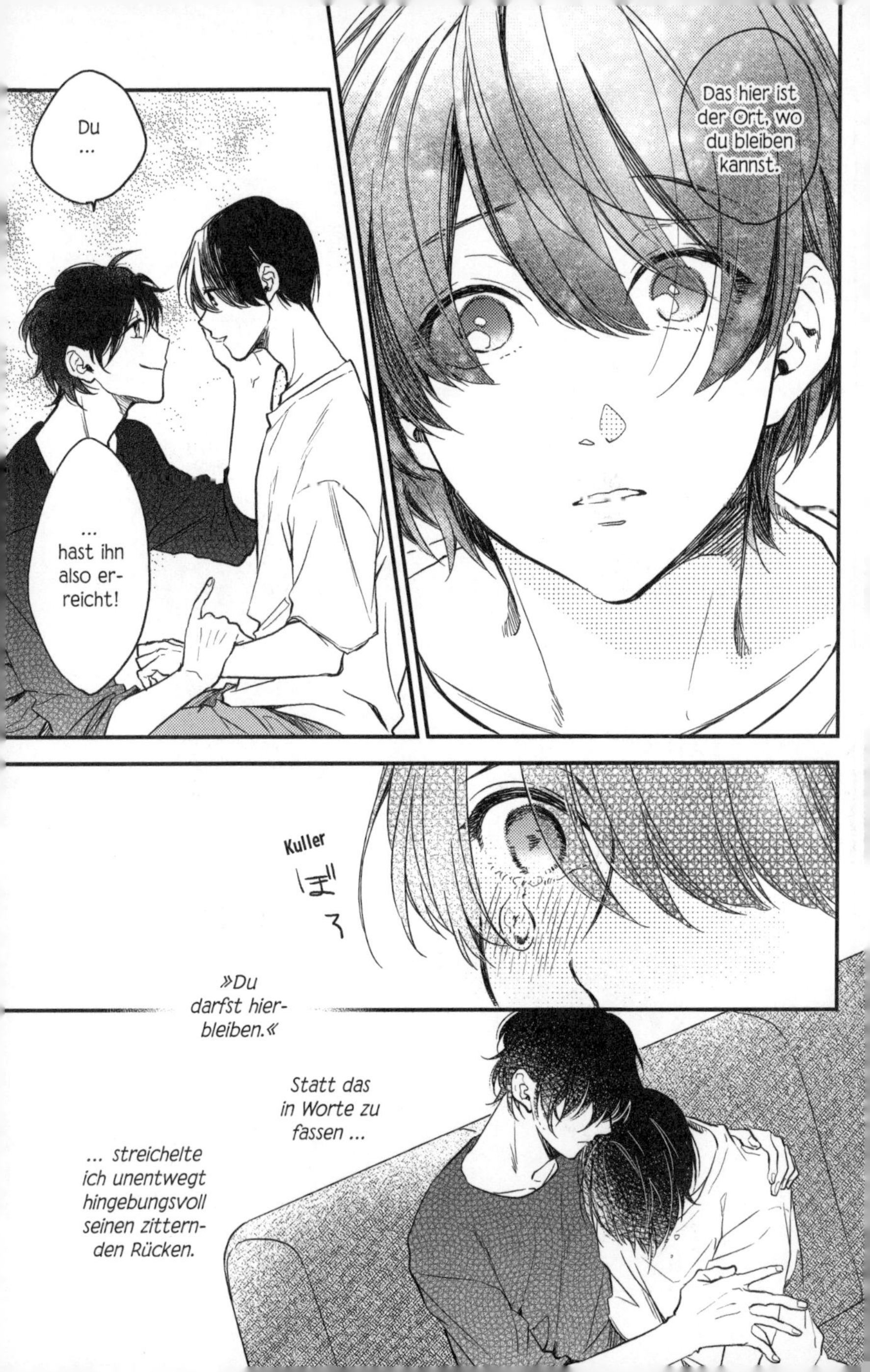
Das hier ist der Ort, wo du bleiben kannst.
Du ...
... hast ihn also erreicht!
Kuller
»Du darfst hierbleiben.«
Statt das in Worte zu fassen ...
... streichelte ich unentwegt hingebungsvoll seinen zitternden Rücken.

Hallo an alle, die mich durch den Kauf dieses Mangas kennenlernen.
Es freut mich! Und an alle, die mich schon von meiner Website God's Kids' Bed kennen:
Es ist schön, euch nach all der Zeit wiederzusehen. Ich bin Anemu Anemura. Ich hätte mir nie träumen lassen, dass mein bescheidenes Buch, welches ich vor Jahrzehnten beendet habe, als Manga adaptiert werden würde. Ich möchte mich bei Peco Morishima, die das Buch in einen Manga verwandelt hat, T. Ta., dem Manager, der sich als Erstes deswegen bei mir gemeldet hat, S. Fuji, meinem gegenwärtigen Manager, der viel Mühe in die Adaption des Buches in einen Manga gesteckt hat, und allen vom Takeshobo-Verlag herzlich bedanken.

Zudem möchte ich mich bei allen Lesern bedanken, die seit jeher auf meiner Website unterwegs waren, obwohl es lange keine Updates mehr gab, und die mir motivierende Nachrichten geschickt haben, dass sie sich auf den Manga freuen und darauf warten, dass ich auf der Website wieder aktiv werde. Vor allem bin ich auch denjenigen überaus dankbar, die für den Kauf dieses Mangas ihr Geld geopfert haben.

Als Nachwort zum ersten Band möchte ich euch inhaltstechnisch gerne eine kleine Sache verraten. In traditionellen an Frauen gerichteten Manga gibt es oft das Schema, dass Nebenfiguren, die miteinander im Clinch liegen, nachher zusammenkommen, aber es wird Shimazaki x Itsuki nicht als Pärchen geben. Sie verstehen sich wie Hund und Katze rein gar nicht. Auf dem Cover der Romanversion sieht man sie zwar zusammen, aber das wird nicht passieren. Das wird einfach nicht passieren!

Das Design der beiden Nebencharaktere im Manga ist viel zu hübsch. In meinem Kopf habe ich sie mir immer als depressiv und auf der Stelle tretend vorgestellt, aber ich hab das nicht zu Papier gebracht, denke ich. Hey, dafür gibt es viele gute Gründe! (Lach) Und Herr Takagi, von dem man kaum sagen kann, dass er auch nur ansatzweise als Mikis Freund taugen würde, wird sich im letzten Band mächtig ins Zeug legen. Womöglich. Ja, vielleicht. Es würde mich freuen, wenn ihr dranbleibt und wir uns im letzten Band wiedersehen.

An einem gewissen Tag im Juli 2017
– Anemu Anemura

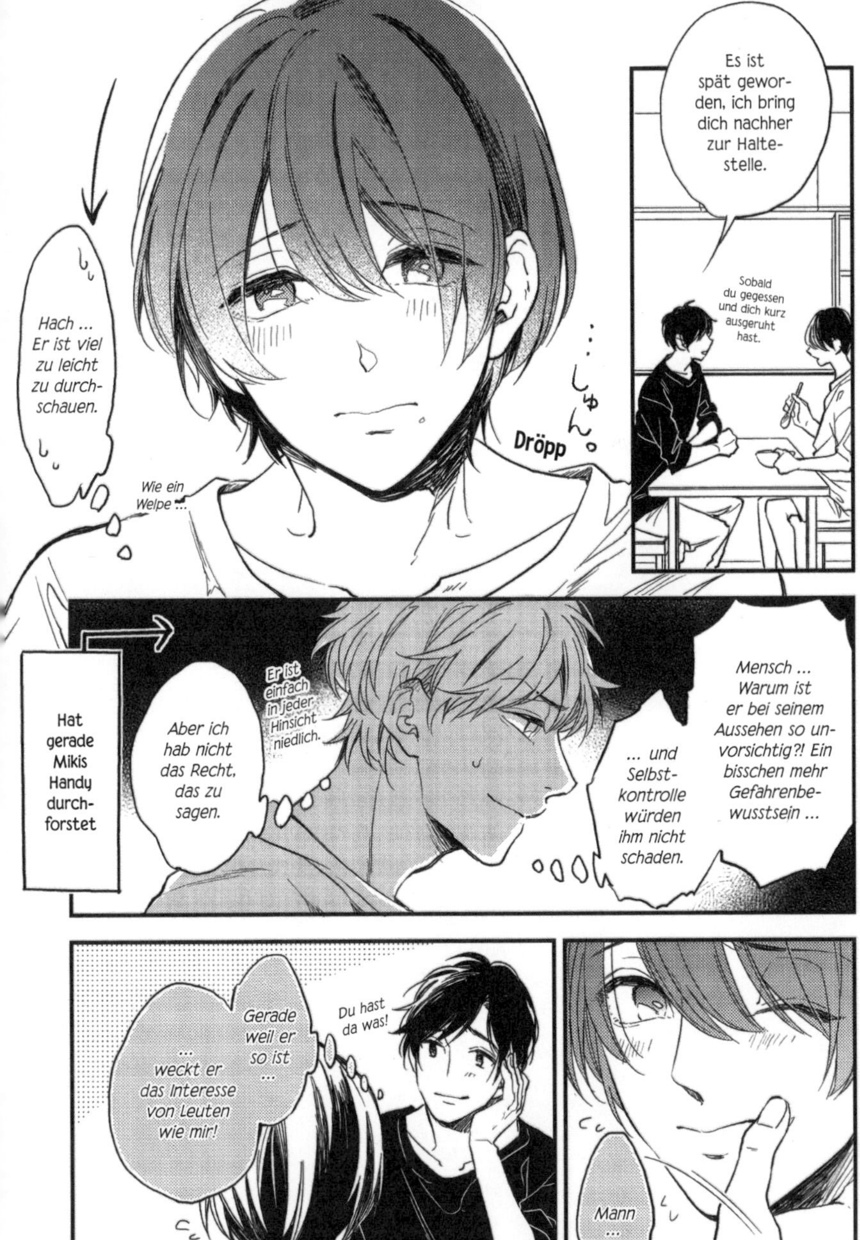

Auf ein Wiedersehen im letzten Band! - Peco Morishima

altraverse

Deutsche Ausgabe / German Edition
Altraverse GmbH – Hamburg 2020
Aus dem Japanischen von Iga Handtke

SHIJIMA NO TSUKI

First published in Japan in 2017 by Take Shobo Co. Ltd.
German translations rights arranged with Take Shobo Co. Ltd.
through Tuttle-Mori Agency, Inc, Tokyo

Redaktion: Katrin Aust
Herstellung: Cathrin Hamester
Lettering: Vibrant Publishing Studio

Druck: CPI books GmbH, Leck
Printed in Germany

MIX
Papier
FSC FSC® C083411

ISBN 978-3-96358-302-5
2. Auflage 2020

www.altraverse.de